α

공무원 시험의
시작이자 끝,

알파(α) 모의고사로 합격하자!

알파(α)

모의고사

국어 · 영어 · 한국사

9급 공무원

공통과목

SD에듀
(주)시대고시기획

머리말 PREFACE

오늘도 쉼없이 달려가고 있을 수험생들을 응원합니다. 그리고 그 발걸음에 힘을 보태고자 SD에듀에서 본서를 출간하였습니다.

본서는 국가직·지방직·서울시 등 9급 공무원 시험의 공통과목인 국어, 영어, 한국사 세 과목 학습의 최종 마무리를 위해 기획되었습니다. 실제 시험지와 형태를 그대로 반영한 6회분 모의고사에는 이전 공무원 시험에 출제된 문제와 빈출된 영역을 바탕으로 새롭게 구성한 예상문제를 수록하였고, 해당 과목에 대한 이해도 측정과 부족한 부분의 점검을 통해 최종적으로 본인의 실력을 확인할 수 있도록 하였습니다.

해마다 출제되는 공무원 시험 문제 중 다수는 이미 과거에 여러 차례 출제된 영역과 유형입니다. 또한 2022년부터 선택에서 필수로 변경됨에 따라 국어, 영어, 한국사 세 과목이 거의 모든 직렬의 9급 공무원 시험에 출제되고 있기 때문에 공통 세 과목에서 받는 점수가 더욱 중요해졌습니다. 시험 준비를 마무리하는 이 시점에서 기출문제와 자주 출제되고 중요한 영역의 예상문제를 통해 유종의 미를 거둘 수 있기를 바랍니다.

수험생 여러분들의 합격을 기원합니다.

편저 SD 공무원시험연구소

알파(α) 모의고사의 특징

1. 직렬별 전과목 모의고사 수록

공무원 시험 과목은 이제 선택 과목 없이 모두 필수과목입니다. 본인이 희망하는 직렬의 과목별 모의고사 도서보다는 직렬별 도서를 사용할 때 좀 더 효율적으로 학습할 수 있습니다.

공통과목, 일반행정직, 사회복지직, 교육행정직, 소방공무원, 경찰공무원 모의고사를 통해 해당 직렬의 전과목 모의고사를 경험할 수 있습니다.

수록 과목

공통과목	국어 · 영어 · 한국사
일반행정직	국어 · 영어 · 한국사 · 행정학개론 · 행정법총론
사회복지직	국어 · 영어 · 한국사 · 사회복지학개론 · 행정법총론
교육행정직	국어 · 영어 · 한국사 · 교육학개론 · 행정법총론
소방공무원	소방학개론 · 소방관계법규
경찰공무원(순경)	헌법 · 형사법 · 경찰학

※ 소방공무원은 2023년부터 시행되는 과목제 개편으로 인해 전문과목인 소방학개론과 소방관계법규만 수록하였습니다.

2. 실전동형 모의고사 수록

직렬별로 구성된 전과목 모의고사를 실제 기출 시험과 동일한 구성으로 수록하였습니다.

9급 공무원 **공통과목** | 9급 공무원 **일반행정직** | 9급 공무원 **사회복지직** | 9급 공무원 **교육행정직** | 소방공무원 **전문과목** | 경찰공무원(순경) **필수과목**

알파 모의고사 9급 공무원 공통과목

알파(α)만의 효율적인 학습방법

ALL-IN-ONE 기본서 ▶ 기출이 답이다 기출문제집 ▶ 알파(α) 모의고사

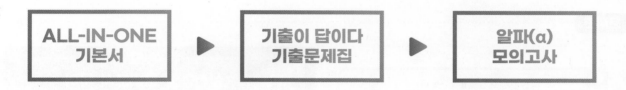

공무원 시험 준비는 기본서로 시작하여 기출문제집으로 실력을 다지고, 모의고사로 마무리해야 합니다. 다음의 도서들과 함께 시험 준비를 해 보세요.

기본서 ALL-IN-ONE 시리즈

기본서의 방대한 이론 중 꼭 필요한 핵심 내용만 압축하여 수록한 ALL-IN-ONE 시리즈로 9급 공무원 시험 과목의 이론을 학습해 보세요.

기출문제집 기출이 답이다 시리즈

ALL-IN-ONE 기본서로 이론을 학습했다면, 기출문제집을 통해 문제를 풀어보아야 합니다. 공무원 최다 직렬, 최다 과목 기출문제집 기출이 답이다 시리즈로 기출문제를 학습해 보세요.

이 책의 구성과 특징

문제편

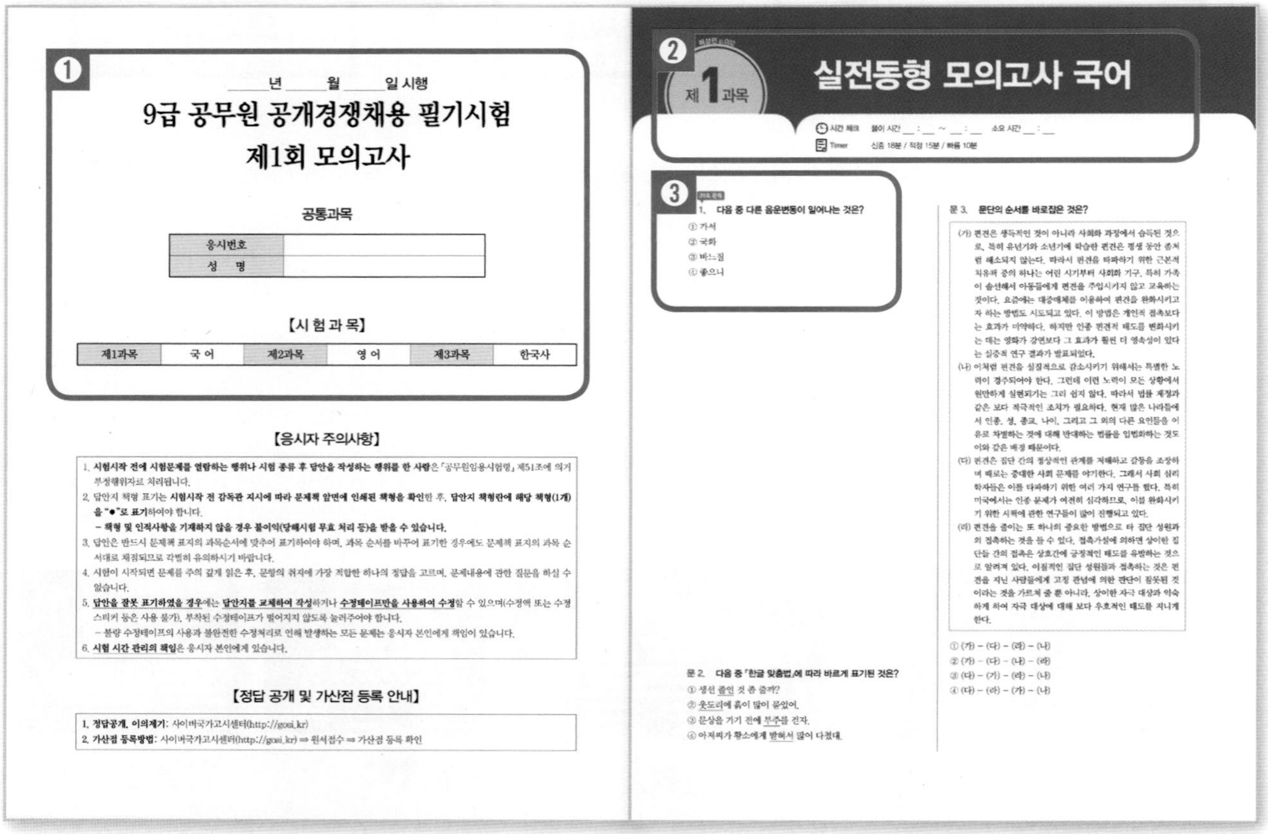

① 시험장의 느낌 그대로!

실제 시험지와 같은 형태 그대로 담아 시험장에서도 당황하지 않고 자신감 있게 시험을 치를 수 있습니다.

② 실제 시험처럼 시간 체크!

과목당 풀이 시간과 소요 시간을 체크하며 공부해 보세요. 신중/적정/빠름 3가지로 내 시험 스타일을 파악할 수 있습니다.

③ 20초 문제 표시!

난도 하 문제에 '20초 문제'를 표시하였습니다. 비교적 쉬운 문제는 긴 시간 필요 없이 빠르게 풀어 시간을 아껴 보세요!

FEATURE

해설편

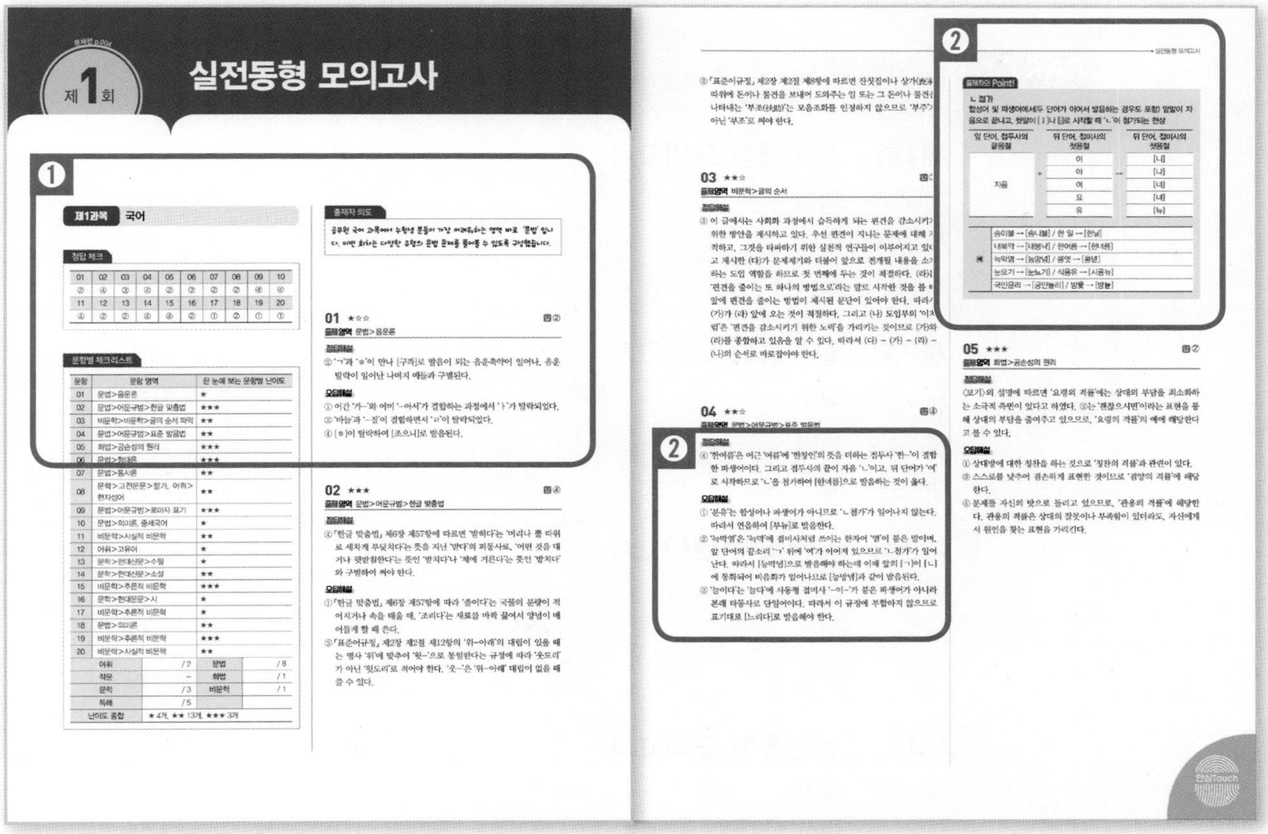

① 문항별 체크리스트/출제자의 의도

'문항별 체크리스트'로 문제의 영역과 난도를 한눈에 파악할 수 있고, '출제자의 의도'에서 문제의 포인트를 짚어 주어 문제에 대한 이해도를 한 번에 높일 수 있습니다.

② 상세한 해설/출제자의 Point

각 문제마다 정답해설과 오답해설을 수록하여 혼자서도 학습이 가능하도록 하였고, '출제자의 Point'로 관련 이론을 보충할 수 있도록 하였습니다.

알파 모의고사 9급 공무원 공통과목

이 책의 목차 CONTENTS

PART 1 실전동형 모의고사

PART 1

실전동형 모의고사
문제편

_____년 _____월 _____일 시행

9급 공무원 공개경쟁채용 필기시험
제1회 모의고사

공통과목

응시번호	
성 명	

【시 험 과 목】

제1과목	국 어	제2과목	영 어	제3과목	한국사

【응시자 주의사항】

1. **시험시작 전에 시험문제를 열람하는 행위나 시험 종류 후 답안을 작성하는 행위를 한 사람**은 「공무원임용시험령」 제51조에 의거 부정행위자로 처리됩니다.
2. 답안지 책형 표기는 **시험시작 전 감독관 지시에 따라 문제책 앞면에 인쇄된 책형을 확인**한 후, **답안지 책형란에 해당 책형(1개)을 "●"로 표기**하여야 합니다.
   – 책형 및 인적사항을 기재하지 않을 경우 불이익(당해시험 무효 처리 등)을 받을 수 있습니다.
3. 답안은 반드시 문제책 표지의 과목순서에 맞추어 표기하여야 하며, 과목 순서를 바꾸어 표기한 경우에도 문제책 표지의 과목 순서대로 채점되므로 각별히 유의하시기 바랍니다.
4. 시험이 시작되면 문제를 주의 깊게 읽은 후, 문항의 취지에 가장 적합한 하나의 정답을 고르며, 문제내용에 관한 질문을 하실 수 없습니다.
5. **답안을 잘못 표기하였을 경우**에는 **답안지를 교체하여 작성**하거나 **수정테이프만을 사용하여 수정**할 수 있으며(수정액 또는 수정스티커 등은 사용 불가), 부착된 수정테이프가 떨어지지 않도록 눌러주어야 합니다.
   – 불량 수정테이프의 사용과 불완전한 수정처리로 인해 발생하는 모든 문제는 응시자 본인에게 책임이 있습니다.
6. **시험 시간 관리의 책임**은 응시자 본인에게 있습니다.

【정답 공개 및 가산점 등록 안내】

1. **정답공개, 이의제기**: 사이버국가고시센터(http://gosi.kr)
2. **가산점 등록방법**: 사이버국가고시센터(http://gosi.kr) ⇒ 원서접수 ⇒ 가산점 등록 확인

해설편 p.002

제 1 과목 실전동형 모의고사 국어

시간 체크 풀이 시간 ___ : ___ ~ ___ : ___ 소요 시간 ___ : ___

Timer 신중 18분 / 적정 15분 / 빠름 10분

20초 문제

문 1. 다음 중 다른 음운변동이 일어나는 것은?

① 가서

② 국화

③ 바느질

④ 좋으니

문 2. 다음 중 「한글 맞춤법」에 따라 바르게 표기된 것은?

① 생선 졸인 것 좀 줄까?

② 웃도리에 흙이 많이 묻었어.

③ 문상을 가기 전에 부주를 걷자.

④ 아저씨가 황소에게 받혀서 많이 다쳤대.

문 3. 문단의 순서를 바로잡은 것은?

(가) 편견은 생득적인 것이 아니라 사회화 과정에서 습득된 것으로, 특히 유년기와 소년기에 학습한 편견은 평생 동안 좀처럼 해소되지 않는다. 따라서 편견을 타파하기 위한 근본적 치유책 중의 하나는 어린 시기부터 사회화 기구, 특히 가족이 솔선해서 아동들에게 편견을 주입시키지 않고 교육하는 것이다. 요즘에는 대중매체를 이용하여 편견을 완화시키고자 하는 방법도 시도되고 있다. 이 방법은 개인적 접촉보다는 효과가 미약하다. 하지만 인종 편견적 태도를 변화시키는 데는 영화가 강연보다 그 효과가 훨씬 더 영속성이 있다는 실증적 연구 결과가 발표되었다.

(나) 이처럼 편견을 실질적으로 감소시키기 위해서는 특별한 노력이 경주되어야 한다. 그런데 이런 노력이 모든 상황에서 원만하게 실현되기는 그리 쉽지 않다. 따라서 법률 제정과 같은 보다 적극적인 조치가 필요하다. 현재 많은 나라들에서 인종, 성, 종교, 나이, 그리고 그 외의 다른 요인들을 이유로 차별하는 것에 대해 반대하는 법률을 입법화하는 것도 이와 같은 배경 때문이다.

(다) 편견은 집단 간의 정상적인 관계를 저해하고 갈등을 조장하며 때로는 중대한 사회 문제를 야기한다. 그래서 사회 심리학자들은 이를 타파하기 위한 여러 가지 연구를 했다. 특히 미국에서는 인종 문제가 여전히 심각하므로, 이를 완화시키기 위한 시책에 관한 연구들이 많이 진행되고 있다.

(라) 편견을 줄이는 또 하나의 중요한 방법으로 타 집단 성원과의 접촉하는 것을 들 수 있다. 접촉가설에 의하면 상이한 집단들 간의 접촉은 상호간에 긍정적인 태도를 유발하는 것으로 알려져 있다. 이질적인 집단 성원들과 접촉하는 것은 편견을 지닌 사람들에게 고정 관념에 의한 판단이 잘못된 것이라는 것을 가르쳐 줄 뿐 아니라, 상이한 자극 대상과 익숙하게 하여 자극 대상에 대해 보다 우호적인 태도를 지니게 한다.

① (가) – (다) – (라) – (나)

② (가) – (다) – (나) – (라)

③ (다) – (가) – (라) – (나)

④ (다) – (라) – (가) – (나)

문 4. 다음 「표준 발음법」 규정을 적용한 예로 알맞은 것은?

> 「표준 발음법」 제7장 제29항
> 합성어 및 파생어에서, 앞 단어나 접두사의 끝이 자음이고 뒤 단어나 접미사의 첫음절이 '이, 야, 여, 요, 유'인 경우에는, 'ㄴ' 음을 첨가하여 [니, 냐, 녀, 뇨, 뉴]로 발음한다.

① 분유[부뉴]
② 늑막염[능마겸]
③ 늘이다[늘리다]
④ 한여름[한녀름]

문 5. 〈보기〉에서 설명한 '요령의 격률'에 해당하는 예로 적절한 것은?

> 보기
> 대화를 할 때는 상대방에게 공손하지 않은 표현은 최소화하고, 공손한 표현은 최대화하여 말해야 하는데, 그것을 '공손성의 원리'라고 한다. 그 중 '요령의 격률'은 상대방에게 부담이 되는 표현 대신 이익이 되는 표현을 하는 것이다. 이는 상대의 부담을 최소화하는 소극적 측면과 상대의 이익을 최대화하는 적극적인 측면으로 이루어진다.

① 시연이는 재주가 많아서 참 좋겠네.
② 괜찮으시면 시간 좀 내주시겠습니까?
③ 부족한 솜씨인데 너그럽게 봐주셔서 감사합니다.
④ 제가 내용을 잘 이해하지 못해서 그러는데 다시 한번 설명해 주시겠어요?

문 6. 짝 지어진 두 문장의 밑줄 친 부분의 문장 성분이 모두 보조 용언인 것은?

① 집에 거의 다 와 <u>간다</u>.
작심삼일이라고 며칠이나 <u>가겠니</u>?
② 선생님께 문안 인사를 <u>드렸다</u>.
부모님 댁에 보일러를 놓아 <u>드렸다</u>.
③ 비도 오고<u>해서</u> 일찍 귀가했다.
물건이 좋기는 한데 너무 <u>비싸다</u>.
④ 이런 일은 당해 <u>보지</u> 않으면 몰라.
그 집 식구들은 잔칫상을 <u>보느라</u> 바빴다.

문 7. 어법상 옳지 않은 표현을 고친 것 중 알맞지 않은 것은?

① 흡연을 삼가합시다.
→ 흡연을 삼갑시다.
② 그는 술을 취해서 정신을 차리지 못했다.
→ 그는 술이 취해서 정신을 차리지 못했다.
③ 대통령은 진지한 연설로서 국민을 설득했다.
→ 대통령은 진지한 연설로써 국민을 설득했다.
④ 제안서 및 과업 지시서는 참가 신청자에게 한하여 교부한다.
→ 제안서 및 과업 지시서는 참가 신청자에 한하여 교부한다.

문 8. 밑줄 친 부분과 관련된 한자성어로 적절한 것은?

> 생사로(生死路)ᄂᆞᆫ
> 예 이샤매 저히고
> <u>나ᄂᆞᆫ가ᄂᆞ다 말ㅅ도</u>
> <u>몯다 닏고 가ᄂᆞᆫ닛고</u>
> 어느 ᄀᆞᅀᆞᆯ 이른 ᄇᆞᄅᆞ매
> 이에 저에 ᄠᅥ딜 닙다이
> ᄒᆞᄃᆞᆫ 가재 나고
> 가논곧 모ᄃᆞ온뎌
> 아이 미타찰(弥陀刹)애 맛보올 내
> 도(道)닷가 기드리고다
>
> – 월명사, 양주동 역 「제망매가」 –

① 磨斧爲針
② 雪泥鴻爪
③ 晝耕夜讀
④ 風樹之嘆

문 9. 로마자 표기 중 〈보기〉에 해당하지 않는 것은?

> 보기
> • 음운 변화가 일어날 때에는 변화의 결과에 따라 적는다.
> • 된소리되기는 표기에 반영하지 않는다.
> • 자연 지물명, 문화재명, 인공 축조물명은 붙임표(–) 없이 붙여 쓴다.

① 젓갈 Jeotgal
② 신선로 Sinseollo
③ 한라산 Hallasan
④ 식혜 Sikhye

20초 문제

문 10. 다음 예와 같은 의미 변화가 일어난 것으로 알맞은 것은?

'인정'은 예전에 벼슬아치들에게 몰래 주던 선물을 의미했으나, 지금은 남을 동정하는 따뜻한 마음을 이른다.

① '즈믄'이라는 말은 현재 쓰이지 않는다.
② 예전에는 '스물'을 '스믈'로 표기했다.
③ '인터넷'은 기술의 발전에 따라 새롭게 생겨난 말이다.
④ '예쁘다'는 말은 본래 불쌍하다는 의미였으나 지금은 아름답다는 의미로 쓰인다.

문 11. 다음 글의 주제로 알맞은 것은?

통계는 다양한 분야에서 사용되며 막강한 위력을 발휘하고 있다. 그러나 모든 도구나 방법이 그렇듯이, 통계 수치에도 함정이 있다. 함정에 빠지지 않으려면 통계 수치의 의미를 정확히 이해하고, 도구와 방법을 올바르게 사용해야 한다. 친구 5명이 만나서 이야기를 나누다가 연봉이 화제가 되었다. 2천만 원이 4명, 7천만 원이 1명이었는데, 평균을 내면 3천만 원이다. 이 숫자에 대해 4명은 "나는 봉급이 왜 이렇게 적을까?"하며 한숨을 내쉬었다. 그러나 이 평균값 3천만 원이 5명의 집단을 대표하는 데에 아무 문제가 없을까? 물론 계산 과정에는 하자가 없지만, 평균을 집단의 대푯값으로 사용하는 데에 어떤 한계가 있을 수 있는지 깊이 생각해 보지 않는다면, 우리는 잘못된 생각에 빠질 수도 있다. 평균은 극단적으로 아웃라이어(비정상적인 수치)에 민감하다. 집단 내에 아웃라이어가 하나만 있어도 평균이 크게 바뀐다는 것이다. 위의 예에서 1명의 연봉이 7천만 원이 아니라 100억 원이었다고 하자. 그러면 평균은 20억 원이 넘게 된다. 나머지 4명은 자신의 연봉이 평균치의100분의 1밖에 안 된다며 슬퍼해야 할까? 연봉 100억 원인 사람이 아웃라이어이듯이 처음의 예에서 연봉 7천만 원인 사람도 아웃라이어인 것이다. 두드러진 아웃라이어가 있는 경우에는 평균보다는 최빈값이나 중앙값이 대푯값으로서 더 나을 수 있다.

① 통계의 막강한 위력과 함정
② 대푯값으로서의 평균의 부적절성
③ 통계에서 아웃라이어가 하는 역할
④ 통계 수치에 대한 올바른 인식과 활용의 중요성

문 12. 단어의 뜻풀이가 바르지 않은 것은?

① 호락 : 진실하지 아니하고 장난으로 하는 짓
② 틀거지 : 몹시 서두르며 부산하게 구는 행동
③ 네뚜리 : 사람이나 물건 따위를 대수롭지 않게 여김
④ 가납사니 : 쓸데없는 말을 지껄이기를 좋아하는 수다스러운 사람

20초 문제

문 13. 다음 중 글쓴이와 태도가 유사한 것은?

나는 잔디를 밟기 좋아한다. 젖은 시새를 밟기 좋아한다. 고무창 댄 구두를 신고 아스팔트 위를 걷기를 좋아한다. 아가의 머리칼을 만지기 좋아한다. 새로 나온 나뭇잎을 만지기 좋아한다. 나는 보드랍고 고운 화롯불 재를 만지기 좋아한다. 나는 남의 아내의 수달피 목도리를 만져 보기 좋아한다. 그리고 아내에게 좀 미안한 생각을 한다.

나는 아름다운 얼굴을 좋아한다. 웃는 아름다운 얼굴을 더 좋아한다. 서영이 엄마가 자기 아이를 바라보고 웃는 얼굴도 좋아한다. 나 아는 여인들이 인사 대신으로 웃는 웃음을 나는 좋아한다.

나는 아름다운 빛을 사랑한다. 골짜기마다 단풍이 찬란한 만폭동, 앞을 바라보면 걸음이 급하여지고 뒤를 돌아다보면 더 좋은 단풍을 두고 가는 것 같아서 어쩔 줄 모르고 서 있었다. 예전 우리 유치원 선생님이 주신 색종이 같은 빨간색, 보라, 자주, 초록, 이런 황홀한 색깔을 나는 좋아한다. 나는 우리나라 가을 하늘을 사랑한다. 나는 진주 빛, 비둘기 빛을 좋아한다. 나는 오래된 가구의 마호가니 빛을 좋아한다. 늙어 가는 학자의 희끗희끗한 머리칼을 좋아한다.

– 피천득, 「나의 사랑하는 생활」 –

① 무쇠도 내버려 두면 녹이 슬고 만다. 옥도 닦지 않으면 광채를 발하지 않는다. 우리의 마음도 가꾸지 않으면 녹이 슬고 만다.
– 안병욱, 「인생은 오월처럼」 –
② 나는 그믐달을 몹시 사랑한다. 그믐달은 너무 요염하여 감히 손을 댈 수도 없고 말을 붙일 수도 없이 깜찍하게 어여쁜 계집 같은 달인 동시에 가슴이 저리고 쓰리도록 가련한 달이다.
– 나도향, 「그믐달」 –
③ 폭포가 자연 그대로의 힘이라면 분수는 거역하는 힘, 인위적인 힘의 산물이다. 여기에 바로 운명에 대한, 인간에 대한, 자연에 대한 동양인과 서양인의 두 가지 다른 태도가 생겨난다.
– 이어령, 「폭포와 분수」 –
④ 물질문명의 발달은 계속 더 적극적인 건축 행위를 필요로 하는 것도 사실이다. 더 많은 공간을 차지하는, 더 크고 화려한 건축물을 요구해 오는 사람들에게 건축은 아무 거리낌 없이 건축 행위를 계속해 왔다. 그러나 이제는 그러한 팽창 위주의 건축 행위가 무제한 계속될 수 없다는 사실에 부딪히게 되었다.
– 김수근, 「건축과 동양정신」 –

문 14. ㉠과 관련지어 볼 때, ㉡에 담긴 뜻으로 적절한 것은?

서울이 수복되고 화장장이 정상화되자마자 어머니는 오빠를 화장할 것을 의논해 왔다. 그때 우리와 합하게 된 올케는 아비 없는 아들들에게 무덤이라도 남겨 줘야 한다고 공동묘지로라도 이장할 것을 주장했다. 어머니는 오빠를 죽게 한 것이 자기 죄처럼, 젊어 과부된 며느리한테 기가 죽어 지냈었는데 그때만은 조금도 양보할 기세가 아니었다. 남편의 임종도 못보고 과부가 된 것도 억울한데 그 무덤까지 말살하려는 시어머니의 모진 마음이 야속하고 정떨어졌으련만 그런 기세 속엔 거역할 수 없는 위엄과 비통한 의지가 담겨져 있어 종당엔 올케도 순종을 하고 말았다.

㉠ 오빠의 살은 연기가 되고 뼈는 한 줌의 가루가 되었다. 어머니는 앞장서서 강화로 가는 시외버스 정류장으로 갔다. 우린 묵묵히 뒤따랐다. 강화도에서 내린 어머니는 사람들에게 묻고 물어서 멀리 개풍군이 보이는 바닷가에 섰다. 그리고 지척으로 보이되 갈 수 없는 땅을 향해 그 한 줌의 먼지를 훨훨 날렸다. 개풍군 땅은 우리 가족의 선영이 있는 땅이었지만 선영에 못 묻히는 한(恨)을 그런 방법으로 풀고 있다곤 생각되지 않았다. 어머니의 모습엔 운명에 순종하고 한을 지그시 품고 삭이는 약하고 다소곳한 여자 티는 조금도 없었다. 방금 출전하려는 용사처럼 씩씩하고 도전적이었다.

어머니는 한 줌의 먼지와 바람으로써 너무도 엄청난 것과의 싸움을 시도하고 있었다. 어머니에게 그 한 줌의 먼지와 바람은 결코 미약한 게 아니었다. 그야말로 어머니를 짓밟고 모든 것을 빼앗아 간, 어머니가 도저히 이해할 수 없는 분단(分斷)이란 괴물을 홀로 거역할 수 있는 유일한 수단이었다.

㉡ 어머니는 나더러 그때 그 자리에서 또 그 짓을 하란다. 이젠 자기가 몸소 그 먼지와 바람이 될 테니 나더러 그 짓을 하란다. 그 후 삼십 년이란 세월이 흘렀건만 그 괴물을 무화(無化)시키는 길은 정녕 그 짓밖에 없는가?

"너한테 미안하구나, 그렇지만 부탁한다."

어머니도 그 짓밖에 물려줄 수 없는 게 진정으로 미안한 양 표정이 애달프게 이지러졌다.

아아, 나는 그 짓을 또 한 번 할 수밖에 없을 것 같다.

어머니는 아직도 투병 중이시다.

– 박완서, 『엄마의 말뚝』 2 –

① '어머니'는 고향을 떠나온 일을 후회하고 있다.
② '나'는 어머니의 당부를 따르지 않으려고 한다.
③ '어머니'와 '나'는 내심 오빠를 화장한 일을 후회하고 있다.
④ '어머니'는 죽은 아들을 떠나보낸 고향으로 가고 싶어 한다.

문 15. 이 글을 읽고 '우리나라의 전통적 명분관'에 대해 추론한 것으로 적절하지 않은 것은?

우리나라의 전통적 명분관은 근본적으로 신분 질서나 상하의식에 따라 각각의 분수를 지키도록 규정한 것으로 사회적 계층적 명분론의 성격을 지니며, 동시에 개인이나 사회가 당면하는 문제에 대응하는 판단이나 행위에 대하여 정당성을 부여하는 도덕적 명분론의 성격을 지니고 있다.

계층적 명분관은 사회 내에 엄격한 계층 구조를 형성하여 안정된 사회의 질서를 유지할 수 있게 하는 기능을 하였다. 가령 부모와 자녀, 부부, 형제, 고부(姑婦) 등 가족 구성원 사이에서 나타나는 계층적 성격에 따라 각자에게 명분이 부여되어 가족 내의 질서를 지탱했다. 이러한 명분관에 따라 부모의 도리나 자식의 도리나 신하의 도리 등 각자 지켜야 할 도리가 주어지면, 이 명분은 위아래의 어느 쪽에 대해서도 지켜야 할 규범으로 작용하게 된다. 그래서 우리나라의 명분관은 계층적이라고 해도 윗사람에게는 관대하고 아랫사람에게는 억압적이었던 것은 아니었다. 어떤 공동체 안에서 흔히 일어나는 억압적인 현상은 힘 있는 강자가 명분을 경시하거나 무시하는 데서 기인하는 것으로 보아야 한다. 전통 사회에서는 위아래의 구성원 모두 각각 그 역할에 따라 명분의 제약을 받음으로써 공동체의 질서와 결속을 확보해 왔다.

그러나 명분론은 기존의 안정적인 질서를 깨뜨리고 역동적인 변화를 추구하고자 하는 인간의 진보적 요구를 억누르는 보수적 성격을 띠고 있었다. 그리고 신분에 따른 구속에서 벗어나고 싶어 하는 인간의 자연적 욕구를 명분을 앞세워 억제하였다. 그래서 이 같은 계층적 명분관은 근대에 이르러 신분 제도가 동요하고 붕괴함에 따라 점차 타당성을 잃게 되었다. 그럼에도 아직도 우리 사회에는 자신의 분수를 지키는 것을 미덕으로 여기면서, 도전과 모험의 진취적 태도를 부정하는 의식의 흔적이 도처에 남아 있음을 볼 수 있다.

이와 달리 도덕적 명분관은 인간의 모든 행위에 대해 인간의 본성에 근거하는 도덕적 정당성의 기준을 제시함으로서 개인의 정의감이나 용기를 뒷받침한다. 예를 들면 불의에 대한 비판 의식이나 타협을 거부하는 선비의 강작한 정신 같은 것으로, 이는 우리 사회를 도덕적으로 건전하게 이끄는데 기여했다. 또한 사회적 행위에 적용되는 도덕적 명분은 공동체의 정당성을 확고하게 하여 사회를 통합하는 역할을 한다.

그러나 자신의 정당성에 대한 신념이 지나친 나머지, 경직된 비판 의식을 발휘하게 되면 사회적 긴장과 분열을 초래할 수도 있다. 예컨대 조선 후기의 당쟁(黨爭)은 경직된 명분론의 대립으로 말미암아 심화된 것이라고 할 수 있다. 또한 이 시기에는 도덕적 명분론의 형식화가 고착화되면서 실용적인 측면을 소홀히 하는 경향이 나타나기도 하였다. 그래서 당시 실학자들은 실용적 관점에서 의리론적 명분론의 허구성을 비판한 견해를 제시하기도 하였다.

현대의 우리 사회는 구성원 사이의 평등을 기본 원리로 하고 있기 때문에, 전통적인 계층적 명분관은 설득력을 잃어 가고 있다. 그러나 평등 사회라고 하더라도 자신의 행동이나 역할의 정당성을 확보하기 위한 명분은 확인할 필요가 있다. 즉, 오늘의 시민 사회에 어울리는 새로운 명분을 찾아야 한다는 말이다. 왜냐하면 경제 정의의 실천 등 우리가 당면해 있는 이 시대의 구체적 과제가 현실적 조건에 따라 특수한 명분을 제시하여 우리를 제약할 수도 있기 때문이다.

① 힘 있는 강자도 명분의 제약을 받는다.
② 전통적 명분관은 사회 결속을 목적으로 한다.
③ 현대 사회에서는 전통적 명분관을 그대로 계승하기는 어렵다.
④ 도덕적 명분관은 사회 분열을 초래하므로 정당성이 떨어진다.

20초 문제

문 16. **이 시의 화자가 인식하고 있는 현실 상황으로 알맞지 않은 것은?**

우리가 눈발이라면
허공에서 쭈빗쭈빗 흩날리는
진눈깨비는 되지 말자
세상이 바람 불고 춥고 어둡다 해도
사람이 사는 마을
가장 낮은 곳으로
따뜻한 함박눈이 되어 내리자
우리가 눈발이라면
잠 못 든 이의 창문가에서는
편지가 되고
그이의 깊고 붉은 상처 위에 돋는
새살이 되자

– 안도현, 「우리가 눈발이라면」 –

① 외롭고 소외된 삶을 사는 이웃이 있다.
② 모든 사람들이 더 나은 삶을 추구하고 있다.
③ 어려운 사람에게 고통을 주는 사람들이 있다.
④ 소외된 이웃에게 관심을 갖는 사람들이 별로 없다.

20초 문제

문 17. **이 글의 내용으로 미루어 볼 때 언어 규범이 지켜지지 않는 근본적인 이유는?**

우리말에서 신경을 써서 가꾸고 다듬어야 할 요소들은 여러 가지가 있지만, 반드시 강조해 두고 싶은 것은 규범을 지키는 언어생활이다.

우리는 우리말 사용에서 나타날 수 있는 혼란을 방지하기 위하여 표준어 규정, 맞춤법 규정, 표준 발음 규정, 외래어 표기법 같은 국가적 차원의 규범을 만들어 놓고 언어생활에서 이를 지키도록 하고 있다. 나는 소위 선진국이라는 나라에 몇 번 머무를 기회가 있었는데, 철자를 잘못 적는 일은 한 번도 목격한 적이 없다. 이에 반해 우리의 실정은 어떠한가? 거리에 나가 거닐면서 각종 상점의 간판, 광고, 표지 등을 잠깐만 살펴보더라도, 규범을 지키지 않은 사례들을 한두 건은 어렵지 않게 찾아낼 수 있을 정도이다. 또, 공식적인 자리에서조차 표준어 규정이나 표준 발음에 어긋나는 말을 서슴지 않고 하거나, 심지어 영어 철자법에는 자신이 있는데 한글 맞춤법은 어려워서 영 자신이 없다고 무슨 자랑거리라도 되는 듯이 이야기하는 지식인을 본 적도 있다. 사실, 영어의 철자는 너무나도 불규칙해서 송두리째 암기하지 않으면 안 된다. 이에 비하면, 우리말의 맞춤법은 영어와는 비교가 되지 않을 정도로 쉽다. 그런데도 우리말의 맞춤법이 어렵다고 생각하게 되었다면, 그것은 결국 우리말을 소홀하게 생각해 온 데서 비롯된 결과가 아니겠는가?

① 우리말에 대한 국민의 관심이 적다.
② 새로 바뀐 맞춤법의 교육이 이루어지지 않았다.
③ 새로운 규범이 사회에 정착하려면 시간이 걸린다.
④ 표준어규정이나 한글 맞춤법 등의 내용이 너무 어렵다.

문 18. **다음 중 '굳다'가 ㉠과 같은 뜻으로 쓰인 것은?**

19세기 중엽에 탄생된 여러 계통의 사회 과학을 보면, 우리들의 생활이 급속도로 사회 중심 체제로 변한 것을 실감하게 된다. 그러므로 옛날에는 개인이 중심이고 사회가 그 부수적인 현상같이 느껴졌으나, 오늘에 이르러서는 사회가 중심이 되고 개인은 그 사회의 부분들인 것으로 생각되기에 이르렀다. 특히, 사회가 그 시대의 사람들을 만든다는 주장이 대두되면서부터 그 성격이 점차 ㉠ 굳어졌다. 실제로 현대를 살고 있는 우리들의 생활을 살펴보면, 내가 살고 있다기보다는 '우리'가 살고 있으며, 이 때의 '우리'라 함은 정치, 경제 등의 집단인 사회를 가리키고 있는 것이 오늘의 현실이다.

① 비 온 뒤에 땅이 굳어지는 법이다.
② 한번 굳어진 습관은 바꾸기가 어렵다.
③ 꾸준히 연습을 하지 않으면 손이 굳는다.
④ 그 소식을 듣고 그녀는 표정이 굳어졌다.

문 19. 밑줄 친 부분에서 비판하는 대상으로 적절한 것은?

우리는 모두 인습적인 형태와 색채만이 옳은 것이라고 생각하는 경향이 있다. 대체로 어린이들은 별이 모두 별표 모양을 하고 있다고 생각하지만, 실제로 별을 관찰해 본 사람은 다양한 별의 모습을 발견하게 된다. 그림 속의 하늘은 푸른색이어야 하고 풀은 초록색이어야 한다고 주장하는 사람들은 이 어린이들과 별로 다를 바가 없다. 우주 탐험 여행차 지구에 갓 도착하여 지구상의 사물을 처음 대하는 우주인의 관점에서 본다면, 우리는 사물들이 엄청나게 놀라운 또 다른 형상과 색채들을 지니고 있다는 것을 새삼 깨닫게 될 것이다. 화가들은 그러한 우주 탐험 여행을 하고 있는 사람으로 볼 수 있다. 그들은 세계를 새롭게 보기를 원하고 있으며, 사람의 피부는 분홍색이고 사과는 둥글다는 기존의 편견을 버리려고 노력하고 있다.

미술 작품을 감상할 때 개인적인 선입견을 고집하는 것보다 더 큰 장애는 없다. 친숙하게 알고 있는 주제를 전혀 예기치 못한 일탈적인 방법으로 표현한 그림을 대했을 때 사람들은 흔히 그 그림이 정확해 보이지 않는다는 이유만으로 비난하곤 한다. 성경의 내용을 그린 그림도 이런 비난을 받곤 한다. <u>우리에게 낯익은 그리스도상이 과거의 미술가들이 가지고 있던 신에 대한 형상에 불과하다는 것을 알고 있으면서도, 많은 사람들이 여전히 전통적인 형태에서 벗어난 것은 신에 대한 불경(不敬)이라고 생각한다</u>.

① 인습에서 벗어나지 못하는 비합리적 사고
② 실재와 상상을 구별하지 못하는 무비판적 사고
③ 종교적 신앙에 배치되는 것을 인정하지 않으려는 배타적 사고
④ 자기 본위적인 기준에서 벗어난 것은 용납하지 않는 편협한 사고

문 20. '소비 사회의 몸'에 대한 글쓴이의 생각으로 적절하지 않은 것은?

소비 사회에서 몸은 자연스럽게 자기표현의 중심이 된다. 산업의 발달로 물질이 풍요해지자 인간은 다양한 소비를 통해 자신의 욕구를 충족할 수 있게 되었고 소비를 통해 자신을 표현한다고 믿게 되었다. 오늘날 소비는 대중 매체에 의해 조정되고 조절되는 경향이 짙다. 또한 인간은 영상 매체에서 본 이미지를 모방하여 자신을 표현하고자 한다. 이러한 점에서 소비를 통한 자기표현은 타인의 시선에 의해 규정된다고 할 수 있으며, 주체적이고 능동적인 자기 이미지를 만드는 과정으로 보기 어렵다. 결국 소비를 통해 자신의 이미지를 형성하려는 행위는 자신의 상품 가치를 높이는 것에 불과할 뿐이다.

날씬한 여성의 이미지를 선호하는 것도 이와 밀접하게 닿아 있다. 모든 유형의 다이어트가 오늘날과 같은 이유로 행해진 것은 아니다. 중세에 다이어트는 종교적 생활양식에서 영혼을 통제하려는 훈육(訓育)의 한 방법이었고, 18세기에는 특정 집단에 속한 사람들이 음식의 양과 유형을 조절하는 방식이었다. 이와 달리 오늘날의 다이어트는 대부분 날씬한 몸매를 만들어서 자신의 상품 가치를 높이려는 목적에서 이루어진다. 외모에 대한 그릇된 인식은 이러한 다이어트 열풍을 부추겼으며, 대중 매체를 통해 점점 더 확대되고 재생산되고 있다.

자기를 표현하는 수단으로서의 몸에 대한 관심은 자본주의의 상품화 논리에 지배되면서 오히려 자기 몸을 소외시키고 있다. 대중 매체를 통해 확산되는 상품으로서의 몸 이미지와 외모 지향적 가치관은 매력적인 몸에 대한 강박 관념을 강화하고, 사람들을 다이어트를 통한 날씬한 몸매 만들기 대열에 합류시킨다. 이처럼 대중 매체 속에서 만들어진 획일화된 몸 이미지는 우리에게 더 이상 몸은 없고 몸 이미지만 남게 한다.

① 몸이 영혼을 통제하는 수단으로 여겨진다.
② 자기표현이 대중 매체에 의해 조정 · 조절된다.
③ 진정한 몸은 소외되고 몸의 이미지만 남아있다.
④ 자신의 상품 가치를 높이기 위한 수단으로 전락했다.

해설편 p.008

제 2 과목 실전동형 모의고사 영어

시간 체크 풀이 시간 ___ : ___ ~ ___ : ___ 소요 시간 ___ : ___

Timer 신중 18분 / 적정 15분 / 빠름 10분

문 1. 다음 문장에서 밑줄 친 부분의 의미와 가장 가까운 것은?

> Space junk could not only <u>jeopardize</u> space mis-sions from the damage it causes, but it could also put human lives in danger.

① avert
② imperil
③ renounce
④ surmount

문 2. 다음 문장에서 밑줄 친 부분의 의미와 가장 가까운 것은?

> Columbo, whose disheveled appearance and lackadaisical investigations disguise his sharp and <u>shrewd</u> intelligence.

① thermal
② forged
③ nocturnal
④ astute

문 3. 다음 빈칸에 들어갈 가장 적절한 것을 고르시오.

> In the skirmishes and wars, the American Indians were outnumbered and outgunned, and engaged in a losing battle against a tide of settlers ____________ on his land.

① inspecting
② abridging
③ encroaching
④ divulging

문 4. 다음 빈칸에 들어갈 가장 적절한 것을 고르시오.

> It is absurd for one man to possess such gigantic wealth, and for several hundred thousand to live __________________.

① from hand to mouth
② out of the question
③ up in the air
④ in a muddle

20초 문제

문 5. 다음 밑줄 친 부분 중 어법상 올바르지 않은 것을 고르시오.

> When women are choosing their career paths, the question of marriage and babies ① <u>is</u> largely abstract. The age ② <u>at which</u> women college graduates ③ <u>has</u> their first baby has gone up dramatically. In 1970, 73 percent of college-educated women had their first baby by thirty, while in 2000, only 36 percent ④ <u>did</u> so during that time frame. This incredible shift in large part reflects greater opportunities — and a greater necessity — for women to participate in the workforce.

문 6. 다음 대화의 빈칸에 들어갈 표현으로 가장 적절한 것은?

A : How much do you think it will cost to get to New Zealand by plane?
B : Um, ____________________, I'd say about $1500.
A : Okay. I think I'd better find out.

① not that I know of
② take it or leave it
③ off the top of my head
④ suit yourself

문 7. 다음 대화의 빈칸에 들어갈 표현으로 가장 적절한 것은?

A : You look bad today. What's wrong?
B : I drank too much last night with my friends.
A : Didn't you say that you're not going to drink again?
B : I did. But I couldn't. Because of my friends, we went bar hopping three times last night.
A : Do not blame others.
B : Okay! I won't drink any longer. ______________ ________________.

① I have butterflies in my stomach
② You can take my word for it
③ It's state-of-the-art
④ With your tongue in cheek

문 8. 다음 중 어법상 올바른 문장을 고르시오.

① Many people dedicate themselves to become successful.
② This dinosaur seems to have been present about 70 million years ago.
③ However the issue may appear to be trivial, it could lead to a war between the two countries.
④ There are some books, either of which are very instructive.

문 9. 다음 밑줄 친 부분 중 어법상 올바르지 않은 것을 고르시오.

In 1961, Jerry Richardson faced an important decision. He had a job that was considered glamorously. But when the raise he had requested ① <u>was turned down</u>, he felt the time had come to start his own business. He retired from football. Richardson and his family moved back to South Carolina, ② <u>where</u> an old college buddy invited him to buy a hamburger stand. Richardson bought Hardee's first franchise. He went from catching footballs to flipping hamburgers twelve hours a day. ③ <u>Frustrated as he was</u>, Richardson refused to give up. He focused on making his restaurant more ④ <u>efficiently</u>. Before long, his business boomed.

문 10. 우리말의 대한 영작문으로 올바른 것을 고르시오.

① 우리는 돌아가면서 간식 비용을 내.
→ We take turn paying for the snack.
② 미국은 흔히 양대 정당 제도로 생각된다.
→ The United States is often thought of as a two-party system.
③ 공연이 제공되는 특별한 건물은 오페라 하우스라고 불린다.
→ The special building where performance are given called an Opera House.
④ 미국 정부는 불법 이민자들에 대해 좀 더 엄격한 입장을 취하는 것을 고려하고 있다.
→ The U.S. government has been considering to take a tougher stance against illegal immi-grants.

문 11. 다음 글의 제목으로 가장 적절한 것은?

One of history's few iron laws is that luxuries tend to become necessities. Once people get used to a certain luxury, they take it for granted. Then they begin to count on it. Finally they reach a point where they can't live without it. Let's take a familiar example from our own time. Over the last few decades, we have invented countless time-saving devices that are supposed to make life more relaxed — washing machines, vacuum cleaners, dishwashers, telephones, mobile phones, computers, email. The majority of households in the developed world have them and can't even imagine life without them. Previously it took a lot of work to write a letter, address and stamp an envelope, and take it to the mailbox. It took days or weeks, maybe even months, to get a reply. Nowadays I dash off an email, send it halfway around the globe, and receive a reply a minute later.

① Newly Accustomed Luxuries: Indispensable and Irreversible
② Time: The Most Expensive Item We Have Sought for
③ Too Many Devices Occupy Our Life and Space
④ A Leisurely Life: Humans' Lasting Dream

문 12. 다음 글에서 전체 흐름과 관계없는 문장은?

Since the dawn of the movie era more than one hundred years ago, cinema has had its skeptics and detractors. Even Louis Lumièe, one of the principal inventors of cinematography, said, "The cinema is an invention without a future." But fortunately, Lumièe was wrong. Movies did have a future. ① They have become enormously popular and immensely powerful as a tool for telling stories, communicating information, and influencing culture. ② Even the early silent films, with their jerky, unclear, black-and-white images exhibited an almost magical power to captivate viewers' attention. ③ According to a new study, about 70 percent of all the silent films ever made no longer exist, and most of those that do aren't in very good shape. ④ Today, with bone shaking surround-sound, brilliant color, wide-screen format, and digital special effects, the power of cinema to transport us to other worlds has grown to enormous proportions.

*detractor : 비방하는 사람
**jerky : 홱 움직이는

20초 문제

문 13. 다음 글에 드러난 I의 심경으로 가장 적절한 것은?

I was walking slowly down a dark hall so dark that the only thing I could see was the small crack of light coming from the end of the hall. Everything around me was still, except for my feet, which moved noiselessly across the floor, towards that hint of light that I couldn't take my eyes off of. The inexplicable silence was suddenly broken by a muffled scream. If the rest of the hall hadn't been so silent, I wouldn't have heard it. The obscure scream echoed around me, bouncing off the invisible walls around me. The echo seemed to be all around me now, suffocating me. I willed my legs to move faster down the hall, but they would not go any other pace. There was silence all around me now. Whoever had screamed, it was too late. I wasn't fast enough.

*muffled : (소리가 잘 들리지 않게) 숨죽인

① satisfied and excited
② relaxed and relieved
③ terrified and panicked
④ bored and disappointed

20초 문제

문 14. 다음 글의 요지로 가장 적절한 것은?

Why bother with a class when you can read a voice-over workbook and learn all the basics? Because a class is the place where you can take risks or "stretch," and get immediate, expert feedback from a professional. It is where you can learn and practice your craft in front of a microphone in a professional booth. Students should continue to study, and learn from various teachers or coaches. A famous voice actor once said, "Those who work a lot, work a lot, because they work a lot." An audition is not the place to try something new. But in a good voice-over class, the environment is supportive. You will be encouraged to explore and develop all dimensions of your voice and learn your strengths and weaknesses. These are less tangible essentials but they are as important as practicing one or two key skills.

① 연기자 출신 연기 지도자들에 대한 교수법 훈련이 필요하다.
② 자신의 음성의 장단점을 파악하는 것이 음성 연기의 기본이다.
③ 마이크에 따라 목소리가 다르게 들린다는 점을 명심해야 한다.
④ 전문적인 수업에 참가하는 것은 음성 연기 향상에 도움이 된다.

문 15. 다음 글의 주제로 가장 적절한 것은?

When scientists write a paper, they metaphorically have a product to promote. The product is their set of ideas about why certain phenomena exist. Occasionally, it is the only product on the market, and they need only to convince the consumer to buy any product at all. Whether or not scientists are successful will depend in part on how persuasive they are and in part on how much the product is needed. No advertising campaign is likely to sell flowers that are guaranteed not to germinate or an explanation of why people don't normally stand on their heads rather than their feet. In most cases, however, there is an already established demand for the product. Because competing salespersons are trying to corner the market, scientists must persuade the consumer not just to buy any product but rather to buy their product.

*germinate : 싹트다

① recent changes in scientific research subjects
② necessity of scientific papers being persuasive
③ importance of feedback in scientific publishing
④ roles of scientists in industrial decision-making

문 16. 다음 글의 내용과 일치하지 않는 것을 고르시오.

Inflation seems to suggest that something is getting larger. In fact, inflation means that the exchange value of money for goods is falling. To compensate for this the face value of the money is inflating. The causes of inflation are many and various. Imported inflation happens when the goods produced by another country, such as oil, becomes more expensive. This raises the price of goods derived from or depending on these imports. Wages rise to meet this increase in the cost of living. This in turn raises the price of goods and services. So the cost of living rises again. Wages catch up again and the spiral is established.

① Inflation means that the purchasing power of money is declining.
② If wages catch up with the increasing cost of living, inflation slows down accordingly.
③ Domestic goods dependent on imports are affected by the market price of the imports.
④ There are diverse situation in which inflations can be sparked.

20초 문제

문 17. 글의 흐름으로 보아, 주어진 문장이 들어가기에 가장 적절한 곳을 고르시오.

This time, however, the outcome was very different.

In a dispute over wages and working conditions, unionized Canada Post workers went on strike. Their goal was to create sufficient frustrations for customers that management would be forced into a quick settlement. (①) As a result of the strike, local and international mail delivery was halted for several weeks. (②) In the old days this would have meant that people's bills would go unpaid, letters and other forms of correspondence would slow, and customers would be greatly incon-venienced, putting considerable pressure on the government. (③) Millions of people who used to mail their monthly bills simply converted to electronic bill paying. (④) E-mail use increased as handwritten letters became increasingly slow and difficult. "Many find mail in paper form no longer plays a central role in society and the strike only accelerated that trend by making online converts of those who have hitherto been reluctant," an editorial in The Globe and Mail newspaper concluded.

※ 다음 빈칸에 들어갈 말로 가장 적절한 것을 고르시오. [문 18. ~문 19.]

문 18.

In an experiment conducted by some researchers, a woman stood on a busy sidewalk and told people passing by that she had sprained her ankle and needed help. If someone stopped, she asked him or her to get an Ace bandage from the nearby drugstore. One researcher stood inside the store and listened while the helpful person gave the request to the pharmacist, who had agreed earlier to say that he was out of Ace bandages. After being told this, not one subject, out of the twenty-five they studied, thought to ask if the pharmacist could recommend something else. People left the drugstore and returned empty-handed to the "victim" and told her the news. Researchers speculated that had she asked for less __________ help, she might have received it. But, acting on the single thought that a sprained ankle needs an Ace bandage, no one tried to find other kinds of help.

① specific
② simple
③ strange
④ creative

문 19.

In economics, we say that an economy is producing efficiently when it cannot make anyone economically better off without making someone else worse off. Pareto Optimality is a situation in which no reorganization or trade could raise the utility or satisfaction of one individual without lowering the utility or satisfaction of another individual. Pareto's principle captures a theory about how to operate efficiently in daily life. The practical implication is reflected in the 80/20 principle, which states that one can in general accomplish most of what one wants — perhaps up to 80% of the target — with only a relatively modest amount of effort — perhaps only 20% of expected effort. The principle is the observation that ______________________________. For example, 20% of the input creates 80% of the result, or 80% of your sales may come from just 20% of your products. The obvious implication is that a small proportion of your efforts provide most of the result. Thus, we can make better use of our time by investing our efforts in the 20% that will get us 80% of the results we want to achieve.

① theory does not always match practice
② sincere efforts do not betray our dreams
③ most things in life are not distributed evenly
④ we cannot obtain all the things we need in life

문 20. 주어진 글 다음에 이어질 글의 순서로 가장 적절한 것을 고르시오.

France was launched as a leading European power in 1648, when the Peace of Westphalia ended the Thirty Years' War. But a period of social and political unrest followed, in which the French nobility rebelled against the king.

(A) To keep an eye on the nobility, the court was always monitored by the king, and proper etiquette, which dictated everything from dress to facial expressions, had to be observed.

(B) The landscape itself also conformed to this idea formal gardens compelled proper etiquette, or formal behavior. The garden at Versailles was the stage for the political and social theater of 17th-century France.

(C) Louis XIV was able to subordinate these dissidents and establish an absolute monarchy. His great palace at Versailles is symbolic of absolute power and control. He ordered noble families to attend his court in Versailles regularly.

*dissident : 정치적 반대자

① (A) - (C) - (B)

② (B) - (A) - (C)

③ (B) - (C) - (A)

④ (C) - (A) - (B)

해설편 p.014

제3과목 실전동형 모의고사 한국사

시간 체크 풀이 시간 ___ : ___ ~ ___ : ___ 소요 시간 ___ : ___

Timer 신중 18분 / 적정 15분 / 빠름 10분

20초 문제

문 1. (가)~(라)를 시기순으로 바르게 나열한 것은?

(가) 연나라는 곧 장군 진개를 보내 조선의 서쪽을 공격해 2000여 리의 땅을 빼앗았다.
(나) 한 무제가 조선을 공격하여 왕검성을 함락시키고 위만의 손자인 우거왕을 죽였다. 그리고 그 땅의 일부 지역에 군현을 설치하였다.
(다) 조선상 역계경이 간하였지만, 왕이 듣지 않았다. 이에 역계경은 동쪽 진국으로 갔다. 이때 옮긴 자가 2000여 호(戶)였다.
(라) 위만이 사람을 준왕에게 파견하여 말하기를, "한나라의 군대가 쳐들어오니 왕궁에 들어가 숙위하기를 청합니다."라 하고는 도리어 준왕을 공격하였다. 준왕은 위만과 싸웠으나 상대가 되지 못하였다.

① (가) – (다) – (라) – (나)
② (가) – (라) – (다) – (나)
③ (다) – (가) – (라) – (나)
④ (다) – (라) – (가) – (나)

문 2. (가)에 들어갈 제도는?

○○○의 주요 약력
1482년 출생
1498년 김종직의 제자 김굉필의 문하에서 수학
1510년 소과에 장원으로 합격
1515년 알성시에 합격, 사간원 정언을 제수 받음
1518년 사헌부 대사헌이 되어 (가) 실시 주장
1519년 위훈 삭제 문제 등으로 능주에 유배

① 진대법
② 현량과
③ 호포제
④ 십만양병

문 3. 다음 제시문이 강요되던 시기의 모습으로 적절한 것은?

1. 우리는 대일본 제국의 신민이다.
2. 우리는 마음을 합해 천황 폐하에게 충의를 다한다.
3. 우리는 인고 단련하여 훌륭하고 강한 국민이 된다.

① 흥남 조선인 주도로 질소 비료 공장이 건립되었다.
② 새로운 일자리를 찾아 하와이 이민이 시작되었다.
③ 조명하가 타이완에서 일본 육군 대장을 암살하였다.
④ 여자 정신대 근무령을 만들어 여성들을 군수 공장에서 일하게 했다.

20초 문제

문 4. 밑줄 친 '왕'이 재위하던 시기의 사실로 옳은 것은?

강홍립이 오랑캐 진영에 있으면서 <u>왕</u>에게 장계하기를 "신 등이 부득이 화해를 청하여 오랑캐 장수에게 '우리나라와 귀국이 혐의나 원한이 없고 이번 군사 출동도 원래 우리나라의 의사가 아니다. 우리 군사는 죽음을 각오하였으니 서로 싸운다면 귀국에 무슨 이득이 있겠는가? 강화하는 것만 못하다.'고 하였더니, 이에 오랑캐 장수가 승낙하였습니다."라고 하였다.

① 명의 요청에 따라 조선이 원군을 파견하였다.
② 청에 당한 치욕을 씻고자 북벌 운동이 전개되었다.
③ 3포를 왕래하던 왜인들이 해안 지방을 습격하였다.
④ 대마도주와 계해약조를 맺어 제한된 범위 내에서만 교역을 허락하였다.

문 5. (가)에 대한 설명으로 옳은 것은?

> 내가 고을에 부임한 지 얼마 되지 않아 있었던 일이다. 자신을 (가)의 약정으로 소개한 고을 사람에게 규약에 대해 물어보았더니, "매년 봄과 가을에 구성원들이 모두 모입니다. 사람들은 섬돌 아래에서 북쪽을 향해 꿇어앉습니다. 한 사람이 대표로 덕업상권, 과실상규, 예속상교, 환난상휼의 항목을 읽고 쉬운 말로 풀어서 알려줍니다."라고 답하였다.

> ㄱ. 향규에 의거하여 운영되었다.
> ㄴ. 향촌 사회의 질서 유지에 기여하였다.
> ㄷ. 매향 활동, 마을 노역 등을 담당하였다.
> ㄹ. 중종 때 조광조가 시행한 이후 확산되었다.

① ㄱ, ㄴ
② ㄴ, ㄷ
③ ㄴ, ㄹ
④ ㄷ, ㄹ

문 6. 도표를 통해 분석한 내용으로 적절하지 않은 것은?

〈대일 무역 변화〉

연도	총 수입액(원)	면제품 수입액(원)	총 수출액(원)	쌀 수출량(석)	콩 수출량(석)
1888	3,046,443	1,961,932	867,058	3,454	74,660
1889	3,377,815	1,709,142	1,233,841	11,627	97,194
1890	4,727,839	2,674,807	3,550,478	339,645	197,526

① 일부 지방에서는 방곡령을 선포하였다.
② 일본은 면제품을 판매한 돈으로 쌀이나 콩을 구매했다.
③ 우리나라에서 수입해 간 곡물은 일본의 자본주의 발전에 이용되었다.
④ 일본은 1880년대 후반까지 비관세 혜택을 누리며 영국 면제품을 싸게 들여와 팔았다.

20초 문제

문 7. (가) 조치에 저항하여 시민들이 전개한 움직임은?

> 이제 우리 국민은 그 어떠한 이유나 명분으로도 더 이상 민주화의 실현이 지연되어서는 안 된다고 요구하고 있다. 분단을 이유로 경제 개발을 이유로 그리고 지금은 올림픽을 이유로 민주화를 유보하자는 역대 독재 정권의 거짓 논리에서 이제는 깨어나고 있다. 오늘 젊은이를 고문 살인하고 은폐, 조작한 거짓 정권을 규탄하고 국민의 여망을 배신한 (가)이/가 무효임을 선언하는 우리 국민들의 행진은 이제 거스를 수 없는 역사의 대세가 되었다.

① 4 · 19 혁명
② 5 · 18 민주화 운동
③ 6월 민주 항쟁
④ 3 · 1 민주 구국 선언

문 8. 외국인 (가), (나)에 대한 설명으로 옳은 것은?

> (가)의 첫 번째 임무는 대한 제국 황실 재정이 일본에 저항하는 데 쓰이는 것을 차단하는 것이었다. 두 번째 임무는 그동안 대한 제국에 쓰이고 있던 엽전과 백동화를 폐지하고 그 대신 일본 제일 은행권을 유통시키는 것이었다.
> (나)은/는 대한제국보다는 일본의 이익을 충실하게 대변해 왔으며 을사조약 이후 미국을 돌아다니면서 일본의 대한 제국 통치가 바람직하다고 선전하였다. 그러다가 1908년 3월 23일 미국 샌프란시스코에서 한국인 청년의 총격을 받아 사망하였다.

① (가) – 안중근에 의해 하얼빈에서 처단되었다.
② (가) – 임오군란과 관련하여 임명된 고문이었다.
③ (나) – 육영공원에서 외국어 교사로 활동하였다.
④ (가), (나) – 제1차 한 · 일 협약에 따라 파견되었다.

문 9. 다음 글이 작성된 시기의 문화 운동으로 옳은 것은?

> 서양식 교육이 수입된 지 여러 해 동안 최고 학부를 가지지 못하여 고등 보통학교나 전문학교를 졸업한 사람이 외국에 유학을 가지 않으면 그 이상 연구를 하기 어려웠다. 조선에서 이제 막 대학을 가지게 된 것은 문화적으로나 여러 가지 측면으로 보아 대단히 반갑고 기쁜 일이다. 그러나 나는 교문을 들어서면서부터 이상한 느낌을 가지게 되었다. 그 이유는 '이것 역시 우리의 것이 아니다'라는 데에 있다.
>
> –『개벽』–

① 토월회가 신극 운동을 전개하였다.
②『대한매일신보』에 「독사신론」이 발표되었다.
③『동아일보』의 주도로 브나로드 운동이 전개되었다.
④ 유길준은『대한문전』을 출간하였다.

문 10. 다음 상소문이 올려진 시기의 경제 상황으로 옳지 않은 것은?

> 근래에 도적 두목 임꺽정이 흉악한 무리들을 모아 사람을 해하고 재물을 빼앗는 등 못하는 짓이 없더니 심지어 관군에 맞서 왕이 보낸 사신까지 해쳤습니다. 나라를 배반한 도적 가운데 이보다 심한 자가 없습니다.

①『구황촬요』가 민간에 보급되었다.
② 방군수포가 행해지고 군역의 대립이 성행하였다.
③ 국경 지대를 중심으로 후시가 활발하게 이루어졌다.
④ 부역제가 해이해지면서 관영 수공업이 점차 쇠퇴하기 시작하였다.

문 11. 밑줄 친 '이곳'에 관한 내용으로 옳은 것은?

> • 김위제는 "3경 중 송악이 중경이 되고 평양이 서경이 되며 이곳이 남경이 되는데 임금님이 때때로 가서 머무르시면 36국이 와서 조회한다."라고 한 「도선기」를 인용하면서 남경에 도성을 건설할 것을 주장하였다.
> • 1930년 무렵 이곳에 10여 만 명의 일본인이 살고 있었고, 본정, 명치정 일대를 중심으로 일본인 거리를 형성하였다.

① 강화도 조약에 의해 최초로 개항된 곳이다.
② 1920년대 최대의 학생 운동이 시작된 곳이다.
③ 강조가 거란에서 패하자 왕은 이곳까지 피난갔다.
④ 훈련도감, 어영청, 금위영은 국왕 호위와 이곳 방어를 담당하였다.

20초 문제

문 12. 밑줄 친 ㉠, ㉡과 관련된 설명으로 옳은 것은?

> • 바다 건너 오랑캐가 한번 변경을 침범하자 고을들이 모두 바람에 쓸리듯 무너져 종묘사직이 폐허가 되었습니다. 아! 2백 년 동안 조종(祖宗)이 쌓아온 결과가 하루아침에 이 지경이 되었습니다. …(중략)… ㉠ 파천하는 위태로움이 머리카락 한 올에 매달린 듯했는데 아직 한 번도 백성들의 마음을 위로하고 그들의 귀와 눈을 감동시키신 적이 없었습니다.
> • 전하가 ㉡ 파천한 것은 변고에 대처하는 일시적인 조치라고 여겼는데, 경황없던 그때를 새삼스럽게 생각하면 어찌 위태로움과 두려움을 금할 수 있겠습니까? 옛 임금들도 그러한 경우가 있었지만, 그래도 관리들이 지키는 곳에 있었지 외국의 신하가 있는 곳을 빌려 가지고 세월을 보낸 적이 언제 있었습니까?

① ㉠은 원 · 명 교체기에 일어났다.
② ㉠을 계기로 비변사가 설치되었다.
③ ㉡ 이후 열강의 경제적 이권 침탈이 심해졌다.
④ ㉠, ㉡의 상황에서 벗어나려고 외국에 원병을 청하였다.

문 13. (가)~(다)에 대한 설명으로 옳지 않은 것은?

(가) 분황사 석탑
(나) 불국사 3층 석탑
(다) 쌍봉사 철감선사 승탑

① (가)는 석재를 벽돌 모양으로 만들어 쌓았다.
② (나)를 만든 시기에 업설이 널리 받아들여졌다.
③ (다)는 팔각 원당형 형태이다.
④ (나)에는 불교 경전을, (다)에는 승려의 사리를 봉안하였다.

문 14. (가), (나)의 결과 실시된 개혁으로 옳은 것은?

(가) 의정부에서 아뢰었다.
- 아문의 호칭은 통리기무아문으로 한다.
- 신설한 아문은 중앙과 지방의 군사와 정사의 기무를 통솔한다.

(나) 대군주께서 황제에 즉위하여 국호를 대한으로 바꾸고, 왕후 민씨를 추봉하여 황후로 하고 왕태자 이척을 세워 황태자로 한다.

① (가) – 호포제를 실시하여 양반에게도 군포를 부과하였다.
② (가) – 탁지아문을 설치하여 재정의 일원화를 시도하였다.
③ (나) – 중국 연호를 폐지하고 개국 기년을 사용하였다.
④ (나) – 산업 기술 습득을 위해 외국에 유학생을 파견하였다.

문 15. (가), (나)의 군인에 대한 옳은 설명을 〈보기〉에서 고른 것은?

(가) 간단한 시험을 거쳐 선발되어 5위에 배속시켰다. 이들은 수도 방어 외에도 왕궁의 호위를 맡기도 하였다. 이들은 군인 가운데 정예병이라는 자부심을 가지고 있었다.
(나) 이 부대에는 노비도 소속되어 훈련을 받고 전투에 참여하였다. 군복무를 하면서 군공이나 시험 등을 활용하여 신분 변동의 기회를 가질 수 있는 이점이 있었다.

보 기
ㄱ. (가) – 국가로부터 품계와 녹봉을 받았다.
ㄴ. (나) – 평시에는 생업에 종사하였다.
ㄷ. (나) – 제승방략 체제로 편제되었다.
ㄹ. (가), (나) – 임진왜란 이후 실전에 배치되었다.

① ㄱ, ㄴ
② ㄱ, ㄷ
③ ㄴ, ㄷ
④ ㄷ, ㄹ

문 16. 다음 선거가 실시된 배경과 관련된 것은?

19○○년에 치러진 선거에서 민주당은 전국의 각 지방에서 대체적으로 우세하여, 원내 3분의 2선을 돌파하였다. 반면에 자유당은 2명만 당선되어 몰락하였고, 혁신계의 당선도 다소 저조한 편이다.

① 6 · 25 전쟁 중에 여당은 개헌을 추진하였다.
② 국가 재건 최고 회의를 만들어 군정을 실시하였다.
③ 허정 과도정부는 내각 책임제를 핵심으로 하는 개헌을 실시하였다.
④ 호헌 철폐, 독재 타도, 직선제 쟁취를 요구하는 시위가 전국에서 일어났다.

20초 문제

문 17. 다음과 같은 현상이 나타난 시기의 경제 상황으로 옳은 것은?

> 근래에 간사하고 흉악한 무리가 주에 걸치고 군을 포괄하는 규모로 토지를 겸병하고, 산천을 표지로 삼아 모두 조업전이라 지칭하며 서로 빼앗으니, 1무(畝)의 주인이 5, 6명을 넘고 1년에 조세를 8, 9차례나 거두게 되었습니다.

① 철전인 건원중보를 제작했다.
② 재정 수입을 늘리기 위해 소금 전매제가 실시되었다.
③ 공물을 쌀 등으로 대신 납부하는 제도가 시행되었다.
④ 상품 수요의 증가로 수도에 서시와 남시가 설치되었다.

문 18. (가)~(라) 시기의 사실로 옳은 것은?

676	687	722	757	935
삼국 통일 완성	관료전 지급	정전 지급	녹읍 부활	신라 멸망

(가): 676~687, (나): 687~722, (다): 722~757, (라): 757~935

보기
ㄱ. (가) – 귀족의 토지 지배력을 약화시키기 위해 녹읍을 폐지하였다.
ㄴ. (나) – 경주에 서시와 남시를 추가로 설치하였다.
ㄷ. (다) – 중앙과 지방의 관리들에게 복무의 대가로 월봉을 지급하였다.
ㄹ. (라) – 귀족들이 농민들에게 조세와 공물을 거두고 노동력을 동원하였다.

① ㄱ, ㄴ
② ㄷ, ㄹ
③ ㄱ, ㄴ ㄹ
④ ㄴ, ㄷ, ㄹ

20초 문제

문 19. (가)에 들어갈 유물로 가장 적절한 것은?

> 집터의 바닥은 원형이나 방형이었고, 중앙에는 취사나 난방용 화덕이 있었다. 출입문은 남쪽으로 냈으며, 출입문 옆에는 저장용 구덩이가 있었다. 이러한 집터는 주로 강가나 해안가에서 발견되었고, 보통 성인 5명 정도가 생활하기에 적당한 크기였다. 유적에서 발견된 (가)을/를 통해 당시의 생활상을 유추할 수 있다.

① 찍개
② 돌보습
③ 세형동검
④ 미송리식 토기

문 20. 다음 자료에 대한 설명으로 옳은 것은?

> 5월에 고려 대왕 상왕공(相王公)은 신라 매금(寐錦)과 세세토록 형제처럼 지내기를 원하였다. …(중략)… 매금의 의복을 내리고 …(중략)… 상하(上下)에게 의복을 내리라는 교를 내리셨다. …(중략)… 12월 23일 갑인에 동이매금(東夷寐錦)의 상하가 우벌성에 와서 교를 내렸다.

① 위의 신라 매금은 법흥왕이다.
② 현재 중국 길림성 집안시에 남아 있다.
③ 고구려가 한강 유역으로 진출했음을 알려 준다.
④ 왕을 '황상'으로 표현하며 중국과 대등한 위치에 있음을 과시하였다.

______년 ______월 ______일 시행

9급 공무원 공개경쟁채용 필기시험

제2회 모의고사

공통과목

응시번호	
성　명	

【시 험 과 목】

제1과목	국 어	제2과목	영 어	제3과목	한국사

【응시자 주의사항】

1. **시험시작 전에 시험문제를 열람하는 행위나 시험 종류 후 답안을 작성하는 행위를 한 사람**은「공무원임용시험령」제51조에 의거 부정행위자로 처리됩니다.
2. 답안지 책형 표기는 **시험시작 전 감독관 지시에 따라 문제책 앞면에 인쇄된 책형을 확인**한 후, **답안지 책형란에 해당 책형(1개)을 "●"로 표기**하여야 합니다.
   – 책형 및 인적사항을 기재하지 않을 경우 불이익(당해시험 무효 처리 등)을 받을 수 있습니다.
3. 답안은 반드시 문제책 표지의 과목순서에 맞추어 표기하여야 하며, 과목 순서를 바꾸어 표기한 경우에도 문제책 표지의 과목 순서대로 채점되므로 각별히 유의하시기 바랍니다.
4. 시험이 시작되면 문제를 주의 깊게 읽은 후, 문항의 취지에 가장 적합한 하나의 정답을 고르며, 문제내용에 관한 질문을 하실 수 없습니다.
5. **답안을 잘못 표기하였을 경우**에는 **답안지를 교체하여 작성**하거나 **수정테이프만을 사용하여 수정**할 수 있으며(수정액 또는 수정스티커 등은 사용 불가), 부착된 수정테이프가 떨어지지 않도록 눌러주어야 합니다.
   – 불량 수정테이프의 사용과 불완전한 수정처리로 인해 발생하는 모든 문제는 응시자 본인에게 책임이 있습니다.
6. **시험 시간 관리의 책임**은 응시자 본인에게 있습니다.

【정답 공개 및 가산점 등록 안내】

1. **정답공개, 이의제기**: 사이버국가고시센터(http://gosi.kr)
2. **가산점 등록방법**: 사이버국가고시센터(http://gosi.kr) ⇒ 원서접수 ⇒ 가산점 등록 확인

해설편 p.019

제 1 과목 실전동형 모의고사 국어

시간 체크 풀이 시간 __ : __ ~ __ : __ 소요 시간 __ : __

Timer 신중 18분 / 적정 15분 / 빠름 10분

문 1. 다음 중 한자 표기가 올바른 것은?

① 3개월간의 실습 과정을 마쳤다. → 課程
② 병원에 연고가 없는 환자가 한 명 있다. → 緣古
③ 추위로 위장의 소화 기능이 약화되었다. → 技能
④ 그는 씩씩한 기상을 지녔다. → 氣象

문 2. 다음에 서술된 A사의 상황을 가장 적절하게 표현한 한자 성어는?

> 최근 출시된 A사의 신제품이 뜨거운 호응을 얻고 있다. 이번 신제품의 성공으로 A사는 B사에게 내주었던 업계 1위 자리를 탈환했다.

① 兎死狗烹
② 捲土重來
③ 手不釋卷
④ 我田引水

문 3. 다음 (가)~(라)는 「기미독립선언서」의 일부이다. 밑줄 친 한자에 대한 설명으로 옳은 것은?

> (가) 我(아)의 久遠(구원)한 社會基礎(사회기초)와 ㉠ 卓犖한 民族心理(민족심리)를 無視(무시)한다 하야 日本(일본)의 少義(소의)함을 責(책)하려 안이 하노라. 自己(자기)를 策勵(책려)하기에 急(급)한 吾人(오인)은 他(타)의 怨尤(원우)를 暇(가)치 못하노라. 現在(현재)를 ㉡ 綢繆하기에 急(급)한 吾人(오인)은 宿昔(숙석)의 懲辨(징변)을 暇(가)치 못하노라.
>
> (나) 勇明果敢(용명과감)으로써 구오(舊誤)를 ㉠ 확정하고, 眞正(진정)한 理解(이해)와 同情(동정)에 基本(기본)한 友好的(우호적) 新局面(신국면)을 打開(타개)함이 彼此間(피차간) 遠禍召福(원화소복)하는 ㉡ 첩경임을 明知(명지)할 것 안인가.
>
> (다) 凍氷寒雪(동빙한설)에 呼吸(호흡)을 ㉠ 閉蟄(폐칩)한 것이 彼一時(피일시)의 勢(세)ㅣ라 하면, 和風暖陽(화풍난양)에 氣脈(기맥)을 ㉡ 振舒(진서)함은 此一時(차일시)의 勢(세)ㅣ니, 天地(천지)의 復運(복운)에 際(제)하고 世界(세계)의 變潮(변조)를 乘(승)한 吾人(오인)은 아모 躊躇(주저)할 것 업스며, 아모 忌憚(기탄)할 것 업도다.
>
> (라) 我(아)의 固有(고유)한 自由權(자유권)을 護全(호전)하야 生旺(생왕)의 樂(낙)을 ㉠ 飽享(포향)할 것이며, 我(아)의 自足(자족)한 獨創力(독창력)을 發揮(발휘)하야 春滿(춘만)한 大界(대계)에 民族的(민족적) 精華(정화)를 ㉡ 結紐(결뉴)할지로다.

① (가)의 ㉠은 '탁락'으로, ㉡은 '주습'으로 읽는다.
② (나)의 ㉠은 '確定'으로, ㉡은 '捷徑'으로 쓴다.
③ (다)의 ㉠은 '활동을 하지 못하고 움츠리다'로, ㉡은 '떨치어 폄'으로 해석할 수 있다.
④ (라)의 ㉠은 '포향'으로 '소리 높여 외친다'는 뜻이며, ㉡은 '결뉴'로 '끈을 얽어 맺음'이라는 뜻이다.

문 4. 문장 성분의 호응이 자연스러운 것은?

① 내가 강조하고 싶은 점은 우리가 고유 언어를 가졌다.
② 좋은 사람과 대화하며 함께한 일은 즐거운 시간이었다.
③ 내 생각은 집을 사서 이사하는 것이 좋겠다고 결정했다.
④ 그는 내 생각이 옳지 않다고 여러 사람 앞에서 말을 하였다.

문 5. 다음 밑줄 친 부분에 대한 설명으로 가장 적절한 것은?

"좋은 ㉠ 꿈을 잘 ㉡ 꿈."

① ㉠의 '-ㅁ'은 특정 의미를 더해 주고, ㉡의 '-ㅁ'은 특정 의미를 강조하여 주는 것이로군.
② ㉠의 '-ㅁ'은 품사를 결정하고, ㉡의 '-ㅁ'은 어떤 품사를 다른 품사로 바꾸어 주는 것이로군.
③ ㉠의 '-ㅁ'은 동작의 진행 상태를 나타내고, ㉡의 '-ㅁ'은 동작의 종결 상태를 나타내는 것이로군.
④ ㉠의 '-ㅁ'은 어근에 붙어 명사를 만들고, ㉡의 '-ㅁ'은 어간에 붙어 동사의 활용형을 만드는 것이로군.

문 6. 밑줄 친 부분 중 보조용언에 해당하지 않는 것은?

① 그는 스키를 타고 싶다.
② 친구가 편지를 쓰고 있다.
③ 그가 이제 집에 가는가 보다.
④ 나는 할머니께서 주신 용돈을 형과 나눠 가졌다.

20초 문제

문 7. 다음 〈보기〉의 ㉠에 비추어 볼 때 적절하지 않은 설명은?

보기

동의 중복 표현이란 동일하거나 유사한 뜻의 두 말이 함께 쓰인 것을 가리킨다. 주로 한자어와 고유어 간에서 나타나는데, 대개는 동의 중복된 두 말 중 하나를 생략하여 우리말을 효율적으로 사용하는 것이 바람직하다. 그러나 화자의 표현 의도나 약간의 어감 차이를 강조하기 위해 두 말을 모두 사용할 때가 있다. 그런데 ㉠ 동의 중복 표현처럼 보이지만 동의 중복 표현이 아닌 경우도 있다. 두 말 중 하나를 생략하면 전혀 다른 뜻이 되어 버려 생략할 수 없는 경우가 그러하다.

① '야구공'은 '야구(野球)'의 '구(球)'가 '공'이라는 뜻이므로 동의 중복 표현이다.
② '실내 안'은 '실내(室內)'의 '내(內)'가 '안'이라는 뜻이므로 동의 중복 표현이다.
③ '초가집'은 '초가(草家)'의 '가(家)'가 '집'이라는 뜻이므로 동의 중복 표현이다.
④ '서로 상의하다'는 '상의(相議)'의 '상(相)'이 '서로'라는 뜻이므로 동의 중복 표현이다.

문 8. 모음 체계에 대한 설명으로 옳지 않은 것은?

① '아'는 혀의 최고점의 앞뒤 위치가 '어'와 유사하지만, 높이는 '어'보다 아래쪽에서 발음한다.
② '외'는 혀의 최고점의 앞뒤 위치가 '오'보다 앞에 오지만, 높이는 '오'보다 위쪽에서 발음한다.
③ '애'는 혀의 최고점의 앞뒤 위치가 '우'보다 앞에 오지만, 높이는 '우'보다 아래쪽에서 발음한다.
④ '이'는 혀의 최고점의 앞뒤 위치가 '으'보다 앞에 오지만, 높이는 '으'와 유사한 위치에서 발음한다.

문 9. 다음 중 표준 발음끼리 묶인 것은?

① 꽃잎[꼰닙], 송별연[송:별련], 야금야금[야금냐금]
② 금연[금년], 월요일[월료일], 유들유들[유들류들]
③ 들일[들:릴], 설익다[설릭따], 홑이불[혼니불]
④ 눈요기[눈뇨기], 함유[함뉴], 금융[금늉]

문 10. 다음 밑줄 친 조사에 대해 이해한 내용으로 적절하지 않은 것은?

㉠ 너에게만 말해 주는 거야.
이번엔 너만을 믿을게.
㉡ 예원이가 운동장을 가로질러 뛰어가고 있다.
일단 먹어는 보자구.
오늘따라 몹시도 덥군.
㉢ 체육은 좋아하지만 국어는 그렇지 않은 편이야.
아무리 바쁘더라도 식사는 해야지.
㉣ 정부에서 실시한 조사결과가 발표되었다.
어제는 도서관에서 조용히 책을 읽었어요.

① ㉠ : 보조사 '만'은 격조사의 앞에 올 수도 있고, 뒤에 올 수도 있군.
② ㉡ : 조사는 체언이나 용언과는 결합하지만 그 외의 품사와는 결합할 수 없군.
③ ㉢ : 보조사 '은/는'은 '대조'나 '강조'의 의미를 더해 주는 기능이 있군.
④ ㉣ : '에서'는 주격 조사로도 쓰일 수 있고 부사격 조사로도 쓰일 수 있군.

문 11. 다음 〈보기〉에서 알 수 있는 사실로 적절하지 않은 것은?

보기
• 쓰다 : 쓰-+-고 → 쓰고, 쓰-+-어 → 써
• 긋다 : 긋-+-고 → 긋고, 긋-+-어 → 그어
• 하다 : 하-+-고 → 하고, 하-+-아 → 하여
• 빠르다 : 빠르-+-고 → 빠르고, 빠르-+-아 → 빨라

① '쓰다'는 어간의 모음이 탈락하는 모습이 '(집에) 다다르다'와 같다.
② '긋다'는 어간이 변하는 모습이 '(농사를) 짓다'와 같다.
③ '하다'는 어미가 변하는 모습이 '(하늘이) 푸르다'와는 다르다.
④ '빠르다'는 어미가 변하는 모습이 '(언덕이) 가파르다'와 다르다.

20초 문제

문 12. 다음 중 높임 표현이 자연스럽게 쓰인 것은?

① 저에게 하실 말씀이라도 계십니까?
② 제가 교수님께 당부드릴 게 있습니다.
③ 제가 바로 안사람입니다.
④ 할아버지는 집으로 돌아가셨습니다.

20초 문제

문 13. 다음 중 뜻이 비슷한 말로 짝지어지지 않은 것은?

① 띠앗 – 의초
② 움딸 – 시앗
③ 어깨동갑 – 자치동갑
④ 부부 – 가시버시

문 14. 다음 작품에 대한 감상으로 적절하지 않은 것은?

> 진주(晋州) 장터 생어물전(生魚物廛)에는
> 바닷밑이 깔리는 해 다 진 어스름을,
>
> 울엄매의 장사 끝에 남은 고기 몇 마리의
> 빛 발(發)하는 눈깔들이 속절없이
> 은전(銀錢)만큼 손 안 닿는 한(恨)이던가.
> 울엄매야 울엄매,
>
> 별밭은 또 그리 멀리
> 우리 오누이의 머리 맞댄 골방 안 되어
> 손시리게 떨던가 손시리게 떨던가,
>
> 진주(晋州) 남강(南江) 맑다 해도
> 오명 가명
> 신새벽이나 달빛에 보는 것을,
> 울엄매의 마음은 어떠했을꼬.
> 달빛 받은 옹기전의 옹기들같이
> 말없이 글썽이고 반짝이던 것인가.
>
> – 박재삼, 「추억에서」 –

① 시각적 이미지를 활용하여 한과 슬픔의 정서를 형상화하고 있다.
② '은전만큼 손 안 닿는 한'은 가난으로 인한 한을 의미한다.
③ 의문형 어미를 사용하여 감정을 절제하고 있다.
④ 향토적 시어를 사용하여 고향에 대한 그리움을 드러내고 있다.

문 15. 다음 글에 대한 이해로 가장 적절한 것은?

> 용왕의 아들 이목(璃目)은 항상 절 옆의 작은 연못에 있으면서 남몰래 보양(寶壤) 스님의 법화(法化)를 도왔다. 문득 어느 해에 가뭄이 들어 밭의 곡식이 타들어 가자 보양 스님이 이목을 시켜 비를 내리게 하니 고을 사람들이 모두 흡족히 여겼다. 하늘의 옥황상제가 장차 하늘의 뜻을 모르고 비를 내렸다 하여 이목을 죽이려 하였다. 이목이 보양 스님에게 위급함을 아뢰자 보양 스님이 이목을 침상 밑에 숨겨 주었다. 잠시 후에 옥황상제가 보낸 천사(天使)가 뜰에 이르러 이목을 내놓으라고 하였다. 보양 스님이 뜰 앞의 배나무[梨木]를 가리키자 천사가 배나무에 벼락을 내리고 하늘로 올라갔다. 그 바람에 배나무가 꺾어졌는데 용이 쓰다듬자 곧 소생하였다(일설에는 보양 스님이 주문을 외워 살아났다고 한다). 그 나무가 근래에 땅에 쓰러지자 어떤 이가 빗장 막대기로 만들어 선법당(善法堂)과 식당에 두었다. 그 막대기에는 글귀가 새겨져 있다.
>
> – 일연, 『삼국유사』 –

① 천사의 벼락을 맞은 배나무는 저절로 소생했다.
② 천사는 이목을 죽이려다 실수로 배나무에 벼락을 내렸다.
③ 벼락 맞은 배나무로 만든 막대기가 글쓴이의 당대까지 전해졌다.
④ 제멋대로 비를 내린 보양 스님을 벌하려고 옥황상제가 천사를 보냈다.

문 16. 다음 글에 대한 설명으로 적절하지 않은 것은?

> 윤 직원 영감은 팔을 부르걷은 주먹으로 방바닥을 땅—치면서 성난 황소가 영각을 하듯 고함을 지릅니다.
>
> "화적패가 있너냐야? 부랑당 같은 수령(守令)들이 있더냐……? 재산이 있대야 도적놈의 것이요, 목숨은 파리 목숨 같던 말세넌 다 지내가고오……. 자 부아라, 거리 거리 순사요, 골골마다 공명헌 정사(政事), 오죽이나 좋은 세상이여……. 남은 수십만 명 동병(動兵)을 히여서, 우리 조선놈 보호히여 주니, 오죽이나 고마운 세상이여? 으응……? 제것 지니고 앉아서 편안허게 살 태평세상, 이걸 태평천하라구 허는 것이여, 태평천하……! 그런디 이런 태평천하에 태어난 부자놈의 자식이, 더군다나 외지가 떵떵거리구 편안허게 살 것이지, 어찌서 지가 세상망쳐 놀 부랑당패에 참섭을 헌단 말이여, 으응"
>
> – 채만식, 『태평천하(太平天下)』 –

① 냉정하고 중립적으로 서술되어 있다.
② 반어법을 통해 주제의식을 형상화하고 있다.
③ 방언을 사용해 사실적으로 서술하고 있다.
④ 대상을 희화화하여 풍자적으로 서술하고 있다.

문 17. 다음 시에 나타난 '화자의 태도'와 가장 유사한 것은?

> 열치매
> 나타난 달이
> 흰 구름 좇아 떠 가는 것 아니냐
> 새파란 나리에
> 기랑(耆郎)의 모습이 있어라
> 일로 나리 조약에
> 낭(郎)의 지니시던
> 마음의 끝을 좇누아져
> 아아, 잣가지 높아
> 서리 모르시올 화반(花判)이여.
>
> – 충담사, 「찬기파랑가」 –

① 천만 리(千萬里) 머나먼 길히 고은 님 여희옵고
　ᄂᆡ ᄆᆞᄋᆞᆷ 둘 ᄃᆡ 업셔 냇ᄀᆞ의 안쟈시니
　져 믈도 ᄂᆡ 안 ᄀᆞᆺᄒᆞ여 우러 밤길 녜놋다.
② 산은 녯 산이로되 물은 녯 물이 안이로다
　주야(晝夜)에 흐르니 녯 물이 이실쏜야
　인걸(人傑)도 물과 ᄀᆞᆺᄋᆞ야 가고 안이 오노ᄆᆡ라.
③ 나모도 아닌 거시 풀도 아닌 거시
　곳기ᄂᆞᆫ 뉘 시기며 속은 어이 뷔연ᄂᆞᆫ다
　뎌러코 사시(四時)예 프르니 그를 됴하ᄒᆞ노라.
④ 오ᄂᆞᆯ도 다 새거다 호믜 메고 가자ᄉᆞ라
　내 논 다 ᄆᆡ여든 네 논 졈 ᄆᆡ여 주마
　올 길헤 ᄲᅩᆼ 따다가 누에 머겨 보쟈ᄉᆞ라.

문 18. 구석기인들이 인식하는 '㉠ : ㉡'의 관계가 가장 잘 드러나 있는 것은?

> 구석기인이 바위에다 짐승을 한 마리 그렸을 경우, 그는 진짜 짐승을 한 마리 만들어 낸 것이라 믿었다. 허구(虛構)와 가상(假象)의 세계, 예술이나 단순한 모방의 세계는 그에게 있어 현실적 경험과 분리되는 독자적인 영역을 뜻하는 것이 아니었다. 그는 이 두 개의 세계를 상호 대립시켜 생각하지 않고, 그 하나가 다른 하나의 직접적인 연속이라고 보았던 것이다. 이러한 예에서 우리는 ㉠ <u>예술의 세계</u>와 ㉡ <u>현실의 세계</u>를 구분하는 경계선이 사라짐을 본다. 하지만 역사 시대에 들어선 이후의 작품에서는 두 세계 간의 이러한 연속성이란 어디까지나 허구 속의 허구임에 반해, 구석기 시대의 회화에서는 그것이 명명백백한 하나의 사실이며, 예술이 아직 전적으로 실생활에 봉사하고 있다는 증거를 이루는 것이다.

① 청자의 바탕에 구름을 그려 넣었더니(㉠), 색상의 조화가 절묘하였다(㉡).
② 화폭에 마지막으로 용의 눈동자를 그려 넣자(㉠), 용이 하늘로 날아올랐다(㉡).
③ 그녀의 손가락이 건반 위에서 춤출 때(㉠), 장내는 숨소리 하나 들리지 않았다(㉡).
④ 서로 포옹하고 있는 모자상의 조각이 완성되자(㉠), 모두들 큰 소리로 탄성을 질렀다(㉡).

문 19. 다음 글에 대한 이해로 적절하지 않은 것은?

희극의 발생 조건에 대하여 베르그송은 집단, 지성, 한 개인의 존재 등을 꼽았다. 즉 집단으로 모인 사람들이 자신들의 감성을 침묵하게 하고 지성만을 행사하는 가운데 그들 중 한 개인에게 그들의 모든 주의가 집중되도록 할 때 희극이 발생한다고 보았다. 그러나 그가 말하는 세 가지 사항은 웃음을 유발하는 것이 아니라 그러한 것을 가능케 하는 조건들이다. 웃음을 유발하는 단순한 형태의 직접적인 장치는 대상의 신체적인 결함이나 성격적인 결함을 들 수 있다. 관객은 이러한 결함을 지닌 인물을 통하여 스스로 자기 우월성을 인식하고 즐거워질 수 있게 된다. 이와 관련해 "한 인물이 우리에게 희극적으로 보이는 것은 우리 자신과 비교해서 그 인물이 육체의 활동에는 많은 힘을 소비하면서 정신의 활동에는 힘을 쓰지 않는 경우이다. 어느 경우에나 우리의 웃음이 그 인물에 대하여 우리가 지니는 기분 좋은 우월감을 나타내는 것임은 부정할 수 없다."라는 프로이트의 말은 시사적이다.

① 베르그송에 의하면 희극은 관객의 감성이 집단적으로 표출된 결과이다.
② 베르그송에 의하면 집단, 지성, 한 개인의 존재는 희극 발생의 조건이다.
③ 한 개인의 신체적 · 성격적 결함은 집단의 웃음을 유발하는 직접적인 장치이다.
④ 프로이트에 의하면 상대적으로 정신 활동보다 육체 활동에 힘을 쓰는 상대가 희극적인 존재이다.

문 20. 다음 글로 보아 '과학 기술의 발전이 초래한 결과'에 어울리는 말은?

18세기 말 영국에서 시작된 산업 혁명 이후, 인류는 눈부신 과학 기술의 발전과 산업화의 결과로 풍요로운 물질문명의 혜택을 누리게 되었다. 하지만, 산업화로 말미암아 도시가 비대해지고, 화석 에너지 및 공업용수의 사용이 급속히 늘어나, 대기오염, 식수원 오염 및 토양 오염을 유발하여 쾌적하지 못한(따라서, 삶의 질을 저하시키는 수준의) 환경오염을 초래하게 되었다. 급기야는 1940~50년대를 전후하여 공업 선진국의 몇몇 도시에서는 이미 대기 오염에 의한 인명 사고가 발생하기 시작하였다.

대표적인 것은 1952년 12월, 영국에서 발생했던 '런던 스모그 사건'이었다. 이로 인하여 4000여 명이 사망하였다고 하니, 정말 끔찍한 일이 아닐 수 없다. 이 사건은 환경오염이 삶의 질 차원을 넘어서 인류 생존의 문제로 악화되고 있음을 시사해 주는 대표적인 것으로 기록되어 있다.

미생물을 실험실에서 배양할 때, 어느 때까지는 잘 자라다가 일정 시간이 지나면 먹이 고갈과 노폐물의 축적으로 성장을 멈추고, 끝내는 사멸한다는 것은 익히 알려진 바이다. 인류라고 예외일 수는 없다. 만약, 인류의 생산 활동의 부산물인 대기오염, 수질 오염 및 토양 오염을 그대로 방치할 경우, '환경 문제'는 '환경오염'의 차원을 넘어 '환경파괴'로 치닫게 될 것이다. 그 다음의 결과야 불을 보듯 뻔하지 않은가?

① 양날의 칼
② 소문난 잔치
③ 종이호랑이
④ 뫼비우스의 띠

해설편 p.024

제2과목 실전동형 모의고사 영어

시간 체크 풀이 시간 ___ : ___ ~ ___ : ___ 소요 시간 ___ : ___

Timer 신중 18분 / 적정 15분 / 빠름 10분

※ 밑줄 친 부분과 의미가 가장 가까운 것을 고르시오. [문 1.~문 3.]

문 1.

Make a list of expected problems or situations and seek to identify them when they <u>crop up</u>.

① finish
② increase
③ dominate
④ happen

문 2.

He told me that these issues are not <u>controversial</u>, and his speech reflected the fact.

① debatable
② reconcilable
③ augmentative
④ contradictory

문 3.

The Statue of Liberty in New York is obviously related with the anti-slavery movement which made many slaves <u>emancipated</u>.

① simulated
② provoked
③ manipulated
④ released

※ 다음 빈칸에 들어갈 말로 가장 적절한 것을 고르시오. [문 4.~문 6.]

문 4.

So as to ______________ the lost class time, many schools decided to shorten summer vacation.

① make up
② make over
③ make up for
④ make out

문 5.

Whatever is happening in the office, Tom always looks __________ except for his own task.

① proficient
② itinerant
③ biased
④ aloof

문 6.

Jane : Tom, are you still have a hard time _______ your homework?
Tom : Yes, I am.

① on
② with
③ in
④ at

문 7. 다음 밑줄 친 부분 중 어법상 어색한 것은?

① Sorry to say, my dog, Happy, died ② as a result of ③ the veterinarian's ④ coming not early.

문 8. 어법상 옳은 것은?

① The traffic of a big city is busier than those of a small city.
② I'll think of you when I'll be lying on the beach next week.
③ Raisins were once an expensive food, and only the wealth ate them.
④ The intensity of a color is related to how much gray the color contains.

문 9. 다음 글의 내용과 일치하지 않는 것은?

Dubrovnik, Croatia, is a mess. Because its main attraction is its seaside Old Town surrounded by 80-foot medieval walls, this Dalmatian Coast town does not absorb visitors very well. And when cruise ships are docked here, a legion of tourists turn Old Town into a miasma of tank-top-clad tourists marching down the town's limestone-blanketed streets. Yes, the city of Dubrovnik has been proactive in trying to curb cruise ship tourism, but nothing will save Old Town from the perpetual swarm of tourists. To make matters worse, the lure of making extra money has inspired many homeowners in Old Town to turn over their places to Airbnb, making the walled portion of town one giant hotel. You want an "authentic" Dubrovnik experience in Old Town, just like a local? You're not going to find it here. Ever.

① Old Town은 80피트 중세 시대 벽으로 둘러싸여 있다.
② 크루즈 배가 정박할 때면 많은 여행객이 Old Town 거리를 활보한다.
③ Dubrovnik 시는 크루즈 여행을 확대하려고 노력해 왔다.
④ Old Town에서는 많은 집이 여행객 숙소로 바뀌었다.

문 10. 다음 글에서 밑줄 친 it이 가리키는 것은?

It is one of the greatest handicaps to getting to know people quickly and getting close to them. You're afraid that the other fellow will not like you, so you hole up in your shell, like a snail that thinks it is about to be attacked. Take the risk. Remember that most people do yearn for friendship, just as you do. The reason the other fellow does not always appear friendly may be that he is afraid you will reject him. Speak to him first, then chances are he will begin to warm up.

① pride
② jealousy
③ sympathy
④ fear

※ 다음 빈칸에 들어갈 말로 가장 적절한 것을 고르시오. [문 11. ~문 12.]

문 11.

Walking down the street, you may not even notice the trees, but, depending on a new study, they do a lot more than give shade. Environmental scientists chose two Chicago public housing projects, both of which had some buildings with lots of trees nearby, and some with practically none. Depending on the study, violence and property crimes were nearly twice as high in sections of the buildings that vegetation was low, compared with the sections where vegetation was high. Why? One explanation: Greenery creates a natural gathering space for neighbors and, ultimately, stronger __________ in the community. This can also create an atmosphere that children are better supervised, and buildings better watched.

① bonds
② traps
③ fears
④ quarrels

문 12.

People tend to cling to their first impressions, even though they are wrong. Suppose that you mention the name of your new neighbor to a friend. "Oh, I know him," your friend replies. "He seems nice at first, but it's false." Perhaps this evaluation is groundless. The neighbor may have changed since your friend knew him, or perhaps your friend's judgment is simply unfair. Whether the judgment is accurate or not, once you accept it, it will probably influence the way that you respond to the neighbor. Even though this neighbor were a saint, you would be likely to interpret his behavior in ways that ___________.

① make you intelligent
② keep you wealthy
③ fit your expectation
④ upgrade your status

문 13. 다음 글의 목적으로 가장 적절한 것은?

Thank you for sending your poems to our publishing house. I have had the opportunity to look them over, and I feel that they show considerable promise, despite your youth and lack of experience in this genre. There is still much room for development, however, and I am afraid that they are not yet appropriate for publishing in any of our current poetry journals.

① 시의 투고를 장려하려고
② 시집 출판을 축하하려고
③ 시의 게재를 거절하려고
④ 원고 제출을 독촉하려고

문 14. 다음 글에 나타난 분위기로 가장 적절한 것은?

After the snowstorm came thick fog, and in that fog, Fredrick's men soon lost their way on an ice river with hundreds of big holes in it. Not only could they see nothing in front of them, but also they were tired and ill and could not walk any more. Therefore, they had to stay in their tents near the mountains for four days.

① festive
② gloomy
③ calm
④ hopeful

문 15. 다음 글에서 전체 흐름과 관계 없는 문장은?

Your grandmother probably urged you to eat a lot of what she called roughage. Now we tend to call it fiber. ① This important nutrient has tremendous health benefits and is found in a variety of foods like vegetables and fruits. ② Fiber is best known for its ability to keep your digestive system working smoothly. ③ The benefits of fiber do not stop in the internal organs. ④ Some physicians emphasize the functions of the body and attempt to find new medicines.

문 16. 다음 글의 주제로 가장 적절한 것은?

For many people, work has become an obsession. It has caused burnout, unhappiness and gender inequity, as people struggle to find time for children or passions or pets or any sort of life besides what they do for a paycheck. But increasingly, younger workers are pushing back. More of them expect and demand flexibility — paid leave for a new baby, say, and generous vacation time, along with daily things, like the ability to work remotely, come in late or leave early, or make time for exercise or meditation. The rest of their lives happens on their phones, not tied to a certain place or time — why should work be any different?

① ways to increase your paycheck
② obsession for reducing inequity
③ increasing call for flexibility at work
④ advantages of a life with long vacations

문 17. 다음 글의 요지로 가장 적절한 것은?

I was happy when your establishment moved into our neighborhood. I appreciate the convenience that your family-run business provides. Your store is always clean and well-stocked, and your workers are always attentive and knowledgeable. But I would like to bring one consideration to your attention, and that is the cost of your merchandise. I realize that a family-run business will be more expensive than a chain store, and I've been willing to pay that difference. Frequently, however, your prices are nearly double what I would have paid at other stores. I want to continue shopping at your store, but I'm not sure that I can consistently afford to pay such high prices.

① 상점의 영업시간이 너무 짧다.
② 상점의 물건 값이 너무 비싸다.
③ 점원들의 근무 자세가 좋다.
④ 상품 진열이 잘 되어 있다.

문 18. 다음 글을 쓴 필자의 어조로 가장 적절한 것은?

Some people insist on "love at first sight," but I suggest that they calm down and take a second look. There is no such thing as love at first sight. Some of those attractive first-sight qualities may turn out to be genuine and durable, but don't count on the story book formula. The other saying, "love is blind" is far more sensible. The young girl who believes herself to be in love can't see the undesirable qualities in her man because she wishes not to see them.

① ironic
② angry
③ critical
④ romantic

문 19. 주어진 글 다음에 이어질 글의 순서로 가장 적절한 것은?

Past research has shown that experiencing frequent psychological stress can be a significant risk factor for cardiovascular disease, a condition that affects almost half of those aged 20 years and older in the United States.

(A) Does this mean, though, that people who drive on a daily basis are set to develop heart problems, or is there a simple way of easing the stress of driving?
(B) According to a new study, there is. The re-searchers noted that listening to music while driving helps relieve the stress that affects heart health.
(C) One source of frequent stress is driving, either due to the stressors associated with heavy traffic or the anxiety that often accompanies inexperienced drivers.

① (A) - (C) - (B)
② (B) - (A) - (C)
③ (C) - (A) - (B)
④ (C) - (B) - (A)

문 20. 다음 빈칸에 각각 들어갈 말로 가장 적절한 것은?

(A) Even when fingerprints are hidden at the scene of a crime, they can be dusted with aluminum powder __________ they can be seen and photographed.
(B) Not only my mother but also my sister __________ here.

	(A)	(B)
①	so that	are
②	in order to	are
③	so that	is
④	in order to	is

해설편 p.030

제3과목 실전동형 모의고사 한국사

시간 체크 풀이 시간 ___ : ___ ~ ___ : ___ 소요 시간 ___ : ___

Timer 신중 18분 / 적정 15분 / 빠름 10분

20초 문제

문 1. 다음에서 청동기 시대의 생활상에 대한 설명으로 옳은 것은?

① 신석기 시대의 석기에 비해 더욱 정교하고 날카로운 간돌검을 사용하였다.

② 팽이형 토기인 즐문 토기에 곡물 등을 저장하거나 조리하기도 하였다.

③ 청동기 시대의 유적지로 평안북도 의주 미송리, 경기도 여주 흔암리, 제주 한경 고산리 등이 있다.

④ 청동기 시대의 거주지는 방어에 편리한 강가나 해안가 부근에 위치하였고 주변에 토성(土城) 또는 목책(木柵)을 쌓으며 성 밖에 호(濠)를 파는 등 방어 시설을 갖추었다.

문 2. 밑줄 친 '이 나라'에서 볼 수 있는 모습으로 적절한 것은?

> 이 나라는 대군왕이 없으며, 읍락에는 각각 대를 잇는 장수(長帥)가 있다. …… 이 나라의 토질은 비옥하며, 산을 등지고 바다를 향해 있어 오곡이 잘 자라며 농사짓기에 적합하다. 사람들의 성질은 질박하고, 정직하며 굳세고 용감하다. 소나 말이 적고, 창을 잘 다루며 보전(步戰)을 잘한다. 음식, 주거, 의복, 예절은 고구려와 흡사하다. 그들은 장사를 지낼 적에는 큰 나무 곽(槨)을 만드는데 길이가 십여 장(丈)이나 되며 한쪽 머리를 열어 놓아 문을 만든다.
>
> –『삼국지』 위서 동이전 –

① 민며느리를 받아들이는 읍군

② 위만에게 한나라의 침입을 알리는 장군

③ 5월에 씨를 뿌리고 하늘에 제사를 지내는 천군

④ 국가의 중요한 일을 논의하고 있는 마가와 우가

문 3. 다음에서 위만 조선에 대한 설명으로 옳지 않은 것은?

① 중국 연나라의 진개가 쳐들어와 중심지가 요령에서 한반도의 대동강 유역에 있는 왕검성(평양)으로 이동하게 되었다.

② 위만 조선 성립 이후에도 국호를 그대로 조선(朝鮮)이라 하였고, 토착민 출신으로 높은 지위에 오른 자가 많았다.

③ 철기 문화를 본격적으로 수용하였고, 그로 인해 농업과 무기 생산을 바탕으로 한 수공업이 크게 융성하며 상업과 무역 또한 크게 발전하였다.

④ 위만 조선이 흉노와 연결하려 하자 한은 사신으로 요동 태수 섭하를 위만 조선에 보냈으나 요동 태수 섭하 피살 사건이 발생하며 한(漢)과 위만 조선의 관계는 극도로 악화되었다.

문 4. 밑줄 친 '왕'의 재위 기간에 있었던 사실로 옳은 것은?

> 이찬 이사부가 왕에게 "국사라는 것은 임금과 신하들의 선악을 기록하여, 좋고 나쁜 것을 만대 후손들에게 보여 주는 것입니다. 이를 책으로 편찬해 놓지 않는다면 후손들이 무엇을 보고 알겠습니까?"라고 아뢰었다. 왕이 깊이 동감하고 대아찬 거칠부 등에게 명하여 선비들을 널리 모아 그들로 하여금 역사를 편찬하게 하였다.
>
> –『삼국사기』 –

① 정전 지급

② 국학 설치

③ 첨성대 건립

④ 북한산 순수비 건립

문 5. 다음 중 가야에 대한 설명으로 옳지 않은 것은?

① 금관가야는 풍부한 철과 해상무역의 발달을 바탕으로 낙랑, 왜의 규슈를 연결하는 중계 무역이 크게 발달했었다.
② 5세기 말~6세기 초에 대가야는 세력을 서쪽 방면으로 크게 확장했는데 소백산맥을 넘어 전라북도 남원, 장수, 임실 지역까지 진출하는 등 백제, 신라와 대등한 세력으로까지 발전하였다.
③ 가야 연맹은 신라에 의해 해체되어 중앙 집권 국가(고대 국가)로 발전하지 못하고 연맹 왕국 단계에서 멸망하게 되었다.
④ 가야의 무덤 형태로는 나무 널무덤과 나무 덧널무덤, 돌무지 덧널무덤 등이 발견되었다.

문 6. 다음 사료 이후의 시대적 상황에 따른 역사적 사실로 옳지 않은 것은?

> 왕이 어려서 즉위해 장성하였는데, 음란하고 절도가 없이 기강이 문란하였으며 재해가 자주 일어나 민심이 흉흉해지자, 이찬 김지정이 모반을 일으켜 무리를 거느리고 궁궐을 포위하였다.

① 유학의 발전에 따라 유교 경전 이해 능력으로 관료를 뽑는 독서삼품과를 실시하였다.
② 잦은 자연재해와 전염병이 발생하고, 왕실과 귀족은 사치와 향락을 일삼았다.
③ 조형미술의 발달을 통해 조화와 균형을 추구하여 불국토의 이상향을 실현시키고자 하였다.
④ 6두품과 지방 호족이 선종 불교를 중심으로 연계하여 새로운 사회를 준비하였다.

문 7. 다음 제시된 사료와 관련된 왕의 업적으로 옳은 것은?

> 지금 보내온 국서(國書)를 살펴보니 부왕(父王)의 도를 갑자기 바꾸어 날짜 아래에 관품(官品)을 쓰지 않았고, 글 끝에 천손(天孫)이라는 참람된 칭호를 쓰니 법도에 어긋납니다. 왕의 본래의 뜻이 어찌 이러하겠습니까? …… 고 씨의 시대에 병난이 그치지 않아 조정의 위엄을 빌려 저들이 형제를 칭하였습니다. 지금 대씨는 일없이 고의로 망령되이 사위와 장인을 칭하였으니 법례를 잃은 것입니다.

① 북만주 일대를 장악하고, 돌궐과 왜를 이용하여 당과 신라를 견제하였다.
② 최고 국립 교육 기관인 주자감을 설치하고 당의 3성 6부를 수용하였으나, 그 명칭과 운영은 독자적으로 하였다.
③ 동해안의 동경 용원부에서 내륙의 상경 용천부로 천도하였다.
④ 최대 영역의 판도를 이루어 5경 15부 62주의 지방 행정 제도를 정비하였다.

문 8. 다음 글에서 설명하고 있는 문화유산은?

> 이곳은 원래 성종의 형인 월산대군(月山大君)의 집이 있던 곳으로, 선조가 임진왜란 뒤 임시거처로 사용하면서 정릉동 행궁으로 불리었고, 광해군 때는 경운궁이라 하였다. 아관파천 후 고종이 이곳에 머물렀다. 주요 건물로는 중화전, 함녕전, 석조전 등이 있다.

① 경복궁
② 경희궁
③ 창덕궁
④ 덕수궁

문 9. ㉠과 ㉡에 해당하는 건축 양식에 대한 설명으로 옳지 않은 것은?

(㉠)은 통일 신라 때부터 지어진 건축 양식으로, 지붕의 무게를 기둥에 전달하면서 건물을 치장하는 공포가 기둥 위에만 짜여진 건축 양식으로서 13세기 이후의 건축물 일부만이 현존한다. (㉡)은 기둥 위뿐만 아니라 기둥 사이에도 공포를 짜 올리는 방식으로 웅장하고 거대한 건물을 짓는 것이 가능해져 건물의 규모를 한층 더 높일 수 있었다.

① ㉠ : 경북 안동 봉정사 극락전은 현존하는 목조 건축물로는 최고(最古)의 건축물이다.
② ㉠ : 부석사 무량수전은 이 양식에 엔타시스(볼록한 기둥), 3중으로 겹쳐진 공포(栱包) 등이 특징이다.
③ ㉡ : 황해도 사리원 성불사 응진전과 황해도 황주의 심원사 보광전, 함경도 안변 석왕사 응진전 등이 있다.
④ ㉡ : 고려 후기에 송의 영향을 받아 나타난 건축 양식으로 조선 시대 건축에 영향을 주었다.

문 10. 다음 글과 관련된 고려의 지배층에 대한 설명으로 옳은 것은?

도자기의 빛깔이 푸른 것을 고려인들은 비색(翡色)이라 부른다. 근년에 와 만드는 솜씨가 교묘하고 빛깔도 더욱 예뻐졌다. 술그릇의 모양은 오이 같은데, 위에 작은 뚜껑이 있어서 연꽃에 엎드린 오리의 모양을 하고 있다. 또 주발, 접시, 술잔, 사발, 꽃병, 옥으로 만든 술잔 등도 만들 수 있지만, 일반적으로 도자기를 만드는 법을 따라한 것들이므로 생략하고 그리지 않는다. 다만, 술그릇만은 다른 그릇과 다르기 때문에 특히 드러내 소개해 둔다.

－『고려도경』－

① 중앙 관직에 진출한 집안은 귀족 가문으로 자리 잡기 위하여 관직을 바탕으로 토지를 확대해 나갔고, 유력한 가문과 중첩된 혼인 관계를 맺었으며 가장 선호하는 결혼 대상은 외척으로서의 지위 때문에 왕실을 가장 선호하였다.
② 중방을 중심으로 관직을 독점하고 사병을 확대시키며 권력 쟁탈전을 벌여, 이로 인해 하극상의 풍조가 유행하게 되었다.
③ 무신 정권이 붕괴된 이후 원 간섭기의 집권 세력으로 도평의사사, 첨의부, 밀직사 등 요직을 장악하고 대규모 농장을 소유하거나 음서를 통해 막대한 재산을 늘리며 신분을 세습해 나갔다.
④ 가문이 한미한 하급 관료의 자제나 향리 출신으로서 무신 집권기 이래 과거를 통해 중앙 관리로 새롭게 진출하였으며 고려 말 사회 개혁 방안으로 성리학을 수용하였다.

문 11. 다음 제시된 내용에서 밑줄 친 ‘임금’에 관한 설명으로 옳은 것은?

<u>임금</u>께서 오방(五方)의 풍토가 다르니 농사의 방법도 각각 그 마땅함이 있어 옛 글과 모두 같을 수 없다 하셨다. 각 도 감사에게 명하여 여러 마을의 나이 많은 농부에게 농사 경험을 묻게 하고 신하 정초와 변효문에게 중복된 것을 버리고 꼭 필요한 것만 뽑아 한 편의 책으로 엮게 하셨다.

① 일종의 승려 신분증인 도첩제를 실시하여 승려의 수를 제한하고 국가 재정을 확충하고자 하였다.
② 도평의사사를 폐지하고, 의정부를 설치하였으며 사병을 혁파하여 왕권을 강화시켰다.
③ 왜구의 노략질이 극에 이르자 이종무를 보내 왜구의 소굴인 쓰시마 섬을 조선 수군 17,000여 명과 함께 토벌하도록 하였다.
④ 왕실 재정 관리 기구를 ‘내수사’라 하여 공식 기구 조직으로서의 직제를 갖추었다.

문 12. 다음 사건이 일어난 왕의 재위 기간에 대한 설명으로 옳은 것은?

임꺽정은 양주 백정으로, 성품이 교활하고 날래고 용맹스러웠다. 그 무리 수십 명이 함께 다 날래고 빨랐는데, 도적이 되어 민가를 불사르고 소와 말을 빼앗고, 만약 항거하면 몹시 잔혹하게 사람을 죽였다. 경기도와 황해도의 아전과 백성들이 임꺽정 무리와 은밀히 결탁하여, 관에서 잡으려 하면 번번이 먼저 알려주었다.

① 동인과 서인의 붕당이 형성되었다.
② 문정왕후가 수렴청정하며 불교를 옹호하였다.
③ 삼포에서 4~5천 명의 일본인이 난을 일으켰다.
④ 조광조가 내수사 장리의 폐지, 소격서 폐지 등을 주장하였다.

문 13. 밑줄 친 '그'가 속해 있는 무리와 관련된 설명으로 옳지 않은 것은?

> 전지하기를, "그는 초모의 미천한 선비로 세조 때에 과거에 급제했고, 성종 때에 이르러서는 발탁하여 경연에 두어 오래도록 시종의 자리에 있었고, 종경에는 형조 판서에 이르러 은총이 온 조정을 경도하였다. …… 지금 그의 제자 김일손이 찬수한 사초 내에 부도한 말로 선왕조의 일을 터무니없이 기록하고, 또 그 스승인 그의 조의제문을 실었다."하였다.

① 고려 말 온건파 신진사대부로부터 비롯된 세력으로, 조선 건국에 가담하지 않고 향촌으로 낙향하여 길재의 학통을 계승하였고 15세기 후반 성종 때에 본격적으로 중앙 정계에 진출하였다.
② 주로 전랑과 3사의 언관직을 차지하고, 훈구 세력의 비리를 비판하여 훈구의 독주를 견제하였다.
③ 왕도정치, 덕치주의, 향촌자치를 추구하며 성리학 이외의 학문과 종교를 이단음사(異端淫邪)라 하여 무조건 배척을 하였다.
④ 사장 문학을 중요시하였으며, 패도 정치를 인정하고, 단군을 우리 시조로 보는 자주적인 역사관을 가지고 있었다.

문 14. 다음 제시된 자료에서 밑줄 친 '왕'과 관련된 내용으로 옳지 않은 것은?

> 양역을 절반으로 줄이라고 명하였다. …… 왕이 말하기를, "호포나 결포는 모두 문제점이 있다. 이제는 1필로 줄이는 것으로 온전히 돌아갈 것인즉, 경들은 1필을 줄일 대책을 잘 강구하라."

① 이인좌의 난을 계기로 탕평책이 본격적으로 실시되고, 지방 세력 통제책이 강화되면서 수령들의 권한이 점차 강해지게 되었다.
② 붕당을 없애자는 논리에 동의하는 탕평파(온건 세력)라면 붕당을 가리지 않고 등용시키는 완론탕평을 통해 정국을 운영해 나갔다.
③ 이조전랑의 후임자를 천거하고 3사의 관리를 선발할 수 있던 권한(문관 인사 추천권)을 축소하였다.
④ 청과의 외교문서집인 『동문휘고』, 호조의 사례와 연역 따위를 엮은 『탁지지』, 병법서인 『무예도보통지』를 편찬하였다.

문 15. (가), (나)에 대한 설명으로 옳지 않은 것은?

> (가) 어른과 아이(父老子弟)와 공사천민(公私賤民)은 모두 이 격문을 들어라. 무릇 관서는 기자와 단군 시조의 옛터로, 훌륭한 인물이 넘친다. ……(중략)…… 그러나 조정에서 서토(西土)를 버림이 분토(糞土)나 다름없이 한다.
> (나) 금번에 난민이 소동을 일으킨 것은 오로지 전 우병사 백낙신이 탐욕을 부려서 수탈하였기 때문입니다. 병영에서 포탈한 환곡과 전세 6만 냥을 집집마다 배정하여 억지로 받으려 하였습니다.

① (가) – 서북 지방민에 대한 차별이 극심했던 것도 이유가 되었는데, '평한(平漢, 평안도놈)'이라 하여 차별받고 천대받았던 것이 불만이 되었다.
② (나) – 1862년 철종 때 삼정의 문란과 탐관오리의 횡포(경상 우병사 백낙신과 진주 목사 홍병원의 횡포)와 수탈로 반발하게 되었다.
③ (가) – 뚜렷한 정치적 목적을 가지고 조직적으로 치밀하게 전개된 봉기였으며 세도 정치 시기 농민 봉기의 선구적 역할을 하였으나, 체계적인 개혁안을 제시하지는 못하였다.
④ (나) – 봉기의 원인이 삼정의 문란에 있다 하여 삼정을 바로잡고자 삼정이정청을 설치하고 여러 가지 개혁 방안을 제시하여 농민들에게 실질적인 도움이 되었다.

문 16. 다음 조약에 관한 설명으로 옳지 않은 것을 고르면?

제1조	조선은 자주국이며, 일본국과 동등한 권리를 갖는다.
제4조	조선은 부산과 제5관에서 제시하는 두 항구를 개방하고 일본인이 자유롭게 왕래하면서 통상할 수 있게 한다.
제7조	조선국 연해의 섬과 암초는 극히 위험하므로 일본국의 항해자가 자유롭게 해안을 측량하도록 허가한다.
제10조	일본국 국민이 조선국이 지정한 각 항구에 머무르는 동안 죄를 범한 것이 조선국 국민에게 관계되는 사건일 때는 모두 일본국 관헌이 심판한다.

① 우리나라 최초의 근대적 조약이었지만, 부산, 인천, 원산을 개항해야 했으며 조차지 규정과 치외법권 및 해안 측량권 등을 인정해 준 것으로 이는 불평등 조약이었다.
② 이 조약은 포함의 위력으로 통상 조약 체결을 강요한 운요호 사건을 계기로 체결되었다.
③ 양곡의 무제한 유출 허용 및 일본의 선박에 대해서는 항세를 받지 않고, 일본 화물에 대해서는 낮은 세율이지만 5%의 관세를 설정하였다.
④ 우리나라는 개항장을 통해 쌀, 콩, 쇠가죽 등을 주로 일본에 수출하고, 일본으로부터 영국산 섬유류를 주로 수입하였다.

문 17. 갑신정변 이후 국내 상황으로 옳지 않은 것은?

① 톈진 조약에 의거하여 청 · 일 양국군은 1885년 6월에 전 병력이 조선에서 철수하게 되었다.
② 조선에 대한 러시아의 세력 확장에 위협을 느낀 영국은 거문도를 불법으로 점령하고 중국 주둔 함대 사령관 해밀턴 해군 중장의 이름을 따서 해밀턴(Hamilton) 항이라 이름을 붙였다.
③ 조선 주재 독일 부영사 부들러(Buddler. H), 유길준과 김옥균 등이 영세중립국론의 주장을 내세웠다.
④ 조 · 일 통상 장정에서 일본은 조선에서 일본으로 쌀 수출이 곤란할 경우 1개월 전에 미리 통보한다는 방곡령 조항을 삽입하고, 최혜국 대우의 지위를 얻어 갔다.

문 18. 다음은 일제 식민 통치 시기의 교육 정책에 관련된 내용이다. 시기순으로 바르게 연결된 것은?

(ㄱ) 보통교육 연한을 4년으로 하고, 한국인에게 일본어를 습득시키고, 되도록 적은 경비로 초보적인 실업교육에 치중하여 충성된 일본인을 만드는 데 주안점을 두고 있다.
(ㄴ) 보통학교의 수업연한을 4년에서 6년으로, 고등보통학교는 4년에서 5년으로, 여자 고등보통학교는 3년에서 4년(또는 5년)으로 연장하였다.
(ㄷ) 종래 보통학교를 심상소학교(尋常小學校), 고등보통학교를 중학교, 여자 고등보통학교를 고등여학교라고 하고, 각 학교의 조선어 교과목은 정과(正果)에서 수의과로 떨어졌다.
(ㄹ) 일제는 우리말 대신 일본어를 배우도록 강요하였고, 각 학교의 교과서는 그들의 침략 정책에 맞도록 편찬하였으며, 이와 함께 전국에 일본어 강습소를 개설하고 관공서에서의 모든 서류를 일본어로 쓰도록 하여 우리말 말살정책을 이어 갔다.

① (ㄱ) – (ㄴ) – (ㄷ) – (ㄹ)
② (ㄱ) – (ㄹ) – (ㄴ) – (ㄷ)
③ (ㄹ) – (ㄱ) – (ㄴ) – (ㄷ)
④ (ㄹ) – (ㄱ) – (ㄷ) – (ㄴ)

문 19. 다음 현대사의 사건을 시대순으로 바르게 나열한 것은?

(ㄱ) 초대 대통령에 한하여 중임 제한을 폐지하는 내용을 통과시켰다.
(ㄴ) 의원 내각제(내각 책임제)로 개헌하고, 양원제를 시행하며 외자 도입에 의한 경제 개발 계획을 수립하였다.
(ㄷ) 대통령의 권한을 강화시키고, 통일 주체 국민회의에 의한 간선제 개헌안을 확정하였다.
(ㄹ) 국회 간선제의 대통령 선출 방식을 대통령 직선제로 개헌하였다.

① (ㄱ) – (ㄴ) – (ㄷ) – (ㄹ)
② (ㄱ) – (ㄷ) – (ㄴ) – (ㄹ)
③ (ㄹ) – (ㄱ) – (ㄴ) – (ㄷ)
④ (ㄹ) – (ㄱ) – (ㄷ) – (ㄴ)

문 20. 다음 중 1970년대 초에 남한과 북한이 공동으로 선언한 내용으로 옳은 것은?

㉠ 통일은 외세에 의존하거나 외세의 간섭을 받음이 없이 자주적으로 해결해야 한다.
㉡ 사상과 이념, 제도의 차이를 초월하여 우선 하나의 민족으로서 민족적 대단결을 도모하여야 한다.
㉢ 남 · 북한 관계를 통일 관계의 "잠정적 특수 관계"라고 규정하고 한국과 북한이 당장 통일할 수 없는 현실을 감안하여 서로 상대방의 체제를 인정하고, 군사적으로 침범하거나 파괴 · 전복하지 않으며, 교류 · 협력을 통해 민족 동질성을 회복함으로써 단계적으로 통일을 이룩해 나가야 한다는 약속을 내외에 천명하고 있다.
㉣ 남과 북은 나라의 통일을 위한 남측의 연합제 안과 북측의 낮은 단계의 연방제 안이 서로 공통성이 있다고 인정하고 이 방향에서 통일을 지향시켜 나가기로 하였다.

① ㉠, ㉡
② ㉡, ㉢
③ ㉢, ㉣
④ ㉠, ㉣

_____년 _____월 _____일 시행

9급 공무원 공개경쟁채용 필기시험
제3회 모의고사

공통과목

응시번호	
성 명	

【시 험 과 목】

제1과목	국 어	제2과목	영 어	제3과목	한국사

【응시자 주의사항】

1. **시험시작 전에 시험문제를 열람하는 행위나 시험 종류 후 답안을 작성하는 행위를 한 사람**은 「공무원임용시험령」 제51조에 의거 부정행위자로 처리됩니다.
2. 답안지 책형 표기는 **시험시작 전 감독관 지시에 따라 문제책 앞면에 인쇄된 책형을 확인**한 후, **답안지 책형란에 해당 책형(1개)을 "●"로 표기**하여야 합니다.
   – 책형 및 인적사항을 기재하지 않을 경우 불이익(당해시험 무효 처리 등)을 받을 수 있습니다.
3. 답안은 반드시 문제책 표지의 과목순서에 맞추어 표기하여야 하며, 과목 순서를 바꾸어 표기한 경우에도 문제책 표지의 과목 순서대로 채점되므로 각별히 유의하시기 바랍니다.
4. 시험이 시작되면 문제를 주의 깊게 읽은 후, 문항의 취지에 가장 적합한 하나의 정답을 고르며, 문제내용에 관한 질문을 하실 수 없습니다.
5. **답안을 잘못 표기하였을 경우**에는 **답안지를 교체하여 작성**하거나 **수정테이프만을 사용하여 수정**할 수 있으며(수정액 또는 수정 스티커 등은 사용 불가), 부착된 수정테이프가 떨어지지 않도록 눌러주어야 합니다.
   – 불량 수정테이프의 사용과 불완전한 수정처리로 인해 발생하는 모든 문제는 응시자 본인에게 책임이 있습니다.
6. **시험 시간 관리의 책임**은 응시자 본인에게 있습니다.

【정답 공개 및 가산점 등록 안내】

1. **정답공개, 이의제기**: 사이버국가고시센터(http://gosi.kr)
2. **가산점 등록방법**: 사이버국가고시센터(http://gosi.kr) ⇒ 원서접수 ⇒ 가산점 등록 확인

해설편 p.034

제 1 과목

실전동형 모의고사 국어

시간 체크 풀이 시간 ___ : ___ ~ ___ : ___ 소요 시간 ___ : ___

Timer 신중 18분 / 적정 15분 / 빠름 10분

문 1. 다음 중 「한글 맞춤법」에 따라 올바르게 표기한 것들로만 묶인 것은?

① 해쓱하다 – 부썩 – 담북 – 깍뚜기
② 익히 – 몫몫이 – 싸라기 – 이파리
③ 뜨게질 – 널따랗다 – 짤따랗다 – 넓직하다
④ 곰곰히 – 도저히 – 어렴풋이 – 깨끗이

문 2. 다음 글에서 알 수 없는 것은?

> 다양한 한국의 사극들이 해외에서도 인기를 끌면서 부가적으로 사극의 배경이 된 시대의 의복들이 관심을 받고 있다. 그중 최근 방영한 사극의 해외 팬들은 조선 시대의 모자에 대해 흥미를 가지고 다양한 디자인에 대해 찬사를 보내고 있다.
>
> 조선 시대의 모자 중 사극에 가장 많이 등장하고 잘 알려진 것은 양반들의 외출용 모자인 갓이다. 갓은 머리를 덮는 부분과 둥근 형태의 차양 부분으로 이루어져 있는데 대나무와 말총을 주재료로 사용하였다. 갓이 외출용이라면 탕건은 집 안에서 썼다. 탕건은 앞쪽은 낮고 뒤쪽은 높아 마치 계단처럼 턱이 진 형태이다. 탕건은 말의 갈기나 꼬리털인 말총으로 만들었다. 집 안에서 쓰는 모자에는 탕건뿐만 아니라 유건도 있었다. 유건은 검은색 베나 모시로 만들어 주로 유생들이 성균관 같은 학교나 집 안에서 쓰곤 하였다.
>
> 양반들뿐만 아니라 신분이 낮은 사람들이나 부녀자들이 쓰는 모자도 있었다. 신분이 낮은 남성들은 정수리 모양이 둥근 패랭이를 썼다. 패랭이는 대나무를 가늘게 쪼개어 만들었으며, 보부상들은 목화송이를 크게 얹어서 쓰기도 했다. 그리고 부녀자들은 윗부분이 잘린 원뿔 모양의 모자인 전모를 썼다. 전모는 부녀자들이 햇빛을 가리기 위해 쓰던 외출용 모자로서 대나무로 삿갓 모양의 테두리를 만들고 종이를 발랐는데 부녀자들이 쓰는 모자이다 보니 무늬가 아주 화려하였다.

① 갓과 탕건은 말총으로 만들었다.
② 탕건과 유건은 집 안에서 썼다.
③ 패랭이는 신분이 낮은 사람들이 썼다.
④ 대나무는 신분이 높은 사람들이 쓰는 모자에는 사용되지 않았다.

문 3. 다음 밑줄 친 단어의 품사가 다른 하나는?

① 철수는 보다 좋은 성적을 내기 위해서 열심히 공부하였다.
② 그가 화를 낼 만도 하다.
③ 보고 느낀 대로 쓰면 된다.
④ 시험은 10시에 시작된다.

문 4. 다음 시에 대한 설명으로 적절하지 않은 것은?

우리집도 아니고
일가집도 아닌 집
고향은 더욱 아닌 곳에서
㉠ 아버지의 침상 없는 최후의 밤은
㉡ 풀벌레 소리 가득 차 있었다.

노령을 다니면서까지
애써 자래운 아들과 딸에게
한 마디 남겨주는 말도 없었고,
아무을만의 파선도
설룽한 니코리스크의 밤도 완전히 잊으셨다.
목침을 반듯이 벤 채

다시 뜨시잖는 두 눈에
피지 못한 꿈의 꽃봉오리가 갈앉고,
얼음장에 누우신 듯 손발은 식어갈 뿐
입술은 심장의 영원한 정지를 가르쳤다.
때 늦은 의원이 아모 말없이 돌아간 뒤
이웃 늙은이 손으로
눈빛 미명은 고요히 낮을 덮었다.

우리는 머리맡에 엎디어
있는 대로의 울음을 담아 울었고
아버지의 침상 없는 최후의 밤은
풀벌레 소리 가득 차 있었다.

– 이용악, 「풀벌레 소리 가득 차 있었다」 –

① ㉠은 빈궁한 현실과 비극적 상황을 암시한다.
② ㉡은 화자의 서글픔을 강조하는 소재이다.
③ 비극적 상황에 대해 강하게 감정을 표출하고 있다.
④ 수미상관식 구성을 통해 형태의 안정감을 주고 있다.

20초 문제

문 5. 화자의 상황을 적절하게 표현한 한자성어로 옳은 것은?

오백년 도읍지를 필마로 도라 드니
산천은 의구ᄒᆞ되 인걸은 간듸 업다
어즈버 태평연월이 꿈이런가 ᄒᆞ노라

– 길재, 「오백년 도읍지를」 –

① 麥秀之嘆
② 望雲之情
③ 亡羊之歎
④ 首丘初心

문 6. 〈보기〉는 사이시옷 표기와 관련한 「한글 맞춤법」 규정의 일부이다. ㉠~㉢에 해당하는 예로 옳지 않은 것은?

보기

한글 맞춤법 제30항 사이시옷은 다음과 같은 경우에 받치어 적는다.
1. 순우리말로 된 합성어로서 앞말이 모음으로 끝난 경우
(1) 뒷말의 첫소리가 된소리로 나는 것 ……………… ㉠
(2) 뒷말의 첫소리 'ㄴ, ㅁ' 앞에서 'ㄴ' 소리가 덧나는 것 ……………… ㉡
(3) 뒷말의 첫소리 모음 앞에서 'ㄴㄴ' 소리가 덧나는 것 ……………… ㉢

	㉠	㉡	㉢
①	맷돌	빗물	나뭇잎
②	선짓국	잇몸	두렛일
③	냇가	텃마당	아랫니
④	쇳조각	뒷머리	깻잎

문 7. 다음 글의 순서를 올바르게 나열한 것은?

(가) 가해학생의 인권도 물론 중요하지만 피해자와 가해자의 인권이 대립했을 때는 약자의 권리가 우선돼야 한다. 그것이 인권의 본질적인 측면에 부합하는 것이다. 학교폭력에 관해 우리 사회는 가해자에게 온정적이다. 피해자가 평생 시달릴 고통에 대해서는 전혀 배려가 없다. 피해자와 그 가족의 고통은 외면한 채 가해자의 인권을 외치는 사람들은 과연 학교폭력의 시퍼런 서슬 앞에 자유로울 수 있단 말인가? 가해학생에겐, 죄를 지으면 반드시 처벌받는다는 것을 깨우쳐 주어야 한다. 또 진정한 반성의 기회를 통해 사회적 · 도덕적 인간으로 거듭날 수 있게 해주는 것 역시 교육의 한 부분이다. 더 이상 가해자에게 변명과 발뺌의 기회를 줘선 안 된다. 그로 인해 더욱 고통받는 피해자와 그 가족들이 있다는 것을 명심해야 할 것이다.

(나) 더욱이 상급학교 진학 때 우려되는 불이익에서 가해학생을 보호하기 위하여 학생의 행동이나 태도에 긍정적인 변화가 있는 경우, 이를 학교생활기록부의 '행동특성 및 종합의견란' 등에 구체적으로 기록하도록 하여 '낙인효과'를 방지하도록 하고 있다. 이렇게 가해학생을 보호할 수 있는 안전판이 마련돼 있는데도 학생부 기재를 반대하는 것은 위험한 발상이 아닐 수 없다.

(다) 최근 교육과학기술부가 내놓은 '학교폭력 가해사실에 대한 학교생활기록부 기록 방침'은 환영할 만하다. 학생부에 가해사실을 기록하게 되면, 입시를 앞둔 학생들에게 경각심을 일으켜 자연스럽게 학교폭력을 예방할 수 있기 때문이다. 또한 이는 학부모들에게 학교폭력의 심각성을 알리는 데도 효과적이다.

(라) 그런데 일부 지방교육청에서 가해학생의 '인권'이 침해된다는 이유를 들어 이런 조처를 보류하고 있다는 사실에 통탄을 금할 길이 없다. 한 번의 실수로 남은 인생에 불이익을 받게 되는 것이 두렵다면, 평생을 학교폭력으로 고통받고, 학업까지 포기하며 살아야 하는 피해학생과 그 가족의 아픔은 무엇이란 말인가. 지속적인 폭력으로 몸과 마음에 상처를 입은 학생이 받은 고통을 생각한다면, 과연 학교폭력의 학교생활기록부 기재를 재고한다는 방침을 논할 수가 있는지 묻고 싶다.

① (가) – (나) – (다) – (라)
② (가) – (다) – (나) – (라)
③ (다) – (라) – (가) – (나)
④ (다) – (라) – (나) – (가)

문 8. 다음 글을 통해 알 수 있는 것으로 옳지 않은 것은?

보리는 세계 4대 작물 중 하나로서 우리나라에서는 쌀, 조, 콩, 기장과 함께 5대 작물 중 하나이다. 또한 우리나라에서 보리는 쌀 다음으로 많이 섭취하는 곡물 중 하나이다.

이러한 보리는 선사시대부터 재배했던 것으로 추정된다. 우리나라의 『삼국유사』에도 보리의 역사를 알 수 있는 기록이 있다. 그것은 바로 '주몽의 어머니 '유화'가 보리 씨앗을 비둘기 목에 달아 주몽에게 전해 주었다고 하는 기록이다. 이처럼 보리는 매우 오랜 역사를 가지고 있는 곡물인 것이다.

예전에는 이모작으로 보리를 경작하여 농지를 효과적으로 활용할 수 있었다. 그러나 요즘은 보리의 재배 면적이 많이 줄었다. 이는 쌀의 생산량 증가로 쌀이 주식으로 급부상하였기 때문이다. 그러나 최근 들어 보리가 다시 주목을 끌고 있다. 그 이유는 무엇일까?

우선, 보리는 쌀에 비해 칼슘, 철, 인 등의 영양소가 풍부하고, 섬유소도 몇 배나 더 많다. 그러다 보니 건강에 대한 관심이 높아진 요즈음, 보리는 새삼 환영받는 곡식이 되고 있는 것이다.

또한 보리는 여러 분야에서 활용되어 소득을 높이는 데 도움을 주고 있다. 가공 식품의 재료에서 동물용 사료까지 다양하게 쓰이고, 보리밭을 조성해서 관광 자원으로 활용하는 지역도 있다.

① 『삼국유사』에서 보리에 관한 옛 기록을 찾을 수 있다.
② 보리 재배는 농지를 효과적으로 활용하는 데 도움이 되었다.
③ 보리는 씹는 느낌과 맛이 좋아 주요 곡물로 재배되었다.
④ 보리는 영양소와 섬유소가 풍부해서 건강에 이롭다.

20초 문제

문 9. 다음 중 띄어쓰기가 옳은 것은?

① 집을 나서는 데 마침 그녀에게 전화가 걸려 왔다.
② 너 만큼 나도 힘들다.
③ 커피는 커녕 밥을 먹을 돈도 없다.
④ 비가 올성싶다.

문 10. 다음 작품에 대한 설명으로 옳지 않은 것은?

> 君(군)은 어비여
> 臣(신)은 ㉠ ᄃᆞᄉᆞ샬 어ᅀᅵ여,
> 民(민)ᄋᆞᆫ 얼ᄒᆞᆫ 아ᄒᆡ고 ᄒᆞ샬ᄃᆡ
> 民(민)이 ᄃᆞᄉᆞᆯ 알고다.
> 구믈ㅅ다히 살손 物生(물생)
> 이흘 머기 다ᄉᆞ라.
> 이 ᄶᅡ흘 ᄇᆞ리곡 어듸 갈뎌 ᄒᆞᆯ디
> 나라악 디니디 알고다.
> ㉡ 아으, 君(군)다이 臣(신)다이 민(民)다이 ᄒᆞᄂᆞᆯᄃᆞᆫ
> 나라악 太平(태평)ᄒᆞ니잇다.
>
> – 충담사, 「안민가」 –

① ㉠은 '사랑하시는', '사랑해주시는'으로 해석할 수 있다.
② ㉡은 낙구로서 특별한 의미가 없다.
③ 임금을 아버지에, 신하를 어머니에, 백성을 아이에 각각 비유하였다.
④ 승려인 작가의 영향으로 불교적 색채가 강하다.

문 11. 다음 문장 중 형태소의 개수가 다른 하나는?

① 커피를 사러 갔다.
② 그가 돌아 왔다.
③ 하늘이 맑고 푸르다.
④ 봄에는 꽃이 핀다.

문 12. 밑줄 친 한자어의 쓰임이 문맥상 적절하지 않은 것은?

① 現狀을 극복하려는 의지를 가져야 한다.
② 이 작품 속에 등장하는 인물들은 모두 架空의 인물이다.
③ 이 시를 본 鑑賞은 도저히 말로 표현할 수 없다.
④ 긍정도 否定도 아닌 애매한 대답을 하였다.

문 13. 다음 시에 대한 설명으로 옳지 않은 것은?

> 나 하늘로 돌아가리라.
> 새벽빛 와 닿으면 스러지는
> ㉠ 이슬 더불어 손에 손을 잡고,
>
> 나 하늘로 돌아가리라.
> 노을빛 함께 단 둘이서
> 기슭에서 놀다가 구름 손짓하면은,
>
> 나 하늘로 돌아가리라.
> 아름다운 이 세상 ㉡ 소풍 끝내는 날,
> 가서, 아름다웠다고 말하리라…….
>
> – 천상병, 「귀천」 –

① ㉠은 아름답지만 '덧 없는 것, 순간적인 것' 등을 상징한다
② ㉡은 유한한 삶에 대한 자조적이고 반어적 성격을 드러내는 시어이다.
③ 화자는 독백적 어조로 이야기하고 있다.
④ 화자는 삶에 대해 달관한 모습을 보이고 있다.

문 14. 외래어 표기가 옳지 않은 것은?

① robot – 로봇
② English – 잉글리쉬
③ supermarket – 슈퍼마켓
④ Mozart – 모차르트

문 15. 다음 글의 밑줄 친 (가)에 들어갈 내용으로 옳은 것은?

적정 기술은 첨단 기술로부터 소외된 다수를 위한 기술이다. 즉, 주로 가난한 나라나 저소득층 사람들의 삶의 질을 향상시키기 위한 기술로서 그 지역의 환경과 문화, 경제적인 상황을 고려하여 필요한 물건을 만드는 기술인 것이다.

적정 기술의 예로는 큐드럼(Q-Drum)이라는 물통이 있다. 큐드럼은 식수를 얻기 위해 매일 수 킬로미터를 걸어야 하는 아프리카의 시골 주민들을 위해 개발된 것이다. 큐드럼은 지름이 50cm 정도 되는 플라스틱 드럼통에 두루마리 화장지처럼 가운데 구멍이 뚫려 있고, 그 사이를 관통하여 줄이 걸려 있다. 물통을 손에 들거나 머리에 이는 대신 줄을 이용해 굴리면서 끌고 갈 수 있기 때문에 힘이 약한 여성이나 어린이도 손쉽게 운반할 수 있게 개발된 것이다.

또 다른 예로는 지세이버(G-saver)라는 것이 있다. 몽골은 겨울철 기온이 낮아 난방이 중요하다. 지세이버는 이러한 몽골 주민들을 위해 개발된 것으로서 기존 난로 위에 부착하는 소형 기기로 열을 오래 지속시켜 난방 효율을 높일 수 있다. 시설을 크게 바꾸지 않고도 연료 소모량을 40% 정도 줄일 수 있고 더불어 오염 물질 배출도 줄일 수 있다.

이처럼, 적정 기술은 ______(가)______.

① 지역의 생활 여건을 고려하여 삶의 질을 높이는 기술이다.
② 첨단 과학과 참신한 아이디어를 결합한 고급 기술이다.
③ 감성을 자극해서 인간성을 회복하고자 하는 기술이다.
④ 환경 보전을 주요 목적으로 하는 친환경 기술이다.

문 16. 다음 작품을 통해 필자가 말하고자 하는 바로 옳은 것은?

손(客)이 주옹(舟翁)에게 물었다.

"당신은 배에서 사는데, 고기를 잡으려니 낚시가 없고, 장사를 하려니 재화(財貨)가 없고, 뱃사공 노릇을 하려고 해도 중류에서 머무르고 왕래하지 않습니다.

… (중략) …

지극히 험한 곳을 밟고 지극히 위태한 일을 무릅쓰는 일이 됩니다. 그런데도 당신은 도리어 이를 즐기면서, 세상을 멀리하는 것은 무슨 까닭입니까?"

주옹이 말하였다.

"아, 그대는 생각하지 못하였습니까? 대개 사람의 마음이란 잡고 놓음이 무상하여, 평탄한 육지를 밟으면 마음이 편안하여 방자하게 되고, 험한 지경에 처하면 전율하여 두려워합니다. 그리고 전율하고 두려워하면 가히 조심하여 굳게 지키려니와, 태연히 여겨서 방자하면 반드시 방탕하게 되어 위험에 빠지게 될 것입니다. 그러니 내 차라리 험한 곳에 처하여 항상 조심할지언정, 편안한 데 살아 스스로를 위험에 빠뜨리지 않게 하려는 것입니다. 하물며, 내 배는 떠다니는 것이라 일정한 길이 없어서, 혹시 편중함이 있으면 그 형세가 반드시 기울어지게 됩니다. 좌로 기울지도 않고, 우로 기울지도 않으며, 무겁지도 않고, 가볍지도 않게 내가 그 한가운데를 지키어 평형을 잡은 뒤에야 기울지 않아서 내 배의 평온을 지키게 되나니, 비록 풍랑이 출렁거린다 해도 어찌 능히 내 마음의 편한 바를 요동(搖動)시키겠습니까? 인간 세상이란 거대한 하나의 물결이요, 인성이란 거대한 하나의 바람입니다. 그런데 내 일신의 나약한 몸으로 아득히 그 가운데 빠져 표류하는 것은 마치 일엽의 편주가 만 리의 아득한 창파 위에 떠 있는 것과 같은 것입니다. 내가 배에서 살면서 세상 사람을 보니, 그 편한 것을 믿고 그 환란을 생각하지 않으며, 자신이 하고자 하는 바를 마음껏 하면서도 그 종말을 생각하지 않습니다. 이러한 일들을 보면서 어찌 나 자신을 위태하게 하는 일을 하겠습니까?"

이와 같이 말한 뒤에 주옹은 뱃전을 두들기며 노래하고는 손(客)을 작별하고 나서 더불어 말하지 아니하였다.

아득한 바다 유유한데, 빈 배를 중류에 띄웠도다.
명월을 싣고 홀로 가니, 또 한가로이 하루를 마치리로다.

– 권근, 「주옹설(舟翁說)」 –

① 몰인정한 세상 인심을 비판하고자 한다.
② 권모술수가 판치는 세태를 풍자하고자 한다.
③ 부정과 비리가 만연한 세상사를 고발하고자 한다.
④ 안락함에 젖어서 위험을 인식하지 못하는 사람을 깨우치고자 한다.

문 17. 다음 중 〈보기〉의 단어와 형성 방법이 같은 것을 올바르게 묶은 것은?

| 보기 |
ㄱ. 늦더위
ㄴ. 뛰어놀다
ㄷ. 사냥꾼

	ㄱ	ㄴ	ㄷ
①	넓이	손수건	맨손
②	손발	바람	날고기
③	부슬비	첫사랑	지붕
④	부채질	뛰놀다	치뜨다

문 18. 다음 중 서술어 자릿수가 다른 하나는?

① 그녀가 나에게 선물을 주었다.
② 물이 얼음으로 변했다.
③ 영희가 대학생이 되었다.
④ 철수가 그녀의 생일 선물을 샀다.

※ 다음 글을 읽고 물음에 답하시오. [문 19.~문 20.]

법정 계량 단위란 일상생활 및 공공 분야에서 길이나 무게, 넓이, 부피 등을 통일해 사용하기로 한 단위를 의미한다. 정부는 2007년 7월부터 계량법에 의거한 법정 계량 단위만을 사용하도록 시행하고 있다. 따라서 기존에 TV 브라운관의 크기 등을 나타내던 '인치'나, 주택이나 토지의 넓이에서 쓰였던 '평', 또 금의 무게를 나타내는 데 사용하던 '돈'과 같은 단위를 이제는 법정 계량 단위인 '미터'와 '제곱미터', '그램' 등의 단위로 바꿔 사용해야 한다.

물론 일부 국민들은 법정 계량 단위의 사용을 불편하게 느끼기도 한다. 그러나 법정 계량 단위를 사용하지 않았을 때 오히려 실생활에서 여러 가지 불편함과 문제점이 나타날 수 있다. 주택 거래 시에도 '평'은 잴 수 있는 도구가 없어 정확한 넓이를 알기 어렵다는 단점이 있다. 그러다보니 같은 평형인데도 그 넓이가 조금씩 다른 경우가 있어, 주택과 관계된 서류를 작성할 때는 '평'을 다시 '제곱미터'로 환산해서 나타내는 번거로움이 있었다. 또 금의 무게 단위로 쓰던 '돈' 역시 '평'처럼 정확한 단위가 되기 어렵다. 순금 '한 돈'은 3그램도 아니고 4그램도 아닌 3.75그램이다. 그러다보니 금 '반 돈'은 1.875그램으로 계산된다. 하지만 시중에 있는 저울은 대개 소수점 둘째 자리까지밖에 잴 수가 없기 때문에 반 돈의 무게를 잴 때, 정확하게 맞지 않을 수 있다는 문제점이 있다. 예전에 곡물의 부피를 재는 단위로 쓰던 '되'나 '말' 등을 현재는 거의 쓰지 않고 모두 '그램' 단위로 쓰고 있는 것처럼, '평'과 '돈' 대신에 '제곱미터'와 '그램' 단위를 자주 쓰다 보면 이러한 법정 계량 단위가 사용하기에 더 편리하다는 것을 느낄 수 있을 것이다.

문 19. 글의 중심 화제로 옳은 것은?

① 법정 계량 단위의 개념
② 법정 계량 단위의 변천사
③ 법정 계량 단위 사용의 필요성
④ 법정 계량 단위 도입에 대한 국민들의 생각

문 20. 글의 전개 방식으로 옳은 것은?

① 주장의 당위성을 사례를 들어 뒷받침하고 있다.
② 비유적인 표현을 사용하여 주장을 강조하고 있다.
③ 경험담을 중심으로 내용을 설명하고 있다.
④ 예상되는 반론을 미리 제시하고 그에 따른 대응책을 소개하고 있다.

해설편 p.040

제2과목 실전동형 모의고사 영어

시간 체크 풀이 시간 ___ : ___ ~ ___ : ___ 소요 시간 ___ : ___

Timer 신중 18분 / 적정 15분 / 빠름 10분

※ 밑줄 친 부분과 의미가 가장 가까운 것을 고르시오. [문 1.~문 2.]

문 1.

In theory, a <u>bilateral</u> free trade agreement between the two nations would provide both parties with massive benefits.

① discriminative
② salient
③ mutual
④ lucrative

문 2.

The soldiers said that their weapons were <u>meticulously</u> cared for and inspected by officers.

① cautiously
② hurriedly
③ decisively
④ delightfully

문 3. 다음 글의 빈칸에 들어갈 가장 적절한 단어는?

I received ____________ phone calls warning me not to go to the police about what I'd seen.

① unanimous
② anonymous
③ precocious
④ monotonous

문 4. 밑줄 친 부분에 들어갈 가장 적절한 것은?

________________ that all diseases without exception are preventable.

① Certainly
② A certainty is
③ A certainty it would be
④ It is certain

문 5. 다음 대화 중 밑줄 친 부분에 들어갈 가장 적절한 것은?

A : Would you mind if I went home early?
B : No, I wouldn't.
A : Are you sure? I mean if you'd rather I didn't, I won't.
B : No. Honestly, it doesn't matter to me whether you go home early or not. ________________

① Don't mention it.
② It's entirely up to you.
③ Don't let me down.
④ It's beyond my comprehension.

문 6. 다음 빈칸에 들어갈 표현으로 가장 적절한 것은?

A : I don't know how to send attached files.
B : Once you learn it, ________________.

① it's a snap
② it's a steal
③ it's pie in the sky
④ it's a castle in the air

문 7. 어법상 밑줄 친 곳에 가장 적절한 것은?

Our failure to supply full security to the American people has shaken the nation devastated by this terrible carnage and has surprised the whole world. It is about time that we ____________ our foreign policy in the Middle East.

① have reviewed
② reviewed
③ are reviewed
④ review

문 8. 다음 중 어법상 가장 적절한 것은?

① If a man you met the night before and made the worst impression on you loses no time in telephoning you the very next morning, be as busy as possible.
② When I take into consideration all the factors involved, I have neither the inclination nor the insensitivity to interfere.
③ There are usually more men in your life whom you would like to get rid of as those whom you are dying to meet.
④ If you don't mind impolite, you can even say that you have to write a letter or take the dog for a walk.

※ 밑줄 친 부분 중 어법상 옳지 않은 것을 고르시오. [문 9.~문 10.]

문 9.

Looking out the bus window, Jonas could not stay calm. He ① had been looking forward to this field trip. He was the first to board the bus in the morning. The landscape looked ② fascinated as the bus headed to Alsace. Finally arriving in Alsace after three hours on the road, however, Jonas saw nothing but endless agricultural fields. The fields were vast, but hardly appealed to him. He had expected ③ to see some old castles and historical monuments, but now he saw nothing like that ④ awaiting him. "What can I learn from these boring fields?" Jonas said to himself with a sigh.

문 10.

It was two hours before the paper submission. With the deadline ① close at hand, Claire was still struggling with her writing. She wasn't even sure ② whether she could submit it on time. ③ What she found in her paper was scribbled words, half sentences, and a pile of seemingly strange and disjointed ideas. "Nothing makes sense," she said to herself. She looked at her writing and began reading it over and over. All of a sudden and unexpectedly, something ④ found in that pile of thoughts: the flow and connection of ideas she had not considered while she was writing.

문 11. 다음 중 글의 제목으로 가장 적절한 것은?

"No matter how much you invest in creating a premium experience, at the end of the day and especially through the night, if you don't get a comfortable sleep, the perception of service comes down a notch," he said. Among the findings that surprised him was how much the seat foam affects comfort. The density, thickness and contour that makes a seat comfortable will make a bed uncomfortable. Mr. Spurlock said that research showed that passengers want soft seats that are not contoured to their body from the waist up. Virgin Atlantic solved the problem of making one piece of furniture serve two purposes with the touch of a button. The passenger stands up, presses the button and the seat back electronically flips to become a flat bed. The seat side is contoured and covered in soft leather; the reverse is built of firm foam.

① The importance of the quality of seats in passenger comfort
② The role of contour and surface in the quality of beds and seats
③ The way airline companies try to improve their service with beds and seats
④ The kinds of seats airline companies design to save money

※ 다음 빈칸에 들어갈 가장 적절한 것을 고르시오. [문 12.~문 13.]

문 12.

For the Greeks, beauty was a virtue: a kind of excellence. If it occurred to the Greeks to distinguish between a person's "inside" and "outside," they still expected that inner beauty would be matched by beauty of the other kind. The well-born young Athenians that gathered around Socrates thought it quite ____________ that their hero was so intelligent, so brave, so honorable, so seductive—and so ugly.

① essential
② paradoxical
③ natural
④ self-evident

문 13.

In his book, Marco Polo does not mention the important invention of paper, which was first introduced by the Chinese. The Moors, having been taught by Chinese paper makers, brought paper into Europe. By the twelfth century Spain and then France knew the art of paper-making, thanks to their Moorish invaders. However, at that time, most of the European printing continued to be done on parchment, since the paper was considered too ____________.

① convenient
② durable
③ fragile
④ fervent

문 14. 다음 밑줄 친 단어가 가리키는 대상이 나머지 셋과 다른 것은?

Have you heard the story of "the Scorpion and the Frog"? A frog comes upon a scorpion and pleads for his life. The scorpion says he will not kill the frog if the frog takes ① him across the river. The frog asks, "How do I know you won't kill me as I carry ② you?" The scorpion replies, "If I were to strike you, we would both surely die." Thinking it over, the frog agrees and halfway across the river the scorpion strikes the frog in the back. As they both start to drown, the frog asks, "Why did you strike ③ me? Now we will both die." The scorpion replies with his last breath, "Because it is in ④ my nature that I cannot control."

문 15. 밑줄 친 (A), (B)에 들어갈 말로 가장 적절한 것은?

The origins of species said that all living things on earth are here as a result of descent, with modification, from a common ancestor. This is the theory of evolution. Expressed another way, it tells us that species are not fixed, unchanging things but have, __(A)__, evolved through a process of gradual change from pre-existing, different species. The theory implies, too, that all species are cousins, __(B)__, any two species on earth have shared a common ancestor at some point in their history.

	(A)	(B)
①	on the contrary	that is
②	in comparison	in addition
③	by contrast	however
④	in short	moreover

문 16. 주어진 문장이 들어갈 위치로 가장 적절한 것은?

Thus, individuals of many resident species, confronted with the fitness benefits of control over a productive breeding site, may be forced to balance costs in the form of lower nonbreeding survivorship by remaining in the specific habitat where highest breeding success occurs.

Resident-bird habitat selection is seemingly a straightforward process in which a young dispersing individual moves until it finds a place where it can compete successfully to satisfy its needs. (①) Initially, these needs include only food and shelter. (②) However, eventually, the young must locate, identify, and settle in a habitat that satisfies not only survivorship but reproductive needs as well. (③) In some cases, the habitat that provides the best opportunity for survival may not be the same habitat as the one that provides for highest reproductive capacity because of requirements specific to the reproductive period. (④) Migrants, however, are free to choose the optimal habitat for survival during the nonbreeding season and for reproduction during the breeding season. Thus, habitat selection during these different periods can be quite different for migrants as opposed to residents, even among closely related species.

문 17. 다음 글의 내용과 일치하지 않는 것은?

Trade exists for many reasons. No doubt it started from a desire to have something different. People also realized that different people could make different products. Trade encouraged specialization, which led to improvement in quality. Trade started from person to person, but grew to involve different towns and different lands. Some found work in transporting goods or selling them. Merchants grew rich as the demand for products increased. Craftsmen were also able to sell more products at home and abroad. People in general had a greater variety of things to choose.

① Trade started from a desire for something different.
② Trade grew from interpersonal to international scales.
③ Merchants prospered in business as trade expanded.
④ Trade helped develop new transportation systems.

※ 빈칸에 들어갈 말로 가장 적절한 것을 고르시오. [문 18.~문 19.]

문 18.

Minorities tend not to have much power or status and may even be dismissed as troublemakers, extremists or simply 'weirdos*.' How, then, do they ever have any influence over the majority? The social psychologist Serge Moscovici claims that the answer lies in their *behavioural style*, i.e. the *way* the minority gets its point across. The crucial factor in the success of the suffragette* movement was that its supporters were *consistent* in their views, and this created a considerable degree of social influence. Minorities that are active and organised, who support and defend their position *consistently*, can create social conflict, doubt and uncertainty among members of the majority, and ultimately this may lead to social change. Such change has often occurred because a minority has converted others to its point of view. Without the influence of minorities, we would have no innovation, no social change. Many of what we now regard as 'major' social movements (e.g. Christianity, trade unionism or feminism) were originally due to ________________________________.

*weirdo 별난 사람, *suffragette 여성 참정권론자

① the influence of an outspoken minority
② the forceful suppression of minorities
③ the voice of the silent majority
④ the social change brought about by majorities

문 19.

Heritage is concerned with the ways in which very selective material artefacts, mythologies, memories and traditions become resources for the present. The contents, interpretations and representations of the resource are selected according to the demands of the present; an imagined past provides resources for a heritage that is to be passed onto an imagined future. It follows too that the meanings and functions of memory and tradition are defined in the present. Further, heritage is ______________________________. It is the former that give value, either cultural or financial, to the latter and explain why they have been selected from the near infinity of the past. In turn, they may later be discarded as the demands of present societies change, or even, as is presently occurring in the former Eastern Europe, when pasts have to be reinvented to reflect new presents. Thus, heritage is as much about forgetting as remembering the past.

① irreplaceable and passionately valued by local communities
② more concerned with meanings than material artefacts
③ far too precious to throw away
④ a very positive force within society

문 20. 주어진 글 다음에 이어질 글의 순서로 가장 적절한 것은?

The burnt offering is one of the oldest and most common. Various peoples around the world lit fires and whispered prayers to the gods into the smoke.

(A) They asked the gods for protection and blew out the candle. We still put candles on a birthday cake, but now people wish for whatever they most want and blow out the candles.
(B) On their birthdays, Greek children were given a tiny cake with a candle burning on it. The cake symbolized the offering to the gods, and the smoke from the candle was believed to carry the message to the gods.
(C) They watched the smoke travel up into the sky and hoped their prayers would be answered. For example, the ancient Greeks regarded a birthday as a time of danger.

① (A) - (C) - (B)
② (B) - (A) - (C)
③ (B) - (C) - (A)
④ (C) - (B) - (A)

해설편 p.047

제3과목

실전동형 모의고사 한국사

시간 체크 풀이 시간 __ : __ ~ __ : __ 소요 시간 __ : __

Timer 신중 18분 / 적정 15분 / 빠름 10분

문 1. 다음 무덤에 대한 옳은 설명을 〈보기〉에서 고른 것은?

> 이 무덤은 만주 및 한반도 일대에 널리 분포되어 있다. 전형적인 형태는 4개의 판석으로 굄돌을 세워 돌방을 만들고 그 위에 덮개돌을 얹은 것으로 돌방에 시신을 안치하였다. 덮개돌 하나가 수십 톤에 이를 정도로 거대한 것들이 많고, 토기와 석기 등의 유물이 함께 출토되고 있다.

〈보기〉
ㄱ. 껴묻거리로 비파형 동검이 출토된다.
ㄴ. 돌방이 앞방과 널방으로 구분되어 있다.
ㄷ. 계급 발생을 보여주는 대표적인 무덤이다.
ㄹ. 이 시기의 집터 바닥은 원형이나 모서리가 둥근 사각형이었다.

① ㄱ, ㄴ
② ㄱ, ㄷ
③ ㄴ, ㄷ
④ ㄷ, ㄹ

문 2. (가), (나)가 설명하는 비석을 옳게 짝지은 것은?

> (가) 법흥왕 대에 건립된 비석으로 율령의 집행과 관련된 내용을 담고 있다.
> (나) 조선 후기에 김정희에 의해 진흥왕이 세운 순수비임이 고증되었다.

① 울진 봉평비, 마운령비
② 울진 봉평비, 북한산비
③ 포항 냉수리비, 마운령비
④ 포항 냉수리비, 북한산비

문 3. (가), (나)의 왕이 추진한 정책으로 옳은 것은?

> (가) ㅁㅁ왕 9년, 서울과 지방 관리들의 녹읍을 폐지하고, 매년 직급에 따라 조(租)를 주었다.
> (나) ㅇㅇ왕 16년, 서울과 지방 관리들의 월봉을 폐지하고, 다시 녹읍을 지급하였다.

① (가) – 지방관 감찰을 목적으로 외사정을 처음 파견하였다.
② (가) – 시장을 감독하는 관청인 동시전을 설치하였다.
③ (나) – 국학을 태학감으로 바꾸고 박사와 조교를 두었다.
④ (나) – 유교 경전의 이해 수준을 시험하여 관리를 채용하였다.

문 4. 다음 (가), (나) 고분 양식에 대한 설명으로 옳은 것은?

> 한강 유역에 있던 초기 한성 시기에 (가) 돌무지무덤을 만들었는데, 서울 석촌동에 일부가 남아 있다. 웅진 시기의 고분은 굴식 돌방무덤 또는 널방을 벽돌로 쌓은 (나) 벽돌무덤으로 바뀌었다.

① (가) – 도굴이 어려워 많은 껴묻거리가 발굴되었다.
② (가) – 봉토 주위를 둘레돌로 두르고 12지 신상을 조각하였다.
③ (나) – 백제가 중국의 남조와 교류했음을 증명한다.
④ (나) – 고구려와 백제의 건국 주도 세력이 같은 계통임을 알려 주고 있다.

문 5. 다음 글에 해당하는 왕의 정책으로 옳은 것은?

> 즉위 16년, 개성부가 다시 복구됨
> 즉위 21년, 서울 부근에 남경을 설치하고, 이듬해 궁궐을 건립함

① 사심관 제도를 실시하여 지방의 호족 세력을 통제하였다.
② 5품 이상의 고위 관료를 대상으로 하는 공음 전시법을 제정하였다.
③ 호장과 부호장을 상층부로 하는 향리 제도를 처음으로 마련하였다.
④ 관료들의 관품과 인품을 동시에 고려한 전시과 체제를 마련하였다.

문 6. (가)에 들어갈 교육 기관에 대한 설명으로 옳은 것은?

> 1005년 과거에 장원 급제함
> 1033년 중추원 동지사에 오름
> 1047년 문하시중에 올라 율령을 개정함
> 1057년 관직에서 물러남. 이후 송악산에 (가)을/를 세우고 많은 제자들을 양성하여 해동공자로 불림
> 1068년 사망. 문헌이라는 시호를 받음

① 관학 교육을 위축시키는 결과를 가져왔다.
② 서적포를 두어 도서 출판을 활발히 하였다.
③ 율학, 서학, 산학 등의 기술 교육을 실시하였다.
④ 정부에서 파견된 교수 또는 훈도가 교육하였다.

문 7. 다음 역사서에 대한 설명으로 옳은 것은?

> 중국은 반고로부터 금(金)까지이고, 우리나라는 단군으로부터 본조(本朝)까지이온데, … 흥망성쇠의 같고 다름을 비교하여 매우 중요한 점을 간추려 운(韻)을 넣어 읊고 거기에 비평의 글을 덧붙였나이다.
>
> 요동에 따로 한 천지가 있으니
> 뚜렷이 중국과 구분되어 나누어져 있도다.
> …
> 처음 누가 나라를 열고 풍운을 일으켰던가.
> 하느님의 손자 그 이름하여 단군이라.

① 시초, 시정기 등을 바탕으로 실록청에서 편찬하였다.
② 불교사를 중심으로 고대의 민간 설화 등을 수록하였다.
③ 유교적 합리주의 사관에 기초하여 기전체로 서술하였다.
④ 고조선부터 충렬왕 때까지의 역사를 서사시로 정리하였다.

문 8. 다음 제시된 인물에 대한 설명으로 바르지 않은 것은?

> 하루는 같이 공부하는 사람 10여 인과 약속하였다. 마땅히 명예와 이익을 버리고 산림에 은둔하여 같은 모임을 맺자. 항상 선을 익히고 지혜를 고르는 데 힘쓰고, 예불하고 경전을 읽으며 힘들어 일하는 것에 이르기까지 각자 맡은 바 임무에 따라 경영한다. 인연에 따라 성품을 수양하고 평생을 호방하게 고귀한 이들의 드높은 행동을 좇아 따른다면 어찌 통쾌하지 않겠는가.

① 수선사 결성을 제창하여 불교계의 개혁을 추진하였다.
② 송, 요, 일본 등지에서 불교 전적을 수집하여 대장경을 보완하였다.
③ 돈오점수, 정혜쌍수라는 독창적인 불교 사상을 확립하였다.
④ 선(禪)은 부처의 마음이요, 교(敎)는 부처의 말씀이라고 하여 교와 선이 본래 하나임을 강조하였다.

문 9. 밑줄 친 '이것'에 관한 설명으로 옳은 것은?

> <u>이것</u>은 원래 태조가 거느리던 의흥친군위의 군사를 주축으로 구성된 왕실의 사병이었다. 사병 혁파 이후, 태종의 즉위와 더불어 제도화되어 왕실과 중앙의 시위(侍衛), 변경 방비 등을 담당하는 정예군으로 활동하였다.

① 속오법에 따라 편제되었다.
② 군적에 올라 군인전을 지급받았다.
③ 정식 무반에 속해 품계와 녹봉을 받았다.
④ 의무적으로 번상 시위를 한 양인 · 농민으로 구성되었다.

문 10. 다음 토지 제도의 실시에 따른 변화상에 대한 설명으로 옳은 것을 고른 것은?

> 경기는 사방의 근본이니 마땅히 과전을 설치하여 사대부를 우대한다. 무릇 경성에 거주하여 왕실을 시위(侍衛)하는 자는 직위의 고하에 따라 과전을 받는다.

> ㄱ. 현직 관리에게만 수조권을 지급하였다.
> ㄴ. 중앙의 관료들에게 사전(私田)이라는 명목으로 과전을 지급하였다.
> ㄷ. 세습되는 토지가 많아져 관료들에게 지급할 토지가 점차 부족하게 되었다.
> ㄹ. 병작반수제가 법적으로 허용되어 가난한 농민들의 생활은 더욱 어려워졌다.

① ㄱ, ㄴ
② ㄱ, ㄷ
③ ㄴ, ㄷ
④ ㄷ, ㄹ

문 11. 밑줄 친 '야인'과 관련된 설명으로 옳은 것은?

> 경성과 경원 지방에 <u>야인</u>의 출입을 금하지 아니하면 혹은 떼 지어 몰려들 우려가 있고, 일절 끊고 금하면 <u>야인</u>이 소금과 쇠를 얻지 못하여서 혹은 변경에 불상사가 생길까 합니다. 원하건대, 두 고을에 무역소를 설치하여 저들로 하여금 와서 물물 교역을 하게 하소서.
> －「태종실록」－

① 명나라 정벌을 명분으로 조선을 침략하였다.
② 조선이 요동 정벌을 추진하면서 한때 불편한 관계였다.
③ 세종 때 이종무가 야인의 소굴을 대대적으로 토벌하였다.
④ 왜란을 거치면서 건주위 일대의 세력이 성장하여 후금을 건국하였다.

문 12. (가)~(라) 시기에 있었던 일로 옳은 것은?

	(가)		(나)		(다)		(라)	
임진왜란		정유재란		인조반정		정묘호란		병자호란

① (가) － 이조전랑을 둘러싸고 김효원과 심의겸이 대립하였다.
② (나) － 의무병이 아닌 직업 군인의 성격을 갖는 훈련도감을 창설하였다.
③ (다) － 북한산성을 거점으로 수도 외곽을 방어하는 총융청이 신설되었다.
④ (라) － 안용복이 일본에 건너가 울릉도와 독도가 조선의 영토임을 인정받고 돌아왔다.

문 13. 다음 조약에 관한 설명으로 옳지 않은 것은?

> 제1조 제3국이 한쪽 정부에 부당하게 또는 억압적으로 행동할 때에는 다른 한쪽 정부는 원만한 타결을 위해 주선을 한다.
> 제5조 수출입상품에 대한 관세부과권은 조선정부에 속한다.

① 출입 물품에 대해 최초로 관세를 부과하였다.
② 치외 법권을 대신하여 최혜국 대우를 허용하였다.
③ 러시아를 견제하기 위한 청의 권고가 체결에 영향을 주었다.
④ 조선은 이후 어려움을 겪을 때마다 거중 조정을 요구하였으나 협조를 얻지 못했다.

문 14. (가)~(마)에 대한 설명으로 옳은 것을 〈보기〉에서 고른 것은?

1960		1963		1972		1980		1988		1992
	(가)		(나)		(다)		(라)		(마)	
장면 정부 출범		박정희 정부 출범		유신 정권 출범		전두환 정부 출범		노태우 정부 출범		김영삼 정부 출범

보기
> ㄱ. (가) – 민족자주통일중앙협의회가 조직되었다.
> ㄴ. (나) – 북한의 특수부대가 청와대 부근까지 침투하여 남북 관계가 급속히 얼어붙었다.
> ㄷ. (다) – 이산 가족 상봉을 위한 남북 적십자 회담이 최초로 열렸다.
> ㄹ. (라) – 한민족 공동체 통일 방안을 북측에 제안하였다.
> ㅁ. (마) – 남북 관계를 잠정적인 특수 관계로 규정하였다.

① ㄱ, ㄴ, ㅁ
② ㄱ, ㄷ, ㄹ
③ ㄴ, ㄷ, ㅁ
④ ㄴ, ㄹ, ㅁ

문 15. (가), (나)에 대한 설명으로 옳은 것은?

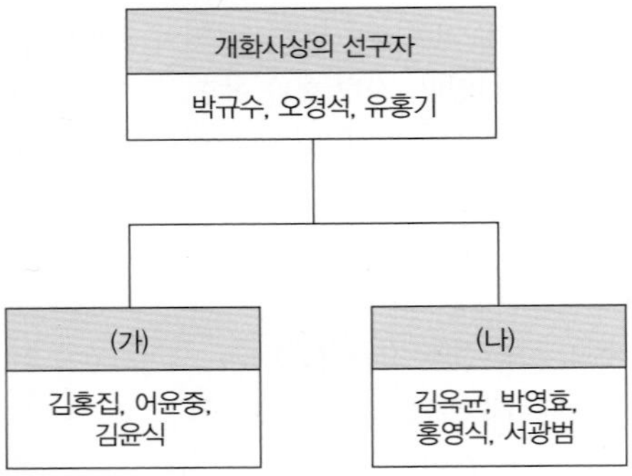

① (가) – 입헌군주제를 도입하려고 하였다.
② (가) – 우정총국 개국 축하연을 기회로 정변을 일으켰다.
③ (나) – 동도서기의 입장에서 점진적인 개혁을 추구하였다.
④ (나) – 임오군란 이후 청의 간섭으로 개화가 지지부진해지자 (가) 세력을 타도의 대상으로 생각했다.

문 16. 다음은 평등 사회로의 이행과 관련한 개혁안이다. 시대순으로 바르게 나열한 것은?

> (가) 문벌을 폐지하고 인민 평등의 권리를 제정하여 재능에 따라 인재를 등용한다.
> (나) 문벌과 양반 · 상민 등의 계급을 타파하여 귀천에 구애되지 않고 인재를 뽑아 쓴다.
> (다) 노비 문서를 소각하고 7종의 천인 차별을 개선하고 백정이 쓰는 평량갓을 없앤다.
> (라) 여성도 교육받을 권리가 있다. 교육은 남녀평등의식을 고양시키고 교육을 통해서 여성은 정치참여 의식, 직업의 기회를 가진다.

① (가) – (나) – (다) – (라)
② (가) – (다) – (나) – (라)
③ (나) – (가) – (라) – (다)
④ (다) – (라) – (가) – (나)

문 17. 나석주의 의거가 일어날 당시, 일제의 경제 수탈 정책으로 옳은 것은?

① 공출제와 식량 배급제가 실시되었다.
② 농민들의 수리 조합비 부담이 늘어났다.
③ 회사 설립 시 총독의 허가를 받아야 했다.
④ 지가와 지목에 대한 전국적인 조사가 이루어졌다.

문 18. (가) 단체에 대한 설명으로 옳은 것은?

> (가)의 강령
> 1. 우리는 정치적, 경제적 각성을 촉진함
> 2. 우리는 단결을 공고히 함
> 3. 우리는 기회주의를 일체 부인함

① 105인 사건을 계기로 해체되었다.
② 임시 정부의 침체를 극복하기 위해 결성되었다.
③ 민중 대회 개최를 준비하다가 일제의 탄압으로 실패하였다.
④ 야학을 개설하여 한글을 가르치는 등 브나로드 운동을 지원하였다.

문 19. 다음 통일 정책을 발표한 정부의 상황으로 옳은 것은?

> 첫째, 통일은 외세에 의존하거나 외세의 간섭을 받음이 없이 자주적으로 해결하여야 한다.
> 둘째, 통일은 서로 상대방을 반대하는 무력행사에 의거하지 않고 평화적 방법으로 실현해야 한다.
> 셋째, 사상과 이념, 제도의 차이를 초월하여 우선 하나의 민족으로서 민족적 대단결을 도모하여야 한다.

① 국회에서 대통령을 선출하였다.
② 금강산 해로 관광이 시작되었다.
③ 재야 지도자들이 3 · 1 민주 구국 선언을 발표하였다.
④ 여소 야대의 상황을 돌파하기 위해서 3당 합당을 추진하였다.

문 20. (가)~(라)를 시기순으로 바르게 나열한 것은?

> (가) 한미 상호 방위 조약을 체결하였다.
> (나) 이승만 대통령이 반공 포로를 석방하였다.
> (다) 국군과 유엔군이 인천 상륙 작전을 전개하였다.
> (라) 유엔군이 흥남항을 통해 대규모 해상 철수를 단행하였다.

① (가) – (다) – (라) – (나)
② (가) – (다) – (가) – (라)
③ (다) – (가) – (나) – (라)
④ (다) – (라) – (나) – (가)

또 실패했는가?

괜찮다.

다시 실행하라.

그리고 더 나은 실패를 하라.

-사무엘 베케트(Samuel Beckett)-

_____년 _____월 _____일 시행

9급 공무원 공개경쟁채용 필기시험
제4회 모의고사

공통과목

응시번호	
성 명	

【시 험 과 목】

제1과목	국 어	제2과목	영 어	제3과목	한국사

【응시자 주의사항】

1. **시험시작 전에 시험문제를 열람하는 행위나 시험 종류 후 답안을 작성하는 행위를 한 사람**은 「공무원임용시험령」 제51조에 의거 부정행위자로 처리됩니다.
2. 답안지 책형 표기는 **시험시작 전 감독관 지시에 따라 문제책 앞면에 인쇄된 책형을 확인**한 후, **답안지 책형란에 해당 책형(1개)을 "●"로 표기**하여야 합니다.
   – 책형 및 인적사항을 기재하지 않을 경우 불이익(당해시험 무효 처리 등)을 받을 수 있습니다.
3. 답안은 반드시 문제책 표지의 과목순서에 맞추어 표기하여야 하며, 과목 순서를 바꾸어 표기한 경우에도 문제책 표지의 과목 순서대로 채점되므로 각별히 유의하시기 바랍니다.
4. 시험이 시작되면 문제를 주의 깊게 읽은 후, 문항의 취지에 가장 적합한 하나의 정답을 고르며, 문제내용에 관한 질문을 하실 수 없습니다.
5. **답안을 잘못 표기하였을 경우**에는 **답안지를 교체하여 작성**하거나 **수정테이프만을 사용하여 수정**할 수 있으며(수정액 또는 수정스티커 등은 사용 불가), 부착된 수정테이프가 떨어지지 않도록 눌러주어야 합니다.
   – 불량 수정테이프의 사용과 불완전한 수정처리로 인해 발생하는 모든 문제는 응시자 본인에게 책임이 있습니다.
6. **시험 시간 관리의 책임**은 응시자 본인에게 있습니다.

【정답 공개 및 가산점 등록 안내】

1. **정답공개, 이의제기**: 사이버국가고시센터(http://gosi.kr)
2. **가산점 등록방법**: 사이버국가고시센터(http://gosi.kr) ⇒ 원서접수 ⇒ 가산점 등록 확인

해설편 p.052

제 1 과목 실전동형 모의고사 국어

시간 체크 풀이 시간 ___ : ___ ~ ___ : ___ 소요 시간 ___ : ___

Timer 신중 18분 / 적정 15분 / 빠름 10분

문 1. 다음 시와 유사한 주제를 표현하고 있는 작품으로 옳은 것은?

> 棺(관)이 내렸다
> 깊은 가슴 안에 밧줄로 달아 내리듯.
> 주여
> 용납하옵소서.
> 머리맡에 성경을 얹어주고
> 나는 옷자락에 흙을 받아
> 좌르르 下直(하직)했다.
> … (중략) …
> 너는 어디로 갔느냐.
> 그 어질고 안스럽고 다정한 눈짓을 하고.
> 형님!
> 부르는 목소리는 들리는데
> 내 목소리는 미치지 못하는.
> 다만 여기는
> 열매가 떨어지면
> 툭 하는 소리가 들리는 세상.
>
> – 박목월, 「하관」 –

① 생사(生死) 길은 / 예 있으매 머뭇거리고 / 나는 간다는 말도 / 못다 이르고 어찌 갑니까. / 어느 가을 이른 바람에 / 이에 저에 떨어질 잎처럼 / 한 가지에 나고 / 가는 곳 모르온저. / 아아, 미타찰(彌陀刹)에서 만날 나 / 도(道) 닦아 기다리겠노라.

② 가노라 삼각산(三角山)아 다시 보자 한강수(漢江水)야. / 고국산천(古國山川)을 떠나고쟈 하랴마는, / 시절(時節)이 하 수상(殊常)하니 올동 말동 ᄒᆞ여라.

③ 형아 아ᄋᆞ야 네 ᄉᆞᆯ홀 만져 보아. / 뉘손ᄃᆡ 타 나관ᄃᆡ 양ᄌᆞ(樣姿)조차 ᄀᆞᄐᆞᆫ다. / 한 젓 먹고 길러나 이셔 닷 ᄆᆞᄋᆞᆷ을 먹디 마라.

④ 나 보기가 역겨워 / 가실 때에는 / 말없이 고이 보내 드리오리다. // 영변에 약산 / 진달래꽃 / 아름 따다 가실 길에 뿌리오리다. // 가시는 걸음 걸음 / 놓인 그 꽃을 / 사뿐히 즈려 밟고 가시옵소서. // 나 보기가 역겨워 / 가실 때에는 / 죽어도 아니 눈물 흘리오리다.

문 2. 〈보기〉에서 설명하는 음운 변동이 모두 일어나는 것은?

> 보기
> • 받침소리로는 'ㄱ, ㄴ, ㄷ, ㄹ, ㅁ, ㅂ, ㅇ'의 7개 자음만 발음한다.
> • 받침 'ㄱ(ㄲ, ㅋ, ㄳ, ㄺ), ㄷ(ㅅ, ㅆ, ㅈ, ㅊ, ㅌ, ㅎ), ㅂ(ㅍ, ㄼ, ㄿ, ㅄ)'은 'ㄴ, ㅁ' 앞에서 [ㅇ, ㄴ, ㅁ]으로 발음한다.

① 꽃망울
② 신라
③ 담요
④ 신여성

문 3. 다음 글 바로 뒤에 이어서 쓸 내용으로 가장 적절한 것은?

> 독서는 교향악의 연주에 비교될 수 있다. 독서는 교향악의 연주와 같이 종합적인 행위이다. 교향악의 연주에서 여러 가지 악기들은 각각 독특한 소리를 내지만, 그러한 여러 가지 소리들을 그냥 모른다고 해서 연주가 되는 것은 아니다. 여러 가지 악기의 독특한 소리들이 조화를 이루며 모아질 때, 훌륭한 연주가 가능하다. 독서도 여러 가지 작은 기능들로 분석되지만, 그러한 기능들이 단순히 모아진다고 해서 독서가 이루어지는 것은 아니다.

① 독서는 그러한 기능들이 세분화되어 각각의 역할과 특성을 분명히 드러낼 때 비로소 완성되는 것이라 할 수 있다.
② 독서는 그러한 기능들의 일장일단을 잘 파악해서 적절히 활용할 때에만 비로소 가능하다고 할 수 있다.
③ 독서는 그러한 기능들을 필요한 경우에 잘 취사선택해서 응용해야만 효율적으로 이루어진다고 할 수 있다.
④ 독서는 부분을 이루는 기능들이 통합, 조정되어 나타낼 때 비로소 효율적으로 이루어진다고 할 수 있다.

문 4. 다음 토론자들의 말하기 방식에 대한 설명으로 옳은 것은?

사회자 : 각종 범죄에 효과적으로 대처하기 위해 '유전자 정보 은행이 필요하다.'는 의견이 나오고 있습니다. 이와 관련해 관련하여 두 분 교수님 모시고 말씀을 나누도록 하겠습니다. 우선 두 분 교수님 '유전자 정보 은행'이 꼭 필요한 겁니까?

찬성 측 : 네, 최근 우리 사회를 보면 각종 범죄에 효과적으로 대처하지 못하고 있습니다. 특히 용의자를 찾지 못한 사건의 경우 해결되지 않은 채로 남는 경우가 많습니다. 이 문제를 해결하기 위해서는 유전자 정보 은행이 있어야 합니다.

반대 측 : 저는 동의하기 어렵습니다. 재범률이 높다는 이유만으로 이미 처벌 받은 사람의 DNA를 관리하는 것은 인권 침해일 수 있습니다. 만일 개인의 유전 정보가 유출되어 다른 목적으로 사용된다고 생각해 보십시오. 정말 끔찍한 일이 아닌가요?

사회자 : 그렇군요. 필요성 못지않게 그에 따른 문제점도 있군요. 그런데 과연 유전자 정보 은행이 범죄를 예방하는 효과는 있나요?

반대 측 : 물론 효과는 있겠지만 절대적이지는 않습니다. 사실 우리는 개인의 유전 정보와 비슷한 주민등록이나 지문을 수사에 활용해 왔습니다만 어디 강력 범죄가 줄었습니까? 정보 은행에 대한 지나친 기대는 오히려 역효과를 불러올 수 있습니다.

찬성 측 : 그렇게 말씀하시니 예를 들겠습니다. 영국의 경우 유전자 정보 은행을 통해 수사를 한 결과 범인 검거율이 두 배 정도 올랐다고 합니다. 우리 주변에서 벌어지는 강력 범죄의 범인들을 반드시 잡는다고 생각해보십시오. 그렇게 본다면 우리의 안전을 지켜주는 정보 은행은 필요한 것 아닙니까?

반대 측 : 교수님은 좋은 면만 말씀하고 계시네요. 지금 시행하고 있는 외국의 경우에 인권 침해 때문에 잡음이 끊이질 않고 있습니다. 가장 우려되는 문제는 정보 은행의 속성상 입력대상이 확대될 가능성이 많다는 겁니다. 미국의 뉴욕주를 보십시오. 초기엔 21개의 범죄를 대상으로 했지만, 나중에는 107개 항목까지 확대되지 않았습니까?

찬성 측 : 물론 국민의 인권은 지켜져야 합니다. 그러나 범죄자가 아닌데도 용의자로 몰려 곤혹을 치르는 사람들의 인권도 생각하셔야 합니다. 그리고 자꾸 인권 문제를 말씀하시는데 관련법을 통해 엄격히 관리한다면 오히려 안전하다는 것을 말씀드리고 싶습니다.

사회자 : 네, 두 분의 토론이 치열하신데 잠시 쉬어 가는 의미에서 몇 분의 전화 받고 다시 얘기 나누도록 하겠습니다.

① 사회자는 주장과 논거를 비판하는 견해를 개진하여 논쟁을 확산시키고 있다.
② 찬성 측은 현실적 필요성을, 반대 측은 도입 후의 문제점을 근거로 주장하고 있다.
③ 찬성 측은 구체적인 통계 수치에, 반대 측은 전문가의 견해에 의존하고 있다.
④ 찬성 측과 달리 반대 측은 개인의 인권을 보호해야 한다며 주장하고 있다.

문 5. 밑줄 친 단어의 품사를 같은 것끼리 묶은 것은?

- 구름 한 점 없는 ㉠ <u>아름다운</u> 하늘이다.
- 내년이면 벌써 초등학생이 ㉡ <u>된다</u>.
- 그는 키가 ㉢ <u>커서</u> 눈에 잘 띈다.
- ㉣ <u>헌</u> 옷은 내다 버려라.

① ㉠, ㉡
② ㉠, ㉢
③ ㉡, ㉣
④ ㉢, ㉣

문 6. 속담의 뜻을 풀이한 것으로 옳지 않은 것은?

① 신 신고 발바닥 긁기 : 어떠한 일에 직접 닿지 못하여 안타까운 경우를 비유적으로 이르는 말
② 강원도 포수 : 자신의 분야에서 경험이 많고 뛰어난 실력을 가진 사람을 비유적으로 이르는 말
③ 죽은 자식 나이 세기 : 이미 끝난 일은 자꾸 생각해 보아야 소용없음을 이르는 말
④ 내가 부를 노래를 사돈이 부른다 : 내가 할 말을 오히려 상대방이 함을 이르는 말

20초 문제

문 7. (가)와 (나)에 대한 설명으로 옳지 않은 것은?

(가) 公無渡河 임아 물을 건너지 마오.
公竟渡河 임은 그예 ㉠ 물을 건너셨네.
墮河而死 물에 쓸려 돌아가시니
當奈公何 가신님을 어이할꼬.
– 백수광부의 아내, 「공무도하가」 –

(나) 翩翩黃鳥 펄펄 나는 저 ㉡ 꾀꼬리는
雌雄相依 암수 다정히 노니는데
念我之獨 외로운 이 내 몸은
誰其與歸 뉘와 함께 돌아갈꼬.
– 유리왕, 「황조가」 –

① ㉠은 죽음과 격리의 의미를 가진다.
② ㉡은 화자와 대비되는 존재로서 화자의 처지를 더욱 부각시킨다.
③ (가)와 (나)는 모두 죽은 임에 대한 그리움을 노래하고 있다.
④ (나)와 달리 (가)는 화자가 임과의 이별하게 된 상황이 드러난다.

20초 문제

문 8. 다음에 제시된 의미에 해당하는 한자어로 가장 적절한 것은?

__________은 분쟁을 중간에서 화해하게 하거나 서로 타협점을 찾아 합의하도록 함 또는 분쟁을 해결하기 위하여 법원이 당사자 사이에 끼어들어 쌍방의 양보를 통한 합의를 이끌어 냄으로써 화해시키는 일을 말한다.

① 調整
② 朝廷
③ 徂征
④ 調停

문 9. 다음 글에서 알 수 있는 내용으로 옳지 않은 것은?

원자시계는 세계에서 가장 정밀한 시계로서 원자의 진동수를 기준으로 시간을 측정한다. 똑딱거리는 시계추의 움직임을 세어 시간을 측정하는 것과 마찬가지인 것이다. 원자의 진동은 외부 조건의 변화에 거의 영향을 받지 않기 때문에 매우 정확한 것으로 알려져 있다. 국제 기준으로 이용하는 국제 원자시는 30만 년에 1초 정도밖에 틀리지 않는다고 한다.

한편 일상생활에서의 하루 24시간은 지구 자전 주기를 기준으로 하고 있다. 그런데 지구의 자전 주기는 달의 인력 등에 의해 아주 조금씩 느려진다. 즉, 원자시계로 측정되는 24시간과 지구의 자전 주기 사이에 차이가 발생하는 것이다. 이 차이가 누적된다면 먼 미래에 아직 해는 뜨지도 않았는데 원자시계는 정오를 가리키는 일이 일어날 수도 있다.

따라서 원자시계의 시각에 때때로 1초를 삽입하는 방식으로 지구 자전 주기와의 차이를 조정하는데 그 1초를 윤초라고 한다. 예를 들어 12월 31일 23시 59분 59초가 된 후, 1초가 아니라 2초가 지난 뒤에 24시가 되게 하는 것이다. 실제로 원자시가 도입된 1972년 이후 약 20여 차례 윤초가 삽입되었다.

① 원자시계는 세계에서 가장 정밀한 시계이다.
② 원자시계에서 시계추의 움직임과 같은 역할을 하는 것은 원자의 진동이다.
③ 원자의 진동은 외부 조건의 변화에 거의 영향을 받지 않는다.
④ 지구의 자전 주기와 원자시계의 24시간은 정확히 일치한다.

문 10. 밑줄 친 부분이 문장의 주성분이 아닌 것은?

① 지연이는 공무원 생활에 만족하고 있다.
② 승아는 아직 선생님이 아니다.
③ 준희는 물을 무서워한다.
④ 수인이가 회사에 갔다.

문 11. 다음에서 알 수 있는 언어의 특성으로 옳은 것은?

> "언제나 똑같은 책상, 언제나 똑같은 의자들, 똑같은 침대, 똑같은 사진이야. 그리고 나는 책상을 책상이라고 부르고, 사진을 사진이라고 부르고, 침대를 침대라고 부르지, 또 의자는 의자라고 부른단 말이야. 도대체 왜 그렇게 불러야 하는거지?"
>
> … (중략) …
>
> 그러다가 그는 의자를 '시계'라고 부르기도 했다. 그러니까 그는 아침에 '사진' 속에서 일어나 옷을 입고, '양탄자'에 놓인 '시계' 위에 앉아 있게 된 것이다.
>
> … (중략) …
>
> 회색 외투를 입은 그 나이 많은 남자는 사람들과 더 이상 말을 할 수 없게 된 것이다. 그건 그리 심각한 문제는 아니었다. 그보다 더 심각한 문제는 사람들이 그를 더 이상 이해할 수 없게 된 것이다.
>
> – 페터 빅셀, 『책상은 책상이다』에서 –

① 자의성
② 규칙성
③ 사회성
④ 역사성

문 12. '뜻하다'를 「표준 발음법」에 따라 발음할 때, 〈보기〉의 (가)와 (나)에 해당하는 변동 유형을 바르게 짝지은 것은?

〈보기〉

• 국어의 주요한 음운 변동은 다음과 같이 유형화할 수 있다.

	변동 이전		변동 이후
㉠	XaY	→	XbY(교체)
㉡	XY	→	XaY(첨가)
㉢	XabY	→	XcY(축약)
㉣	XaY	→	XY(탈락)

• '뜻하다 → [ ] → [ ]'의 과정을 거쳐 발음된다.
(가) (나)

	(가)	(나)
①	㉠	㉢
②	㉠	㉣
③	㉡	㉢
④	㉡	㉣

문 13. 다음 작품에 대한 설명으로 옳지 않은 것은?

> 님다히 쇼식(消息)을 아므려나 아쟈 ᄒᆞ니
> 오ᄂᆞᆯ도 거의로다 ᄂᆡ일이나 사ᄅᆞᆷ 올가
> 내 ᄆᆞ음 둘 ᄃᆡ 업다 어드러로 가쟛말고
> 잡거니 밀거니 놉픈 뫼ᄒᆡ 올라가니
> ㉠ 구롬은 ᄏᆞ니와 ㉡ 안개ᄂᆞᆫ ᄆᆞᄉᆞ 일고
> 산쳔(山川)이 어둡거니 일월(日月)을 엇디 보며
> 지쳑(咫尺)을 모ᄅᆞ거든 쳔 리(千里)ᄅᆞᆯ ᄇᆞ라보랴
> 출하리 믈ᄀᆞ의 가 ᄇᆡ 길히나 보쟈 ᄒᆞ니
> ᄇᆞ람이야 믈결이야 어둥정 된뎌이고
> 샤공은 어ᄃᆡ 가고 ㉢ 뷘ᄇᆡ만 걸렷ᄂᆞ니
> 강텬(江天)의 혼쟈 셔서 디ᄂᆞᆫ ᄒᆡᄅᆞᆯ 구버보니
> 님다히 쇼식(消息)이 더옥 아득ᄒᆞᆫ뎌이고
>
> … (중략) …
>
> 출하리 싀여디여 ㉣ 낙월(落月)이나 되야이셔
> 님 겨신 창(窓) 안ᄒᆡ 번드시 비최리라
> 각시님 ᄃᆞᆯ이야ᄏᆞ니와 ㉤ 구ᄌᆞᆫ 비나 되쇼셔
>
> – 정철, 「속미인곡」 –

① ㉠과 ㉡은 임을 향한 화자의 마음을 방해하는 장애물을 의미한다.
② ㉢은 외로운 화자의 처지를 암시한다.
③ ㉣과 ㉤은 모두 임에 대한 화자의 적극적 사랑을 의미한다.
④ 두 여인의 대화 형식으로 구성되어 있다.

문 14. 〈보기〉에서 다음 글의 A에 올 내용을 순서대로 나열한 것은?

1962년 스탠포드 대학의 심리학 교수 필립 짐바르도는 매우 흥미로운 실험을 했다. 슬럼가의 한 골목에 보존 상태가 동일한 모델의 차량 보닛을 열어둔 채 주차시켜 놓고, 1주일 동안 차량의 변화를 관찰하는 것이 주 내용이다.

A

이런 이론은 사회 심리학에서 가장 많이 적용되고 있으며, 비즈니스와 리더십 등에서도 실제로 적용되고 있다고 한다. 시장에서 발생한 사소한 실수나, 결함으로 인하여 비즈니스 자체가 위험에 빠질 수도 있다고 저자는 설명하고 있다.

(가) '깨진 유리창 이론(Broken Window Theory)'이란 깨진 유리창처럼 어쩌면 사소해 보이는 일들을 방치해 둔다면 그 지점을 중심으로 범죄가 확산되기 시작한다는 이론으로, 사소한 무질서를 방치하면 큰 문제로 이어질 가능성이 높다는 의미를 담고 있다.

(나) 두 차량의 차이점은 한 대는 보닛만 열어두었고, 다른 한 대는 보닛을 열어두고 차량의 유리창을 일부 훼손한 상태로 주차를 한 것이었다.

(다) 첫 번째 보닛만 열어둔 차량은 1주일간 특별한 변화 없이 그 상태를 유지했으나, 두 번째 차량은 방치 10분 만에 battery가 없어지고, 타이어도 도난을 당하게 되었다. 이후 차량에 낙서와 쓰레기가 투기되었고, 1주 후에는 폐차에 가까운 상태가 되어버렸던 것이다.

(라) 두 차량의 차이는 유리창의 작은 결함뿐이었으나, 그 작은 차이로 인하여 결과는 완전히 다른 상태가 되어버린 것이다. 작은 결함이나 틈으로 인해서도 급격하게 상태가 나빠질 수 있음에 대한 심리실험의 결과이다.

① (가) – (나) – (다) – (라)
② (나) – (다) – (라) – (가)
③ (다) – (라) – (나) – (가)
④ (라) – (다) – (가) – (나)

문 15. 다음 글에서 알 수 있는 내용으로 옳지 않은 것은?

밤에도 햇빛이 하늘에 비친다면 믿겠는가? 사실 그 누구도 쉽게 믿지 않을 것이다. 하지만 실제로 밤에도 햇빛이 하늘에 비치는 현상이 존재한다. 그러한 현상이 바로 대일조 현상이다.

대일조 현상은 밤하늘에 희미한 빛이 타원 모양으로 보이는 현상이다. 이 빛은 태양이 지나가는 길인 황도를 따라 움직인다. 다시 이해하기 쉽게 설명해보자. 이곳이 어두운 밤일 때 지구의 반대편 쪽은 태양이 비추고 있다. 그 햇빛이 지금 우리가 보고 있는 밤하늘에 비치는 현상이 바로 대일조 현상인 것이다.

대일조 현상의 비밀을 밝혀준 것은 우주 탐사선 파이어니어 10호이다. 이 우주 탐사선은 태양계의 행성들 사이의 먼지가 지구 반대편에서 오는 햇빛을 산란시키는데 산란되는 빛 중에서도 가장 강한 빛의 진행 방향과 정반대 방향으로 산란되는 빛들이 모여 대일조 현상을 만든다는 것을 밝혀 주었다.

물론, 대일조 현상을 언제나 관측할 수 있는 것은 아니다. 대일조 현상은 주로 봄과 겨울에 잘 관측할 수 있다. 여름에는 밝은 별들이 빛나는 장소와 겹치기 때문에 관측하기 어렵고, 겨울에는 대일조보다 더 밝은 은하수가 빛나고 있기 때문에 관측하기 힘들기 때문이다.

그러나 우리나라에서는 이제 봄이나 가을에도 대일조 현상을 관측하기가 힘들다. 그 이유는 바로 도시가 밝아지고, 대기가 많이 오염되었기 때문이다. 그래서 과학자들은 대일조 현상을 관측하기 위해 몽골의 초원 같은 곳을 찾아다닌다고 한다.

① 대일조 현상은 우주 탐사선에 의해 처음 발견되었다.
② 밝은 별들 사이에서는 잘 볼 수가 없다.
③ 햇빛의 산란 현상 때문에 일어난다.
④ 봄과 가을에 잘 볼 수 있다.

문 16. 다음 작품에 대한 설명으로 옳지 않은 것은?

아들은, 의사인 아들은, 마치 환자에게 치료 방법을 이르듯이, 냉정히 차근차근히 이야기를 시작하였다. 외아들인 자기가 부모님을 진작 모시지 못한 것이 잘못인 것, 한 집에 모이려면 자기가 병원을 버리기 보다는 부모님이 농토를 버리시고 서울로 오시는 것이 순리인 것, 병원은 나날이 환자가 늘어가나 입원실이 부족되어 오는 환자의 삼분지일밖에 수용 못 하는 것, 지금 시국에 큰 건물을 새로 짓기란 거의 불가능의 일인 것, 마침 교통 편한 자리에 삼층 양옥이 하나 난 것, 인쇄소였던 집인데 전체가 콘크리트여서 방화 방공으로 가치가 충분한 것,

… (중략) …

"나무다리가 있는데 건 왜 고치시나요?"

"너두 그런 소릴 허는구나. 나무가 돌만 허다든? 넌 그 다리서 고기 잡던 생각두 안 나니? 서울루 공부 갈 때 그 다리 건너서 떠나던 생각 안 나니? 시쳇사람들은 모두 인정이란 게 사람헌테만 쓰는 건 줄 알드라! 내 할아버님 산소에 상돌을 그다리로 건네다 모셨구, 내가 천잘 끼구 그 다리루 글 읽으러 댕겼다. 네 어미두 그 다리루 가말 타구 내 집에 왔어. 나 죽건 그 다리루 건네다 묻어라……. 난 서울 갈 생각 없다."

"네."

"천금이 쏟아진대두 난 땅은 못 팔겠다. 내 아버님께서 손수 이룩허시는 걸 내 눈으루 본 밭이구, 내 할아버님께서 손수 피땀을 흘려 모신 돈으루 장만허신 논들이야. 돈 있다고 어디가 느르지논 같은 게 있구, 독시장밭 같은 걸 사? 느르지논둑에 선 느티나문 할아버님께서 심으신거구, 저사랑 마당의 은행나무는 아버님께서 심으신거다. 그 나무 밑에를 설 때마다 난 그 어룬들 동상(銅像)이나 다름없이 경건한 마음이 솟아 우러러 보군 헌다. 땅이란 걸 어떻게 일시 이해를 따져 사구 팔구 허느냐? 땅 없어 봐라, 집이 어딨으며 나라가 어딨는 줄 아니? 땅이란 천지만물의 근거야. 돈 있다구 땅이 뭔지두 모르구 욕심만 내 문서 쪽으로 사 모기만 하는 사람들, 돈놀이처럼 변리만 생각허구 제 조상들과 그 땅과 어떤 인연이란 건 도시 생각지 않구 헌신짝 버리듯 하는 사람들, 다 내 눈엔 괴이한 사람들루밖엔 뵈지 않드라."

"……."

– 이태준, 「돌다리」에서 –

① 서울로 부모님을 모시기 위해 열심히 설득하는 아들의 모습에서 부모님을 생각하는 아들의 진심을 알 수 있다.
② 전통적 사고방식을 가진 아들과 근대적 사고방식을 가진 아버지의 사고방식이 충돌하고 있다.
③ 아버지는 돌다리를 가족사의 일부로 보고 있다.
④ 나무다리와 돌다리는 근대적 사고방식과 전통적 사고방식을 상징하는 소재이다.

※ 다음 글을 읽고 물음에 답하시오. [문 17.~문 18.]

일반적으로 어린이가 어른보다, 여자가 남자보다 목소리가 높다. 그 이유는 무엇일까?

소리는 공기의 진동이다. 진동의 성질은 크게 두 가지 요소인 진폭과 진동수에 의해서 결정된다. 진폭은 얼마나 크게 흔들리는가의 문제이고, 진동수는 얼마나 빠르게 흔들리는가의 문제라고 생각하면 이해하기 쉽다. 진폭이 크면 소리가 크고, 진동수가 높으면 소리가 높다.

목소리의 높낮이도 마찬가지이다. 진동수가 높을수록 목소리가 높다. 어린이가 어른보다, 그리고 여성이 남성보다 목소리가 높은 것도 어린이와 여성 목소리의 진동수가 높기 때문이다. 일반적으로, 대화할 때의 성인 남성 목소리의 진동수는 150~160Hz 정도이고 성인 여성은 240~250Hz 정도이다.

목소리의 진동수가 이렇게 다른 주된 이유는 성대의 길이가 다르기 때문이다. 성대가 길면 저음을 내고 성대가 짧으면 고음을 낸다. 실로폰의 긴 음판이 짧은 음판보다 더 낮은 음을 내는 것과 같은 이치인 것이다. 변성기 이전에는 성대의 길이가 0.8cm로 남녀가 비슷하지만, 변성기를 거치면서 남성의 성대는 1.8에서 2.4cm까지 길어지고, 여성의 성대는 길어 봐야 1.7센티미터 정도까지밖에 자라지 않는다. 그래서 목소리의 높낮이가 달라지게 되는 것이다.

문 17. 위 글의 중심 화제로 옳은 것은?

① 목소리의 높낮이를 결정하는 요소
② 소리의 진폭과 진동수의 관계
③ 변성기 남녀의 성대 길이 차이
④ 어린이와 어른의 성대 구조 차이

문 18. 위 글에서 알 수 있는 내용으로 옳지 않은 것은?

① 소리는 진폭과 진동수에 의해 결정된다.
② 성인 남성의 목소리의 진동수는 성인 여성의 목소리의 진동수보다 작다.
③ 남성과 여성 모두 변성기를 거치면서 성대가 길어진다.
④ 진폭은 소리의 높낮이와 관련이 있고, 진동수는 소리의 크기와 관련이 있다.

문 19. 다음 글에서 등장하는 '곰'의 모습을 통해 얻을 수 있는 교훈은 무엇인가?

> 아메리카 인디언들에게는 전통적으로 전해지는 곰 사냥 방법이 있다.
>
> 먼저 곰의 머리만한 크기의 돌덩이를 준비하고, 거기에 곰이 좋아하는 달콤한 꿀을 잔뜩 바른다. 그 다음에는 꿀을 바른 돌을 곰이 서 있을 때의 머리 높이쯤으로 해서 튼튼한 나뭇가지에다가 매달아 놓고 기다리는 것이 그들이 곰을 사냥하기 위해 준비하는 것의 전부이다.
>
> 그러면 얼마 지나지 않아 꿀을 좋아하는 곰이 냄새를 맡고 나타난다. 곰은 그 돌에 묻어 있는 꿀을 먹으려고 앞발을 들고 돌을 잡으려고 노력한다. 하지만 나뭇가지에 매달려 있는 돌을 곰이 잡기는 쉽지 않다. 돌은 오히려 곰의 앞발 동작에 뒤로 밀렸다가 앞으로 돌아오면서 곰의 머리를 때린다. 다시 곰이 그 돌을 잡으려고 하면 또 돌은 좀 더 밀려갔다가 다가오면서 곰의 머리를 아까보다 더 세게 친다. 그러면 곰은 돌을 더 꽉 잡으려고 계속해서 달려든다.
>
> 하지만 곰이 돌을 잡으려고 하면 할수록 돌은 더 큰 반작용으로 곰에게 돌아오게 된다. 결국 곰은 되돌아 오는 돌에 계속 맞아 큰 충격을 받게 되고 마침내 쓰러지고 만다.
>
> 이렇게 저돌적인 곰의 성격을 이용해서 인디언들은 힘들이지 않고 곰을 잡는 것이다.

① 자신이 노력한 만큼의 대가를 요구해야 한다.
② 자신의 욕구에 집착하지 않는 마음 자세가 필요하다.
③ 목적 달성을 위해서라면 조금의 희생은 감수할 수 있어야 한다.
④ 평소에 주변과 원만한 관계를 유지하는 것이 필요하다.

문 20. 다음 글에서 설명하고 있는 효과가 나타난 사례로 옳은 것은?

> '자이가르닉 효과'는 러시아의 심리학자 '자이가르닉'의 이름을 딴 것으로 미완성된 과제에 대한 기억이 완성된 과제에 대한 기억보다 더 강하게 남는 것을 의미한다. 그는 레스토랑에서 웨이터가 여러 사람에게 주문을 받은 후 음식을 전달할 때까지는 주문 내용을 모두 기억하지만 음식 전달이 완료된 후에는 그 내용을 더 이상 기억하지 못하는 현상을 관찰하게 되었다. 이것이 바로 이 이론의 시작이었다.
>
> '자이가르닉'은 완성되지 않은 과제는 사람들에게 심리적 긴장을 불러일으키며, 이 긴장이 기억을 유지하는 동기로 작용한다고 주장했다.
>
> 일반적으로 특정한 일을 수행하고 있거나, 수행하던 일이 중도에 멈출 경우, 사람들은 그 일을 계속해서 하려 하기 때문에 수행효과가 높아지지만 일단 일이 완성되고 나면 그 일과 관련된 기억은 쉽게 사라진다. 요즘은 마케팅에서도 '자이가르닉 효과'를 적용시키기도 한다. 광고를 연속극처럼 시리즈로 제작한 '티저 광고'가 대표적인 예라 할 수 있다. 즉, 끝을 맺지 않은 내용을 계속 제공하여 결말에 대해 궁금증을 느낀 소비자가 그 상품을 더 오래 기억하게 하기 위한 광고인 것이다.

① 복잡한 내용도 학습 단계를 구조화시키면 체계적으로 정리된다.
② 완결되지 않은 과제를 지속적으로 학습하면 효율성이 더 높아진다.
③ 학습량이 많아도 자신의 수준에 맞게 계획을 세우면 성취할 수 있다.
④ 흥미 없는 책도 시각을 달리 해서 읽으면 새로운 재미를 느끼게 된다.

시간 체크 풀이 시간 ___ : ___ ~ ___ : ___ 소요 시간 ___ : ___

Timer 신중 18분 / 적정 15분 / 빠름 10분

※ 밑줄 친 부분과 의미가 가장 가까운 것을 고르시오. [문 1.~문 2.]

문 1.

A diagnosis of hyperlipidemia was the <u>catalyst</u> for Oliver to integrate exercise and healthier eating into his life.

① trigger
② deterrent
③ justification
④ consequence

문 2.

We have to <u>bear down on</u> the rapid spread of COVID-19 and prevent further transmission.

① congest
② confine
③ conduce
④ contain

※ 빈칸에 들어갈 가장 적절한 것을 고르시오. [문 3.~문 4.]

문 3.

The whirlwinds of ______________ will continue to shake the foundations of our nation until the bright day of justice emerges.

① repose
② revolt
③ inscription
④ vision

문 4.

If he didn't have the ______________ in the decision making, it would be impossible to draw any conclusion.

① initiative
② antipathy
③ malignancy
④ reluctance

문 5. 다음 글의 흐름을 고려했을 때 빈칸에 들어갈 말로 가장 적절한 것은?

> A : Heather! They are saying that ______________. But they have tickets for 8 o'clock movies.
> B : That's strange! Why they didn't let us know a little earlier? They should have posted 'sold out.' What a waste of time!
> A : Don't be so angry. We can still get into 8 o'clock movies.

① they have a long face
② you can't miss it
③ they are on sale
④ all tickets are sold out

문 6. 두 사람의 대화 중 가장 어색한 것은?

① A : I'll pay you back as soon as I cash my paycheck.
B : There's no rush. Take your time.
② A : Father's Day is just around the corner. Dad, do you need anything?
B : Not really. I just feel blessed to have a son like you.
③ A : I think something's wrong with my monitor. It keeps flickering!
B : Try turning the computer off and then back on.
④ A : Do you mind carrying this for me? I don't have enough hands.
B : No, I don't mind. I'll hand it over to you right away.

※ 우리말을 영어로 잘못 옮긴 것을 고르시오. [문 7.~문 8.]

문 7.

① 그의 얼굴에는 고독한 흔적이 보였다.
→ On his countenance was just a trace of solicitude.
② 책은 읽혀지지 않으면 휴지나 다름이 없다.
→ Books are little better than waste paper without being read.
③ 공휴일이기 때문에 은행은 오늘 문을 닫는다.
→ Being a national holiday, the bank is closed today.
④ 그가 태어났을 때 그의 부모님은 결혼 12년째였다.
→ His parents had been married for twelve years when he was born.

문 8.

① 그는 결코 살인의 혐의를 받을 만한 사람이 아니다.
→ He is the last person to be accused of murder.
② 나는 그냥 모르는 척하기보다는 도전에 맞서는 게 더 낫다고 생각한다.
→ I would much rather stand up to the challenge than walk away.
③ 그는 대학에 다니지 않았지만 아는 것이 아주 많은 사람이다.
→ Even though he didn't go to college, he is a very knowledgeable man.
④ 양파는 한국 음식의 익숙한 재료이기 때문에 이것을 당연하게 생각하기 쉽다.
→ Onions are so familiar an ingredient of Korean food that they are easy to take it for granted.

문 9. 다음 글의 제목으로 가장 적절한 것은?

Racial and ethnic relations in the United States are better today than in the past, but many changes are needed before sports are a model of inclusion and fairness. Today, the challenges are different from the ones faced twenty years ago, and experience shows that when current challenges are met, a new social situation is created in which new challenges emerge. Once racial and ethnic segregation* is eliminated and people come together, for example, they must learn to live, work, and play with each other despite diverse experiences and cultural perspectives. Meeting this challenge requires a commitment to equal treatment, plus learning about the perspectives of others, understanding how they define and give meaning to the world, and then determining how to form and maintain relationships while respecting differences, making compromises, and supporting one another in the pursuit of goals that may not always be shared. None of this is easy, and challenges are never met once and for all time.

*segregation 분리

① 스포츠에서의 계속되는 문제: 인종 및 민족적 쟁점들
② 스포츠에서의 인종 및 민족적 불공평: 원인과 결과
③ 모두가 하나로, 하나로 모두가 되어: 단체 스포츠의 저력
④ 스포츠맨십의 정점에 놓인 협동

문 10. 다음 글의 흐름상 가장 어색한 문장은?

When photography came along in the nineteenth century, painting was put in crisis. The photograph, it seemed, did the work of imitating nature better than the painter ever could. Some painters made practical use of the invention. ① There were Impressionist painters who used a photograph in place of the model or landscape they were painting. ② But by and large, the photograph was a challenge to painting and was one cause of painting's moving away from direct representation and reproduction to the abstract painting of the twentieth century. ③ Therefore, the painters of that century put more focus on expressing nature, people, and cities as they were in reality. ④ Since photographs did such a good job of representing things as they existed in the world, painters were freed to look inward and represent things as they were in their imagination, rendering emotion in the color, volume, line, and spatial configurations native to the painter's art.

문 11. 다음 빈칸에 들어갈 말로 가장 적절한 것은?

As soon as we are born, the world gets to work on us and transforms us from merely biological into social units. Every human being at every stage of history or pre-history is born into a society and from his earliest years is molded by that society. The language which he speaks is not an individual inheritance, but a social acquisition from the group in which he grows up. Both language and environment help to determine the character of his thought; his earliest ideas come to him from others. As has been well said, the individual cannot be ____________. The lasting fascination of the Robinson Crusoe myth is due to its attempt to imagine an individual independent of society. The attempt fails. Robinson is not an abstract individual, but an Englishman from York.

① changed
② balanced
③ separated
④ influenced

※ 다음 중 글의 내용으로 일치하는 것을 고르시오. [문 12.~문 13.]

문 12.

For many of us, prestige means "keeping up with the Joneses," or perhaps getting ahead of them. That is to say, we try to show the world that we are as good as or better than those around us, such as our relatives, friends, neighbors, or coworkers. At all events, prestige carries with it respect and status and influences the way people talk and act around an individual. A company president has considerable prestige and is treated with great respect by his or her employees. Out on the golf course, however, the company president may have limited prestige among the players, and the country club's golf pro is given the greatest amount of respect.

① Leadership has nothing to do with prestige.
② One's prestige depends on the situation.
③ A person's happiness is not based on prestige.
④ Prestige is tied to future prospects.

문 13.

The development of individual characters in the epic is apparent in the readiness and resistance with which they meet the directives of fate. Juno and Turnus both fight destiny every step of the way, and so the epic's final resolution involves a trans-formation in each of them, as a result of which they resign themselves to fate and allow the story, at last, to arrive at its destined end. Dido desires Aeneas, whom fate denies her, and her desire consumes her. Aeneas preserves his sanity, as well as his own life and those of his men, by subordinating his own anxieties and desires to the demands of fate and the rules of piety. Fate, to Virgil's Roman audience, is a divine, religious principle that determines the course of history and has culminated in the Roman Empire.

① The power of the gods stands above the power of fate.
② Aeneas eventually arrives at his destined end, Dido.
③ Often the fate is associated with the strong will of heroes.
④ The direction and destination of Aeneas's course are preordained.

문 14. 다음 중 어법상 가장 옳지 않은 것은?

① The patient being taken by an ambulance were in a serious condition.
② The teacher recommended that he study more English before enrolling in the university.
③ A bank is to a country what the heart is to the body.
④ That's not something that I feel particularly comfortable with.

문 15. 주어진 글 다음에 이어질 글의 순서로 가장 적절한 것은?

Researchers in psychology follow the scientific method to perform studies that help explain and may predict human behavior. This is a much more challenging task than studying snails or sound waves.

(A) But for all of these difficulties for psychology, the payoff of the scientific method is that the findings are replicable; that is, if you run the same study again following the same procedures, you will be very likely to get the same results.
(B) It often requires compromises, such as testing behavior within laboratories rather than natural settings, and asking those readily available (such as introduction to psychology students) to participate rather than collecting data from a true cross-section of the population. It often requires great cleverness to conceive of measures that tap into what people are thinking without altering their thinking, called reactivity.
(C) Simply knowing they are being observed may cause people to behave differently (such as more politely!). People may give answers that they feel are more socially desirable than their true feelings.

① (A) - (C) - (B)
② (B) - (A) - (C)
③ (B) - (C) - (A)
④ (C) - (A) - (B)

문 16. 주어진 문장이 들어갈 위치로 가장 적절한 것은?

However, the problem is that many of these consumers are too willing.

Focus groups are commonly used in marketing but in some countries there are very real problems with them. (①) Since it is difficult to recruit random people to be in focus groups, research agencies have developed large pools of consumers willing to take part in focus groups at short notice. (②) Research has revealed that many consumers enjoy the pay, free food, and experience of being an expert and focus on pleasing the moderator in order to get invited back regularly. (③) Unfortunately, the way to please the very human moderator seems to be to work out what they want to hear, rather than providing them with genuine insights about the brand. (④) This makes much of the data gained from focus-group panels worthless.

※ 다음 빈칸에 가장 적합한 것을 고르시오. [문 17.~문 18.]

문 17.

A clean sheet of paper is lying in front of you, and you have to fill it up. Suddenly, your mind may seem as blank as the paper. What can you do to set your pen in motion? The answer is simple: Don't be caught in ____________. That is, if you can convince yourself that the draft isn't your best writing and can be made more effective with additional thought and some revision, then it will be easier to get started. When starting, don't worry about what the reader will think about what you have written. Make writing as easy for you as you can by not being concerned about how good the draft is. There will be time for revising and polishing any ideas you want to pursue later.

① potential pitfall
② perfection trap
③ economic benefit
④ the pursuit of fame

문 18.

In 2003, Amos Tversky, my younger colleague, and I met over lunch and shared our recurrent errors of judgement. From there were born our studies of human intuition. We could spend hours of solid work in continuous delight. As we were writing our first paper, I was conscious of how much better it was than the more hesitant piece I would have written by myself. We did almost all the work on our joint projects together, including the drafting of questionnaires. Our principle was to discuss every disagreement until it had been resolved to our mutual satisfaction. If I expressed a half-formed idea, I knew that Amos would understand it, probably more clearly than I did. I felt the wonder of____________.

① human intuition
② mutual satisfaction
③ collaborative work
④ correction of errors

문 19. 글의 흐름으로 보아, 빈칸에 들어갈 말로 가장 적절한 것은?

While enthusiasts of MP3 claim they are not actually stealing intellectual property held by the music industry or the recording artists, those in the industry argue it is a clear breach of copyright laws and a lack of respect for legislative regulations in the industry and for the recording artists themselves. Frank Creighton, vice president of the Recording Industry Association of America (RIAA) says. "Downloading MP3 is no different than walking into a record store, putting a CD in your pocket, and walking out without paying." ____________, the industry has taken several steps to gain control of the situation.

① However
② In this way
③ As a result
④ Nevertheless

문 20. 다음 빈칸에 공통으로 들어갈 단어는?

- He couldn't wait to show ___________ his new car.
- We were cut ___________ in the middle of our conversation.
- They were laid ___________ because of the lack of new orders.

① out
② off
③ for
④ in

해설편 p.065

제3과목

실전동형 모의고사 한국사

시간 체크 풀이 시간 ___ : ___ ~ ___ : ___ 소요 시간 ___ : ___

Timer 신중 18분 / 적정 15분 / 빠름 10분

문 1. (가), (나) 나라에 대한 설명으로 옳은 것은?

> (가) 동이가 사는 지역에서 가장 넓고 평탄하다. 토양은 오곡이 자라기에는 적당하지만 과일이 나지 않는다. 읍락에는 호민이 있으며 하호는 노비와 같다.
> (나) 큰 산과 깊은 골짜기가 많고 넓은 들은 없다. 계곡을 따라 살면서 골짜기 물을 마신다. 좋은 밭이 없어 부지런히 농사를 지어도 식량이 넉넉하지 못하다

① (가)는 졸본에서 국내성으로 도읍을 옮겼다.
② (가)에서 남의 물건을 훔칠 경우 50만 전을 배상해야 했다.
③ (나)의 특산물로는 단궁과 과하마가 있었다.
④ (나)의 대가들은 각자 사자, 조의, 선인 등의 관리를 거느렸다.

문 2. 밑줄 친 '이 나라'에 관한 설명으로 옳지 않은 것은?

> 아홉 추장과 사람들이 노래하고 춤추면서 하늘을 보니 얼마 뒤 자주색 줄이 하늘로부터 내려와서 땅에 닿았다. 줄 끝을 찾아보니 붉은 보자기에 금빛 상자가 싸여 있었다. 상자를 열어 보니 황금색 알 여섯 개가 있었다. … 열 사흘째 날 아침에 다시 모여 상자를 열어 보니 여섯 알이 어린아이가 되어 있었다. 용모가 뛰어나고 바로 앉았다. 아이들이 나날이 자라 십수 일이 지나니 키가 9척이나 되었다. 얼굴은 한고조, 눈썹은 당의 요임금, 눈동자는 우의 순임금과 같았다. 그달 보름에 맏이를 왕위에 추대하였는데, 그가 곧 이 나라의 왕이다.
>
> -『삼국유사』-

① 낙랑과 왜를 연결하는 해상 교역을 주도하였다.
② 신라를 후원하는 고구려군의 공격을 받고 거의 몰락하였다.
③ 신라와 결혼 동맹을 맺어 국제적 고립에서 벗어나려 하였다.
④ 이 나라의 마지막 왕인 구애왕이 투항하자, 법흥왕은 그에게 본국을 식읍으로 주었다.

문 3. 밑줄 친 '이 나라'의 경제 상황으로 옳은 것은?

> 대명충이 이 나라의 왕위에 오른 지 1년 만에 죽으니, 그의 종부(從父)인 인수가 왕위를 잇고 연호를 건흥으로 고쳤다. …(중략)… 그 왕이 자주 학생들을 장안의 태학에 보내어 고금의 제도를 배우도록 하니, 드디어 바다 동쪽의 성대한 나라가 되었다.

① 목축이 발달했으며 이 중 말이 주요 수출품이었다.
② 퇴비를 만드는 기술이 발달하여 휴경지가 줄어들었다.
③ 압록강 하구에 각장을 설치하여 주변국과 교류하였다.
④ 무역의 확대로 중국 산둥반도와 양쯔강 하류에 집단 거주지가 설치되었다.

문 4. 각 시기별 여성의 사회적 상황을 정리한 것이다. (가)~(라)에 대한 설명으로 옳지 않은 것은?

> (가) 부인이 투기하면 그 시체를 버려서 썩게 했고, 소와 말을 바쳐야 시신을 내어 주었다.
> (나) 왕이 사망하자 왕후 우씨가 국상(國喪)을 발설하지 않고 왕의 동생을 찾아가 그에게 왕위를 제안했다. 그리고 다시 왕후에 올랐다.
> (다) 사위가 처가의 호적에 입적하여 처가에서 생활하는 경우가 적지 않았다.
> (라) 아들이 없을 경우 양자를 들여 제사를 받들게 하였다.

① (가)는 가부장적인 사회 모습과 관련된 최초의 기록이다.
② (나)의 지배층의 혼인 풍습으로는 형사취수제와 서옥제가 있었다.
③ (다) 시기에 사위나 외손자도 음서의 혜택을 받을 수 있었다.
④ (라) 17세기 이후 성리학적 의식이 강화되면서 부계 중심의 가족 제도가 강화되었다.

문 5.　다음은 고려 시대 정치 기구들의 역할을 설명한 것이다. 이와 관련한 설명으로 옳지 않은 것은?

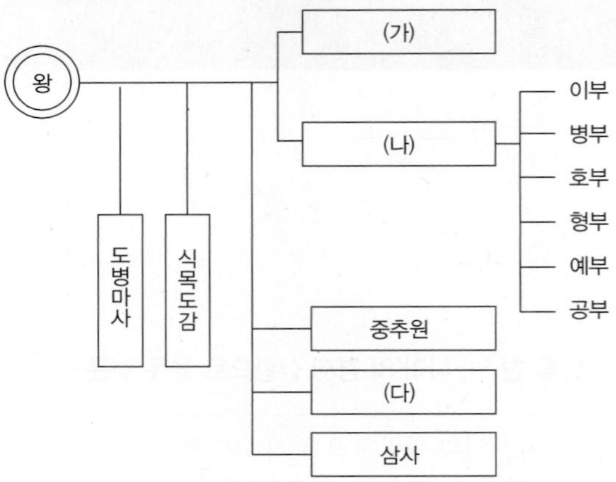

① (가)의 최고 책임자는 문하시중으로 국정을 총괄하였다.
② (나)는 원 간섭기 때 밀직사로 격하되었다.
③ (다)는 발해의 중정대와 같은 기능을 담당하였다.
④ (가)의 낭사와 (다)의 역할을 조선시대에는 사간원과 사헌부에서 각각 담당하였다.

문 6.　다음 사실을 시대 순으로 나열하면?

(가) 11월에 비로소 직관, 산관 각 품의 ○○○을/를 제정하였는데 18품으로 나눈다. 1품은 전(田)과 시(柴)가 각각 110결, 18품은 전 33결 · 시 25결이다.
(나) 도평의사사에 글을 올려 과전 지급하는 법을 정할 것을 요청하니 왕이 따랐다. 경기는 사방의 근본이니 마땅히 과전을 설치하여 사대부를 우대한다.
(다) 정치도감에서 장계를 올리기를, "환관족속 및 권세가가 토양이 비옥한 곳에 다투어 농장을 설치하고, 간사한 이속이 이와 결탁하여 일을 도모하여 전토를 탈점하고 소와 말을 탈취하니, 금후로는 통렬히 추고하옵소서."하였다.

① (가) – (나) – (다)
② (가) – (다) – (나)
③ (나) – (가) – (다)
④ (다) – (가) – (나)

문 7.　다음 인물에 대한 설명으로 옳은 것은?

(가)왕이 만권당을 짓고 학문 연구하는 것으로 즐거움을 삼았다. …(중략)… 학사 요수, 염복, 원명선, 조맹부 등이 모두 왕의 문하에서 교유하였는데, (나)은/는 그들과 어울리면서 학문이 더욱 진보되었으므로 여러 학자들이 칭찬하였다.

① (가) – 정동행성 이문소를 폐지하였다.
② (가) – 정치도감을 두어 부원 세력을 척결하였다.
③ (나) – 원에서 돌아와 성리학을 처음 소개하였다.
④ (나) – 정통 의식과 대의명분을 강조하는 역사서를 저술하였다.

문 8.　각 시기에 해당하는 국내 지배 세력의 동향을 잘못 설명한 것은?

(가) 거란(요)이 발해를 멸하였다.
(나) 여진이 금을 건국하고 요를 멸하였다.
(다) 몽골의 무리한 조공 요구와 간섭에 맞서 강화도로 도읍을 옮겨 장기 항전에 대비하였다.
(라) 몽골은 국호를 원으로 바꾼 뒤 두 차례에 걸친 일본 원정을 단행하였다.

① (가) – 사심관으로 선출된 세력은 부호장 이하의 양직 임명권을 인정받았다.
② (나) – 이자겸의 난은 문벌귀족 사회 붕괴를 촉진하는 계기가 되었다.
③ (다) – 이 시기 무신들은 중방을 통해서 정권을 장악하였다.
④ (라) – 부원 세력들은 남의 토지를 빼앗아 농장을 확대하고 양민을 노비로 삼는 등의 권세를 부렸다.

문 9. 다음 상황 직후에 전개된 사실로 옳은 것은?

> 왜란 이후 경제적으로 막대한 타격을 받은 대마도주가 교역의 재개를 요청해 왔고, 에도 막부에서도 포로로 잡아간 조선인 일부를 보내 주면서 수교를 요청하였다. 이에 조선은 막부의 사정을 알아보고 전쟁 때 잡혀간 사람들을 데려오기 위하여 유정을 파견하였다.

① 신숙주가 일본에 다녀와 「해동제국기」를 집필하였다.
② 조선 정부의 통제에 반발하여 3포 왜란이 일어났다.
③ 서계 문제를 둘러싸고 조선과 일본 간의 외교 문제가 발생하였다.
④ 초량에 왜관이 설치되어 제한된 범위 내에서의 무역이 허용되었다.

문 10. 다음 글이 작성된 시기의 상황으로 옳은 것은?

> 풍기 군수 (가)은(는) 삼가 목욕재계하고 백번 절하며 관찰사 상공합하(相公閤下)께 글을 올립니다. …… 문성공 안유가 살던 이 고을에는 백운동서원이 있습니다. …… 서적을 내려 주시고 편액을 내려 주시며 겸하여 토지와 노비를 지급하여 재력을 넉넉하게 해 주실 것을 청하고자 합니다.

① 김안국의 건의로 『이륜행실도』가 편찬되었다.
② 언론 기관인 사간원을 독립시켜 대신을 견제하게 하였다.
③ 을묘왜변이 일어나자 비변사로 하여금 군사 문제를 처리하도록 하였다.
④ 육전상정소를 설치하고 조선 왕조의 체계적인 법전인 「경국대전」을 편찬하기 시작하였다.

문 11. 역사적 순서대로 나열할 때 다음 빈칸에 들어갈 내용으로 옳은 것은?

> 인조반정 → (ㄱ) → 병자호란 → (ㄴ)

① ㄱ : 북인 정권이 성립되어 친명 정책을 펼쳤다.
② ㄱ : 정봉수와 이립 등이 의병을 일으켜 적과 싸웠다.
③ ㄴ : 후금의 강화 제의를 받아들여 이들과 형제 관계를 맺었다.
④ ㄴ : 소현세자와 주화론자들이 청의 수도로 끌려갔다.

문 12. 다음은 탕평론을 제시한 왕들에 대한 서술이다. (가)~(다) 왕 시기에 관한 설명으로 옳은 것은?

> (가) 인사 관리를 통하여 세력 균형을 유지하려고 특히 이조 판서의 임명에 신경을 썼다. 하지만 한 붕당을 내몰고 다른 붕당에 정권을 일임하는 결과를 여러 차례 초래하였다.
> (나) 단순히 여러 붕당의 인재를 함께 등용하는 것만으로는 부족하다고 생각하였다. 오히려 붕당의 명분이 옳은지 그른지를 명백히 밝히고, 각 붕당에서 의리에 투철한 인물을 재상으로 임명하였다.
> (다) 붕당의 명분을 좋아하지 않았다. 당론에 입각한 붕당의 의리보다 군신 간의 의리를 세우는 것이 우선되어야 한다고 생각하여, 붕당을 없애자는 논리에 동의하는 신하들을 중심으로 정국을 운영하였다.

① (가) 채제공, 이가환, 정약용 등의 남인이 등용되었다.
② (나) 금위영을 설치하여 5군영 체제를 완비하였다.
③ (다) 가혹한 형벌을 폐지하고 사형수에 대한 삼심제를 엄격하게 시행하였다.
④ (가)가 없앴던 이조 전랑의 후임자 천거 관행은 (나)의 재위 시기에 완전히 폐지되었다.

문 13. 다음 글이 쓰여질 당시의 상황으로 옳은 것은?

> 저들이 비록 왜인이라고 하나 실은 양적(洋敵)입니다. 강화가 한 번 이루어지면 사학(邪學) 서적과 천주의 초상화가 교역하는 속에 들어올 것입니다. 그렇게 되면 얼마 안 가서 선교사와 신자의 전수를 거쳐 사학이 온 나라 안에 퍼지게 될 것입니다. 얼마 안 가 집집마다 사학을 받들고 사람마다 사학에 물들게 될 것입니다. 그래서 아들이 그 아비를 아비로 여기지 않고 신하가 그 임금을 임금으로 여기지 않게 되어, 예의는 시궁창에 빠지고 인간들은 변하여 금수(禽獸)가 될 것입니다.
> – 『면암집』 –

① 일본은 무관세 특권을 누리며 무역을 독점하였다.
② 단발령에 대한 국민들의 반발은 여러 가지 형태로 나타났다.
③ 간행이정 확대를 이용하여 일본 상인들이 조선의 내륙 시장에 침투하기 시작하였다.
④ 일본이 문호 개방을 요구하며 군함을 파견하여 영종도를 약탈한 사건이 계기가 되어 조선은 문호를 개방하였다.

문 14. (가) 국가에 대한 설명으로 옳은 것은?

> 청과의 전쟁에서 승리한 일본이 랴오둥을 차지하게 되자 (가)은/는 독일, 프랑스와 연락하여, 랴오둥을 청국에 되돌려주고 타이완만 차지하라고 일본을 위협하였다.

① 천주교 공인 문제로 조약 체결이 늦어졌다.
② 조 · 미 수호 통상 조약 체결을 알선하였다.
③ 거문도를 불법 점령하고 포대를 설치하였다.
④ 갑신정변 직후 조선과 비밀 협약 체결을 협의하였다.

문 15. 밑줄 친 '이 신문'에 대한 설명으로 옳은 것은?

> 신채호는 이 신문에 「독사신론」을 발표하여 역사 서술의 주체를 민족으로 설정하고, 중국 중심의 역사 인식과 일본에 의한 한국 고대사 왜곡을 비판하였다.

① 천도교의 기관지로 발행되었다.
② 처음으로 상업 광고를 게재하였다.
③ 신문지법의 적용을 받아 폐간되었다.
④ 시일야방성대곡이라는 논설을 실었다.

문 16. 다음 강령을 내세운 단체에 대한 설명으로 옳은 것은?

> • 우리는 완전한 자주 독립 국가의 건설을 기함
> • 우리는 전 민족의 정치적 · 경제적 · 사회적 기본 요구를 실현할 수 있는 민주주의 정권의 수립을 기함
> • 우리는 일시적 과도기에서 국내 질서를 자주적으로 유지하며 대중 생활의 확보를 기함

① 미군의 진주 직전에 조선 인민 공화국을 수립하였다.
② 김구를 중심으로 결성되어 단독정부 수립을 반대했다.
③ 옌안에서 사회주의 운동가들을 중심으로 조직되었다.
④ 미국은 맥아더 포고령 1호를 통해 이 단체의 활동내용을 인정했다.

문 17. (가) 지역에서 전개된 민족 운동으로 옳은 것은?

> (가)은/는 두만강 위쪽 동해에 인접해 있는 러시아 영역을 일컫는다. 대표적인 도시로는 블라디보스토크가 있으며, 이곳에 한인 집단 거주지인 신한촌이 만들어졌다.

① 해조신문을 발간하여 국권 회복에 힘썼다.
② 서전서숙을 설립하여 민족 교육을 실시하였다.
③ 대한인 국민회를 중심으로 외교 활동을 펼쳤다.
④ 조선 독립 동맹을 결성하여 대일 항전을 준비하였다.

문 18. (가) 조직에 대한 설명으로 옳은 것은?

> 민족 혁명당은 1937년 중 · 일 전쟁이 시작되자 다른 정당과 연합하여 조선 민족 전선 연맹을 결성하고 (가)을/를 편성하였다.

① 어랑촌과 백운평 전투에서 일본군에게 승리하였다.
② 중국 관내에서 결성된 최초의 한인 무장 부대였다.
③ 쌍성보에서 중국 호로군과 연합 작전을 전개하였다.
④ 미쓰야 협정 이후 3부 통합 운동을 통해 결성되었다.

문 19. (가)에 들어갈 내용으로 옳은 것은?

> 중도파의 여운형과 김규식 등은 통일 정부 수립을 위해 좌우 합작 운동을 전개하였다. 좌우 합작 위원회는 (가) 등을 주요 내용으로 하는 합의안을 이끌어냈다.

① 미 · 소 공동 위원회를 설치한다.
② 친일파 처리 법안을 입법 기구에서 심의 결정한다.
③ 유상 매수, 유상 분배의 원칙에 따라 토지를 개혁한다.
④ 질서 유지를 위해 치안대를 두고 전국에 지부를 설치한다.

문 20. 민족주의 사학에 대한 설명으로 옳은 것을 모두 고른 것은?

(가) 문일평은 세종을 높이 평가하며 '조선심'을 강조하였다.
(나) 정인보와 안재홍은 정약용에 관한 연구를 중심으로 조선학 운동을 전개하였다.
(다) 백남운은 유물 사관의 입장에서 한국사를 연구하여 역사의 원동력을 민족정신에서 구하려 애썼다.
(라) 신채호는 대한매일신보에 「독사신론」을 연재하여 민족을 역사서술의 주체로 설정하고 사대주의를 비판하였다.
(마) 1940년대 이후 안재홍과 손진태 등에 의해 민중성과 개방성을 강조하면서 세계사 속의 민족주의를 지향하는 신민족주의 사학으로 발전해 갔다.

① (가), (나), (다)
② (가), (나), (라)
③ (가), (나), (마)
④ (가), (나), (라), (마)

나에 대한

자신감을 잃으면

온 세상이 나의 적이 된다.

-랄프 왈도 에머슨(Ralph Waldo Emerson)-

_______년 _______월 _______일 시행

9급 공무원 공개경쟁채용 필기시험
제5회 모의고사

공통과목

응시번호	
성　명	

【시 험 과 목】

제1과목	국 어	제2과목	영 어	제3과목	한국사

【응시자 주의사항】

1. **시험시작 전에 시험문제를 열람하는 행위나 시험 종류 후 답안을 작성하는 행위를 한 사람**은 「공무원임용시험령」 제51조에 의거 부정행위자로 처리됩니다.
2. 답안지 책형 표기는 **시험시작 전 감독관 지시에 따라 문제책 앞면에 인쇄된 책형을 확인**한 후, **답안지 책형란에 해당 책형(1개)을 "●"로 표기**하여야 합니다.
   - 책형 및 인적사항을 기재하지 않을 경우 불이익(당해시험 무효 처리 등)을 받을 수 있습니다.
3. 답안은 반드시 문제책 표지의 과목순서에 맞추어 표기하여야 하며, 과목 순서를 바꾸어 표기한 경우에도 문제책 표지의 과목 순서대로 채점되므로 각별히 유의하시기 바랍니다.
4. 시험이 시작되면 문제를 주의 깊게 읽은 후, 문항의 취지에 가장 적합한 하나의 정답을 고르며, 문제내용에 관한 질문을 하실 수 없습니다.
5. **답안을 잘못 표기하였을 경우**에는 **답안지를 교체하여 작성**하거나 **수정테이프만을 사용하여 수정**할 수 있으며(수정액 또는 수정스티커 등은 사용 불가), 부착된 수정테이프가 떨어지지 않도록 눌러주어야 합니다.
   - 불량 수정테이프의 사용과 불완전한 수정처리로 인해 발생하는 모든 문제는 응시자 본인에게 책임이 있습니다.
6. **시험 시간 관리의 책임**은 응시자 본인에게 있습니다.

【정답 공개 및 가산점 등록 안내】

1. **정답공개, 이의제기**: 사이버국가고시센터(http://gosi.kr)
2. **가산점 등록방법**: 사이버국가고시센터(http://gosi.kr) ⇒ 원서접수 ⇒ 가산점 등록 확인

해설편 p.071

제 1 과목

실전동형 모의고사 국어

시간 체크 풀이 시간 ___ : ___ ~ ___ : ___ 소요 시간 ___ : ___

Timer 신중 18분 / 적정 15분 / 빠름 10분

문 1. 다음 중 어법에 맞고 가장 자연스러운 문장은?

① 나는 너와 성격과 취향 등 모든 면에서 틀려.
② 동생은 5년 동안 김 교수에게서 피아노를 사사하였다.
③ 밤을 새고 잠의 유혹을 물리치기란 좀처럼 어려운 일이다.
④ 방범대원들은 주민들의 안전을 보호하기 위해 애쓰고 있다.

문 2. 이 글에 나타난 갈등의 근본적인 원인으로 알맞은 것은?

'나(동만)'의 외가 식구들은 6 · 25 사변으로 '나'의 집으로 피난와 친가 식구들과 함께 살게 된다.

사돈댁에서 신세를 지는 처지에 있는 외할머니와 베푸는 입장인 친할머니는 삼촌이 빨치산, 외삼촌이 국군 소위라는 거북한 상황 속에서도 말다툼 없이 의좋게 지냈다. 그러다가 내가 낯선 사람의 꾐에 빠져 빨치산인 삼촌이 밤에 몰래 집에 왔다고 실토한 일로 '나'의 아버지가 읍내에 잡혀가 고초를 겪는 사건이 발생한다. 이 때문에 할머니는 '나'를 '과자 한 조각에 삼촌을 팔아먹은 천하의 무지막지한 사람 백정'으로 여기는 데 반해 외할머니는 은근히 나를 감싸면서 두 분의 사이에 금이 가기 시작한다.

그러다가 외삼촌의 전사 소식이 날아들자, 상심한 외할머니는 장맛비가 쏟아지는 하늘을 향해 빨갱이를 다 쓸어가 버리라고 저주를 퍼붓는다. 빨치산으로 나간 삼촌의 소식을 애타게 기다리던 할머니는 이것을 자기 아들더러 죽으라는 말로 받아들여 외할머니와 한바탕 큰 싸움을 벌이게 된다.

– 윤흥길, 「장마」 –

① 이데올로기의 대립
② 인물 간의 성격 차이
③ 자식에 대한 강한 모성애
④ 개인과 역사와의 대립적 관계

문 3. 훈민정음에 대한 설명으로 옳지 않은 것은?

① 중성의 기본자는 우주의 삼재(三才)를 본떠 만들었다.
② 'ㄱ'은 아음을 발음할 때의 혀의 모양을 반영하고 있다.
③ 'ㅇ'에 획을 더한 'ㆁ'은 'ㅇ'보다 더 강한 소리를 나타낸다.
④ 'ㄷ'에 획을 더한 'ㅌ'은 'ㄷ'보다 더 강한 소리를 나타낸다.

문 4. 다음 중 『용비어천가』의 특징으로 적절하지 않은 것은?

용비어천가(龍飛御天歌)
불·휘 기·픈 남·ᄀᆞᆫ ᄇᆞᄅᆞ·매 아·니 :뮐·ᄊᆡ
곶 :됴·코 여·름 ·하ᄂᆞ·니
:ᄉᆡ·미 기·픈 ·므·른 ·ᄀᆞᄆᆞ·래 아·니 그·츨·ᄊᆡ
:내·히 이·러 바·ᄅᆞ·래 ·가ᄂᆞ·니

① 받침은 8종성으로만 표기했다.
② 조사에서 모음조화가 잘 이루어진다.
③ 성조를 나타내는 방점을 표시하였다.
④ '아니'에 의한 짧은 부정문이 쓰였다.

문 5. (가)~(라)를 이용하여 한 편의 글을 쓰려고 할 때, 글 전체의 통일성을 해치고 있는 것은?

옛날에 여름옷의 재료로 가장 널리 사용된 것은 베와 모시이다. 베와 모시는 통풍이 잘된다는 특성을 지니고 있어서 더운 여름에 적합한 옷감으로서 현대의 화학 섬유와는 비교할 수 없는 장점을 지니고 있었다.

(가) 한복의 가장 한복다운 특성은 양복처럼 꼭 몸에 맞게 만들지 않고 몸과 옷 사이에 통풍 공간을 두는 여유 있는 구조를 취하고 있다는 점이다. 더욱이 여름옷에 있어서는 말할 것도 없다. 털이나 비단 같은 동물성 섬유가 피부에 잘 붙는데 비해, 면이나 베 · 모시 등의 식물성 섬유는 몸에 붙지 않고 까슬까슬 유리되기 때문에 한층 여유 있는 통풍 공간을 만들어 선선한 옷감이 된다.

(나) 또한 베와 모시는 쉽게 마름질을 할 수 있어서 우리 한복의 아름다움을 잘 나타낼 수 있었다. 한산 세모시로 만든 치마와 저고리를 입고 단정한 자세로 앉아 있던 옛 여인들의 모습에서 우리의 전통적인 아름다움을 흠뻑 느낄 수 있다.

(다) 지금은 사라지고 없지만 일제 강점기까지도 여름에 등걸이를 사용하였다. 등걸이란 등나무 줄기나 갓을 만드는 말꼬리 털로 구멍이 많은 조끼를 걸치고 그 위에 베나 모시 저고리를 입었었다. 겨울의 솜 토시 대신 여름에는 등토시 또는 마미 토시를 저고리 소매 속에 끼워 소매 속으로 들어갈 바람구멍을 마련하기도 하였다.

(라) 또 복장을 간략히 함으로써 더위를 견디기 위하여 저고리에 고름을 없앤 적삼을 입기도 했다. 적삼을 무명이나 베, 모시로 만들면 훨씬 시원한 여름옷이 된다. 바지도 정장이 아닐 때는 대님을 묶지 않는 간단한 방법으로 더위를 식혔다.

① (가)
② (나)
③ (다)
④ (라)

문 6. 다음 중 동일한 발음 현상이 나타나는 단어끼리 묶이지 않은 것은?

① 불볕, 강줄기
② 고가(高價), 그믐달
③ 불세출, 발전
④ 사건(事件), 법전

문 7. 다음 중 밑줄 친 부분이 부사가 아닌 것은?

① 개구리가 개굴개굴 운다.
② 남편이 어디 어린엔가?
③ 다행히 다친 사람은 없었다.
④ 밥을 너무 많이 먹어서 배가 부르다.

문 8. 다음 중 밑줄 친 말이 표준어가 아닌 것은?

① 가게 점원은 여전히 딴전을 피우고 있었다.
② 은수는 연신 옷고름으로 눈물을 닦아 냈다.
③ 아이를 그곳에 혼자 보내는 것이 꺼림직했다.
④ 널빤지로 궤짝을 짜다.

문 9. 다음 글의 제목으로 가장 적절한 것은?

실험심리학은 19세기 독일의 생리학자 빌헬름 분트에 의해 탄생된 학문이었다. 분트는 경험과학으로서의 생리학을 당시의 사변적인 독일 철학에 접목시켜 새로운 학문을 탄생시킨 것이다. 분트 이후 독일에서는 실험심리학이 하나의 학문으로 자리 잡아 발전을 거듭했다.

그런데 독일에서의 실험심리학 성공은 유럽 전역으로 확산되지는 못했다. 왜 그랬을까? 당시 프랑스나 영국에서는 대학에서 생리학을 연구하고 교육할 수 있는 자리가 독일처럼 포화 상태에 있지 않았고 오히려 팽창 일로에 있었다. 또한 독일과는 달리 프랑스나 영국에서는 한 학자가 생리학, 법학, 철학 등 여러 학문 분야를 다루는 경우가 자주 있었다.

① 유럽에서 독일의 특수성
② 유럽에서 실험심리학의 발전 양상
③ 실험심리학과 생리학의 학문적 관계
④ 유럽 국가 간 학문 교류의 실험심리학의 정착

문 10. 다음 중 띄어쓰기가 옳은 것은?

① 높이 올라갈 수록 기온이 떨어진다.
② 공부를 하든지 운동을 하든지간에 열심히만 해라.
③ 내가 공무원 공부를 시작한지 벌써 한 달이 넘었다.
④ 그의 전화를 받지 않는다는 건 정말 상상할 수조차 없는 일이다.

문 11. 다음 중 로마자 표기가 맞는 것끼리 나열된 것은?

① 동의보감 : Donguibogam
  적벽강 : Jeokbyeokgang
  풍납토성 : Pungnabtoseong
② 황금1동 : Hwanggeum 1(il)-dong
  청룡산 : Cheongllyongsan
  메밀국수 : memil-gugsu
③ 통영 오광대 : Tongyeong ogwangdae
  장산곶 : Jangsangot
  율곡로 : Yulgok-ro
④ 불낙비빔밥 : bullak-bibimbab
  양주 별산대놀이 : Yangju byeolsandaenolli
  무열왕릉 : Muyeorwangneung

문 12. 다음 글을 논리적 흐름에 맞게 바르게 배열한 것은?

> 글에는 글쓴이가 알고 있는 사실과 느끼고 생각한 의견이 들어 있게 마련이다.
> ㄱ. 그러므로 독자는 글을 읽을 때에 글쓴이의 생각을 무조건 받아들일 것이 아니라, 글의 타당성을 판단하며 비판적으로 읽어야 한다.
> ㄴ. 그런데 글을 읽을 때에 그 속에 제시된 사실과 의견을 그대로 믿는다거나, 반대로 무조건 틀리다고 부정하는 것은 올바른 태도가 아니다.
> ㄷ. 옛날에는 타당하다고 생각하던 내용이 오늘날에 와서는 그렇지 못한 경우도 있으며, 서양에서는 옳은 일이 동양에서는 그렇지 않은 경우도 있다.
> ㄹ. 왜냐하면, 글의 내용 중에는 타당한 것도 있지만, 그렇지 못한 것도 있기 때문이다.

① ㄴ - ㄹ - ㄷ - ㄱ
② ㄴ - ㄷ - ㄹ - ㄱ
③ ㄷ - ㄹ - ㄴ - ㄱ
④ ㄷ - ㄴ - ㄹ - ㄱ

문 13. 다음 중 ( ) 안에 들어갈 접속어를 순서대로 나열한 것은?

> 역사주의의 이론에 따르면 인류의 역사는 하나의 계획을 갖고 있다. 그래서 우리가 이 계획의 정체를 밝혀낸다면 과거의 역사를 완전히 해석할 수 있을 뿐만 아니라 미래의 역사까지도 예측할 수 있게 된다. (㉠) 이 역사적 법칙은 우리가 보통 이야기하는 사회적 법칙과는 구별되는 것이다. 역사주의의 반자연주의적 원리에 따르면 자연과학적인 일반화의 방법은 사회과학에는 적용될 수 없다. (㉡) 사회생활에서의 제일성(齊一性)은 보통 일정한 문화적 또는 역사적 시기에만 적용되기 때문이다.

① ㉠ 그리고, ㉡ 예컨대
② ㉠ 그러나, ㉡ 예컨대
③ ㉠ 그러나, ㉡ 왜냐하면
④ ㉠ 그리고, ㉡ 왜냐하면

문 14. 부모를 대상으로 '부모-자녀 간 대화의 실태'를 조사하고자 한다. 다음 설문지에 추가해야 할 문항으로 가장 알맞은 것은?

> 1. 일주일에 자녀와 몇 번 대화를 합니까?
> 2. 자녀와 부모님 중 누가 먼저 대화를 시작합니까?
> 3. 자녀와의 정서적 대화가 얼마나 중요하다고 생각합니까?
> 4. 직접 대화 외에 다른 대화 방법(예 : 이메일, 편지 등)을 활용합니까?

① 자녀의 수는 모두 몇 명입니까?
② 부모 모두 직장에 다닙니까?
③ 대화 장소로 선호하는 곳은 어디입니까?
④ 한 번에 대화하는 시간은 어느 정도입니까?

문 15. 다음 중 맞춤법에 맞게 표기된 것은?

① 동생은 강아지 중에서 얼룩빼기를 제일 좋아한다.
② 그는 한기에 몸을 움추렸다가 손을 떼고 창밖을 응시하였다.
③ 그는 친구의 말이라면 사죽을 못 쓴다.
④ 그녀는 오지랍을 걷고 우는 아이에게 젖을 물렸다.

문 16. 다음 글을 읽고 내린 평가로 타당한 것은?

집에는 세무서장인 조가 보낸 쪽지가 기다리고 있었다. '할 일 없으면 세무서로 좀 들러 주게.' 아침밥을 먹고 나는 세무서로 갔다. 이슬비는 그쳤으나 하늘은 흐렸다. 나는 조의 의도를 알 것 같았다. 서장실에 앉아 있는 자기의 모습을 보여 주고 싶은 것이다.

아니 내가 비꼬아서 생각하고 있는지 모른다. 나는 고쳐 생각하기로 했다. 그는 세무서장으로 만족하고 있을까? 아마 만족하고 있을 게다. 그는 무진에 어울리는 사람이다. 아니, 나는 다시 고쳐 생각하기로 했다. 어떤 사람을 잘 안다는 것 — 잘 아는 체한다는 것이 그 어떤 사람의 입장에서 보면 무척 불행한 일이다. 우리가 비난할 수 있고 적어도 평가하려고 드는 것은 우리가 알고 있는 사람에 한하는 것이기 때문이다.

– 김승옥, 『무진기행』 –

① 여행자 특유의 호기심이 소설 전개의 주요 동기이다.
② 사소한 일상에 다양한 의미를 부여함으로써 관습적 가치에 의문을 제기하고 있다.
③ 성공한 도시인의 우월감이 초라한 시골 사람에 대한 연민으로 변하고 있다.
④ 시간의 인과 관계를 도착시켜 작품의 논리성을 약화시켰다.

문 17. 다음 시에 대한 설명으로 적절하지 않은 것은?

산이라 해서 다 크고 높은 것은 아니다
다 험하고 가파른 것은 아니다
어떤 산은 크고 높은 산 아래
시시덕거리고 웃으며 나지막이 엎드려 있고
또 어떤 산은 험하고 가파른 산자락에서
슬그머니 빠져 동네까지 내려와
부러운 듯 사람 사는 꼴을 구경하고 섰다
그리고는 높은 산을 오르는 사람들에게
순하디순한 길이 되어 주기도 하고
남의 눈을 꺼리는 젊은 쌍에게 짐짓
따뜻한 사랑의 숨을 자리가 돼 주기도 한다
그래서 낮은 산은 내 이웃이던
간난이네 안방 왕골자리처럼 때에 절고
그 누더기 이불처럼 지린내가 배지만
눈개비나무 찰피나무며 모싯대 개쑥에 덮여
곤줄박이 개개비 휘파람새 노랫소리를
듣는 기쁨은 낮은 산만이 안다
사람들이 서로 미워서 잡아죽일 듯
이빨을 갈고 손톱을 세우더라도
칡넝쿨처럼 머루 넝쿨처럼 감기고 어우러지는
사람 사는 재미는 낮은 산만이 안다
사람이 다 크고 잘난 것이 아니듯
다 외치며 우뚝 서 있는 것만이 아니듯
산이라 해서 모두 크고 높은 것은 아니다
모두 흰 구름을 겨드랑이에 끼고
어깨로 바람 맞받아치며 사는 것이 아니다

– 신경림, 「산에 대하여」 –

① 의인화의 방식을 사용하여 인생에 대한 깨달음을 주고 있다.
② 높은 산과 낮은 산의 대비를 통해 화자가 지향하는 삶의 방향을 제시하고 있다.
③ 반복되는 종결 어미를 통해 리듬감을 형성하고 있다.
④ 과거와 현재를 교차시키면서 시상을 입체적으로 전개하고 있다.

문 18. 문장에 나타난 어법적 특징을 설명한 것으로 적절하지 않은 것은?

① 다음에 다시 한 번 들르겠어요.
→ 듣는 사람을 존대하기 위해서 '-요'를 붙여 표현한 것이다.

② 여러분! 지금까지 제 말씀을 들어주셔서 감사합니다.
→ 말하는 사람을 높이기 위해서 '말'이 아닌 '말씀'으로 표현한 것이다.

③ 선생님께 드리는 것이니 더러운 것이 묻지 않게 해라.
→ '선생님'을 높이기 위해서 '주는'이 아닌 '드리는'으로 표현한 것이다.

④ 할아버지, 아버지가 왔습니다.
→ '아버지'가 듣는 사람인 '할아버지'보다 낮은 위치에 있으므로 '오셨습니다.'가 아닌 '왔습니다.'로 표현한 것이다.

문 19. 다음 ( )에 들어갈 단어를 순서대로 고르면?

> 과거의 전통에 대한 (㉠)과 이것이 현재에도 가능하다는 (㉡)과 그리고 이를 되살리려는 (㉢)이/가 민족 대다수의 공감 아래 이루어진다면, 그런 과거의 한때의 전통이 현재의 전통으로 되살아날 수도 있는 것이다. 다만 이 경우, 과거의 그 사상에 대한 기억이 확실하고, 민족의 확신으로까지 굳어져야 하는 것이다.

	㉠	㉡	㉢
①	기억	판단	의욕
②	판단	기억	결의
③	확신	반성	합의
④	추억	자신	결의

문 20. 다음 문장 중에서 밑줄 친 부사어의 쓰임이 가장 옳지 않은 것은?

① 나는 약수를 길으려고 첫새벽부터 혼자 어런더런 적막한 산길을 올랐다.

② 포도 넝쿨에는 흑진주 같은 포도송이가 조랑조랑 수없이 매달려 있었다.

③ 전쟁 중에 큰조카를 잃고 난 뒤로 형님은 불뚱불뚱 화부터 내는 버릇이 생겼다.

④ '어사 출두' 외침에 변사또는 재물 상자를 옆구리에 잔득 끼고 진동한동 방에서 뛰쳐나왔다.

해설편 p.075

제 2 과목

실전동형 모의고사 영어

시간 체크 풀이 시간 ___ : ___ ~ ___ : ___ 소요 시간 ___ : ___

Timer 신중 18분 / 적정 15분 / 빠름 10분

문 1. 우리말을 영어로 잘못 옮긴 것은?

① Jane은 그의 빠른 말을 이해하기가 쉬웠다.
→ Jane was easy to understand his rapid speech.

② 클럽 가입에 관심 있으신 분은 아래 주소로 저희에게 연락주세요.
→ Anyone interested in joining the club should contact us at the address below.

③ 일반적으로 말해서, 문화 충격에는 5가지 단계가 있습니다.
→ Generally speaking, there are five stages of culture shock.

④ 나는 당연히 내가 회담에서 기조연설을 하게 될 것이라 생각했다.
→ I took it for granted that I would give the opening address at the conference.

※ 다음 글을 읽고 빈칸에 알맞은 것을 고르시오. [문 2.~문 3.]

Much has sometimes been made of the great importance for human evolution of the hand with its opposable thumb; it was important, certainly, but only as the servant of a growing brain. The hands of the higher monkeys would be perfectly capable of the finest skills had they a mind to set them to work; monkeys could be watchmakers had they ever conceived the notion of time.
A further stimulus to mental growth was given our ancestors when they left the trees and a mainly vegetarian diet and began to adapt themselves to living in relatively open country and eating meat. Undoubtedly meat's nutritive value, so much greater than that of herbs and fruit, relieved them of the necessity of perpetual eating. More important, the need for a creature with a relatively flat muzzle and no sharp claws or canine teeth to kill, skin and break up animal food must have led first to the use and then to the manufacture of tools.

문 2.

Man's beginning to eat meat had as its first direct consequence ____________.

① a flat muzzle
② canine teeth
③ the use of tools
④ the manufacture of tools

문 3.

It can be inferred that when man learned to eat meat, he ____________.

① improved his brain
② spent less time eating
③ suffered
④ was equipped to obtain animal food

안심Touch

문 4. 다음 글의 흐름으로 보아 뒤에 이어질 문장의 순서로 가장 적절한 것은?

A policeman was sent to investigate the disappearance of some property from a hotel. When he arrived, he found that the hotel staff had caught a boy in one of the rooms with a camera and some cash.

(A) At the police station the boy could not give a satisfactory explanation for his actions and the police decided to charge him with the theft of the camera and cash.
(B) The next morning he appeared in court before the magistrate.
(C) When the policeman tried to arrest the boy, he became violent and the policeman had to handcuff him.

① (A) - (B) - (C)
② (B) - (A) - (C)
③ (C) - (B) - (A)
④ (C) - (A) - (B)

문 5. 다음 밑줄 친 부분과 의미가 가장 비슷한 것은?

Throughout its history, the country has been very <u>belligerent</u>.

① unstable
② wealthy
③ productive
④ warlike

문 6. 다음 글의 빈칸에 들어갈 가장 적절한 것은?

Analysts have always tended to measure a society by classical economic and social statistics. Some statistics are important and revealing. But there is another statistic that I think is even more important and revealing: Does your society have more memories than dreams or more dreams than memories? By dreams I mean the positive, life-affirming value. A famous consultant Michael Hammer once remarked, "One thing that tells me a company is in trouble is when they tell me how good they were in the past. Same with countries. You don't want to forget your identity. I am glad you were great in the fourteenth century, but that was then and this is now. When memories exceed dreams, the end is near. The hallmark of a truly successful organization is the willingness to ______________________ and start fresh.

① set an attainable goal
② stick to its past glory
③ abandon what made it successful
④ accept it is going to succeed someday

문 7. Sei Whale에 대한 다음 글의 내용과 일치하지 않는 것은?

The Sei Whale is superficially similar to a Fin Whale, but the head is broader and less pointed than that of a Fin Whale, and the color is symmetrical. The Sei Whale feeds on krill, which are usually found close to the surface. Sei Whales are fast swimmers, capable of bursts of speed up to 50 kph, and hence able to avoid close encounters with boats if they wish. Sightings of this species are invariably chance encounters and brief ones at that. To be sure of identification, you need to rule out the possibility of Minke and Fin Whales. Rather than the gliding, arching way in which these species blow and dive, typically a Sei Whale will rise almost horizontally to the surface. In calm weather, you will be able to see the blow, head, and back and dorsal fin at the same time.

① 헤엄 속도가 느려 배에 자주 부딪친다.
② 긴수염고래보다 머리가 덜 뾰족하다.
③ 해수면 근처에서 발견되는 크릴새우를 먹고 산다.
④ 우연히 짧은 시간 동안 목격되는 경우가 많다.

문 8. 다음 글의 제목으로 가장 적절한 것은?

One of the most pressing problems organizations face today is how to motivate employees to work more productively. A lot of managers believe that the answer is simple: If the workers need more motivation, pay them more. But this no longer works. In today's society, money no longer serves as the primary motivation force. In times of severe economic depression when jobs were extremely difficult to find, the question of survival—of being able to provide enough food for one's family—was most important, and money was the prime mover. But in times of prosperity, jobs are generally plentiful and salaries high. People are not forced to remain at unsatisfying jobs, nor are they compelled to work hard at jobs they don't like. They can quit and go elsewhere. Consequently, they don't have to worry about being fired for not doing the best job possible; they can always get other jobs.

① How High Performance Workplace Is Characterized
② Changes in Employees' Preference for Money
③ Does Money Affect Motivation?
④ How to Measure Job Satisfaction

※ 다음 밑줄 친 부분과 가장 가까운 뜻을 지닌 것을고르시오. [문 9. ~문 10.]

문 9.

The couple seemed to be talking calmly, when <u>out of the blue</u> she slapped him in the face.

① all of a sudden
② in no time
③ long before
④ in no way

문 10.

The second step was the legislation <u>promptly</u> and patriotically passed by the Congress.

① quickly
② unanimously
③ ideally
④ definitely

문 11. 어법상 옳지 않은 것은?

The force of gravity between two objects ① <u>depends</u> on two things the sizes of the objects and the distance ② <u>between</u> them. Big objects have a greater pull than ③ <u>small ones</u>. Objects that are closer together have a greater pull on one another than objects farther apart ④ <u>does</u>.

문 12. 다음 글의 빈칸에 들어갈 말로 가장 적절한 것은?

In a lot of negotiations, each side explains and condemns at great length the motivations and intentions of the other side. It is more persuasive, though, to describe a problem in terms of its impact on you than in terms of what they did or why: "I feel let down." instead of "You broke your word." "We feel you treat us unfairly." rather than "You're a racist." If you make a statement about them that they believe is untrue, they will ignore you or get angry; they will not concentrate on your concern. But a statement about ______________________ is difficult to challenge. You send the same information without causing a defensive reaction that will prevent them from taking it in.

① why you disagree
② when you will negotiate
③ what you expect
④ how you feel

문 13. 다음 글의 내용과 일치하지 않는 것은?

The original name of Texas was Tejas, an Indian word which meant 'friendly'. Over the years, the name was Americanized. Texas was the largest state in the U.S. until 1959, when Alaska became the largest state in the U.S. Within this area are four major geographic zones—the Rocky Mountains, the Great Plains, the Central Lowlands, and the Gulf Coastal Plain.
The Rocky Mountain region has the highest point in Texas, Guadalupe Peak, which is 8,749 ft. high. The Great Plains are the flatlands of Texas. The Central Lowlands cover a 200-mile-wide area of land with many hills. The Gulf Coastal Plain is divided into two parts: one part with thousands of trees that borders the Sabin River, and the second part which contains the beaches along the coast. The lowest point of Texas is here, at sea level at the Gulf of Mexico.

① Texas라는 이름은 인디언의 언어에서 유래하였다.
② 1958년에는 Texas가 미국에서 가장 큰 주였다.
③ Central Lowlands는 Great Plains만큼 평탄하지 않다.
④ Gulf Coastal Plain은 해안을 따라 수목이 우거져 있다.

※ 다음 제시문을 읽고 물음에 답하시오. [문 14.~문 16.]

Much of Mark Twain's writing was flippant and bitter satire designed to conform to the accepted standards of the time. As a satirist, Mark Twain used his characters to criticize the culture of the day, especially the politics of the time. Even though his best work was weakened by his anger and bitterness and occasionally reflected his idiosyncrasies, he succeed in producing a novel of great artistic merit. This work, 'Huckleberry Finn', strikes a balance between Twain's optimistic youth and his later cynicism, and is properly regarded as one of the masterpieces of American literature.
Twain uses a semiliterate boy to express a controlled point of view with its implicit ironies. Dialect is carefully but brilliantly utilized. By employing a journey down the river as the unifying device, Twain successfully blends nostalgic romanticism and realism, humor and sorrow, innocence and evil. The original reaction to the book was to classify it, with Tom Sawyer, as just another book for boys. However, it has since become one of the most popular books of all time.

문 14. 윗글의 제목으로 적당한 것은?

① Mark Twain의 인간과 사상
② Mark Twain의 작품 세계
③ Huckleberry Finn의 위대성
④ Huckleberry Finn의 구조

문 15. Mark Twain에 대한 필자의 견해와 어긋나는 것은?

① 주로 풍자적이고, 신랄한 어조로 썼다.
② 소설에는 그의 성품이 반영되어 있다.
③ 청년기에는 냉소적이었다.
④ 당대의 정치와 문화를 비판하였다.

문 16. Huckleberry Finn에 대한 필자의 설명과 다른 것은?

① 처음부터 대작이었다.
② 방언은 작품 속에서 효과적으로 이용되었다.
③ 주인공은 반(半)문맹의 소년이었다.
④ 지나치게 낙관적이지도 냉소적이지도 않았다.

문 17. 주어진 글에 이어질 순서로 가장 적절한 것은?

Footwear has a history which goes back thousands of years, and it has long been an article of necessity.

(A) The earliest footwear was undoubtedly born of the necessity to provide some protection when moving over rough ground in varying weather conditions. In ancient times, as today, the basic type of shoes worn depended on the climate.
(B) Shoes have not usually served such a purely functional purpose, however, and the requirements of fashion have dictated some curious designs, not all of which made walking easy.
(C) For example, in warmer areas the sandal was, and still is, the most popular form of footwear, whereas the modern moccasin derives from the original shoes adopted in cold climates by races such as Eskimos and Siberians.

① (A) - (B) - (C)
② (A) - (C) - (B)
③ (B) - (C) - (A)
④ (C) - (B) - (A)

문 18. 빈칸에 들어갈 가장 적절한 것을 넣으시오.

Most of the people who settled the United States were poor. The country they came to was a wilderness. Land had to be cleared of trees in order to make farms; mines had to be developed; houses, shops, and public buildings had to be built. Everyone had to help build them. ____________. Later, it was the man who worked with his head to achieve success in business and industry who was looked up to. Now there is in America a curious combination of pride in having risen to a position where it is no longer necessary to depend upon manual labor for a living and genuine delight in what one is able to accomplish with one's own hands.

① Manual labor was highly valued
② Constructors ran out of materials
③ The majority of families couldn't afford servants
④ All elements of society strived for equal treatment

문 19. 어법상 옳은 것은?

As a concert violinist ① asked the secret of her success, she replied, "Planned neglect." Then she explained, "When I was in school, there were many things that ② were demanded my time and energy. When I went to my room after breakfast, I made my bed, straightened the room, ③ dust the floor, and did whatever else came to my attention. Then I hurried to violin practice. I found that I wasn't progressing as I thought I should, so I reversed things. Until my practice period was completed, I deliberately neglected everything else. That program of planned neglect, I believe, ④ accounts for my success."

문 20. 다음 글의 내용과 일치하지 않는 것은?

Many people rely on social security checks every month. During their working years, employees contribute a certain percentage of their salaries to the government. Each employer also gives a certain percentage to the government. When people retire, they receive this money as income. These checks do not provide enough money to live on, however, because prices are increasing very rapidly. Senior citizens, those over age 65, have to have savings in the bank or their retirement plans to make ends meet. The rate of inflation is forcing prices higher each year. The government offers some assistance, medicare (health care) and welfare (general assistance), but many senior citizens have to change their lifestyles after retirement. They have to spend carefully to be sure that they can afford to buy food, fuel, and other necessities.

① Social security checks do not meet the growing expenses.
② The government does not offer enough medicare and welfare.
③ Many senior citizen can maintain their lifestyles after retirement.
④ Both employees and employers contribute some money for social security.

제3과목 실전동형 모의고사 한국사

시간 체크 풀이 시간 ___ : ___ ~ ___ : ___ 소요 시간 ___ : ___

Timer 신중 18분 / 적정 15분 / 빠름 10분

문 1. 다음 제시문의 (가), (나) 국가에 대한 설명으로 옳은 것은?

> (가) 대군장이 없고 한(漢) 시대 이래로 후(侯) · 읍군(邑君) · 삼로(三老)라는 관직이 있어 하호(下戶)를 다스렸다. …(중략)… 해마다 10월이면 하늘에 제사를 지내는데 밤낮으로 술 마시며 노래 부르고 춤추니 이를 무천(舞天)이라고 한다.
>
> (나) 구릉과 넓은 못이 많아서 동이 지역 중에서 가장 넓고 평탄한 곳이다. 토질은 오곡을 가꾸기에는 알맞지만, 과일은 생산되지 않았다. …(중략)… 형벌은 엄하고 각박하여 살인자는 사형에 처하고 그 가족은 노비로 삼았다. 도둑질을 하면 12배로 변상케 하였다.
>
> –『삼국지』 위서 동이전 –

① (가)에는 해산물이 풍부하였고 처녀를 미리 신랑 집에 데려다 놓고 살다가 뒤에 며느리로 삼는 민며느리제가 있었다.
② (가)에서는 다른 부족의 생활권을 침범하면 책화라고 하여 노비, 소, 말로 변상하게 하였다.
③ (나)에서는 왕 아래에 상가, 고추가 등의 대가들이 있었으며, 각기 사자, 조의, 선인 등 관리를 거느렸다.
④ (나)에서는 10월에 동맹이라는 제천행사를 치르고, 아울러 왕과 신하들이 국동대혈에 모여 함께 제사를 지냈다.

문 2. 다음 중 동학 농민 운동에 관한 설명으로 옳은 것을 모두 고르면?

> ㄱ. 전주화약 이후 조선 정부에 청 · 일 군대의 철수를 요청하였다.
> ㄴ. 남 · 북접군이 연합할 당시 북접은 망이 · 망소이 형제가 지도하였다.
> ㄷ. 삼례에서 교주 최시형의 신원을 요구하였다.
> ㄹ. 노비문서를 불태우고 과부의 재가를 허용하도록 하였다.

① ㄱ, ㄴ
② ㄱ, ㄷ
③ ㄱ, ㄹ
④ ㄴ, ㄷ

문 3. 다음 글과 같은 상황이 전개되던 시기의 사회상으로 볼 수 없는 것은?

> 재상가에는 녹(祿)이 끊이지 않았다. 노예가 3,000명이고 비슷한 수의 갑옷과 무기, 소, 말, 돼지가 있었다. 바다 가운데 섬에서 길러 필요할 때 활로 쏘아서 잡아먹었다. 곡식을 꾸어서 갚지 못하면 노비로 삼았다.
>
> –『신당서』 –

① 권문세족들이 농민의 토지를 빼앗아 거대한 규모의 농장을 만들었다.
② 귀족들은 당이나 아라비아에서 수입한 비단, 양탄자, 유리그릇, 귀금속 등 사치품을 사용하였다.
③ 향이나 부곡에 사는 사람들은 농민보다 더 많은 공물 부담을 져야 했다.
④ 남시가 설치되었고 시장 감독기관으로 시전을 두었다.

문 4. 다음 자료를 바탕으로 통일 신라 시대의 경제생활에 대하여 적절하게 추론한 것을 모두 고른 것은?

> • (헌강왕 6년) 9월 9일, 왕이 좌우와 더불어 월상루에 올라 사면을 바라보았다. 서울에 민가가 서로 이어져 있고, 풍악 소리가 끊이지 않았다. 왕이 시중인 민공(閔恭)을 돌아보며 물었다. "내가 들으니, 지금 민간에서는 지붕을 기와로 덮고 짚을 쓰지 아니하며, 숯으로 밥을 짓고 나무를 쓰지 않는다고 한다. 과연 그러한가?"
>
> －『신당서』－
>
> • 백성들이 다투어 사치와 호화를 즐긴다. 오로지 외국산 물건의 진기함을 숭상하고 국산은 수준이 낮다고 혐오한다. 예의가 무시됐고, 풍속이 쇠퇴하여 없어지는 데까지 이르렀다. …(중략)… 옛 법에 따라 다시 교시를 내린다. 만약 죄를 저지르면 그에 상응하는 처벌을 받을 것이다.
>
> －『삼국사기』－

> ㄱ. 귀족은 무역을 통해 수입된 사치품을 사용하였다.
> ㄴ. 빚을 갚지 못하여 노비로 전락하는 백성도 많았다.
> ㄷ. 지배층은 풍족한 경제기반을 가지고 태평세월을 누렸다.
> ㄹ. 상품 수요가 증대되면서 금성에 시장이 추가로 설치되었다.

① ㄱ, ㄷ
② ㄱ, ㄴ, ㄷ
③ ㄱ, ㄴ, ㄹ
④ ㄱ, ㄴ, ㄷ, ㄹ

문 5. 다음 중 (가)에 들어갈 수 있는 역사적 사실을 모두 고른 것은?

교조신원운동 ⇨ 전주화약 ⇨ (가) ⇨ 전봉준 체포, 처형

> ㄱ. 백산에서 4대 강령이 발표되었다.
> ㄴ. 전라도 일대에 집강소가 설치되었다.
> ㄷ. 황토현 전투에서 농민군이 승리하였다.
> ㄹ. 농민군은 우금치 전투에서 패하였다.

① ㄱ, ㄴ
② ㄱ, ㄷ
③ ㄴ, ㄷ
④ ㄴ, ㄹ

문 6. 다음과 같은 상황이 나타났던 시기에 대한 설명으로 옳지 않은 것은?

> 밭에 심는 것은 9곡(穀)뿐이 아니다. 모시, 오이, 배추, 도라지 등의 농사를 잘 지으면 조그만 밭이라도 얻는 이익이 헤아릴 수 없이 크다. 서울 내외의 읍과 도회지의 파밭, 마늘밭, 배추밭, 오이밭에서는 10무(畝)의 땅으로 수백 냥을 번다. 서쪽 지방의 담배밭, 북쪽 지방의 삼밭(麻田), 한산 지방의 모시밭, 전주의 생강밭, 강진의 고구마밭, 황주의 지황밭은 모두 다 논 상상등(上上等)보다 그 이익이 10배에 달한다.
>
> －『경세유표』－

① 농업의 생산력이 증가하였고, 상품 작물의 재배가 활발하였다.
② 상품 유통이 활발해지면서 사상(私商)들이 성장하였다.
③ 대지주의 토지 지배권이 강화되어 일정한 비율로 나누는 지대가 늘고 있었다.
④ 민간 수공업자들은 그들 자신의 작업장을 가지고 있었는데, 공인이나 상인들로부터 주문과 함께 자금과 원료를 선대(先貸)받아 제품을 생산하였다.

문 7. 다음에서 설명하는 교육기관에 대한 설명으로 옳은 것은?

> • 성현에 대한 제사와 유생의 교육, 지방민의 교화를 위해 부 · 목 · 군 · 현에 각각 하나씩 설립하였다.
> • 문묘, 명륜당과 기숙사인 동재와 서재가 있었다.
> • 정부에서는 학전을 지급하여 운영 경비를 마련하게 하였다.

① 초등 교육을 담당하는 사립 교육 기관이었다.
② 지방 관학으로 군현의 인구 비례에 따라 입학 정원이 달랐다.
③ 최고 교육 기관으로 입학 자격은 생원과 진사를 원칙으로 하였다.
④ 국가로부터 사액과 함께 서적 등을 받기도 하였다.

문 8.　다음 개혁안에 들어갈 내용으로 옳지 않은 것은?

> • 공사채를 막론하고 기왕의 것은 모두 면제할 것
> • 7종의 천인 차별을 개선하고, 백정이 쓰는 평량갓을 없앤다.

① 일본과 상통하는 자를 엄벌할 것
② 청상과부의 재혼을 허가할 것
③ 대원군을 조속히 귀국시키고 청에 대한 조공 허례를 폐지할 것
④ 불량한 유림과 양반의 무리를 징벌할 것

문 9.　다음 중 개화기 신문에 대한 설명으로 옳은 것은?

① 황성신문은 국한문 혼용으로 발간되었고, 독립협회의 활동을 지지하면서 상세히 보도하였다.
② 제국신문은 국한문을 혼용하여 사용하며 민중의 계몽에 기여하였다.
③ 만세보에는 우리나라 최초의 신소설이 연재되었다.
④ 대한매일신보는 영국인의 명의로 발행되었지만 일본군의 사전 검열 대상에서 제외되지 않았다.

문 10. 다음 글을 올린 인물에 대한 설명으로 옳은 것은?

> 적신 이의민은 성품이 사납고 잔인하여 윗사람을 업신여기고 아랫사람을 능멸하였고, 임금 자리를 흔들기를 꾀하여 화의 불길이 커져 백성이 살 수 없으므로 신 등이 폐하의 위령에 힘입어 일거에 소탕하였습니다. 원컨대 폐하께서는 옛 정치를 혁신하고 새로운 정치를 도모하시어 태조의 바른 법을 좇아 빛나게 중흥하소서.
>
> －『봉사 10조』－

① 사병 집단인 도방을 폐지하였다.
② 정방을 설치하여 모든 관직에 대한 인사권을 장악하였다.
③ 국정을 총괄하는 최고 정치기구로 교정도감을 설치하였다.
④ 수도를 강화도로 옮겨 대몽항쟁을 추진하였다.

문 11. 다음에 제시된 내용을 통하여 알 수 있는 조선 사회의 모습으로 옳은 것은?

> • 백운동 서원 등 많은 서원이 설립되었다.
> • 지방의 유력한 사림이 약정이라는 향약의 간부에 임명되었다.
> • 보학, 즉 족보를 만들어 종족의 내력을 기록하고, 그것을 암기하는 것을 필수적인 교양으로 생각하는 학문이 발달하였다.

① 사림들은 대부분 재경 부재 지주 출신으로 서원에 모여 성리학을 연구하였다.
② 사림들은 농민에 대하여 중앙에서 임명된 지방관보다도 강한 지배력을 행사하였다.
③ 신진 관료들은 불법적인 방법으로 대토지를 소유하고 있는 사림에 대하여 사전 폐지 등의 개혁을 주장하였다.
④ 세도가와 연결될 수 있는 양반만이 관직을 차지할 수 있었으므로, 세도가와 연결되지 못한 지방 양반들의 불만이 컸다.

문 12. 다음에 소개된 정치 세력에 대한 설명으로 옳지 않은 것은?

> • 사장보다는 경학을 중시하는 학풍이었다.
> • 향청과 서원을 통해 향촌에서 영향력을 행사하면서 성장하였다.
> • 성리학 이외의 사상을 철저히 배척하였다.

① 언론활동을 활성화하고 경연을 강화하고자 하였다.
② 국가의 통치 이념으로 '주례'를 중요하게 여겼다.
③ 도덕과 의리를 바탕으로 하는 왕도정치를 강조하였다.
④ 붕당정치를 통해 중앙에서의 정권 장악을 도모하였다.

문 13. 다음과 같은 주장이 조선 사회에 미친 영향으로 옳은 것은?

> 천체가 운행하는 것이나 지구가 자전하는 것은 그 세가 동일하니 분리해서 설명할 필요가 없다. 다만, 9만리의 둘레를 한 바퀴 도는 데 이처럼 빠르며, 저 별들과 지구와의 거리는 겨우 반경 밖에 되지 않는데도 몇 천만 억의 별들이 있는지 알 수 없는데, 하물며 서로 의존하고 상호 작용하면서 천체를 이루고 있는 우주 공간의 세계 밖에도 또 다른 별들이 있음에랴.
>
> －『담헌집』－

① 성리학적 세계관을 비판하는 근거가 되기도 하였다.
② 인간과 사물의 본성에 관한 호락논쟁을 불러일으켰다.
③ 조선을 지키려는 위정척사의 이론적 근거가 되었다.
④ 병자호란의 치욕을 씻기 위한 북벌론의 이론적 근거가 되었다.

문 14. 다음 중 (가)에 해당하는 군역 제도의 특징으로 바른 것은?

방군수포제 → (가) → 균역법

① 토지 8결마다 한 사람씩 차출하여 1년 중 6일간 근무하게 하였다.
② 군역 담당자가 포를 납부하게 하여 다른 사람으로 하여금 대신 군역을 지게 하였다.
③ 16세에서 60세에 해당하는 양인 장정은 누구나 정군이나 보인이 되게 하였다.
④ 토지 1결마다 2두의 쌀을 결작이라는 명목으로 거둬들여 군사비로 충당하게 하였다.

문 15. 다음은 위정척사 운동에 대한 설명이다. 일어난 순서대로 바르게 나열한 것은?

ㄱ. 최익현은 강화도 조약 당시 이에 반대하여 지부복궐(持斧伏闕) 상소를 올렸다.
ㄴ. 이항로는 전통적인 화이론과 소중화사상에 근거해 척화주전론을 주장하였다.
ㄷ. 영남 유생들의 만인소는 『조선책략』의 유포에 반발하여 발생하였다.
ㄹ. 을미사변과 을미개혁 등에 반발하여 을미의병을 전개하였다.

① ㄱ － ㄴ － ㄷ － ㄹ
② ㄱ － ㄷ － ㄴ － ㄹ
③ ㄴ － ㄱ － ㄷ － ㄹ
④ ㄴ － ㄷ － ㄱ － ㄹ

문 16. 다음 밑줄 친 '이것'이 완성된 시기에 대한 설명 중 바른 것은?

<u>이것</u>이 완성되어 스스로 시간을 알려주니 이제 정확한 시간을 언제나 알 수 있게 되었구나. 앞서 간의 제작에도 힘쓰더니 이번에도 그의 공이 크다. 비록 천인 출신이지만 그를 대호군으로 임명하도록 하라.

① 농학 – 『농가집성』이 편찬되었다.
② 의약 – 『향약집성방』이 편찬되었다.
③ 건축 – 쌍계사, 개암사, 석남사 등의 사원이 건축되었다.
④ 무기 제조술 – 화약의 제조가 시작되었다.

문 17. 다음은 개항 후 정부가 추진한 개화정책에 대한 설명이다. 밑줄 친 '기구'에서 추진한 정책이 아닌 것은?

개항 후 조선은 종전과 달라진 국내 · 외의 상황에 대처하기 위하여 중국의 총리아문제도를 모방하여 새로운 <u>기구</u>를 만들고, 그 산하에 사대, 교린, 군무, 변정, 통상 등 12사를 두었다.

① 종래의 5군영을 무위영 · 장어영의 2영으로 개편하였다.
② 일본에 조사시찰단(신사유람단)을 파견하였다.
③ 김윤식을 대표로 청국에 영선사를 파견하였다.
④ 박정양을 주미전권공사로 파견하였다.

문 18. 독도가 한국의 영토임을 밝히기 위한 탐구 활동으로 적절하지 않은 것은?

① 대한제국이 반포한 칙령 제41호의 내용을 분석한다.
② 일본이 러일 전쟁 때 불법으로 편입한 영토를 찾아본다.
③ 지증왕이 이사부를 보내 복속한 지역과 부속 도서를 살펴본다.
④ 러시아의 남하를 견제하기 위해 영국이 점령한 장소를 알아본다.

문 19. 다음 자료에 나타난 사건의 결과로 옳은 것을 〈보기〉에서 모두 고른 것은?

임오년 서울의 영군(營軍)들이 큰 소란을 피웠다. 갑술년 이후 대내의 경비가 불법으로 지출되고 호조와 선혜청의 창고도 고갈되어 서울의 관리들은 봉급을 못 받았으며, 5영의 병사들도 가끔 결식을 하여 급기야 5영을 2영으로 줄이고 노병과 약졸들을 쫓아냈는데, 내쫓긴 사람들은 발붙일 곳이 없으므로 그들은 난을 일으키려 했다.

보기

ㄱ. 척화비를 전국적으로 세워 쇄국정책을 강화하였다.
ㄴ. 청은 흥선대원군을 청으로 압송하였다.
ㄷ. 외국 상인의 내륙 통상이 허용되어 조선 상인들의 피해가 커졌다.
ㄹ. 일본은 조선에 배상금을 요구하면서 한성조약을 체결하였다.

① ㄱ, ㄴ
② ㄴ, ㄷ
③ ㄴ, ㄹ
④ ㄷ, ㄹ

문 20. 다음은 일제 강점기 국외 독립운동에 관한 사실들이다. 다음 두 사건이 일어난 연도를 합산한 것으로 옳은 것은?

- 북로군정서군과 대한독립군 등이 청산리 일대에서 일본군을 대파하였다.
- 블라디보스토크에서 이상설, 이동휘 등이 중심이 된 대한광복군 정부가 수립되었다.

① 3,830
② 3,834
③ 3,838
④ 3,840

9급 공무원 공통과목 실전동형 모의고사

할 수 있다고 믿는 사람은

그렇게 되고,

할 수 없다고 믿는 사람은

그렇게 된다.

-샤를 드골(Charles De Gaulle)-

______년 ______월 ______일 시행

9급 공무원 공개경쟁채용 필기시험
제6회 모의고사

공통과목

응시번호	
성 명	

【시 험 과 목】

제1과목	국 어	제2과목	영 어	제3과목	한국사

【응시자 주의사항】

1. **시험시작 전에 시험문제를 열람하는 행위나 시험 종류 후 답안을 작성하는 행위를 한 사람**은 「공무원임용시험령」 제51조에 의거 부정행위자로 처리됩니다.
2. 답안지 책형 표기는 **시험시작 전 감독관 지시에 따라 문제책 앞면에 인쇄된 책형을 확인**한 후, **답안지 책형란에 해당 책형(1개)을 "●"로 표기**하여야 합니다.
   – 책형 및 인적사항을 기재하지 않을 경우 불이익(당해시험 무효 처리 등)을 받을 수 있습니다.
3. 답안은 반드시 문제책 표지의 과목순서에 맞추어 표기하여야 하며, 과목 순서를 바꾸어 표기한 경우에도 문제책 표지의 과목 순서대로 채점되므로 각별히 유의하시기 바랍니다.
4. 시험이 시작되면 문제를 주의 깊게 읽은 후, 문항의 취지에 가장 적합한 하나의 정답을 고르며, 문제내용에 관한 질문을 하실 수 없습니다.
5. **답안을 잘못 표기하였을 경우**에는 **답안지를 교체하여 작성**하거나 **수정테이프만을 사용하여 수정**할 수 있으며(수정액 또는 수정스티커 등은 사용 불가), 부착된 수정테이프가 떨어지지 않도록 눌러주어야 합니다.
   – 불량 수정테이프의 사용과 불완전한 수정처리로 인해 발생하는 모든 문제는 응시자 본인에게 책임이 있습니다.
6. **시험 시간 관리의 책임**은 응시자 본인에게 있습니다.

【정답 공개 및 가산점 등록 안내】

1. **정답공개, 이의제기**: 사이버국가고시센터(http://gosi.kr)
2. **가산점 등록방법**: 사이버국가고시센터(http://gosi.kr) ⇒ 원서접수 ⇒ 가산점 등록 확인

해설편 p.085

제 1 과목

실전동형 모의고사 국어

시간 체크 풀이 시간 ___ : ___ ~ ___ : ___ 소요 시간 ___ : ___

Timer 신중 18분 / 적정 15분 / 빠름 10분

문 1. 다음 중 어법에 맞는 문장은?

① 나이 들면 나이 드는 데로 마음이 편하다.
② 적들이 처들어왔으니 무슨 수를 써서라도 막아야 한다.
③ 그는 비리 사실을 누구에게도 일체 말하지 않았다.
④ 불법 운전을 절대 해서는 안 된다.

문 2. ㉠의 단어와 의미가 같은 것은?

> 친구에게 줄 선물을 예쁜 포장지에 ㉠ 싼다.

① 사람들이 안채를 겹겹이 싸고 있다.
② 사람들은 봇짐을 싸고 산길로 향한다.
③ 아이는 몇 권의 책을 싼 보퉁이를 들고 있다.
④ 내일 학교에 가려면 책가방을 미리 싸 두어라.

20초 문제

문 3. 다음 중 언어 예절이 옳지 않은 것은?

① 아내 남동생의 아내는 '처남의 댁' 또는 '처남댁'이라고 부를 수 있다.
② 남편 누나의 남편은 '아주버님'이라고 부를 수 있다.
③ 남동생의 장인을 '사돈어른'이라고 부를 수 있다.
④ 조위금 봉투에는 '부의' 또는 '근조'라고 쓸 수 있다.

문 4. 다음 글에서 경계하고자 하는 태도로 옳은 것은?

> 비판적 사고는 지엽적이고 시시콜콜한 문제를 트집 잡아 물고 늘어지는 것이 아니라 문제의 핵심을 중요한 대상으로 삼는다. 비판적 사고는 제기된 주장에 어떤 오류나 잘못이 있는가를 찾아내기 위해 지엽적인 사항을 확대하여 문제로 삼는 태도나 사고방식과는 거리가 멀다.

① 계옥지탄(桂玉之嘆)
② 맥수지탄(麥秀之嘆)
③ 본말전도(本末顚倒)
④ 초미지급(焦眉之急)

문 5. 〈보기〉의 외래어 표기가 옳은 것을 모두 고른 것은?

보기	
㉠ 아젠다(agenda)	㉡ 시저(Caesar)
㉢ 레크레이션(recreation)	㉣ 싸이트(site)
㉤ 팸플릿(pamphlet)	㉥ 규슈(キュウシュウ, 九州)

① ㉠, ㉢, ㉣
② ㉡, ㉤, ㉥
③ ㉠, ㉡, ㉢, ㉥
④ ㉡, ㉢, ㉣, ㉤

20초 문제

문 6. 다음 글에 대한 설명으로 가장 옳지 않은 것은?

> 나는 아직 죽은 것이 아닙니다.
> 나의 우둔(愚鈍)이 끝났다고 생각하는 것은 세상 사람들의 일.
> 결코 나는 죽은 것이 아닙니다.
>
> 죽어, 그대가 나의 시신을 쓰다듬을 때까지
> 그대의 손이 나의 두 눈을 가릴 때까지
> 나의 정직한 어리석음은 아직 끝나지 않은 것입니다.

① 상여부착 설화의 원형을 따르고 있다.
② 온달의 죽음에 초점이 맞춰져 있다.
③ 온달이 평강공주에게 고백하는 내용이다.
④『삼국유사』「기이」편에 실린 내용을 재해석한 것이다.

문 7. ㉠~㉣의 고쳐 쓰기 방안으로 적절하지 않은 것은?

> ㉠ 공사하는 기간 동안 안전사고가 일어나지 않도록 유의해 주십시오.
> ㉡ 오늘 오후에 팀 전체가 모여 회의를 갖겠습니다.
> ㉢ 비상문이 열려져 있어 신속하게 대피할 수 있었다.
> ㉣ 지난밤 검찰은 그를 뇌물 수수 혐의로 구속했다.

① ㉠ : '기간'과 '동안'은 의미가 중복되므로 '공사하는 기간 동안'은 '공사하는 동안'으로 고쳐 쓴다.
② ㉡ : '회의를 갖겠습니다.'는 번역 투이므로 '회의하겠습니다.'로 고쳐 쓴다.
③ ㉢ : '열려져'는 '-리-'와 '-어지다'가 결합한 이중 피동 표현이므로 '열려'로 고쳐 쓴다.
④ ㉣ : 동작의 대상에게 행위의 효력이 미친다는 의미를 제시해야 하므로 '구속했다'는 '구속시켰다'로 고쳐 쓴다.

문 8. 다음 진행자 'A'의 대화 진행 전략으로 적절하지 않은 것은?

> A : 여러분, 안녕하세요? 한 지방 자치 단체가 의료 취약 계층을 위한 의약품 공급 정보망 구축 사업을 행해 오고 있는데요. 오늘은 그 관계자 한 분을 모시고 말씀을 들어 보기로 하겠습니다. 과장님, 안녕하세요?
> B : 네, 안녕하세요.
> A : 의약품 공급 정보망이라는 말이 다소 생소한데 이게 무슨 말인가요?
> B : 네, 약국이나 제약 회사가 의약품을 저희에게 기탁하면, 이 약품을 필요한 사회 복지 시설이나 국내외 의료 봉사 단체에 무상으로 줄 수 있도록 연결하는 사이버상의 네트워크입니다.
> A : 그렇군요. 그동안 이 사업에 성과가 있었다면 그럴 만한 이유가 있을 텐데요. 이에 대해 말씀해 주세요.
> B : 그렇습니다. 약국이나 제약 회사에서는 판매되지 않은 의약품을 기탁하고 세금 혜택을 받습니다. 그리고 복지 시설이나 봉사 단체에서는 필요한 의약품을 무상으로 지원받을 수 있습니다.
> A : 그렇군요. 혹시 이 사업에 걸림돌은 없나요?
> B : 의약품을 의사의 처방에 따라서 주는 것이 아니라 수요자가 요구하면 주는 방식이어서 전문의 약품을 제공하는 과정에 어려움이 있습니다. 처방전 발급을 부탁할 수도 없고…….
> A : 그러니까 앞으로 이런 문제를 해결하기 위한 제도 정비나 의료 전문가의 지원이 좀 더 필요하다는 말씀인 것 같군요. 끝으로 이 사업에 참여하려면 어떻게 해야 하나요?
> B : 그건 생각보다 쉽습니다. 저희 홈페이지에 접속하셔서 회원으로 가입하시면 기부하실 때나 받으실 때나 모두 쉽게 참여하실 수 있습니다.
> A : 네, 간편해서 좋군요. 모쪼록 이 의약품 공급 정보망 사업이 확대되어 국내외 의료 취약 계층에 많은 도움이 되기를 바랍니다. 감사합니다.

① 상대방의 말을 들었다는 반응을 보인다.
② 상대방의 대답에서 모순점을 찾아 논리적으로 대응한다.
③ 대화의 화제가 된 일을 홍보할 수 있는 대답을 유도한다.
④ 상대방의 말을 대화의 흐름에 맞게 해석하여 상대방의 말을 보충한다.

문 9. 다음 글을 순서대로 바르게 나열한 것은?

(가) 우유는 인간에게 양질의 영양소를 공급하는 식품이다. 하지만 아무런 처리를 하지 않은 우유, 즉 원유를 가공하지 않고 그대로 유통하게 되면 부패나 질병을 유발하는 유해 미생물이 빠르게 증식할 위험이 있다. 그렇기 때문에 평소에 우리가 마시는 우유는 원유를 열처리하여 미생물을 제거해야 할 것이다.

(나) 먼저, 원유를 63℃에서 30분간 열처리하여 그 안에 포함된 미생물을 99.999% 이상 제거하는 '저온 살균법'이 있다. 저온 살균법은 미생물을 제거하는 데는 효과적이나 시간이 오래 걸린다는 단점이 있다. 이를 보완하기 위해 개발된 방법이 '저온 순간 살균법'이다. 저온 순간 살균법은 원유를 75℃에서 15초간 열처리하는 방법이다. 이 방법은 미생물 제거 효과가 저온 살균법과 동일하지만 우유의 대량 생산을 위해 열처리 온도를 높여서 열처리 시간을 단축시킨 것이다.

(다) 원유를 열처리하게 되면 원유에 포함되어 있는 미생물의 개체 수가 줄어드는데, 일반적으로 가열 온도가 높을수록, 가열 시간이 길수록 그 수는 더 많이 감소한다. 그런데 미생물의 종류에 따라 미생물을 제거하는 데 필요한 시간과 온도가 다르기 때문에 적절한 열처리 조건을 알아야 한다.

(라) 저온 살균법이나 저온 순간 살균법으로 처리한 우유의 유통기간은 냉장 상태에서 5일 정도이다. 만약 우유의 유통 기간을 늘리려면, 저온 살균법이나 저온 순간 살균법으로 처리해도 죽지 않는 미생물까지도 제거해야 한다. 열에 대한 저항성이 큰 종류의 미생물까지 제거하기 위해서는 134℃에서 2~3초간 열처리하는 '초고온 처리법'을 사용한다. 이렇게 처리된 우유를 멸균 포장하면 상온에서 1개월 이상의 장기 유통이 가능하다.

① (가) – (나) – (다) – (라)
② (가) – (나) – (라) – (다)
③ (가) – (다) – (나) – (라)
④ (가) – (라) – (다) – (나)

문 10. 밑줄 친 부분과 바꾸어 쓸 수 있는 관용 표현으로 적절하지 않은 것은?

① 몹시 가난한 형편에 누구를 돕겠느냐?
 – 가랑이가 찢어질
② 그가 중간에서 연결해 주어 물건을 쉽게 팔았다.
 – 호흡을 맞춰
③ 그는 상대편을 보고는 속으로 깔보며 비웃었다.
 – 코웃음을 쳤다
④ 주인의 말에 넘어가 실제보다 비싸게 이 물건을 샀다.
 – 바가지를 쓰고

문 11. 다음에서 제시한 글의 전개 방식의 예로 가장 적절한 것은?

'인과'는 원인과 결과를 서술하는 전개 방식이다. 어떤 현상이나 결과가 나타나게 된 원인이나 힘을 제시하고 그로 말미암아 초래된 결과를 나타내는 서술 방식이다.

① 온실 효과로 지구의 기온이 상승할 때 가장 심각한 영향은 해수면의 상승이다. 이러한 현상은 바다와 육지의 비율을 변화시켜 엄청난 기후 변화를 유발하며, 게다가 섬나라나 저지대는 온통 물에 잠기게 된다.
② 이 사회의 경제는 모두가 제로섬 요소로 구성되어 있다. 제로섬(zero-sum)이란 어떤 수를 합해서 제로가 된다는 뜻이다. 어떤 운동 경기를 한다고 할 때 이기는 사람이 있으면 반드시 지는 사람이 있게 마련이다.
③ 다음날도 찬호는 학교 담을 따라 돌았다. 그리고 고무신을 벗어 한 손에 한 짝씩 쥐고는 고양이 걸음으로 보초의 뒤를 빠져 팽이처럼 교문 안으로 뛰어들었다.
④ 벼랑 아래는 빽빽한 소나무 숲에 가려 보이지 않았다. 새털 구름이 흩어진 하늘 아래 저 멀리 논과 밭, 강을 선물 세트처럼 끼고 들어앉은 소읍의 전경은 적막해 보였다.

문 12. 다음 시에서 밑줄 친 '가난한'의 의미에 대한 설명으로 옳지 않은 것은?

(가) <u>가난한</u> 내가
아름다운 나타샤를 사랑해서
오늘밤은 푹푹 눈이 나린다

(나) 그렇것만 나는 하이얀 자리 위에서 마른 팔뚝의
새파란 핏대를 바라보며 나는 <u>가난한</u> 아버지를 가진 것과
내가 오래 그려오던 처녀가 시집을 간 것과
그렇게도 살틀하든 동무가 나를 버린 일을 생각한다

(다) 내가 이렇게 외면하고 거리를 걸어가는 것은 잠풍 날씨가
너무나 좋은 탓이고
<u>가난한</u> 동무가 새 구두를 신고 지나간 탓이고 언제나 똑같은
넥타이를 매고 고은 사람을 사랑하는 탓이다

(라) 이 흰 바람벽에
내 <u>가난한</u> 늙은 어머니가 있다
내 가난한 늙은 어머니가
이렇게 시퍼러둥둥하니 추운 날인데 차디찬 물에 손은 담그고
무이며 배추를 씻고 있다

① (가)의 '가난한'은 시인이 사랑하는 여인에게 아무것도 해줄 수 없는 무기력함을 의미한다.
② (나)의 '가난한'은 기본적으로 물질적 가난을 나타낸다.
③ (다)에서 시인은 가난한 모습들에 대해 이야기하고 있다.
④ (라)에서 시인은 자신과 가까운 이를 '가난하다'라고 표현하고 있다.

문 13. 〈보기〉의 ㉠에 들어갈 접속 부사로 가장 옳은 것은?

보기

격분의 물결은 사람들의 주의를 동원하고 묶어내는 데는 대단히 효과적이다. 하지만 매우 유동적이고 변덕스러운 까닭에 공적인 논의와 공적인 공간을 형성하는 역할을 감당하지는 못한다. 격분의 물결은 그러기에는 통제하기도 예측하기도 어렵고, 불안정하며, 일정한 형태도 없이 쉽게 사라져 버린다. 격분의 물결은 갑자기 불어났다가 또 이에 못지않게 빠른 속도로 소멸한다. 여기서는 공적 논의를 위해 필수적인 안정성, 항상성, 연속성을 찾아볼 수 없다. (㉠) 격분의 물결은 안정적인 논의의 맥락 속에 통합되지 못한다. 격분의 물결은 종종 아주 낮은 사회적, 정치적 중요성밖에 지니지 않는 사건들과 관련하여 발생한다.

격분 사회는 스캔들의 사회다. 이런 사회에는 침착함, 자제력이 없다. 격분의 물결에 특징적으로 나타나는 반항기, 히스테리, 완고함은 신중하고 객관적인 커뮤니케이션을 허용하지 않는다. 어떤 대화도, 어떤 논의도 불가능하다. 게다가 격분 속에서는 사회 전체에 대한 염려의 구조를 갖춘 안정적인 우리가 형성되지 않는다. 이른바 분개한 시민의 염려라는 것도 사회 전체에 대한 것이라기보다는 대체로 자신에 대한 염려일 뿐이다. (㉠) 그러한 염려는 금세 모래알처럼 흩어져 버린다.

– 한병철, 「투명사회」 –

① 그런데
② 그리고
③ 따라서
④ 하지만

문 14. 다음 글에 대한 설명으로 옳지 않은 것은?

> 동네 사람들이 방앗간의 터진 두 면을 둘러쌌다. 그리고 방앗간 속을 들여다보았다. 과연 어둠 속에 움직이는 게 있었다. 그리고 그게 어둠 속에서도 흰 짐승이라는 걸 알 수 있었다. 분명히 그놈의 신둥이개다. 동네 사람들은 한 걸음 한 걸음 죄어들었다. 점점 뒤로 움직여 쫓기는 짐승의 어느 한 부분에 불이 켜졌다. 저게 산개의 눈이다. 동네 사람들은 몽둥이 잡은 손에 힘을 주었다. 이 속에서 간난이 할아버지도 몽둥이 잡은 손에 힘을 주었다. 한 걸음 더 죄어들었다. 눈앞의 새파란 불이 빠져나갈 틈을 엿보듯이 휙 한 바퀴 돌았다. 별나게 새파란 불이었다. 문득 간 난이 할아버지는 이런 새파란 불이란 눈앞에 있는 신둥이개 한 마리의 몸에서 나오는 것이 아니고 여럿의 몸에서 나오는 것이 합쳐진 것이라는 생각이 들었다. 말하자면 지금 이 신둥이개의 뱃속에 든 새끼의 몫까지 합쳐진 것이라는. 그러자 간난이 할아버지의 가슴 속을 흘러 지나가는 게 있었다. 짐승이라도 새끼 밴 것을 차마?
>
> 이때에 누구의 입에선가, 때레라! 하는 고함소리가 나왔다. 다음 순간 간난이 할아버지의 양옆 사람들이 욱 개를 향해 달려들며 몽둥이를 내리쳤다. 그 와 동시에 간난이 할아버지는 푸른 불꽃이 자기 다리 곁을 빠져나가는 것을 느꼈다.
>
> 뒤이어 누구의 입에선가, 누가 빈틈을 냈어? 하는 흥분에 찬 목소리가 들렸다. 그리고 저마다, 거 누구야? 거 누구야? 하고 못마땅해 하는 말소리 속에 간난이 할아버지 턱밑으로 디미는 얼굴이 있어,
>
> "아즈반이웨다레"
>
> 하는 것은 동장네 절가였다.
>
> – 황순원, 「목넘이 마을의 개」 –

① 토속적이면서도 억센 삶의 현장을 그리고 있다.
② 신둥이의 새파란 불은 생의 욕구를 암시한다.
③ 간난이 할아버지에게서 생명에 대한 외경을 느낄 수 있다.
④ 동장네 절가는 간난이 할아버지의 행동에 동조하고 있다.

문 15. 다음 중 공손성의 원리에 대한 설명으로 옳은 것은?

① 요령의 격률: 화자의 관점에서 말한 것으로 화자 자신에게 혜택을 주는 표현을 최소화하고, 화자 자신에게 부담을 두는 표현은 최대화하는 것이다.
② 관용의 격률: 상대방에게 부담이 가는 표현을 최소화하고, 상대방의 이익을 극대화하는 것이다.
③ 겸양의 격률: 다른 사람에 대한 비방을 최소화하고, 칭찬을 극대화하는 것이다.
④ 동의의 격률: 자신의 의견과 다른 사람의 의견 사이의 다른 점을 최소화하고, 자신의 의견과 다른 사람의 의견 사이의 일치점을 극대화하는 것이다.

※ 다음 글을 읽고 물음에 답하시오. [문 16.~문 17.]

> 익호라는 인물의 고향이 어딘지는 ××촌에서 아무도 몰랐다. 사투리로 보아서 경기 사투리인 듯 하지만 빠른 말로 재재거리는 때에는 영남 사투리가 보일 때도 있고, 싸움이라도 할 때는 서북 사투리가 보일 때도 있었다. 그런지라 사투리로써 그의 고향을 짐작할 수가 없었다. 쉬운 일본 말도 알고, 한문 글자도 좀 알고, 중국 말은 물론 꽤 하고, 쉬운 러시아 말도 할 줄 아는 점 등등, 이곳저곳 숱하게 주워 먹은 것은 짐작이 가지만, 그의 경력을 똑똑히 아는 사람은 없었다.
>
> 그는 여(余)가 ××촌에 가기 일 년 전쯤 빈손으로 이웃이라도 오듯 후덕덕 ××촌에 나타났다 한다. 생김생김으로 보아서 얼굴이 쥐와 같고 날카로운 이빨이 있으며 눈에는 교활함과 독한 기운이 늘 나타나 있으며, 발룩한 코에는 코털이 밖으로까지 보이도록 길게 났고, 몸집은 작으나 민첩하게 되었고, 나이는 스물다섯에서 사십까지 임의로 볼 수 있으며, 그 몸이나 얼굴 생김이 어디로 보든 남에게 미움을 사고 근접치 못할 놈이라는 느낌을 갖게 한다.
>
> 그의 장기(長技)는 투전이 일쑤며, 싸움 잘하고, 트집 잘 잡고, 칼부림 잘하고, 색시에게 덤벼들기 잘하는 것이라 한다.
>
> 생김생김이 벌써 남에게 미움을 사게 되었고, 거기다 하는 행동조차 변변치 못한 일만이라, ××촌에서도 아무도 그를 대척하는 사람이 없었다. 사람들은 모두 그를 피하였다. 집이 없는 그였으나 뉘 집에 잠이라도 자러 가면 그 집 주인은 두말없이 다른 방으로 피하고 이부자리를 준비하여 주곤 하였다. 그러면 그는 이튿날 해가 낮이 되도록 실컷 잔 뒤에 마치 제 집에서 일어나듯 느직이 일어나서 조반을 청하여 먹고는 한마디의 사례도 없이 나가버린다.
>
> 그리고 만약 누구든 그의 이 청구에 응치 않으면 그는 그것을 트집으로 싸움을 시작하고, 싸움을 하면 반드시 칼부림을 하였다.
>
> 동네의 처녀들이며 젊은 여인들은 익호가 이 동네에 들어온 뒤부터는 마음 놓고 나다니지를 못하였다. 철없이 나갔다가 봉변을 한 사람도 몇이 있었다.
>
> – 김동인, 「붉은 산」 –

문 16. 다음 중 윗글의 서술 시점에 대한 설명으로 옳은 것은?

① 부수적인 인물인 '나'가 주인공의 성격과 사건에 대해 서술하고 있다.
② '나'라는 인물이 주인공이 되어 서술하고 있다.
③ 글 밖의 서술자가 글 안의 주인공에 대해 서술하고 있다.
④ 작가가 전지전능한 존재처럼 주인공들의 내면 심리까지 묘사하는 방식으로 서술하고 있다.

문 17. 윗글의 밑줄 친 단어 중 한글 맞춤법에 맞지 않는 단어로 만 묶인 것은?

> 똑똑히, 후덕덕, 근접치, 변변치, 대척하는, 느직이

① 똑똑히, 대척하는
② 근접치, 느직이
③ 변변치, 느직이
④ 후덕덕, 근접치

20초 문제

문 18. ㉠에 들어갈 주장으로 가장 적절한 것은?

> 경상 지역 방언을 쓰는 사람들은 대체로 'ㅓ'와 'ㅡ'를 구별하지 못한다. 이들은 '증표(證票)'나 '정표(情表)'를 구별하여 듣지 못할 뿐만 아니라 구별하여 발음하지 못하기 십상이다. 또 이들은 'ㅅ'과 'ㅆ'을 구별하지 못하는 경우가 많다. 따라서 이들은 '살밥을 많이 먹어서 쌀이 많이 쪘다'고 말하든 '쌀밥을 많이 먹어서 살이 많이 쪘다'고 말하든 쉽게 그 차이를 알지 못한다. 한편 평안도 및 전라도와 경상도의 일부에서는 'ㅗ'와 'ㅓ'를 제대로 분별해서 발음하지 않는 경우가 종종 있다. 평안도 사람들의 'ㅈ' 발음은 다른 지역의 'ㄷ' 발음과 매우 비슷하다. 이처럼 (㉠)

① 우리말에는 지역마다 다양한 소리가 있다.
② 우리말은 지역에 따라 다양한 표준 발음법이 있다.
③ 우리말에는 지역에 따라 구별되지 않는 소리가 있다.
④ 자음보다 모음을 변별하지 못하는 지역이 더 많이 있다.

20초 문제

문 19. 다음 글에서 밑줄 친 ㉠~㉣ 중 성격이 다른 것은?

> 우리네 삼거리엔 명물이 몇 군데 있다……. 삼거리의 오랜 명물 '까치상회'는 애초에 우리가 이사올 때까지만 하더라도 꾀죄죄한 시골 구멍가게에 불과했으나 ㉠ 연립과 단독 양옥들이 우후죽순 격으로 들어선 뒤부터 날로 번창하여 지금은 제법 신수가 훤해졌다. 신수가 훤해졌다고는 하나 요란스럽게 덜컹거리기만 했지 잘 열리지도 않는 그 구중중한 새시문은 예전 그대로이고 물건을 늘어 놓는 장소 역시 어수선하고 비좁기는 예와 하나도 다를 것이 없다. 달라졌다는 건 매상이 몇 배로 뛰어오르고 ㉡ 물건이 다종다양해진데다 ㉢ 앵글로 끼워 맞춘 진열대를 새로 들여놓았달 뿐, 그놈의 그 괴상한 간판만은 예전 그대로여서 지나치는 외부 사람들의 고개를 갸우뚱거리게 하기는 변함이 없다. 그 집 간판이란 진녹색 바탕칠에다 ㉣ 하얀 페인트를 입힌 나무토막 글씨를 올려다 붙인 것인데, '상'자의 동그라미 받침이 떨어져 나가 버려서 누구에게든 '까치사회'로 읽히게 마련이다. 하긴 그 집에 말 많은 아래 윗동네 사람들이 떼거리로 모여 까악까악 시도때도 없이 우짖기 일쑤니만큼 상회보다 사회라고 하는 쪽이 더 어울릴지도 모른다. 그러나 그 집 상호가 해학적이라고 해서 집주인마저 그렇달 순 없다. 주인은 안팎으로 둘 다 말수가 적고 비둘기같이 양순한 사람들이다.

① ㉠
② ㉡
③ ㉢
④ ㉣

문 20. 주제 통합적 읽기의 절차와 방법을 순서대로 제시한 것은?

① 다양한 글과 자료의 선정 → 자신의 관점 재구성 → 선정한 글과 자료의 관점 정리 → 관심 있는 화제, 주제, 쟁점 확인 → 관점의 비교, 대조와 평가
② 관점의 비교, 대조와 평가 → 자신의 관점 재구성 → 다양한 글과 자료의 선정 → 관심 있는 화제, 주제, 쟁점 확인 → 선정한 글과 자료의 관점 정리
③ 선정한 글과 자료의 관점 정리 → 관점의 비교, 대조와 평가 → 다양한 글과 자료의 선정 → 자신의 관점 재구성 → 관심 있는 화제, 주제, 쟁점 확인
④ 관심 있는 화제, 주제, 쟁점 확인 → 다양한 글과 자료의 선정 → 선정한 글과 자료의 관점 정리 → 관점의 비교, 대조와 평가 → 자신의 관점 재구성

해설편 p.090

제 2 과목 실전동형 모의고사 영어

시간 체크 풀이 시간 ___ : ___ ~ ___ : ___ 소요 시간 ___ : ___

Timer 신중 18분 / 적정 15분 / 빠름 10분

※ 밑줄 친 부분의 의미와 가장 가까운 것을 고르시오. [문 1.~문 2.]

20초 문제

문 1.

Strategies that a writer adopts during the writing process may <u>alleviate</u> the difficulty of attentional overload.

① complement
② accelerate
③ calculate
④ relieve

문 2.

Privacy as a social practice shapes individual behavior <u>in conjunction with</u> other social practices and is therefore central to social life.

① in combination with
② in comparison with
③ in place of
④ in case of

※ 밑줄 친 부분에 들어갈 말로 가장 적절한 것을 고르시오. [문 3.~문 5.]

20초 문제

문 3.

Tests ruled out dirt and poor sanitation as causes of yellow fever, and a mosquito was the ____________ carrier.

① suspected
② uncivilized
③ cheerful
④ volunteered

문 4.

Listening to music is ______________ being a rock star. Anyone can listen to music, but it takes talent to become a musician.

① on a par with
② a far cry from
③ contingent upon
④ a prelude to

문 5.

The government is seeking ways to soothe salaried workers over their increased tax burdens arising from a new tax settlement system. During his meeting with the presidential aides last Monday, the President ______________ those present to open up more communication channels with the public.

① fell on
② called for
③ picked up
④ turned down

문 6. 어법상 가장 옳은 것은?

① This guide book tells you where should you visit in Hong Kong.
② I was born in Taiwan, but I have lived in Korea since I started work.
③ The novel was so excited that I lost track of time and missed the bus.
④ It's not surprising that book stores don't carry newspapers any more, doesn't it?

문 7. 밑줄 친 부분 중 어법상 가장 옳지 않은 것은?

Domesticated animals are the earliest and most effective 'machines' ① <u>available</u> to humans. They take the strain off the human back and arms. ② <u>Utilizing</u> with other techniques, animals can raise human living standards very considerably, both as supplementary foodstuffs (protein in meat and milk) and as machines ③ <u>to carry</u> burdens, lift water, and grind grain. Since they are so obviously ④ <u>of</u> great benefit, we might expect to find that over the centuries humans would increase the number and quality of the animals they kept. Surprisingly, this has not usually been the case.

20초 문제

문 8. 다음 대화 중 가장 어색한 것은?

① A : I'd like to make a reservation for tomorrow, please.
B : Certainly. For what time?
② A : Are you ready to order?
B : Yes, I'd like the soup, please.
③ A : How's your risotto?
B : Yes, we have risotto with mushroom and cheese.
④ A : Would you like a dessert?
B : Not for me, thanks.

20초 문제

문 9. 밑줄 친 부분에 들어갈 말로 가장 적절한 것은?

A : Hey! How did your history test go?
B : Not bad, thanks. I'm just glad that it's over! How about you? How did your science exam go?
A : Oh, it went really well. ______________________. I owe you a treat for that.
B : It's my pleasure. So, do you feel like preparing for the math exam scheduled for next week?
A : Sure. Let's study together.
B : It sounds good. See you later.

① There's no sense in beating yourself up over this
② I never thought I would see you here
③ Actually, we were very disappointed
④ I can't thank you enough for helping me with it

문 10. 우리말을 영어로 옳게 옮긴 것은?

① 내가 열쇠를 잃어버리지 않았더라면 모든 것이 괜찮았을텐데.
→ Everything would have been OK if I haven't lost my keys.

② 그 영화가 너무 지루해서 나는 삼십 분 후에 잠이 들었어.
→ The movie was so bored that I fell asleep after half an hour.

③ 내가 산책에 같이 갈 수 있는지 네게 알려줄게.
→ I will let you know if I can accompany with you on your walk.

④ 내 컴퓨터가 작동을 멈췄을 때, 나는 그것을 고치기 위해 컴퓨터 가게로 가져 갔어.
→ When my computer stopped working, I took it to the computer store to get it fixed.

문 11. 우리말을 영어로 잘못 옮긴 것은?

① 우리 지구는 끝없는 우주에서 하나의 작은 점에 불과하다.
→ Our earth is a mere speck in the boundless universe.

② 그가 말한 것의 많은 부분이 이 분야에서 사실로 여겨진다.
→ Many of what he says are considered true in this field.

③ 외국 문화와의 접촉 없이 우리 고유문화를 풍부하게 할 수 없다.
→ Without contact with foreign culture we cannot enrich our own.

④ 나는 태양이 그날 아침처럼 그렇게 멋지게 떠오르는 것을 본 적이 없다.
→ I have never seen the sun rise so gloriously as on that morning.

문 12. 다음 글의 제목으로 가장 적절한 것은?

In any symphony, the composer and the conductor have a variety of responsibilities. They must make sure that the brass horns work in synch with the woodwinds, that the percussion instruments don't drown out the violas. But perfecting those relationships—important though it is—is not the ultimate goal of their efforts. What conductors and composers desire is the ability to marshal these relationships into a whole whose magnificence exceeds the sum of its parts. So it is with the high-concept aptitude of Symphony. The boundary crosser, the inventor, and the metaphor maker all understand the importance of relationships. But the Conceptual Age also demands the ability to grasp the relationships between relationships. This meta-ability goes by many names—systems thinking, gestalt thinking, holistic thinking.

*marshal: 모으다, 결집시키다

① The Power of Music
② Seeing the Big Picture
③ The Essence of Creativity
④ Collaboration Makes a Difference

문 13. 글의 흐름상 가장 어색한 문장은?

A story that is on the cutting edge of modern science began in an isolated part of northern Sweden in the 19th century. ① This area of the country had unpredictable harvests through the first half of the century. In years that the harvest failed, the population went hungry. However, the good years were very good. ② The same people who went hungry during bad harvests overate significantly during the good years. A Swedish scientist wondered about the long-term effects of these eating patterns. He studied the harvest and health records of the area. He was astonished by what he found. ③ Boys who overate during the good years produced children and grandchildren who died about six years earlier than the children and grandchildren of those who had very little to eat. Other scientists found the same result for girls. ④ Both boys and girls benefited greatly from the harvests of the good years. The scientists were forced to conclude that just one reason of overeating could have a negative impact that continued for generations.

문 14. 주어진 문장이 들어갈 위치로 가장 적절한 곳은?

He dismally fails the first two, but redeems himself in the concluding whale episode, where he does indeed demonstrate courage, honesty, and unselfishness.

Disney's work draws heavily from fairy tales, myths, and folklore, which are profuse in archetypal elements. (①) *Pinocchio* is a good example of how these elements can be emphasized rather than submerged beneath a surface realism. (②) Early in the film, the boy/puppet Pinocchio is told that in order to be a "real boy," he must show that he is "brave, truthful, and unselfish." (③) The three principal episodes of the movie represent ritualistic trials, testing the youth's moral fortitude. (④) As such, like most of Disney's works, the values in *Pinocchio* are traditional and conservative, an affirmation of the sanctity of the family unit, the importance of a Higher Power in guiding our destinies, and the need to play by society's rules.

20초 문제

문 15. 다음 글의 목적으로 가장 적절한 것은?

Casa Heiwa is an apartment building where people can learn some important life skills and how to cope with living in a new environment. The building managers run a service that offers many programs to children and adults living in the building. For the children, there is a day-care center that operates from 7 a.m. until 6 p.m. There are also educational programs available for adults including computer processing and English conversation courses.

① to argue for a need for educational programs
② to recruit employees for an apartment building
③ to attract apartment residents toward programs
④ to recommend ways to improve the living standard

문 16. 글의 내용과 일치하는 것은?

A family hoping to adopt a child must first select an adoption agency. In the United States, there are two kinds of agencies that assist with adoption. Public agencies generally handle older children, children with mental or physical disabilities, or children who may have been abused or neglected. Prospective parents are not usually expected to pay fees when adopting a child from a public agency. Fostering, or a form of temporary adoption, is also possible through public agencies. Private agencies can be found on the Internet. They handle domestic and international adoption.

① Public adoption agencies are better than private ones.
② Parents pay huge fees to adopt a child from a foster home.
③ Children in need cannot be adopted through public agencies.
④ Private agencies can be contacted for international adoption.

문 17. 밑줄 친 부분에 들어갈 말로 가장 적절한 것은?

Kisha Padbhan, founder of Everonn Education, in Mumbai, looks at his business as nation-building. India's student-age population of 230 million (kindergarten to college) is one of the largest in the world. The government spends $83 billion on instruction, but there are serious gaps. "There aren't enough teachers and enough teacher-training institutes," says Kisha. "What children in remote parts of India lack is access to good teachers and exposure to good-quality content." Everonn's solution? The company uses a satellite network, with two-way video and audio ____________________. It reaches 1,800 colleges and 7,800 schools across 24 of India's 28 states. It offers everything from digitized school lessons to entrance exam prep for aspiring engineers and has training for job-seekers, too.

① to improve the quality of teacher training facilities
② to bridge the gap through virtual classrooms
③ to get students familiarized with digital technology
④ to locate qualified instructors across the nation

문 18. 주어진 글 다음에 이어질 글의 순서로 가장 적절한 것은?

I remember the day Lewis discovered the falls. They left their camp at sunrise and a few hours later they came upon a beautiful plain and on the plain were more buffalo than they had ever seen before in one place.

(A) A nice thing happened that afternoon, they went fishing below the falls and caught half a dozen trout, good ones, too, from sixteen to twenty-three inches long.
(B) After a while the sound was tremendous and they were at the great falls of the Missouri River. It was about noon when they got there.
(C) They kept on going until they heard the faraway sound of a waterfall and saw a distant column of spray rising and disappearing. They followed the sound as it got louder and louder.

① (A) - (B) - (C)
② (B) - (C) - (A)
③ (C) - (A) - (B)
④ (C) - (B) - (A)

문 19. (A)와 (B)에 들어갈 말로 가장 적절한 것은?

Ancient philosophers and spiritual teachers understood the need to balance the positive with the negative, optimism with pessimism, a striving for success and security with an openness to failure and uncertainty. The Stoics recommended "the premeditation of evils," or deliberately visualizing the worst-case scenario. This tends to reduce anxiety about the future: when you soberly picture how badly things could go in reality, you usually conclude that you could cope. (A), they noted, imagining that you might lose the relationships and possessions you currently enjoy increases your gratitude for having them now. Positive thinking, (B) always leans into the future, ignoring present pleasures.

(A)	(B)
① Nevertheless	in addition
② Furthermore	for example
③ Besides	by contrast
④ However	in conclusion

20초 문제

문 20. 다음 글의 주제로 가장 적절한 것은?

The e-book applications available on tablet computers employ touchscreen technology. Some touchscreens feature a glass panel covering two electronically-charged metallic surfaces lying face-to-face. When the screen is touched, the two metallic surfaces feel the pressure and make contact. This pressure sends an electrical signal to the computer, which translates the touch into a command. This version of the touchscreen is known as a resistive screen because the screen reacts to pressure from the finger. Other tablet computers feature a single electrified metallic layer under the glass panel. When the user touches the screen, some of the current passes through the glass into the user's finger. When the charge is transferred, the computer interprets the loss in power as a command and carries out the function the user desires. This type of screen is known as a capacitive screen.

① how users learn new technology
② how e-books work on tablet computers
③ how touchscreen technology works
④ how touchscreens have evolved

해설편 p.096

제3과목

실전동형 모의고사 한국사

시간 체크 풀이 시간 ___ : ___ ~ ___ : ___ 소요 시간 ___ : ___

Timer 신중 18분 / 적정 15분 / 빠름 10분

20초 문제

문 1. 다음에 해당하는 나라에 대한 설명으로 옳은 것은?

> 큰 산과 깊은 골짜기가 많고 평원과 연못이 없다. 사람들이 계곡을 따라 사는데 골짜기 물을 식수로 마셨다. 좋은 농경지가 없어서 부지런히 농사를 지어도 배를 채우기가 부족하다. 사람들의 성품은 흉악하고 급하며 노략질하기를 좋아하였다.
>
> -『삼국지』-

① 민며느리제라는 독특한 혼인 풍습이 있었다.
② 왕 아래에 가축의 이름을 딴 마가, 우가, 저가 등의 관리가 있었다.
③ 10월에 제천 행사를 성대하게 치르고, 국동대혈에 모여 제사를 지냈다.
④ 다른 부족의 생활권을 침범하면 노비와 소, 말로 변상하게 하는 책화라는 제도가 있었다.

문 2. 밑줄 친 '왕'대 사실로 옳지 않은 것은?

> <u>왕</u>이 노비를 조사하여 그 시비를 가려내게 하자, (노비들이) 그 주인을 등지는 자가 많아지고, 윗사람을 능멸하는 풍조가 성행하였다. 사람들이 모두 탄식하고 원망하자, 대목 왕후가 간곡히 간(諫)하였으나 받아들이지 않았다.
>
> -『고려사』-

① 제위보를 설치하였다.
② 귀법사를 창건하였다.
③ 준풍 등 연호를 사용하였다.
④ 12목에 지방관을 파견하였다.

문 3. 신석기 시대 유적과 유물을 바르게 연결한 것만을 모두 고르면?

> ㉠ 양양 오산리 유적 – 덧무늬 토기
> ㉡ 서울 암사동 유적 – 빗살무늬 토기
> ㉢ 공주 석장리 유적 – 미송리식 토기
> ㉣ 부산 동삼동 유적 – 아슐리안형 주먹도끼

① ㉠, ㉡
② ㉠, ㉣
③ ㉡, ㉢
④ ㉢, ㉣

20초 문제

문 4. 삼국 시대 문화에 대한 설명으로 옳지 않은 것은?

① 선덕 여왕 때에 첨성대를 세웠다.
② 목탑 양식의 미륵사지 석탑이 건립되었다.
③ 가야 출신의 우륵에 의해 가야금이 신라에 전파되었다.
④ 사신도가 그려진 강서대묘는 돌무지 무덤으로 축조되었다.

문 5. 밑줄 친 '이 지역'에 대한 설명으로 옳은 것은?

> 장수왕은 군사 3만을 거느리고 백제를 침공하여 왕도인 <u>이 지역</u>을 함락시켜, 개로왕을 살해하고 남녀 8천 명을 사로잡아 갔다.

① 망이, 망소이가 반란을 일으켰다.
② 고려 문종 대에 남경이 설치되었다.
③ 보조국사 지눌이 수선사 결사를 주도하였다.
④ 고려 태조가 북진 정책의 전진 기지로 삼았다.

문 6. 고려 시대의 설명으로 가장 옳지 않은 것은?

① 고려 말 남부 지방 일부에서 이앙법이 보급되기 시작하였다.
② 상행위를 감독하기 위해 경시서를 설치하였다.
③ 고려 전기에는 소(所) 수공업과 민간 수공업을 중심으로 발전하였으며, 후기에는 관청 수공업과 사원 수공업이 발달하였다.
④ 충선왕 때 국가 재정 수입을 늘리기 위해 소금 전매제를 시행하였다.

문 7. 〈보기〉의 조선의 천주교 전파 상황을 순서대로 바르게 나열한 것은?

보 기
㉠ 이승훈이 북경에서 서양 신부에게 영세를 받고 돌아왔다. ㉡ 윤지충이 모친상 때 신주를 불사르고 천주교 의식을 행하였다. ㉢ 이수광이 『지봉유설』에서 마테오 리치의 『천주실의』를 소개하였다. ㉣ 황사영이 북경에 있는 프랑스인 주교에게 군대를 동원하여 조선에서 신앙과 포교의 자유를 보장받을 수 있도록 청하는 서신을 보내려다 발각되었다.

① ㉠ – ㉡ – ㉣ – ㉢
② ㉠ – ㉢ – ㉣ – ㉡
③ ㉢ – ㉠ – ㉡ – ㉣
④ ㉢ – ㉡ – ㉠ – ㉣

문 8. 다음 중 단군 조선의 역사를 다룬 책으로 옳은 것은?

① 『삼국사기』
② 『표제음주동국사략』
③ 『연려실기술』
④ 『고려사절요』

문 9. 밑줄 친 '이 법'에 대한 설명으로 옳지 않은 것은?

> 현물로 바칠 벌꿀 한 말의 값은 본래 목면 3필이지만, 모리배들은 이를 먼저 대납하고 4필 이상을 거두어 갑니다. 이런 폐단을 없애기 위해 이 법을 시행하면 부유한 양반 지주가 원망하고 시행하지 않으면 가난한 농민이 원망한다는데, 농민의 원망이 훨씬 더 큽니다. 경기와 강원에서 이미 시행하고 있으니 충청과 호남 지역에도 하루빨리 시행해야 합니다.

① 토지 결수를 과세 기준으로 삼았다.
② 인조 때 처음으로 경기도에서 시행하였다.
③ 이 법이 시행된 후에도 왕실에 대한 진상은 계속되었다.
④ 이 법을 시행하면서 관할 관청으로 선혜청을 설치하였다.

문 10. 다음 조선 초기 향교에 대한 설명으로 가장 옳지 않은 것은?

① 원칙적으로 8세 이상의 양인 남성에게 입학이 허용되었고, 학비는 없었다.
② 전국의 부 · 목 · 군 · 현에 설립되었고, 군현의 규모에 따라 정원을 정하였다.
③ 매년 자체적으로 정기 시험을 치러 성적 우수자에게는 성균관 입학 자격이 주어졌다.
④ 학업 중 군역이 면제되었으나, 성적 미달로 자격이 박탈될 경우 군역을 지도록 하였다.

20초 문제

문 11. 두 차례의 양요에 대한 설명으로 가장 옳은 것은?

① 어재연이 이끄는 조선군은 프랑스군을 상대로 승리를 거두었다.
② 미국 상선 제너럴셔먼호는 평양 주민을 약탈하였다.
③ 양헌수 부대는 광성보 전투에서 결사 항전하였으나 퇴각하였다.
④ 박규수는 화공 작전을 펴서 프랑스 군대를 공격하였다.

20초 문제

문 12. 다음 밑줄 친 부분과 관계있는 통치 기구에 해당하는 것을 〈보기〉에서 모두 고른 것은?

> 유교 이념에 바탕을 둔 정치를 강조한 조선은 국정 운영 과정에서 왕권과 신권의 조화를 추구하는 한편, 권력이 어느 한편으로 집중되는 문제를 막기 위한 체제를 갖추어 나갔다.

보기

㉠ 사간원　　㉡ 승정원
㉢ 사헌부　　㉣ 춘추관

① ㉠, ㉡　　② ㉠, ㉢
③ ㉡, ㉢　　④ ㉡, ㉣

문 13. (가)~(라)에 해당하는 사실로 옳지 않은 것은?

	(가)	(나)	(다)	(라)	
낙랑군 축출		광개토대왕릉비 건립	살수대첩 승리	안시성 전투 승리	고구려 멸망

① (가) – 백제 침류왕이 불교를 받아들였다.
② (나) – 고구려 영양왕이 요서 지방을 선제 공격하였다.
③ (다) – 백제가 신라 대야성을 공격하여 함락시켰다.
④ (라) – 신라가 매소성에서 당군을 격파하였다.

20초 문제

문 14. 밑줄 친 '이 부대'에 대한 설명으로 옳은 것은?

> 윤관이 아뢰기를, "신이 적의 기세를 보건대 예측하기 어려울 정도로 굳세니, 마땅히 군사를 쉬게 하고 군관을 길러서 후일을 기다려야 할 것입니다. 또 신이 싸움에서 진 것은 적은 기병(騎兵)인데 우리는 보병(步兵)이라 대적할 수가 없었기 때문입니다."라 하였다. 이에 그가 건의하여 처음으로 이 부대를 만들었다.

① 정종 2년에 설치되었다.
② 귀주 대첩에서 큰 활약을 하였다.
③ 여진족에 대처하기 위해 조직되었다.
④ 응양군, 용호군, 신호위 등의 2군과 6위로 편성되었다.

20초 문제

문 15. 임진왜란의 전개 과정에 대한 설명으로 옳지 않은 것은?

① 휴전 협상이 진행되는 동안 조선은 훈련도감을 설치하여 군대의 편제를 바꾸었다.
② 조선군은 명나라 지원군과 연합하여 일본군에게 빼긴 평양성을 탈환하였다.
③ 전세가 불리해지고 도요토미 히데요시가 죽자 일본군이 철수함으로써 전란이 끝났다.
④ 첨사 정발은 부산포에서, 도순변사 신립은 상주에서 일본군과 맞서 싸웠지만 패배하였다.

문 16. 밑줄 친 '그'에 대한 설명으로 옳은 것은?

> 그는 신민회 회원으로 활동하면서 해서 교육 총회에 가담해 교육 사업에 힘을 기울였으며, 안악 사건에 연루되어 일제 경찰에 체포되었다. 1923년에 열린 국민 대표 회의에서 창조파와 개조파가 대립했을 때, 그는 국민 대표 회의의 해산을 명하는 내무부령을 공포하였다. 그 뒤 그는 한국 국민당을 조직하는 등 독립운동 정당을 만들기 위해 노력하였다.

① 평양에서 열린 남북 협상 회의에 참석하였다.
② 조선 민족 혁명당을 조직하고 조선 의용대를 이끌었다.
③ 안재홍과 함께 조선 건국 준비 위원회를 주도적으로 조직하였다.
④ 대통령 직선제를 골자로 하는 발췌 개헌안을 국회에 제출하였다.

문 17. 대한제국의 성립 과정에 대한 설명으로 가장 옳지 않은 것은?

① 을미사변 이후 위축된 국가 주권을 지키고 고종의 위상을 높여야 한다는 여론이 높아졌다.
② 고종은 러시아 공사관에 있는 동안 경운궁을 증축하였다.
③ 고종은 연호를 광무라 하고 경운궁에서 황제 즉위식을 거행하였다.
④ 대한제국의 헌법이라 할 수 있는 대한국 국제를 발표하였다.

20초 문제

문 18. 밑줄 친 '단체'의 활동에 대한 설명으로 옳은 것은?

> 1919년 김원봉, 윤세주 등이 만주 지린성에서 조직한 이 단체는 일제(日帝)의 요인 암살과 식민 지배 기관 파괴를 목표로 삼았다. 이 단체는 신채호가 작성한 조선 혁명 선언을 이념적 지표로 내세웠다.

① 중국 충칭에서 한국 광복군을 조직하였다.
② 대한민국 임시 정부를 주도한 한국 독립당을 결성하였다.
③ 중국 의용군과 힘을 합쳐 영릉가 전투에서 일본군을 물리쳤다.
④ 이 단체에 속한 김익상이 조선 총독부에 폭탄을 투척하였다.

문 19. (가)~(마)를 일어난 순서대로 바르게 나열한 것은?

> (가) 브라운 각서 체결
> (나) 한 · 일 기본 조약 조인
> (다) 전태일 분신자살 사건
> (라) 7 · 4 남북 공동 성명 발표
> (마) 김대중의 제7대 대통령 선거 출마

① (가) – (나) – (다) – (라) – (마)
② (가) – (다) – (나) – (마) – (라)
③ (나) – (가) – (다) – (라) – (마)
④ (나) – (가) – (다) – (마) – (라)

문 20. 다음 (가), (나)의 선언문 사이의 시기에 있었던 사실로 가장 옳은 것은?

> (가) 남과 북은 …… 쌍방의 관계가 나라와 나라 사이의 관계가 아닌 통일을 지향하는 과정에서 잠정적으로 형성되는 특수 관계라는 것을 ……
> 제1조 남과 북은 서로 상대방의 체제를 인정하고 존중한다.
> 제9조 남과 북은 상대방에 대해 무력을 사용하지 않으며 상대방을 무력으로 침략하지 아니한다.
> (나) 1. 나라의 통일 문제를 우리 민족끼리 서로 힘을 합쳐 자주적으로 해결해 나가기로 하였다.
> 2. 나라의 통일을 위한 남측의 연합제 안과 북측의 낮은 단계의 연방제 안이 서로 공통성이 있다고 인정하고, 이 방향에서 통일을 지향하기로 하였다.

① 금강산 관광이 시작되었다.
② 개성공단 건설 사업이 시작되었다.
③ 최초로 남 · 북 이산가족이 상봉하였다.
④ 경의선 철로 복원 사업이 착공되었다.

PART 2

실전동형 모의고사
정답 및 해설

문제편 p.004

제1회 실전동형 모의고사

제1과목 국어

정답 체크

01	02	03	04	05	06	07	08	09	10
②	④	③	④	②	③	②	②	④	④
11	12	13	14	15	16	17	18	19	20
④	②	②	④	④	②	①	②	①	①

문항별 체크리스트

문항	문항 영역		한 눈에 보는 문항별 난이도	
01	문법>음운론		★	
02	문법>어문규범>한글 맞춤법		★★★	
03	비문학>글의 순서		★★	
04	문법>어문규범>표준 발음법		★★	
05	문법>화법과 작문		★★★	
06	문법>형태론		★★★	
07	문법>통사론		★★	
08	어휘>한자성어		★★	
09	문법>어문규범>로마자 표기		★★★	
10	문법>의미론, 중세국어		★	
11	비문학>사실적 독해		★★	
12	어휘>고유어		★	
13	문학>현대수필		★	
14	문학>현대소설		★★	
15	비문학>추론적 독해		★★★	
16	문학>현대시		★	
17	비문학>추론적 독해		★	
18	문법>의미론		★★	
19	비문학>추론적 독해		★★★	
20	비문학>사실적 독해		★★	
어휘		/2	문법	/9
문학		/3	비문학	/6
난이도 종합	★ 6개, ★★ 8개, ★★★ 6개			

출제자 의도

공무원 국어 과목에서 수험생 분들이 가장 어려워하는 영역이 바로 '문법'입니다. 이번 회차는 다양한 유형의 문법 문제를 풀어볼 수 있도록 구성했습니다.

01 ★☆☆ 답 ②

출제 영역 문법>음운론

정답해설

② 'ㄱ'과 'ㅎ'이 만나 [구콰]로 발음이 되는 음운축약이 일어나, 음운 탈락이 일어난 나머지 예들과 구별된다.

오답해설

① 어간 '가-'와 어미 '-아서'가 결합하는 과정에서 'ㅏ'가 탈락되었다.
③ '바늘'과 '-질'이 결합하면서 'ㄹ'이 탈락되었다.
④ [ㅎ]이 탈락하여 [조으니]로 발음된다.

02 ★★★ 답 ④

출제 영역 문법>어문규범>한글 맞춤법

정답해설

④「한글 맞춤법」 제6장 제57항에 따르면 '받히다'는 '머리나 뿔 따위로 세차게 부딪치다'는 뜻을 지닌 '받다'의 피동사로, '어떤 것을 대거나 뒷받침한다'는 뜻인 '받치다'나 '체에 거른다'는 뜻인 '밭치다'와 구별하여 써야 한다.

오답해설

①「한글 맞춤법」 제6장 제57항에 따라 '졸이다'는 국물의 분량이 적어지거나 속을 태울 때, '조리다'는 재료를 바짝 끓여서 양념이 배어들게 할 때 쓴다.
②「표준어규정」 제2장 제2절 제12항의 '위-아래'의 대립이 있을 때는 명사 '위'에 맞추어 '윗-'으로 통일한다는 규정에 따라 '웃도리'가 아닌 '윗도리'로 적어야 한다. '웃-'은 '위-아래' 대립이 없을 때 쓸 수 있다.

③ 「표준어규정」 제2장 제2절 제8항에 따르면 잔칫집이나 상가(喪家) 따위에 돈이나 물건을 보내어 도와주는 일 또는 그 돈이나 물건을 나타내는 '부조(扶助)'는 모음조화를 인정하지 않으므로 '부주'가 아닌 '부조'로 써야 한다.

03 ★★☆

답 ③

출제 영역 비문학>글의 순서

정답해설

③ 이 글에서는 사회화 과정에서 습득하게 되는 편견을 감소시키기 위한 방안을 제시하고 있다. 우선 편견이 지니는 문제에 대해 지적하고, 그것을 타파하기 위한 실천적 연구들이 이루어지고 있다고 제시한 (다)가 문제제기와 더불어 앞으로 전개될 내용을 소개하는 도입 역할을 하므로 첫 번째에 두는 것이 적절하다. (라)는 '편견을 줄이는 또 하나의 방법으로'라는 말로 시작한 것을 볼 때 앞에 편견을 줄이는 방법이 제시된 문단이 있어야 한다. 따라서 (가)가 (라) 앞에 오는 것이 적절하다. 그리고 (나) 도입부의 '이처럼'은 '편견을 감소시키기 위한 노력'을 가리키는 것이므로 (가)와 (라)를 종합하고 있음을 알 수 있다. 따라서 (다) – (가) – (라) – (나)의 순서로 바로잡아야 한다.

04 ★★☆

답 ④

출제 영역 문법>어문규범>표준 발음법

정답해설

④ '한여름'은 어근 '여름'에 '한창인'의 뜻을 더하는 접두사 '한-'이 결합한 파생어이다. 그리고 접두사의 끝이 자음 'ㄴ'이고, 뒤 단어가 '여'로 시작하므로 'ㄴ'을 첨가하여 [한녀름]으로 발음하는 것이 옳다.

오답해설

① '분유'는 합성어나 파생어가 아니므로 'ㄴ첨가'가 일어나지 않는다. 따라서 연음하여 [부뉴]로 발음한다.

② '늑막염'은 '늑막'에 접미사처럼 쓰이는 한자어 '염'이 붙은 말이며, 앞 단어의 끝소리 'ㄱ' 뒤에 '여'가 이어져 있으므로 'ㄴ첨가'가 일어난다. 따라서 [능막념]으로 발음해야 하는데 이때 앞의 [ㄱ]이 [ㄴ]에 동화되어 비음화가 일어나므로 [능망념]과 같이 발음된다.

③ '늘이다'는 '늘다'에 사동형 접미사 '-이-'가 붙은 파생어가 아니라 본래 타동사로 단일어이다. 따라서 이 규정에 부합하지 않으므로 표기대로 [느리다]로 발음해야 한다.

출제자의 Point!

ㄴ 첨가

합성어 및 파생어에서(두 단어가 이어서 발음하는 경우도 포함) 앞말이 자음으로 끝나고, 뒷말이 [l]나 [j]로 시작할 때 'ㄴ'이 첨가되는 현상

앞 단어, 접두사의 끝음절		뒤 단어, 접미사의 첫음절		뒤 단어, 접미사의 첫음절
자음	+	이	→	[니]
		야		[냐]
		여		[녀]
		요		[뇨]
		유		[뉴]

예	솜이불 → [솜니불] / 한 일 → [한닐]
	내복약 → [내봉냑] / 한여름 → [한녀름]
	늑막염 → [능망념] / 콩엿 → [콩녇]
	눈요기 → [눈뇨기] / 식용유 → [시굥뉴]
	국민윤리 → [궁민뉼리] / 밤윷 → [밤뉻]

05 ★★★

답 ②

출제 영역 문법>화법과 작문

정답해설

〈보기〉의 설명에 따르면 '요령의 격률'에는 상대의 부담을 최소화하는 소극적 측면이 있다고 하였다. ②는 '괜찮으시면'이라는 표현을 통해 상대의 부담을 줄여주고 있으므로, '요령의 격률'의 예에 해당한다고 볼 수 있다.

오답해설

① 상대방에 대한 칭찬을 하는 것으로 '칭찬의 격률'과 관련이 있다.

③ 스스로를 낮추어 겸손하게 표현한 것이므로 '겸양의 격률'에 해당한다.

④ 문제를 자신의 탓으로 돌리고 있으므로, '관용의 격률'에 해당한다. 관용의 격률은 상대의 잘못이나 부족함이 있더라도, 자신에게서 원인을 찾는 표현을 가리킨다.

출제자의 Point!

대화의 원리 - 공손성의 원리

요령의 격률	상대방에게 부담이 되는 표현 대신 이익이 되는 표현을 하라.
	예 책을 빌리러 갈 시간이 없어서 그런데 네가 책 좀 빌려주면 안 될까?
관용의 격률	문제의 원인을 자신의 탓으로 돌리는 표현을 하여 상대방이 이를 너그럽게 받아들이도록 말하라.
	예 제가 귀가 안 좋아서 그런데 좀 더 크게 말씀해 주시겠어요?
칭찬의 격률	다른 사람에 대한 비방은 최대한 줄이고 칭찬을 많이 하라.
	예 너는 어쩌면 말도 그렇게 예쁘게 하니?
겸양의 격률	스스로를 낮추어 겸손하게 말하라.
	예 제 실력이 우월해서가 아니라 대진운이 좋았던 것입니다.
동의의 격률	서로 의견이 다를 때, 차이점을 말하기보다 일치점을 강조하여 말하라.
	예 주민 여러분께서 하수 처리장으로 인해 입을 피해를 걱정하시는 것은 충분히 이해합니다. 따라서 비용이 더 들더라도 하수 처리장을 친환경적 공법으로 건립하고, 철저하게 관리하면서 1년에 한 번씩 주민 분들께 관리 현황 보고서를 보내 드리도록 하겠습니다.

06 ★★★ 답 ③

출제 영역 문법>형태론

정답해설

③ 보조용언은 본용언과 연결되어 그것의 뜻을 보충하는 역할을 하는 동사나 형용사로, 본용언 없이 독자적으로 쓰이지 못한다. 첫 번째 문장의 '하다'는 '오다'의 보조동사이고, 두 번째 문장의 '하다'는 '좋다'의 보조형용사이다. 첫 번째 '하다'는 앞말의 사실이 뒷말의 이유나 근거가 됨을 나타내는 말인데, 동사 뒤에서 '-고 해서', '-고 하여', '-고 하니'의 구성으로 쓰인다. 두 번째 '하다'는 앞말이 뜻하는 상태를 일단 긍정하거나 강조하는 말로 형용사 뒤에서 '-기는 하다', '-기도 하다', '-기나 하다'와 같은 구성으로 쓰인다.

오답해설

① 첫 번째 문장의 '가다'는 '오다'를 보충하는 보조동사로, 말하는 이 또는 말하는 이가 정하는 어떤 기준점에서 멀어지면서 앞말이 뜻하는 행동이나 상태가 계속 진행됨을 나타내는 말이다. 두 번째 문장의 '가다'는 어떤 현상이나 상태가 유지된다는 뜻의 본동사이다. 이때는 '며칠'과 같이 기간을 나타내는 말과 함께 쓰인다.

② 첫 번째 문장의 '드리다'는 윗사람에게 그 사람을 높여 말이나, 인사, 부탁, 약속, 축하 따위를 한다는 의미의 본동사이다. 두 번째 문장의 '드리다'는 보조동사인데, 본동사의 행위가 다른 사람의 행위에 영향을 미침을 나타내는 '주다'의 높임 표현이다.

④ 첫 번째 문장의 '보다'는 동사 뒤에서 '-어 보다'의 구성으로 쓰여 어떤 일을 경험함을 나타내는 보조용언이다. 이와 달리 두 번째 문장의 '보다'는 음식상이나 잠자리 따위를 채비한다는 의미의 본동사이다.

07 ★★☆ 답 ②

출제 영역 문법>통사론

정답해설

② 이 문장에서 취한 주체는 '그'이지, '술'이 아니므로, 술에 주격조사 '이'를 사용하는 것은 적절하지 않다. 이는 '술에'로 고쳐야 한다.

오답해설

① '꺼리는 마음으로 양(量)이나 횟수가 지나치지 아니하도록 하다'란 뜻을 지닌 단어의 기본형은 '삼가하다'가 아니라 '삼가다'이다. 따라서 '삼갑시다'와 같이 쓰는 것이 옳다.

③ '로서'는 지위, 자격, 신분을 나타내는 기능을 하므로 문맥에 어울리지 않는다. 따라서 수단을 나타내는 기능을 하는 '로써'를 써야 한다.

④ '한하다'는 '-에 한하다'의 구조로 사용되는 말이므로, '신청자에'로 쓰는 것이 옳다.

08 ★★☆ 답 ②

출제 영역 어휘>한자성어

정답해설

② 밑줄 친 부분은 뜻밖에 일찍 세상을 떠난 누이에 대한 허무함과 안타까움을 제시하고 있으므로, 雪泥鴻爪(설니홍조)가 이와 잘 통한다. 雪泥鴻爪는 눈 위에 기러기의 발자국이 눈이 없으면 없어진다는 뜻으로, 인생의 자취가 눈 녹듯이 사라져 무상함을 비유적으로 이르는 말이다. '인생무상(人生無常)'과 비슷한 뜻이다.

오답해설

① 磨斧爲針(마부위침)은 도끼를 갈아서 바늘을 만든다는 뜻으로, 아무리 어려운 일이라도 끊임없이 노력하면 반드시 이룰 수 있음을 이른다.

③ 晝耕夜讀(주경야독)은 낮에는 농사짓고, 밤에는 글을 읽는다는 뜻으로, 어려운 여건 속에서도 꿋꿋이 공부할 때 쓰는 말이다.

④ 風樹之嘆(풍수지탄)은 효도를 다하지 못한 채 어버이를 여읜 자식의 슬픔을 이르는 말이다.

09 ★★★ 답 ④

출제 영역 문법>어문규범>로마자 표기

정답해설

④ 식혜는 'ㄱ'과 'ㅎ' 사이에서 격음화가 일어나 [시켸/시케]로 발음되지만, 「로마자 표기법」의 표기상의 유의점 제1항의 "체언에서 'ㄱ, ㄷ, ㅂ' 뒤에 'ㅎ'이 따를 때에는 'ㅎ'을 밝혀 적는다."라는 규정에 따라 'Sikye'가 아닌 'Sikhye'로 적는 것이다.

오답해설

① 젓갈은 "된소리되기는 표기에 반영하지 않는다."라는 규정에 따라 'Jeotggal'이 아니라 'Jeotgal'로 표기한다.

② 신선로는 [신설로]로 발음되므로, "음운 변화가 일어날 때에는 변화의 결과에 따라 적는다."라는 규정에 따라 'Sinseonlo'가 아닌 'Sinseollo'로 적는다.

③ 한라산은 [할라산]으로 발음되므로, "음운 변화가 일어날 때에는 변화의 결과에 따라 적는다."에 따라 'Hanlasan'가 아닌 'Hallasan'로 적으며, "자연 지물명, 문화재명, 인공 축조물명은 붙임표(–) 없이 붙여 쓴다."라는 규정에 준하여 'san' 앞에 붙임표를 따로 표기하지 않는다.

출제자의 Point!

로마자 표기법

제1항		음운 변화가 일어날 때 변화의 결과에 따라 적는다. *된소리되기는 표기에 반영하지 않는다. 압구정 Apgujeong, 낙동강 Nakdonggang, 죽변 Jukbyeon, 낙성대 Nakseongdae, 합정 Hapjeong, 팔당 Paldang, 샛별 saetbyeol, 울산 Ulsan
	예	• 자음 사이에서 동화 작용이 일어나는 경우 – 백마[뱅마] Baengma, 신문로[신문노] Sinmunno, 종로[종노] Jongno, 왕십리[왕심니] Wangsimni, 별내[별래] Byeollae, 신라[실라] Silla • 'ㄴ, ㄹ'이 덧나는 경우 – 학여울[항녀울] Hangnyeoul, 알약[알략] allyak • 구개음화가 되는 경우 – 해돋이[해도지] haedoji, 같이[가치] gachi, 맞히다[마치다] machida • 'ㄱ, ㄷ, ㅂ, ㅈ'이 'ㅎ'과 합하여 거센소리로 소리 나는 경우 – 좋고[조코] joko, 놓다[노타] nota, 잡혀[자펴] japyeo, 낳지[나치] nachi • 체언에서 'ㄱ, ㄷ, ㅂ' 뒤에 'ㅎ'이 따를 때에는 'ㅎ'을 밝혀 적는다. – 묵호 Mukho, 집현전 Jiphyeonjeon
제2항		인명, 회사명, 단체명 등에 한해 표기 원칙과 실제로 사용되는 표기 사이에 차이가 있더라도 그동안 써 온 표기를 쓸 수 있다.
	이유	각기 다른 방식으로 우리나라의 도로명이나 지명, 문화재 등을 로마자로 표기하면 외국인들이 큰 혼란을 겪을 수밖에 없다.
	예	중앙 Jung-ang, 반구대 Ban-gudae, 세운 Se-un, 해운대 Hae-undae
제3항		고유명사는 첫 글자를 대문자로 적는다.
	예	부산 Busan, 세종 Sejong
제4항		인명은 성과 이름의 순서로 띄어 쓰고, 이름은 붙여 쓰는 것을 원칙으로 하되 음절 사이에 붙임표(–)를 쓰는 것을 허용한다. 이름에서 일어나는 음운 변화를 표기에 반영하지 않으며, 성의 표기는 따로 정한다.
	예	민용하 Min Yongha(Min Yong-ha), 송나리 Song Nari(Song Na-ri), 한복남 Han Boknam(Han Bok-nam), 홍빛나 Hong Bitna (Hong Bit-na)
제5항		'도, 시, 군, 구, 읍, 면, 리, 동'의 행정 구역 단위와 '가'는 각각 'do, si, gun, gu, eup, myeon, ri, dong'으로 적고, 그 앞에는 붙임표(–)를 넣는다. 붙임표(–) 앞뒤에서 일어나는 음운 변화는 표기에 반영하지 않는다.
	예	충청북도 Chungcheongbuk-do, 제주도 Jeju-do, 의정부시 Uijeongbu-si, 양주군 Yangju-gun, 도봉구 Dobong-gu, 신창읍 Sinchang-eup, 삼죽면 Samjuk-myeon, 인왕리 Inwang-ri, 당산동 Dangsan-dong, 봉천 1동 Bongcheon 1(il)-dong, 종로 2가 Jongno 2(i)-ga, 퇴계로 3가 Toegyero 3(sam)-ga
제6항		자연 지물명, 문화재명, 인공 축조물명은 붙임표(–) 없이 붙여 쓴다.
	예	남산 Namsan, 속리산 Songnisan, 금강 Geumgang, 독도 Dokdo, 경복궁 Gyeongbokgung, 무량수전 Muryangsujeon, 연화교 Yeonhwagyo, 극락전 Geungnakjeon, 안압지 Anapji, 남한산성 Namhansanseong, 화랑대 Hwarangdae, 불국사 Bulguksa, 현충사 Hyeonchungsa, 독립문 Dongnimmun, 오죽헌 Ojukheon, 촉석루 Chokseongnu, 종묘, Jongmyo, 다보탑 Dabotap
제7항		인명, 회사명, 단체명 등은 그동안 써 온 표기를 쓸 수 있다.
제8항		학술 연구 논문 등 특수 분야에서 한글 복원을 전제로 표기할 경우에는 한글 표기를 대상으로 적는다. 이때 글자 대응은 제2장을 따르되 'ㄱ, ㄷ, ㅂ, ㄹ'은 'g, d, b, l'로만 적는다. 음가 없는 'ㅇ'은 붙임표(–)로 표기하되 어두에서는 생략하는 것을 원칙으로 한다. 기타 분절의 필요가 있을 때에도 붙임표(–)를 쓴다.
	예	집 jib, 짚 jip, 밖 bakk, 값 gabs, 붓꽃 buskkoch, 먹는 meogneun, 독립doglib, 문리 munli, 물엿 mul-yeos, 굳이 gud-i, 좋다 johda, 가곡 gagog, 조랑말 jolangmal, 없었습니다 eobs-eoss-seubnida

10 ★☆☆ 답 ④

출제 영역 문법>의미론, 중세국어

정답해설

④ 제시된 예는 시간의 흐름에 따라 어휘의 의미가 이동하는 예이다. '예쁘다'라는 어휘의 의미가 과거와 다르게 쓰이는 것이 이에 해당한다고 볼 수 있다.

오답해설

① 이는 유의경쟁에서 밀려난 어휘가 소멸한 예이다.

② 표기가 달라진 것은 시간의 흐름에 따라 의미의 변화가 일어난 것과는 다르다.

③ 이는 시간의 흐름에 따라 새로운 어휘가 생성된 예이다.

11 ★★☆ 답 ④

출제 영역 비문학>사실적 독해

정답해설

④ 이 글에서는 통계 수치를 활용할 때 평균은 아웃라이어에 민감하므로 주의해야 한다는 내용을 다루고 있다. 평균은 아웃라이어에 의해 왜곡될 수 있으므로 집단의 대푯값으로 활용하는데 한계가 있고, 두드러진 아웃라이어가 있는 경우 최빈값이나 중앙값을 활용하는 것이 더 낫다는 것이다. 따라서 통계 수치에 대해 올바르게 인식하고 활용해야 한다는 것이 이 글의 논점이라고 할 수 있다.

오답해설

① 이 글에서 통계수치의 함정을 구체적으로 설명했으므로 이것은 주요 내용이라고 할 수 있다. 그러나 도입 부분에서 통계가 막강한 위력을 발휘하고 있다고 지적하기는 하였으나 그와 관련된 구체적인 내용이 제시되지 않았으므로 이를 주제로 볼 수는 없다.

② 대푯값으로 평균이 늘 부적절하다는 것이 아니라 두드러진 아웃라이어가 있을 때 한계가 있다고 했으므로 주제로 보기 어렵다.

③ 아웃라이어가 통계 수치를 왜곡할 수 있기 때문에 대푯값 설정에 주의해야 한다는 것이 이 글의 논점이며, 아웃라이어의 역할 자체를 설명한 것은 아니다.

12 ★☆☆

답 ②

출제 영역 어휘>고유어

정답해설

② '틀거지'는 듬직하고 위엄이 있는 겉모양을 뜻한다. 이 단어는 '틀거리'로 쓰지 않도록 주의해야 한다(「표준어규정」 제2장 제4절 제17항). 그리고 몹시 서두르며 부산하게 구는 행동을 나타내는 고유어는 '설레발'이다.

13 ★☆☆

답 ②

출제 영역 문학>현대수필

정답해설

② 「나의 사랑하는 생활」에서는 작가가 생활 속에서 좋아하는 것들을 나열하고 있다. 따라서 그믐달을 사랑하는 이유를 제시한 「그믐달」과 태도 면에서 유사한다고 할 수 있다.

오답해설

① 마음을 가꾸어야 한다는, 인생을 살아가는 자세에 대한 교훈을 전달하고자 한다.

③ 폭포와 분수의 특성을 통해 인간과 자연에 대한 동양인과 서양인의 태도를 유추하는 분석적 태도를 보인다.

④ '거리낌 없이' 건축 행위를 했다는 내용이나, 팽창 위주의 건축 행위가 무제한으로 이어질 수는 없다는 데서, 팽창 위주의 건축에 대한 부정적 태도를 살펴볼 수 있다.

14 ★★☆

답 ④

출제 영역 문학>현대소설

정답해설

④ '어머니'는 장손인 오빠를 화장하여 고향 땅 쪽으로 날려 보내는 일을 기어이 성취했으며, 그것은 어머니의 모든 것. 즉, 가장 소중한 존재인 자식을 빼앗아 간 분단이라는 현실을 거역할 수 있는 유일한 수단이었다. 이 점을 감안할 때 '어머니'는 죽은 아들을 따라가고 싶어서 자신도 같은 방법으로 장례를 치르기 바라는 것이다.

오답해설

① 어머니가 아들을 선영에 묻지 못한 한을 해소하려고 아들을 화장한 재를 고향 땅으로 날린 것이 아니라고 했으므로, 부적절한 해석이다.

② '나'는 '그 짓'을 또 할 수밖에 없을 것 같다고 했으므로, 어머니의 당부를 따를 것이라고 추측할 수 있다.

③ '어머니'는 자신도 아들과 같이 화장이 되어 뿌려지기를 바라고 있고, 현실을 극복할 수 있는 유일한 방법이라고 믿고 있으므로, 아들을 화장한 일을 후회하고 있다고 볼 수는 없다.

15 ★★★

답 ④

출제 영역 비문학>추론적 독해

정답해설

④ 다섯 번째 문단에서 '자신의 정당성에 대한 신념이 지나쳐서 경직된 비판 의식을 발휘하게 되면 사회적 긴장과 분열을 초래할 수도 있다'고 한 것은 이는 극단적인 경우의 부작용을 제시한 것으로 도덕적 명분관이 근본적으로 문제가 있다고 비판한 것은 아니다. 네 번째 문단에서 '도덕적 명분은 공동체의 정당성을 확고하게 하여 사회를 통합하는 역할을 한다'고 했기 때문이다. 그리고 마지막 문단에서 평등 사회라 하더라도 자신의 행동이나 역할의 정당성을 확보하기 위한 명분을 확인할 필요가 있다고 했으므로, 이는 적절하지 않은 추론이다.

오답해설

① 두 번째 문단에서 '계층적 명분관에 따라 도리가 위아래 어느 쪽에 대해서도 지켜야 할 규범으로 작용'하며, 위아래의 구성원 모두 역할에 따라 명분의 제약을 받는다고 하였다는 데서 확인할 수 있다.

② 두 번째 문단에서 계층적 명분관을 통해 공동체의 질서와 결속을 확보해 왔다고 하였으며, 네 번째 문단에서 도덕적 명분관이 사회를 통합하는 역할을 했다고 하였으므로 적절하다.

③ 마지막 문단에서 현대 사회는 구성원 사이의 평등이 기본 원리이므로, 전통적인 계층적 명분관이 설득력을 잃고 있으며 오늘날 시민 사회에 어울리는 새로운 명분이 필요하다고 주장하고 있다.

16 ★☆☆

답 ②

출제 영역 문학>현대시

정답해설

② 이 시는 더 나은 세상을 만들고자 하는 의도를 전달하고 있다. 그러나 이 시에 등장하는 인물들이 공통적으로 삶의 질을 높이고자 하는 모습을 보여준다고 할 수는 없으므로 이는 적절하지 않다.

오답해설

① '가장 낮은 곳에 사는 사람', '잠 못 든 이'가 소외된 계층을 가리킨다.

③ '진눈깨비'가 어려운 처지에 놓인 사람을 더 괴롭게 하는 사람을 상징한다.

④ '따뜻한 함박눈', '편지', '새살'과 같이 소외된 이웃에게 희망과 위로를 주는 사람이 되자고 권하는 것은 그런 이들이 부족하다는 현실 인식에서 비롯되었다고 할 수 있다.

17 ★☆☆ 답 ①

출제 영역 비문학>추론적 독해

정답해설

① 끝부분에서 우리말의 맞춤법은 쉬운데도 그것이 어렵다고 생각하게 된 것은 우리말을 소홀하게 생각해 온 데서 비롯되었다고 하였다. 따라서 우리말에 대한 애정과 관심이 부족한 것을 지적하고 있다고 할 수 있다.

오답해설

② 국가적 차원에서 어문 규범을 만들어 놓고 언어생활에서 이를 지키도록 하였다는 내용은 있으나, 새로 바뀐 맞춤법 교육이 이루어지지 않았다는 것은 확인할 수 없다.

③ 우리말과 관련된 언어 규범이 새로 제정되거나 바뀌었다는 내용이 없으므로 적절하지 않다.

④ 이 글에서는 한글 맞춤법은 불규칙한 영어의 철자법보다 쉽다고 했으므로, 타당하지 않다.

18 ★★☆ 답 ②

출제 영역 문법>의미론

정답해설

② ㉠의 '굳다'는 주어가 '성격'인 것을 감안할 때, 몸에 대어 버릇이 된다는 의미로 쓰인 것이다. 이 선지의 '굳다'도 주어가 '습관'이므로, ㉠과 뜻이 일치한다.

오답해설

① 서술어 '굳다'에 해당하는 주어가 '땅'이므로, 무른 물질이 단단하게 된다는 뜻으로 쓰인 것이다.

③ '손이 굳다'의 '굳다'는 근육이나 뼈마디가 뻣뻣하게 된다는 의미이다.

④ '굳다'의 주어가 '표정'이므로, 표정이나 태도 따위가 부드럽지 못하고 딱딱하여진다는 뜻으로 쓰인 것이다.

19 ★★★ 답 ①

출제 영역 비문학>추론적 독해

정답해설

① 이 글의 첫 번째 문단에서는 우리가 인습적인 형태와 색채만이 옳은 것이라고 여기는 경향이 있으나 실제는 그와 다르다는 것을 지적하였으며, 두 번째 문단에서는 미술 작품을 감상할 때 개인적인 선입견을 고집해서는 안 된다는 점을 강조하고 있다. 이에 비춰볼 때, 우리에게 낯익은 그리스도 상이 과거 미술가들이 지닌 신에 대한 형상에 '불과하다'는 것은, 이전의 습관에 매여 그림에 대해 판단하는 것이 적절하지 않다는 의도를 나타내는 것이라고 할 수 있다.

오답해설

② 우리에게 낯익은 그리스도상이 과거의 미술가들이 가지고 있던 신의 형상에 불과하다는 사실을 알고 있다고 했으므로, 실재와 상상을 구별하지 못하는 것은 아니다.

③ 전통적인 형태에서 벗어난 것을 신에 대한 불경(不敬)으로 여긴다는 내용이 있으나, 이 글의 전체 주제가 미술 작품을 인습에 매여 바라보아서는 안 된다는 것이므로 신앙과 관련된 내용이 핵심은 아니다.

④ 두 번째 문단에서는 미술 작품을 감상할 때 개인적인 선입견을 고집하는 것이 가장 큰 장애가 된다고 지적하였다. 그러나 밑줄 친 문장에서는 사람들이 '전통적인 형태'를 기준으로 삼는다고 하였고, 이는 개인의 감정이나 이해관계에 의해 형성된 것이 아니므로 '자기 본위적인 기준'에 대해 비판한다고 볼 수는 없다.

20 ★★☆ 답 ①

출제 영역 비문학>사실적 독해

정답해설

① 두 번째 문단에서 다이어트가 영혼을 통제하기 위해 이루어진 것은 중세의 일이라고 했으므로, 이는 현대 소비 사회의 인식이라고 볼 수 없다.

오답해설

② 첫 번째 문단에서 오늘날 소비는 대중 매체에 의해 조정되고 조절되며, 현대인들은 소비를 통해 자신을 표현한다고 믿고 있다고 제시하였다.

③ 세 번째 문단에서 자기표현의 수단으로서의 몸에 대한 관심이 자본주의 상품화 논리에 지배되면서 오히려 자기 몸은 소외되고, 대중 매체를 통해 형성된 획일화된 몸 이미지가 우리에게 몸 이미지만 남게 했다고 지적했다.

④ 첫 번째 문단에서 소비를 통해 자신의 이미지를 형성하려는 행위는 자신의 상품 가치를 높이는 것에 불과하다고 비판했다.

제2과목 영어

정답 체크

01	02	03	04	05	06	07	08	09	10
②	④	③	①	③	③	②	②	④	②
11	12	13	14	15	16	17	18	19	20
①	③	③	④	②	②	③	①	③	④

문항별 체크리스트

문항	문항 영역	한 눈에 보는 문항별 난이도	
01	어휘>단어	★★	
02	어휘>단어	★★	
03	어휘>단어	★★★	
04	어휘>어구	★★	
05	문법>비문 찾기	★	
06	표현>일반회화	★★	
07	표현>일반회화	★★	
08	문법>정문 찾기	★★★	
09	문법>비문 찾기	★★	
10	문법>영작하기	★★	
11	독해>대의 파악>제목	★★	
12	독해>글의 일관성>무관한 문장	★★	
13	독해>대의 파악>심경	★	
14	독해>대의 파악>요지	★	
15	독해>대의 파악>주제	★★	
16	독해>세부내용 찾기>내용 불일치	★★	
17	독해>글의 일관성>문장 삽입	★★	
18	독해>빈칸 완성>단어	★★	
19	독해>빈칸 완성>어구	★★★	
20	독해>글의 일관성>글의 순서	★★★	
어휘	/ 4	문법	/ 4
표현	/ 2	독해	/ 10
난이도 종합	★ 3개, ★★ 13개, ★★★ 4개		

출제자 의도

최신 기출문제와 동일하게 난도의 상, 중, 하를 배치했습니다. 실제 시험과 유사한 난도로 공부해 보세요.

01 ★★☆

답 ②

출제 영역 어휘>단어

분석

but also로 이어진 문장에서 부정적인 내용이 이어졌으므로 밑줄 친 부분 역시 부정적인 의미임을 알 수 있다. 문맥상 우주 탐사를 '위험에 빠뜨리다'가 자연스러우므로 정답은 ②이다.

해석

우주 쓰레기는 우주 탐사를 위험에 빠뜨릴 수 있을 뿐 아니라 인류의 삶을 위험에 처하게 할 수 있다.

어휘

- jeopardize 위태롭게 하다(imperil, threaten, endanger, menace)
- avert 피하다(dodge, shun, eschew, avoid, evade, elude)
- renounce 단념하다, 포기하다(give up, abandon, forsake)
- surmount 넘다, 극복하다

02 ★★☆

답 ④

출제 영역 어휘>단어

분석

등위접속사 and로 sharp와 병치구조를 이루고 있으므로 sharp와 유사한 의미를 지니면서 명사 intelligence를 수식해야 한다. 따라서 문맥상 가장 적절한 것은 ④이다.

해석

콜롬보는 그의 단정치 못한 외모와 태만해 보이는 조사활동 모습을 나타냄으로 그의 날카롭고 기민한 정보활동 능력을 위장하였다.

어휘

- dishevel 헝클어 놓다, 단정치 못하게 입다
- lackadaisical 활기 없는; 게으른, 나태한
- investigation 조사, 수사
- disguise 위장, 변장; 가장하다, 변장시키다
- shrewd 약삭빠른, 기민한, 영리한(astute, smart)
- thermal 열의, 온도의; 온천의
- forged 위조의, 가짜의(counterfeit, fake)
- nocturnal 야행성의, 밤의

03 ★★★

답 ③

출제 영역 어휘>단어

분석

빈칸 앞의 첫 번째 문장에서 미국 원주민들이 처한 부정적인 상황이 서술되었으므로, 이들의 적인 settlers가 했던 부정적인 행위를 나타내는 표현이 빈칸에 들어가야 한다. 따라서 가장 적절한 것은 ③이다.

해석

> 크고 작은 전쟁에서 인디언들은 수적으로나 화력 면에서나 열세를 면치 못했고 자신들의 땅을 잠식해 들어오는 이주자들의 물결에 맞서서 승산 없는 싸움을 벌여야만 했다.

어휘

- encroach 침입하다, 침해하다(invade, infringe, intrude, trespass)
- inspect 검사하다, 조사하다(examine, survey, probe, investigate, scrutinize, look over)
- abridge 요약하다
- divulge 누설하다, 폭로하다(reveal, disclose, expose)

04 ★★☆

답 ①

출제 영역 어휘>어구

분석

진주어인 to부정사에 대해 서술하는 내용이 '불합리하다(absurd)'라고 했으므로 to부정사의 내용은 대비를 이루는 내용이 와야 한다. 첫 번째 진주어로 한 사람이 거대한 부를 소유한다고 했으므로 두 번째 진주어로 이와 대조적인 '가난하다'는 내용이 와야 하므로 live와 함께 쓸 수 있는 표현은 ①이 가장 적절하다.

해석

> 한 사람이 그렇게 거대한 부를 소유하고 있는데 수십 만의 사람들은 하루 벌어 겨우 먹고 살고 있다는 게 불합리하다.

어휘

- absurd 말도 안 되는, 터무니없는
- gigantic 거대한
- from hand to mouth 하루 벌어 하루 먹는
- out of the question 불가능한
- up in the air 결정되지 않은
- in a muddle 어리둥절하여, 당황하여

05 ★☆☆

답 ③

출제 영역 문법>비문 찾기

분석

③ has의 주어는 바로 앞의 college graduates이므로 복수로 받아 have로 바꿔야 한다.

① is의 주어는 the question이므로 단수로 올바르게 수일치시켰다.

② 선행사 the age를 수식하는 관계대명사절로 문장 뒤에 있었던 전치사 at이 which 앞으로 왔으며, 완전한 절이 뒤에 올바르게 이어졌다.

④ 앞 문장의 'in 1970'의 표현과 동사가 과거인 것으로 보아 적절하게 시제 일치가 이루어졌음을 알 수 있고, did는 대동사로 앞문장의 동사 had를 대신하고 있다.

해석

> 여성들이 직업의 길을 선택하면, 결혼과 자녀의 문제는 대단히 난해하다. 여성 대학 졸업자들이 첫 아이를 갖는 연령이 급격히 올라갔다. 1970년에 대학 교육을 받은 여성들 중 73%가 30세에 첫 아이를 가진 반면, 2000년에는 고작 36%가 그 기간 동안에 그렇게 했다. 이 엄청난 변화는 대체로 여성이 노동인력에 참여할 수 있는 더 많은 기회와 더 큰 필요성을 반영한다.

06 ★★☆

답 ③

출제 영역 표현>일반회화

분석

A가 비용에 얼마나 들지에 관해 질문을 했고 B는 이에 대한 자신의 생각을 말하는 내용이다. 따라서 구체적인 액수를 말하기에 앞서 '내 생각으로는' 정도의 표현이 적절하므로 정답은 ③이다.

해석

> A : 비행기로 뉴질랜드까지 가는 데 비용이 얼마나 들 것 같아요?
> B : 음, 당장 떠오르는 생각으로는 1,500달러 정도 들지 않을까 싶네요.
> A : 네, 확인하는 게 좋을 것 같네요.

어휘

- off the top of one's head 지금 당장 떠오르는 생각으로는, 깊이 생각하지 않고
- Not that I know of. 내가 알기로는 그렇지 않아요.
- Take it or leave it. 승낙 여부는 네 마음대로이다.
- Suit yourself. 마음대로 하세요.

07 ★★☆ 답 ②

출제 영역 표현>일반회화

분석

B가 본인이 말한 내용에 대해 지키지 않아 A에게 변명을 하는 내용이다. 계속되는 A의 추궁에 대한 답으로 앞으로 술을 안 마신다고 말한 후 이에 대해 언급한 말이므로 ②가 가장 적절하다. 대화의 흐름과 함께 관용구에 대한 정리가 필요한 문제이다.

해석

A : 오늘 안 좋아 보이네. 무슨 일이야?
B : 어젯 밤에 친구들하고 술을 좀 많이 했어.
A : 더 이상 술 안 먹는다고 얘기하지 않았어?
B : 그랬지. 그렇지만 그렇게 되질 않더라고. 친구들 때문에, 어젯밤에 3차까지 갔어.
A : 남 탓하지 마.
B : 알았어. 앞으로는 술 안 마실게. 한번 믿어봐.

어휘

- You can take my word for it. 내 말을 믿어도 좋아.
- have butterflies in one's stomach 안절부절 못하다
- state-of-the-art 최신식의, 최첨단의
- tongue in cheek 반은 농조의; 비꼬는

08 ★★★ 답 ②

출제 영역 문법>정문 찾기

분석

② '~ago'의 표현으로 보아 본동사보다 준동사로 온 to부정사는 앞선 시제가 되어야 함을 알 수 있다. 따라서 본동사보다 앞선 시점의 표현으로 완료부정사 'to have been'이 올바르게 왔다.
① 'dedicate A to B(A를 B에 몰두시키다)'의 표현에서 to는 전치사이므로 동사원형 become은 동명사 'becoming'으로 바꿔야 한다.
③ 복합관계부사 however가 이끄는 양보부사절의 어순은 'However (No matter how) 형용사/부사 주어+동사~'의 어순이 되어야 한다. 따라서 'However trivial the issue may appear to be'로 바꿔야 한다.
④ which는 선행사 some books를 지칭하는 관계대명사로 종속절의 주어는 'either of which(them)'이고, 이때 동사의 수는 either에 일치시켜야 하므로 are를 단수동사인 'is'로 바꿔야 한다.

해석

① 많은 사람들이 성공하는 것에 몰두한다.
② 이 공룡은 약 7천만 년 전에 존재했던 것으로 보인다.
③ 그 문제가 아무리 사소해 보일지라도, 그것은 양국 간의 전쟁을 야기할 수 있다.
④ 몇 권의 책들이 있는데, 그 책들 각각이 매우 교육적이다.

09 ★★☆ 답 ④

출제 영역 문법>비문 찾기

분석

④ 동명사 making은 불완전타동사에서 파생했으므로 목적어 restaurant에 이어 목적보어가 와야 한다. 부사는 문장성분이 될 수 없으므로 형용사 'efficient'로 바꿔야 한다.
① 문맥상 급여 인상(the raise)이 '거절되어'졌으므로 수동태로 올바르게 표현되었다.
② 선행사 South Carolina를 지칭하며 관계부사이므로 뒤에 완전한 절이 올바르게 이어졌다.
③ 양보부사절의 표현으로 보어인 frustrated가 문장의 앞으로 오면서 접속사 though 대신에 as가 온 올바른 문장 구조이다. '형용사/분사 as 주어+동사~'는 양보부사절의 표현이다.

해석

1961년에 Jerry Richardson은 중요한 결정에 직면했다. 그는 멋진 것으로 여겨졌던 직장을 가졌다. 그러나 그가 요구했던 봉급 인상이 거절되었을 때 그는 자기 자신의 사업을 시작할 때가 왔다고 느꼈다. 그는 축구로부터 은퇴했다. Richardson과 그의 가족은 South Carolina로 다시 이사를 갔고 그곳에서 옛 친구가 그에게 햄버거 노점을 사라고 권했다. Richardson은 Hardee's의 첫 번째 체인점의 영업권을 샀다. 그는 축구공을 잡는 것으로부터 하루에 12시간 동안 햄버거를 뒤집는 것으로 바뀌었다. 좌절했지만 Richardson은 포기하기를 거부했다. 그는 자신의 식당을 더 효율적으로 만드는 데 집중했다. 머지않아 그의 사업은 번창했다.

10 ★★☆ 답 ②

출제 영역 문법>영작하기

분석

② 5형식 문장 구조 'think of A as B'를 수동태로 전환한 문장이다. 주어가 국가명이므로 복수형이지만 단수로 수일치시킨 올바른 문장이다.
① '교대로 하다'의 표현은 'take turns'가 되어야 한다.
③ 주절의 동사는 '불리어진다'가 되어야 하므로 called를 수동태인 'is called'로 바꿔야 한다.
④ consider는 동명사를 목적어로 취하는 타동사이므로 to take를 동명사 taking로 바꿔야 한다.

11 ★★☆ 답 ①

출제 영역 독해>대의 파악>제목

분석

우리는 사치품을 곧 필수품으로 인식하게 되는 경향이 있다는 점과 이것의 사례로 시간을 아껴주는 여러 장치들을 들고 있으므로, 글의 제목으로 ① '새롭게 익숙해진 사치품들: 필수 불가결하고 되돌릴 수 없음'이 가장 적절하다.

해석

역사상 몇 안 되는 철칙 중 하나는 사치품이 필수품이 되는 경향이 있다는 것이다. 일단 사람들이 어떤 사치품에 익숙해지면, 그들은 그것을 당연하게 여긴다. 그런 다음 그들은 그것에 의존하기 시작한다. 마침내 그들은 그것 없이는 살 수 없는 시점에 이른다. 우리 시대의 친숙한 예를 들어 보자. 지난 수십 년 동안, 우리는 세탁기, 진공청소기, 식기 세척기, 전화기, 휴대전화, 컴퓨터, 이메일 같은 삶을 좀 더 편안하게 해주는 수많은 시간을 절약해주는 장치들을 발명했다. 선진국 가정의 대다수는 그것들을 가지고 있고 그것들이 없는 생활은 상상조차 할 수 없다. 전에는 편지를 쓰고, 봉투에 주소를 쓰고 우표를 붙이고, 우체통에 넣는 데 많은 노력이 필요했다. 답장을 받는 데 며칠, 몇 주, 심지어는 몇 달이 걸렸다. 요즘 나는 이메일을 급히 쓰고, 그것을 지구 반대편으로 보내고, 1분 후에 답장을 받는다.

어휘

- necessity 필수품
- count on ~을 의지하다
- countless 수많은
- dash off ~을 급히 쓰다

12 ★★☆

답 ③

출제 영역 독해>글의 일관성>무관한 문장

분석

오랜 시간 전에 시작된 영화는 미래가 없는 발명품이라는 혹평을 들었지만 정보를 전달하고 문화에 영향을 끼치는 강력한 도구로 성장해왔다는 내용의 글로, 이제껏 제작된 많은 무성 영화가 더 이상 존재하지 않으며, 존재하는 것들도 상태가 썩 좋지 않다는 내용의 ③은 글의 전체 흐름과 관계가 없다.

해석

100년도 넘는 기간 이전에 영화의 시대가 시작된 이후로, 영화는 영화에 대한 회의론자와 비방하는 사람들 을 가지고 있었다. 영화 촬영술의 주요 발명가 중 한 명인 Louis Lumièe조차도 "영화는 미래가 없는 발명품이다."라고 말했다. 그러나 다행이게도, Lumièe가 틀렸다. 영화에는 정말로 미래가 있었다. 영화는 이야기를 말하고, 정보를 전달하고, 문화에 영향을 미치기 위한 도구로서 대단히 인기 있고 엄청나게 강력해졌다. 홱 움직이고, 불분명하고, 흑백의 이미지를 가지고 있던 초기 무성 영화조차도 관객들의 관심을 사로잡는 거의 마법 같은 힘을 보여 주었다. (새로운 연구에 따르면, 이제까지 제작된 모든 무성 영화의 약 70퍼센트가 더 이상 존재하지 않으며, 존재하는 무성 영화들의 대부분이 좋은 상태에 있지 않다.) 오늘날, 뼈가 흔들리는 입체 음향, 밝은 색상, 넓은 스크린 형식, 그리고 디지털 특수 효과로 인해, 우리를 다른 세계로 데려다 주는 영화의 힘은 엄청난 비율로 성장해왔다.

어휘

- dawn 시작, 새벽
- skeptic 회의론자
- cinematography 영화 촬영술

13 ★☆☆

답 ③

출제 영역 독해>대의 파악>심경

분석

어두운 복도를 걸어가는데 비명 소리가 들리고 그 소리가 벽에 울려 숨이 막히고 다리가 뜻대로 움직여지지 않았다고 했으므로, 'I'의 심경은 ③ '겁에 질리고 어쩔 줄 모르는'이 가장 적절하다.

해석

나는 어두운 복도를 천천히 걸어가고 있었는데, 너무 어두워서 내가 볼 수 있었던 유일한 것은 복도 끝에서 나오는 작은 빛의 틈이었다. 내 발을 제외한 주변의 모든 것이 정지해 있었는데, 내 발은 소리 없이 바닥을 가로질러, 내가 눈을 뗄 수 없는 그 빛의 흔적을 향해 갔다. 그 설명할 수 없는 고요함은 숨죽인 비명에 갑자기 깨졌다. 복도의 나머지가 그렇게 조용하지 않았다면, 나는 그것을 듣지 못했을 것이다. 그 분명치 않은 비명이 내 주위에 메아리쳤고, 내 주위의 보이지 않는 벽에서 반사되었다. 이제 그 메아리가 내 주위를 온통 에워싸고 있는 것 같았고, 나는 숨이 막혔다. 나는 복도를 더 빨리 내려가기 위해 다리를 움직이려고 애썼지만, 내 다리는 다른 속도로 움직이려고 하지 않았다. 이제 내 주위는 완전히 조용했다. 누가 비명을 질렀든, 때는 이미 늦었다. 나는 충분히 빠르지 않았다.

어휘

- crack 틈
- still 정지한, 가만히 있는
- hint 흔적
- inexplicable 설명할 수 없는
- obscure 분명치 않은
- bounce (빛, 소리 등이) 반사하다
- suffocate 숨이 막히게 하다
- will 애를 쓰다, 의지력을 발휘하다

14 ★☆☆

답 ④

출제 영역 독해>대의 파악>요지

분석

음성 연기를 위한 전문적인 수업에 참가하면 다양한 선생님과 코치들로부터 여러 차원의 가르침을 받고 자신의 장점과 단점을 파악하고 다양하게 연습할 기회가 있다는 내용이므로, 글의 요지로 ④가 가장 적절하다.

해석

음성 연기 연습서를 읽고 모든 기초 사항을 배울 수 있는데 왜 일부러 수업을 받아야 하는가? 수업이란 여러분이 위험을 무릅쓰거나 혹은 '한계를 시험하고', 그리고 전문가로부터 즉각적이고 전문적인 피드백을 받을 수 있는 공간이기 때문이다. 그곳은 바로 여러분이 전문적인 부스의 마이크 앞에서 자신의 기술을 배우고 연습할 수 있는 곳이다. 학생들은 계속 학습해야 하고, 다양한 교사들과 코치들로부터 배워야 한다. 한 유명한 성우는 언젠가 "일을 많이 하는 사람은 일을 많이 하는데, 그 이유는 그들이 노력을 많이 해서이다."라고 말했다. 오디션은 새로운 것을 시험해 볼 공간이 아니다. 그러나 좋은 음성 연기 수업에서, 분위기는 지지적이다. 여러분은 목소리의 모든 측면을 탐구하고 개발하도록 격려 받으며 여러분의 장점과 단점을 배울 것이다. 이것들은 덜 실체적인 핵심들이지만 그것들은 한두 가지 핵심 기술을 연습하는 것만큼 중요하다.

어휘

- voice－over 보이스 오버(영화, 텔레비전 등에서 화면에 나타나지 않는 인물이 들려주는 해설 등), 음성 연기
- stretch 한계를 시험하다, 늘이다
- craft 기술
- dimension 측면
- tangible 실체적인, 명백한

15 ★★☆ 답 ②

출제 영역 독해>대의 파악>주제

분석

과학자가 어떤 현상이 왜 존재하는지에 관한 자신들의 생각을 밝힌 논문을 작성하는 것을 마치 판매원이 판매할 상품을 가진 것에 비유하면서, 다른 판매원이 파는 상품이 아니라 자신의 상품을 사도록 소비자를 설득해야 하듯이, 과학자도 자신의 설명이 더 설득력 있게 받아들여지도록 작성해야 한다는 것을 말하는 내용이므로, 글의 주제로 ② '과학 논문이 설득력이 있어야 할 필요성'이 가장 적절하다.

해석

과학자들이 논문을 쓸 때, 그들은 은유적으로 홍보할 상품을 가지고 있다. 그 상품은 왜 어떤 현상이 존재하는 지에 관한 그들의 생각이다. 때로는, 그것은 시중에 나와 있는 유일한 상품이고, 그들은 소비자가 어떤 상품이든지 사도록 설득하기만 하면 된다. 과학자들이 성공하는지의 여부는 부분적으로 그들이 얼마나 설득력이 있는지 그리고 부분적으로 그 상품이 얼마나 많이 필요로 되는지에 달려 있을 것이다. 어떤 광고 캠페인도 싹트지 않을 것이라고 보장된 꽃이나 혹은 왜 사람들이 보통 자신들의 발이 아니라 물구나무로(거꾸로) 서지 않는지에 대한 설명을 팔 것 같지 않다. 하지만, 대부분의 경우에 그 제품에 대한 이미 정해진 수요가 있다. 경쟁하는 판매원들이 시장을 독점하려고 하고 있기 때문에, 과학자들은 소비자가 그저 아무 상품이든 사는 것이 아니라 자신들의 상품을 사도록 설득해야 한다.

어휘

- metaphorically 은유적으로, 비유적으로
- stand on one's heads 물구나무로 서다
- corner the market (특정 상품의) 시장을 독점하다

16 ★★☆ 답 ②

출제 영역 독해>세부내용 찾기>내용 불일치

분석

임금 인상은 재화 및 서비스 비용을 상승시켜 다시 생활비를 증가시킨다고 했으므로 ②의 인플레이션이 둔화된다고 한 내용은 일치하지 않는다.

해석

인플레이션은 무언가가 점점 커지고 있다는 것을 시사하는 것 같다. 사실, 인플레이션은 물품에 다한 화폐의 교환 가치가 떨어지고 있다는 것을 의미한다. 이것을 상쇄하기 위해 화폐의 액면 가치는 오르게 된다. 인플레이션의 원인은 많고도 다양하다. 수입 인플레이션은 석유와 같이 다른 나라에서 생산되는 물품이 비싸질 때 일어난다. 이는 이러한 수입품으로 만들어지거나, 혹은 이러한 수입품에 의존하는 물품들의 가격을 상승시킨다. 임금은 이러한 생활비 상승을 충족시키기 위해 상승한다. 이는 또 다시 재화 및 서비스 비용을 상승시킨다. 따라서 생활비는 다시 상승하게 된다. 임금은 또 다시 올라가게 되고 이와 같은 악순환은 확립된다.

어휘

- exchange value 교환가치
- compensate 보상하다, 보충하다
- inflate 팽창하다, 부풀다
- derive 끌어내다, 기인하다
- in turn 차례로
- spiral 나선형의
- established 확립된, 확정된
- domestic goods 국산품
- spark 불꽃이 튀다; 발단이 되다, 야기하다

17 ★★☆ 답 ③

출제 영역 독해>글의 일관성>문장 삽입

분석

주어진 문장은 역접의 연결사인 however를 포함하고 있고 이번에는 결과가 매우 달랐다는 내용인데, 이것은 캐나다 우편 공사의 노조원들이 파업을 통해 이루려고 의도했던 결과를 서술하는 내용에서 그 파업을 계기로 실제로 벌어진 결과를 서술하는 내용으로 전환되는 자리에 와야 하므로, 주어진 문장은 ③에 들어가는 것이 가장 적절하다.

해석

임금과 근로 조건에 대한 분쟁에서, 캐나다 우편 공사의 노조원들이 파업에 돌입했다. 그들의 목표는 고객들에게 충분한 불만을 안겨 주어서 경영진이 조속히 합의 할 수밖에 없게 하는 것이었다. 파업의 결과로, 국내외 우편물의 배달이 몇 주 동안 중단되었다. 옛날에는 이것이 사람들의 청구서가 미납되고, 편지나 다른 형태의 서신이 느려지며, 고객들이 큰 불편을 겪게 됨으로써, 정부에 상당한 부담을 주는 것을 의미했을 것이다. 하지만, 이번에는 결과가 매우 달랐다. 매달 청구서를 우편으로 보냈던 수백 만의 사람이 간단히 전자 청구서 지불 방식으로 전환했다. 손으로 쓴 편지가 점점 더 느려지고 어려워짐에 따라 이메일 사용이 증가했다. "많은 사람이 종이 형태의 우편물이 이제는 사회에서 중심적인 역할을 하지 않는다는 것을 알게 되고 그 파업은 지금까지 주저했던 사람 중에서 온라인 전향자들을 만듦으로써 그런 경향을 가속시켰을 따름이었다."라고 The Globe and Mail 신문의 사설은 결론을 내렸다.

어휘

- go on strike 파업에 돌입하다
- halt 중단하다
- convert to ~로 전환하다
- hitherto 지금까지

18 ★★☆

답 ①

출제 영역 독해>빈칸 완성>단어

분석

발목을 삔 여성이 에이스 붕대라는 구체적인 상표를 요청하지 않았더라면 도움을 받을 수 있었을 것이라는 내용이므로, 빈칸에는 ①이 가장 적절하다.

해석

> 몇몇 연구자들이 수행한 어느 실험에서, 한 여성이 붐비는 보도 위에 서 있다가, 지나가는 사람들에게 자신이 발목을 삐어서 도움이 필요하다고 말했다. 누군가가 멈추면 그녀는 그 사람에게 근처의 약국에서 에이스 붕대를 사다 달라고 요청했다. 한 연구자가 약국 안에 서서 도움을 주는 그 사람이 약사에게 요청하는 동안 말을 들었는데, 그 약사는 에이스 붕대가 다 떨어졌다고 말하기로 사전에 동의한 상태였다. 이 말을 들은 후에, 그들이 연구한 25명 중에서 단 한 명의 피실험자도 약사가 그밖에 다른 것을 추천할 수 있는지를 물을 생각을 하지 못했다. 사람들은 약국을 나와서 '피해자'에게 빈손으로 돌아와 그 소식을 그녀에게 말했다. 연구자들은 그녀가 덜 구체적인 도움을 요청했더라면, 그것을 얻었을지도 모른다고 추측했다. 그러나, 삔 발목에 에이스 붕대가 필요하다는 단 하나의 생각에 따라 행동한 어느 누구도 다른 종류의 도움을 찾으려고 노력하지 않았다.

어휘

- sprain 삐다
- empty-handed 빈손인

19 ★★★

답 ③

출제 영역 독해>빈칸 완성>어구

분석

경제학에서 '80/20 원칙'이란 20퍼센트의 노력으로 80퍼센트의 결과를 얻어낸다는 것으로, 그 원칙에 대한 설명이 빈칸 이하에 나와 있기 때문에, 빈칸에 들어갈 말은 적은 노력으로 결과물의 많은 것을 얻을 수 있는 것과 관련이 있어야 하므로, 빈칸에는 ③이 가장 적절하다.

① 이론이 항상 실제와 맞는 것은 아니다.
② 진실한 노력은 우리의 꿈을 배반하지 않는다.
④ 우리는 삶에서 필요한 모든 것을 얻을 수 있는 것은 아니다.

해석

> 경제학에서, 우리는 경제가 다른 누군가를 더 가난하게 만들지 않고서는 어떤 사람도 경제적으로 더 나아지게 할 수 없을 때 효율적으로 생산하고 있다고 말한다. '파레토 최적'은 어떤 재구성이나 거래도 또 다른 개인의 유용성이나 만족을 낮추지 않고는 한 개인의 유용성이나 만족도를 높일 수 없는 상황이다. 파레토의 원리는 일상생활에서 효율적으로 운영하는 방법에 관한 이론을 포착한다. 실제적인 의미는 '80/20 원칙'에 반영되어 있는데, 그것은 사람은 일반적으로, 원하는 것의 대부분, 아마도 목표의 최대 80퍼센트를 오로지 상대적으로 많지 않은 노력의 양, 오로지 아마도 기대된 노력의 20퍼센트로 성취한다는 것을 진술한다. 원칙은 삶의 대부분의 것들은 고르게 배분되어 있지 않다는 관찰이다. 예를 들어, 입력의 20퍼센트가 결과의 80퍼센트를 생성하거나, 판매의 80퍼센트가 제품의 20퍼센트에서만 발생할 수 있다. 분명한 의미는, 여러분이 들이는 노력의 적은 비율이 그 결과의 대부분을 제공한다는 것이다. 따라서, 우리가 성취하고 싶어 하는 결과의 80퍼센트를 얻을 수 있게 해줄 20퍼센트에 노력을 투자함으로써 시간을 더 잘 활용할 수 있다.

어휘

- reorganization 재구성
- utility 유용성
- implication 의미
- modest 보통의, 대단하지 않은

20 ★★★

답 ④

출제 영역 독해>글의 일관성>글의 순서

분석

프랑스의 불안한 정치 상황을 제시하고 있는 주어진 글 다음에는, these dissidents로 주어진 글의 반기를 든 귀족들을 받은 다음 Louis 14세가 베르사유 궁전을 건립하고 그 궁전에 귀족 가문이 정기적으로 출석하도록 명령한 내용의 (C)가 오고, (C)의 noble families를 the nobility로 받아 이 귀족들을 감시하기 위해 궁정을 감시하고 예법을 준수하게 했다는 내용의 (A)가 이어진 다음, this idea로 (A)에서 제시한 예법에 대한 강조를 받아 이러한 예법에 대한 강조가 정원 경관에도 이어졌다는 (B)가 오는 것이 글의 순서로 가장 적절하다.

해석

> 프랑스는 30년 전쟁을 베스트팔렌 평화 조약이 종식시킨 1648년에 유럽의 주요 강국으로서 진출했다. 그러나 사회적 그리고 정치적인 불안이 뒤를 이었고, 그 시절에 프랑스의 귀족들은 왕에게 반기를 들었다. (C) Louis 14세는 이런 정치적인 반대자를 복종시키고 절대 군주제를 설립할 수 있었다. 베르사유에 있는 그의 대궁전은 절대적인 힘과 통제력의 상징이다. 그는 귀족 가문이 베르사유의 왕궁에 정기적으로 출석할 것을 명령했다. (A) 그 귀족들을 감시하기 위해, 궁정은 왕에 의해 항상 감시되었고, 옷에서부터 표정에 이르기까지 모든 것이 지시되어 있는 적절한 예법이 준수되어야 했다. (B) 경관 자체도 또한 이 아이디어를 따랐다. 격식을 차린 정원은 적절한 예법, 즉 격식을 차린 행동을 강요했다. 베르사유의 정원은 17세기 프랑스의 정치적이고 사회적인 극장의 무대였다.

어휘

- launch 진출하다, 착수하다
- unrest 불안, 동요
- rebel 모반하다, 반기를 들다
- etiquette 예법
- dictate 지시하다
- subordinate 복종시키다, 종속시키다
- monarchy 왕정, 군주제

제3과목 한국사

정답 체크

01	02	03	04	05	06	07	08	09	10
②	②	④	①	③	④	③	④	①	③
11	12	13	14	15	16	17	18	19	20
④	③	②	④	①	③	②	④	②	③

문항별 체크리스트

문항	문항 영역	한 눈에 보는 문항별 난이도
01	우리 역사의 시작>국가의 형성	★
02	조선 전기>정치사	★★
03	일제 강점기>일제의 통치 정책	★★
04	조선 전기>정치사	★
05	조선 전기>사회사	★★
06	개항기 · 대한제국>경제 침탈	★★
07	현대>정치사	★
08	개항기 · 대한제국>국권 침탈 과정	★★
09	일제 강점기>국내의 독립 운동	★★★
10	조선 전기>사회사	★★
11	시대 통합>지역	★★★
12	시대 통합>외교	★★★
13	삼국 시대와 남북국 시대>문화사	★★
14	개항기 · 대한제국>근대적 개혁	★★
15	조선 전기>정치사	★★★
16	현대>정치사	★★
17	고려 시대>경제사	★★★
18	남북국 시대>경제사	★★★
19	우리 역사의 시작>선사 시대	★
20	삼국 시대>정치사	★

우리 역사의 시작	/ 2	삼국 시대	/ 1
개항기 · 대한제국	/ 3	삼국 시대와 남북국 시대	/ 1
고려 시대	/ 1	조선 전기	/ 5
남북국 시대	/ 1	일제 강점기	/ 2
현대	/ 2	시대 통합	/ 2
난이도 종합	★ 5개, ★★ 9개, ★★★ 6개		

출제자 의도

단편적인 시대상보다는 시대의 흐름을 이해해야 하는 문제를 주로 출제했습니다. 역사와 시대에 대한 전체적인 시야와 이해가 필요합니다.

01 ★☆☆

답 ②

출제 영역 우리 역사의 시작>국가의 형성

정답해설

(가) 기원전 3세기 초 연의 침략을 받아 일시적으로 고조선의 세력이 약해졌다.
(라) 기원전 108년에 한 무제의 공격으로 고조선의 왕검성이 함락되었다.
(다) 고조선 멸망 직전에 역계경은 우거왕과 이견이 있자, 무리 2000호를 이끌고 남쪽의 진국으로 이주해 갔다.
(나) 기원전 194년에 위만이 준왕을 몰아내고 왕이 되었다.

02 ★★☆

답 ②

출제 영역 조선 전기>정치사

정답해설

제시문은 조광조에 관한 것으로, 중종에 의해 중용된 조광조는 경연 강화, 소격서 폐지 등의 개혁을 추진하였다. 공신들은 조광조와 사림 세력의 급진적인 개혁에 반발하여 기묘사화를 일으켰다.

② 조광조는 학문이 뛰어난 인재를 천하여 간단한 시험을 통해 등용하는 현량과를 건의하였다. 이를 통해 많은 사림이 3사 언관직에 등용되었다.

오답해설

① 고구려 고국천왕 때 실시되었다.
③ 흥선대원군 시기에 군역 개혁을 위해 추진되었다.
④ 이이는 왜란 전에 국방력 강화가 필요함을 역설하였다.

03 ★★☆

답 ④

출제 영역 일제 강점기>일제의 통치 정책

정답해설

제시문은 1937년 중일전쟁 이후 한국인의 민족의식을 말살하기 위해 암기를 강요하였던 「황국 신민 서사」이다.

④ 일제는 전쟁 막바지인 1944년 여자 정신대 근무령을 만들어 수십만 명의 여성을 강제 노동에 동원하였다.

오답해설

① 일본의 신흥 재벌인 노구치는 1927년에 흥남에 비료 공장을 건립하였다.
② 하와이 이민은 1903년에 시작되었고, 1905년까지 약 7천여 명의 한인이 이주하였다.
③ 조명하는 1928년에 의거를 단행하였다.

출제자의 Point!

중일 전쟁 이후의 일제 통치
- 1937 황국 신민 서사 암송
- 1938 국가 총동원법 제정, 국민정신총동원 운동 전개
- 1939 징용령 제정
- 1940 『조선일보』와 『동아일보』 폐간, 미곡 공출제 실시
- 1941 국민학교로 명칭 변경, 조선사상범 예방 구금령 제정
- 1943 학도지원병제 실시
- 1944 징용제 – 징병제 – 근로 정신대 실시

04 ★☆☆

답 ①

출제 영역 조선 전기>정치사

정답해설

제시된 자료의 밑줄 친 '왕'은 광해군이다.

① 명은 후금을 공격하기 위해 조선에 원군을 요청하였고, 명과 후금 사이에서 신중한 중립 외교 정책으로 대처하던 광해군은 명의 거듭된 요구에 강홍립을 파견하였다.

오답해설

② 효종은 송시열, 이완 등을 등용해 북벌을 준비하였다.
③ 중종 때 3포 왜란이 일어났다.
④ 계해약조는 세종 때 체결되었으며, 광해군 시기에는 기해약조를 맺었다.

05 ★★☆

답 ③

출제 영역 조선 전기>사회사

정답해설

제시문의 '약정', '덕업상권, 과실상규, 예속상교, 환난상휼'을 통해 (가)는 '향약'임을 알 수 있다.

ㄴ. 법과 제도가 오늘날처럼 촘촘하지 않는 조선 시대에, 향약은 풍속 교화와 향촌 사회 질서 유지에 크게 기여하였다.
ㄹ. 향약은 중종 때 조광조가 처음 시행한 이후 전국적으로 확산되었다.

오답해설

ㄱ. 향규는 유향소나 향안에 오른 지방 사족의 비리를 규제하는 규약으로, 유향소의 활동과 관련 있다.
ㄷ. 고려 시대 향도와 관련 있다.

출제자의 Point!

유향소	• 지방 사림 참여 • 운영 : 좌수, 별감 주도 • 활동 : 향회 개최, 향안 작성, 향규 제정
향약	• 지방 사림과 일반 백성 참여 • 운영 : 약정, 부약정 주도 • 활동 : 향촌의 질서 유지, 농민 생활 안정에 기여
향도	• 농민 주도 • 활동 : 장례나 어려운 일이 생겼을 때 서로 도움, 상두꾼 유래

06 ★★☆

답 ④

출제 영역 개항기 · 대한제국>경제 침탈

정답해설

제시된 3년 동안의 기록을 살펴보면, 일본으로부터의 수입액은 1.5배 정도 늘었고, 일본으로의 수출액은 4배 가까이 급증했다. 특히 수출의 대부분은 쌀과 콩이 차지하였다.

④ 일본은 1876년 조일 무역 규칙에 따라 무관세 해택을 누렸으나, 조선은 1883년 조일 통상 장정을 통해 관세 자주권을 일부 회복하였다.

오답해설

① 대표적인 방곡령으로는 1889년에 함경도 관찰사 조병식의 것이 있다.
② 1890년에 이르면 수입액과 수출액의 차이가 크게 줄어들었다. 즉, 일본은 면제품을 판 이익으로 국내의 곡물을 사갔음을 알 수 있다.
③ 일본은 조선에서 가져간 곡물 덕분에 곡물가를 안정시켜 산업화에 박차를 가할 수 있었다.

출제자의 Point!

미면 교환 체제
- 의미 : 조선에 면제품과 각종 공산품을 팔고 쌀을 사 가는 형태
- 영향 : 값싼 면제품의 수입으로 가내 수공업 위주의 국내 면직물 산업이 타격을 입었고, 쌀 수출은 쌀값 인상을 불러왔다.

07 ★☆☆

답 ③

출제 영역 현대>정치사

정답해설

제시문의 '올림픽', '독재 정권', '젊은이의 고문 살인, 은폐' 등을 통해 전두환 정부 시기임을 알 수 있다. 1987년 1월 박종철은 경찰의 고문을 받다 사망하였다.

③ 전두환 정부는 4 · 13 호헌 조치를 발표하여 국민의 직선제 개헌 요구를 거부하였다. 이에 6월 10일 전국적으로 시위가 일어났다.

오답해설

① 4 · 19 혁명은 이승만 독재 정권에 저항한 민주화 운동이다.
② 5 · 18 민주화 운동은 전두환 신군부의 집권에 저항하였다.
④ 3 · 1 민주 구국 선언은 1976년 박정희 유신 체제와 경제 발전 논리에 대한 비판을 담고 있다.

08 ★★☆

답 ④

출제 영역 개항기 · 대한제국>국권 침탈 과정

정답해설

자료의 (가)는 메가타, (나)는 스티븐스이다. 메가타는 재정 고문으로 화폐 정리 사업을 주도하였고 스티븐스는 외교 고문으로 활동하였다.

④ 이들은 제1차 한 · 일 협약에 따라 대한제국에 파견되었다.

오답해설

① 이토 히로부미에 해당한다.

② 마젠창과 묄렌도르프에 관한 내용이다.

③ 헐버트는 육영공원의 교사로 참여하였다.

09 ★★★

답 ①

출제 영역 일제 강점기>국내의 독립 운동

정답해설

자료는 1924년에 경성 제국 대학이 설립된 사실을 알려 주고 있다.

① 1923년대에 설립한 극단 토월회는 연극을 통하여 민족 운동을 전개하였다.

오답해설

② 신채호는 1908년에 '독사신론'을 대한매일신보에 연재하였다.

③ 브나로드 운동은 1931년~1934년에 전개되었다.

④ 유길준은 기존의 '조선문전'을 개정하여 1909년 '대한문전'을 출간하였다.

10 ★★☆

답 ③

출제 영역 조선 전기>사회사

정답해설

제시된 자료는 16세기의 도적 임꺽정에 관한 상소문이다.

③ 국경 지대에서 후시가 이루어진 것은 조선 후기의 일이다.

오답해설

① 명종 때 『구황촬요』를 간행하여 잡곡, 도토리, 나무껍질 등을 가공하여 먹는 방법을 제시하였다.

② 16세기에는 농민들이 요역 동원을 기피하였는데 이에 농민 대신에 군인들을 각종 토목 공사에 동원하게 되었다. 그러자 군역에 복무해야 할 사람에게 포를 받고 군역을 면제하는 방군수포와 다른 사람을 사서 군역을 대신하게 하는 대립이 불법적으로 행해졌다.

④ 관영 수공업은 16세기에 들어와 부역제가 해이해지고 상업이 발전하면서 점차 쇠퇴하기 시작하였다.

11 ★★★

답 ④

출제 영역 시대 통합>지역

정답해설

제시된 자료의 '이 곳'은 한양이다. 고려 시대의 남경 길지설, 일제 강점기의 본정(충무로), 명치정(명동) 등을 통해 알 수 있다.

④ 조선 후기 중앙군 중 훈련도감, 어영청, 금위영은 한양의 방어를 담당하였고, 총융청과 수어청은 각각 북한산성과 남한산성을 방어하였다.

오답해설

① 강화도 조약에 의해 최초로 개항된 곳은 부산이다.

② 1920년대 최대의 학생 운동은 광주에서 일어났다.

③ 거란족의 2차 침입 때 수도 개경이 함락되자, 현종은 나주까지 피난갔다.

12 ★★★

답 ③

출제 영역 시대 통합>외교

정답해설

제시된 자료의 ㉠은 임진왜란 당시의 의주 파천이며, '바다 건너 오랑캐가 침범하였다'는 글을 통해 알 수 있다. ㉡은 1896년의 아관 파천으로, '외국의 신하가 있는 곳을 빌린다'는 글을 통해 알 수 있다.

③ 아관 파천을 계기로 광산 채굴권 삼림 벌채권 등 열강의 경제적 이권 침탈이 본격화하였다.

오답해설

① 원 · 명 교체기는 공민왕 시기에 해당한다.

② 비변사는 중종 때 3포 왜란을 계기로 설치되었으며 임진왜란을 계기로 그 기능이 강화되었다.

④ 외국에 원병을 청한 것은 임진왜란 때에만 해당한다.

13 ★★☆

답 ②

출제 영역 삼국 시대와 남북국 시대>문화사

정답해설

② 신라는 불교를 수용하는 과정에서 업설을 내세웠다. 귀족들은 이를 통해 자신들의 특권을 정당화하였다. 반면 불국사 3층 석탑은 통일 신라 시기에 제작되었다

오답해설

① 분황사지의 탑은 석재를 벽돌 모양으로 쌓아 모전 석탑이라고도 한다.

③ 팔각원당형의 승탑으로는 신라 하대의 흥법사지 염거화상탑과 쌍봉사 철감선사 승탑, 고려의 고달사지 승탑이 유명하다.

④ 선종이 유행하면서 고승의 사리를 담은 승탑이 제작되었다.

14 ★★☆

답 ④

출제 영역 개항기 · 대한제국>근대적 개혁

정답해설

(가)의 통리기무아문은 1880~1882년까지 개화와 관련된 정책을 총괄하였다. (나)는 1897년에 대한제국의 수립을 선포한 내용이다.

④ 대한제국은 광무개혁을 추진하면서 상공업 진흥 정책에 따라 외국에 유학생을 파견하여 근대 산업 기술을 습득하게 하였다.

오답해설

① 흥선대원군은 호포제를 실시하였다.
② 1차 갑오개혁으로 6조를 8아문으로 개편하였다.
③ 1차 갑오개혁으로 청의 연호 사용을 중지하고 개국 기원을 사용하게 하였다.

15 ★★★

답 ①

출제 영역 조선 전기>정치사

정답해설

(가)의 '간단한 시험', '5위 배속', '정예병'은 갑사를 설명한 것이다. (나)의 '노비도 소속되어'는 속오군에 해당한다.

ㄱ. 갑사는 조선 전기 중앙군인 5위에 소속된 군인으로, 근무 기간에 따라 품계와 녹봉을 받았다.
ㄴ. 속오군은 임진왜란 중에 편성된 지방군으로, 평상시에는 생업에 종사하다가 전시에는 전투에 동원되었다.

오답해설

ㄷ. 제승방략 체제는 을묘왜변을 계기로 명종 때 시행됐으나, 임진왜란 초기에 문제점을 노출하여 폐지하였다. 이후 진관체제를 복구하였다.
ㄹ. (가) 갑사는 조선 전기의 중앙군에 속했다.

16 ★★☆

답 ③

출제 영역 현대>정치사

정답해설

자료는 4 · 19 혁명 직후 수립된 허정 과도정부가 개정한 헌법에 의해 실시된 선거 결과를 보여준다. 선거 결과 여당인 자유당이 몰락하고 야당인 민주당이 압도적으로 승리하였다.

③ 4 · 19 혁명 후 구성된 허정의 과도정부는 내각 책임제와 양원제를 핵심으로 하는 개헌을 실시하였다.

오답해설

① 이승만 정부의 발췌 개헌에 해당한다.
② 5 · 16 군사 정변 이후 박정희 세력은 국가 재건 최고 회의를 만들었다.
④ 이한열의 사망을 계기로 1987년 6월에 전국적인 민주화 운동이 전개되었다.

17 ★★★

답 ②

출제 영역 고려 시대>경제사

정답해설

제시된 자료는 고려 후기 권문세족의 횡포로 토지 제도가 문란해진 상황을 보여주고 있다. 권문세족은 수조지를 조업전(조상으로부터 받은 땅)으로 부르며 사유화하였다.

② 고려 후기인 충선왕 때는 국가가 재정 수입을 늘리기 위해 소금의 전매제를 시행하였다.

오답해설

① 우리나라 최초의 철전인 건원중보는 고려 성종 때 주조되었다.
③ 공물을 쌀, 포, 돈 등으로 대납하는 대동법은 조선 광해군 때 처음 실시되었다.
④ 삼국 통일 이후 상품 수요의 증가로 인해 서시와 남시를 추가로 설치하였다.

18 ★★★

답 ④

출제 영역 남북국 시대>경제사

정답해설

신문왕은 관료전을 지급하고 녹읍을 폐지했으며, 성덕왕은 백성에게 정전을 지급하였다. 그러나 8세기 후반 경덕왕 때 귀족들의 반발로 녹읍이 부활되었다.

ㄴ. 신문왕의 아들인 효소왕 시기에 서시와 남시를 설치했다.
ㄷ. 삼국사기 기록에는 경덕왕 때 내외관의 월봉을 없애고 다시 녹읍을 나누어 주었다고 되어 있는데 이때의 월봉은 관료전을 말한다. 따라서 관료전을 지급하고 녹읍이 부활되기 이전인 (나), (다) 시기에는 관리들에게 복무의 대가로 월봉이 지급되었다.
ㄹ. 녹읍은 귀족들이 농민들로부터 조와 함께 노동력을 징발할 수 있는 토지였다.

오답해설

ㄱ. 관료전 지급 2년 후에 귀족들의 녹읍이 폐지되었다. 따라서 녹읍이 폐지된 시기는 (나)가 된다.

19 ★☆☆

답 ②

출제 영역 우리 역사의 시작>선사 시대

정답해설

자료는 신석기 시대 움집에 대한 설명이다.

② 신석기 시대에는 농경이 시작되었고, 돌보습이나 돌괭이와 같이 간석기로 만든 농기구가 사용되었다.

오답해설

① 찍개는 구석기 시대의 유물이다.
③ 세형동검은 철기 시대에 제작된 청동검이다.
④ 미송리식 토기는 청동기 시대에 제작되었으며, 주로 청천강 이북과 요령성 일대에 분포한다.

20 ★☆☆ 답 ③

출제 영역 삼국 시대>정치사

정답해설

제시문은 5세기 장수왕 시기에 건립된 충주 고구려비의 일부 내용이다.

③ 충주 고구려비를 통해 고구려가 남한강 유역으로 진출하여 한반도 중부 지방까지 영토를 확장하였음을 알 수 있다.

오답해설

① 충주 고구려비의 건립 연도는 명확하게 밝혀지지 않았다. 하지만 법흥왕이 재위했던 6세기와는 시간차가 크다.

② 광개토대왕릉비에 대한 설명이다.

④ 발해는 정효 공주 묘지석에서 문왕을 '황상'으로 표현했다. 이처럼 발해는 황제와 황후를 칭하고 독자적 연호를 사용하여 황제국임을 당당하게 드러냈다.

문제편 p.022

제2회 실전동형 모의고사

제1과목 국어

정답 체크

01	02	03	04	05	06	07	08	09	10
①	②	③	④	④	④	①	②	③	②
11	12	13	14	15	16	17	18	19	20
④	③	②	④	③	①	③	②	①	①

문항별 체크리스트

문항	문항 영역	한 눈에 보는 문항별 난이도
01	어휘>한자(한자성어)	★
02	어휘>한자(한자성어)	★★
03	어휘>한자(한자성어)	★★
04	문법>통사론	★★
05	문법>형태론	★★★
06	문법>형태론	★★
07	문법>의미론	★
08	문법>음운론	★★
09	문법>형태론	★★
10	문법>형태론	★★
11	문법>형태론	★★
12	문법>언어예절	★
13	어휘>고유어	★★
14	문학>현대시	★★
15	문학>고전산문	★★★
16	문학>현대소설	★★
17	문학>고전운문	★
18	비문학>추론적 읽기	★★
19	비문학>사실적 읽기	★★
20	비문학>추론적 읽기	★★★

문법	/9	어휘	/4
현대 문학	/2	고전 문학	/2
비문학	/3		
난이도 종합	★ 4개, ★★ 13개, ★★★ 3개		

출제자 의도

공무원 국어 과목에서 수험생 분들이 가장 어려워하는 영역 바로 '문법' 입니다. 이번 회차는 다양한 유형의 문법 문제를 풀어볼 수 있도록 구성했습니다.

01 ★★☆

답 ①

출제 영역 어휘>한자(한자성어)

정답해설

① 課程(지날 과, 한도/길 정)

오답해설

② 緣故(인연 연, 연고 고) * 古(옛 고)
③ 機能(틀 기, 능할 능) * 技(재주 기)
④ 氣像(기운 기, 형상 상) * 象(코끼리 상)

02 ★★☆

답 ②

출제 영역 어휘>한자(한자성어)

정답해설

② '이번 신제품의 성공으로 A사는 B사에게 내주었던 업계 1위 자리를 탈환했다.'라는 부분에서 A사의 상황을 가장 적절하게 표현한 한자성어는 '捲土重來(권토중래)'임을 알 수 있다.
- 捲土重來(말 권, 흙 토, 다시 중, 올 래) : 어떤 일에 실패한 뒤에 힘을 가다듬어 다시 그 일에 착수함을 비유하여 이르는 말

오답해설

① 兎死狗烹(토끼 토, 죽을 사, 개 구, 삶을 팽) : 토끼가 죽으면 토끼를 잡던 사냥개도 필요 없게 되어 주인에게 삶아 먹힌다는 뜻으로, 필요할 때는 쓰고 필요 없을 때는 야박하게 버리는 경우를 이르는 말
③ 手不釋卷(손 수, 아닐 불, 풀 석, 책 권) : 손에서 책을 놓지 아니하고 늘 글을 읽음
④ 我田引水(나 아, 밭 전, 끌 인, 물 수) : 자기 논에 물 대기라는 뜻으로, 자기에게만 이롭게 되도록 생각하거나 행동함을 이르는 말

03 ★★☆

답 ③

출제 영역 어휘>한자(한자성어)

오답해설

① (가)의 ㉡ '綢繆'는 '주무'로 읽는다.
② (나)의 ㉠ '확정'은 '廓正'으로 쓴다.
④ (라)의 ㉠ '포향'은 '마음껏 누린다'는 뜻이다.

04 ★★☆

답 ④

출제 영역 문법>통사론

정답해설

④ 화자는 안긴문장의 주어 '그'의 말을 인용하여 상황을 설명하고 있다. 따라서 인용 조사 '-고'의 사용은 적절하며, 문맥상으로도 자연스럽다.

오답해설

① '가졌다'는 표현은 사물이나 사상 등을 '소유'하는 것에 가깝다. 선지의 '강조하고 싶은 점'은 내가 이미 '소유'하고 있는 것에 대한 강조의 표현이므로, '~ 우리가 고유 언어를 가졌다는 것이다.' 정도로 고쳐 쓰는 것이 자연스럽다.
② 어떤 일에 대한 '즐거운 시간'은 기간이나 동안의 의미를 갖는 단어와 호응하는 것이 자연스럽다. 따라서 '그와 함께 대화를 나누며 일을 하던 나날은 즐거운 시간이었다.' 또는, '좋은 사람과 함께 대화하는 것은 즐거운 일이었다.' 정도로 고쳐 쓰는 것이 자연스럽다.
③ '결정했다'는 '나'의 생각에 맞춰 행동 또는, 표현할 때 사용되므로, 주어 '내 생각'과의 호응은 부적절하다. 따라서 '나는 ~ 결정했다.' 또는, '내 생각은 ~ 더 좋지 않을까 하는 것이다.' 정도로 고쳐 쓰는 것이 자연스럽다.

05 ★★☆

답 ④

출제 영역 문법>형태론

정답해설

④ ㉠ '꿈'은 관형어의 수식을 받고 있는 명사에 해당한다. '꾸-+-ㅁ'이 명사가 된 것이므로 여기서 '-ㅁ'은 어근에 붙어 명사를 만드는 기능을 한 것이다. '꾸다'는 대상의 동작이나 작용을 나타내므로 동사이다. 따라서 ㉡ '꿈'은 '꾸다'의 품사가 활용한 형태인 것이다. 그러므로 ㉡ '꿈'의 '-ㅁ'은 '꾸-'라는 어간에 붙은 어미에 해당한다.

오답해설

① ㉡ '꿈'의 '-ㅁ'은 의미를 더해 주거나 강조해 주지는 않는다.
② ㉡ '꿈'의 품사는 달라지지 않는다.
③ ㉠ '꿈'의 '-ㅁ'과 ㉡ '꿈'의 '-ㅁ'은 동작상과 무관하다.

06 ★★☆

답 ④

출제 영역 문법>형태론

정답해설

④ '나눠 가졌다'는 '나누다'와 '가지다'가 만나 이루어진 말로, 서로 대등하게 연결되어 있는 '본용언+본용언'의 예에 해당한다.

오답해설

① '싶다'는 본용언 뒤에서 '희망'의 뜻을 더한다.
② '있다'는 본용언 뒤에서 '상태'의 의미를 보충하는 역할을 하고 있다.
③ '보다'는 본용언 뒤에서 '추측'의 의미를 보충하는 역할을 하고 있다.

07 ★☆☆

답 ①

출제 영역 문법>의미론

정답해설

① '야구공'은 '공'이 생략되면 스포츠인 '야구' 종목 자체가 되어 '야구공'과는 전혀 다른 뜻을 지니게 된다.

08 ★★☆

답 ②

출제 영역 문법>음운론

정답해설

② '외'는 혀의 최고점의 앞뒤 위치는 앞에서, 높이는 중간쯤에서 나는 소리이다. 한편, '오'는 혀의 최고점의 앞뒤 위치가 뒤에서 나는 소리이고 높이는 중간쯤에서 나는 소리이다. 따라서 '외'는 혀의 최고점의 앞뒤 위치가 '오'보다 앞에 오고 높이는 유사한 위치에서 발음하기 때문에, 높이를 '오'보다 위쪽에서 발음한다는 설명은 적절하지 않다.

09 ★★☆

답 ③

출제 영역 문법>어문규정

오답해설

① 송별연[송:벼련]
② 금연[그:면], 월요일[워료일]
④ 함유[하뮤]

출제자의 Point!

'ㄴ' 음 첨가(표준 발음법 제29항)

합성어 및 파생어에서, 앞 단어나 접두사의 끝이 자음이고 뒤 단어나 접미사의 첫음절이 '이, 야, 여, 요, 유'인 경우에는, 'ㄴ' 음을 첨가하여 [니, 냐, 녀, 뇨, 뉴]로 발음한다.

솜-이불[솜:니불]	홑-이불[혼니불]
막-일[망닐]	삯-일[상닐]
맨-입[맨닙]	꽃-잎[꼰닙]
내복-약[내:봉냑]	한-여름[한녀름]
남존-여비[남존녀비]	신-여성[신녀성]
색-연필[생년필]	직행-열차[지캥녈차]
늑막-염[능망념]	콩-엿[콩녇]
담-요[담:뇨]	눈-요기[눈뇨기]
영업-용[영엄뇽]	식용-유[시공뉴]
백분-율[백뿐뉼]	밤-윷[밤:뉻]

다만, 다음과 같은 말들은 'ㄴ' 음을 첨가하여 발음하되, 표기대로 발음할 수 있다.

이죽-이죽[이중니죽/이주기죽]
야금-야금[야금냐금/야그먀금]
검열[검:녈/거:멸]
욜랑-욜랑[욜랑뇰랑/욜랑욜랑]
금융[금늉/그뮹]

[붙임 1] 'ㄹ' 받침 뒤에 첨가되는 'ㄴ' 음은 [ㄹ]로 발음한다.

들-일[들:릴]	솔-잎[솔립]
설-익다[설릭따]	물-약[물략]
불-여우[불려우]	서울-역[서울력]
물-엿[물렫]	휘발-유[휘발류]
유들-유들[유들류들]	

[붙임 2] 두 단어를 이어서 한 마디로 발음하는 경우에도 이에 준한다.

한 일[한닐]	옷 입다[온닙따]
서른여섯[서른녀섣]	3 연대[삼년대]
먹은 엿[머근녇]	할 일[할릴]
잘 입다[잘립따]	스물여섯[스물려섣]
1 연대[일련대]	먹을 엿[머글렫]

다만, 다음과 같은 단어에서는 'ㄴ(ㄹ)' 음을 첨가하여 발음하지 않는다.

6 · 25[유기오]	3 · 1절[사밀쩔]
송별-연[송:벼련]	등-용문[등용문]

10 ★★☆

답 ②

출제 영역 문법>형태론

정답해설

② 조사 '을'은 체언인 '운동장'에, 조사 '는'은 용언인 '먹어'에, 조사 '도'는 부사인 '몹시'에 결합되어 있다. 따라서 조사는 체언과 용언 이외의 품사와 결합할 수 있다.

오답해설

① '만' 앞에 부사격 조사인 '에게'가, '만' 뒤에 목적격 조사인 '을'이 결합되어 있다.

③ 첫 번째 문장에서 보조사 '은'과 '는'은 대조의 의미를, 두 번째 문장에서 보조사 '는'은 강조의 의미를 지닌다.

④ '정부에서'는 주어이고, '도서관에서'는 처소를 의미하는 부사어이다.

출제자의 Point!

보조사 '은/는'의 기능

은/는	• 대조 • 화제 제시 • 강조	• 엄마가 장미는 좋아한다. • 나는 학생이다. • 다른 사람은 몰라도 너는 꼭 와.

11 ★★☆

답 ④

출제 영역 문법>형태론

정답해설

④ '빠르다'와 '가파르다'는 어간이 변하는 '르' 불규칙 활용이다.

오답해설

① '쓰다'와 '다다르다'는 어간이 변하는 '으' 탈락이다.

② '긋다'와 '짓다'는 어간이 변하는 'ㅅ' 불규칙 활용이다.

③ '하다'는 어미가 변하는 '여' 불규칙 활용이고, '푸르다'는 어미가 변하는 '러' 불규칙 활용이다.

12 ★☆☆

답 ③

출제 영역 문법>언어예절

정답해설

③ '안사람'은 '아내'란 뜻으로 자연스럽게 쓰였다. 자신을 소개하는 상황에서 스스로를 '부인'이라고 칭하는 것은 적절하지 않다.

오답해설

① 계십니까 → 있으십니까 : '말씀'은 간접 높임의 대상이다.

② 당부드리다 → 부탁드리다 : 어른에게는 '당부하다'를 쓰지 않는다.

④ 집으로 → 댁으로 : '집'의 높임말은 '댁'이다.

13 ★☆☆

답 ②

출제 영역 어휘>고유어

정답해설

② • 움딸 : 죽은 딸의 남편과 결혼한 여자
　• 시앗 : 남편의 첩

오답해설

① 띠앗, 의초 : 형제나 자매 사이의 우애심

③ 어깨동갑, 자치동갑 : 한 살 차이가 나는 동갑

④ 부부 = 가시버시

14 ★★☆

답 ④

출제 영역 문학>현대시

정답해설

④ '울엄매', '진주 남강' 등의 향토적 시어가 사용되었지만 시에서는 '엄마의 가난으로 인한 한과 슬픔'이 드러날 뿐, 고향에 대한 그리움이 드러나지는 않는다.

오답해설

① '고기'의 '빛 발하는 눈깔들', '달빛 받은 옹기전의 옹기들', '말없이 글썽이고 반짝이던' 등의 시각적 이미지를 활용하여 어머니의 한과 슬픔의 정서를 형상화하고 있다.

② '은전'은 '돈'을 의미하므로, '은전에 손 안 닿는 한'은 가난으로 인한 한으로 해석할 수 있다.

③ '한이던가', '떨던가', '어떠했을꼬', '것인가' 등에서 의문형 어미를 사용하여 어머니의 마음을 단정적으로 서술하지 않음으로써 감정을 절제하고 있다.

출제자의 Point!

박재삼, 「추억에서」

• 갈래 : 서정시
• 성격 : 서정적
• 표현
  – '은전만큼 손 안 닿는 한' : 어머니의 고달픔 형상화
  – '머리 맞댄 골방', '손 시리게' : 오누이의 기다림과 슬픔의 형상화
  – '울엄매' : 밤하늘의 별과 같은 존재로 오누이의 생존과 애정의 근원
  – '달빛 받은 옹기전의 옹기들같이 / 말없이 글썽이고 반짝이던 것' : 달빛에 반사되는 항아리의 반짝임에서 발견한 어머니의 눈물과 고통스러운 모습
• 제재 : 시적 화자의 가난한 어린 시절
• 배경
  – 시간 : 이른 새벽
  – 공간 : 진주(晋州)
• 구성
  – 제1~5행 : '생어물전'에서 장사를 하며 자식을 키우던 어머니의 고생스러운 모습
  – 제6~9행 : '울엄매'가 돌아오기를 기다리는 오누이의 초조함과 슬픔
  – 제10~15행 : 집으로 돌아오는 어머니가 별을 보고 느꼈을 심정
• 주제 : 한스러운 삶을 살다 간 어머니에 대한 그리움과 회상
• 특징
  – 연 구분 없는 전 15행의 산문시
  – 시적 대상의 변화에 따른 시상의 전개

15 ★★☆

답 ③

출제 영역 문학>고전산문

정답해설

③ '그 나무가 근래에 땅에 쓰러지자 어떤 이가 빗장 막대기로 만들어 선법당(善法堂)과 식당에 두었다.'라는 내용과 '그 막대기에는 글귀가 새겨져 있다.'라는 현재 시제의 사용으로 미루어 보아 막대기가 글쓴이의 당대까지 전해졌을 것으로 추정된다.

오답해설

① '~ 천사가 배나무에 벼락을 내리고 하늘로 올라갔다. 그 바람에 배나무가 꺾어졌는데 용이 쓰다듬자 곧 소생하였다 ~'를 보았을 때, 배나무는 저절로 소생하지 않았다.

② 천사는 문맥상 이목이 누구인지 몰랐던 것으로 보인다. 보양 스님이 가리킨 배나무[梨木]를 이목으로 착각하여 벼락을 내린 것이지, 이목을 죽이려다 실수로 배나무에 벼락을 내린 것이 아니다.

④ 비를 내린 것은 이목으로, 보양 스님이 시켜 비를 내렸다. 또 옥황상제는 보양 스님이 아닌 이목을 죽이기 위해 천사를 내려 보냈다.

출제자의 Point!

일연, 「보양이목설화(寶壤梨木說話)」

• 갈래 : 설화
• 성격 : 상징적, 신이적(神異的), 종교적
• 제재 : 배나무 막대기
• 특징
  – 불교적 색채와 함께 도교적 색채가 나타남
  – 수신신앙(水神信仰)과 불교가 시간의 흐름에 따라 섞인 것으로 추정
  – 일종의 언어유희가 나타남

이목(璃目)	이목[梨木]
이무기, 서해 용왕의 아들	배나무

• 주제 : 승려 보양(寶壤)의 행적
• 출전 : 『삼국유사』

16 ★★☆

답 ①

출제 영역 문학>현대소설

정답해설

① 서술자는 표면적으로는 중립적인 자세를 취하는 듯이 보이지만, 인물의 대화와 행동을 통해 윤 직원 영감의 이기적이고 반민족적인 사고방식을 비판하고 있다.

오답해설

② 일제 강점기를 '태평천하'라고 하여 반어적으로 서술하였다.

③ 윤 직원의 방언을 그대로 서술하여 사실성을 부여한다.

④ 윤 직원이 화를 내는 장면을 '황소가 영각(암소를 찾는 황소가 길게 우는 소리)을 하듯'으로 동물에 비유하여 희화화하고 있다.

17 ★★☆ 답 ③

출제 영역 문학>고전운문

정답해설

「찬기파랑가」는 기파랑의 고매한 인품을 찬양하고 있으며, ③은 「오우가」의 일부분으로 사시에 푸른 대나무를 예찬하고 있다.

오답해설

① 유배된 어린 임금에 대한 애절한 마음이 나타나 있다.
② 인생무상, 무정한 임에 대한 그리움을 표현하고 있다.
④ 근면과 협동을 권면하는 화자의 태도가 담겨 있다.

18 ★★☆ 답 ②

출제 영역 비문학>추론적 읽기

정답해설

제시된 글에서 구석기인들은 예술의 세계와 현실의 세계를 구분하지 않고 연속성 위에 존재하는 것으로 믿었음을 알 수 있다. ② 역시 용의 그림(예술)이 용(현실)과 연속선상에 있는 예시이다.

19 ★★☆ 답 ①

출제 영역 비문학>사실적 읽기

정답해설

① '집단으로 모인 사람들이 자신들의 감성을 침묵하게 하고 지성만을 행사하는 가운데 그들 중 한 개인에게 그들의 모든 주의가 집중되도록 할 때 희극이 발생한다고 보았다.'를 보았을 때, 희극은 관객의 감성이 집단적으로 표출된 결과가 아니다. '관객은 이러한 결함을 지닌 인물을 통하여 스스로 자기 우월성을 인식하고 즐거워질 수 있게 된다.'를 볼 때, 희극은 관객 개개인이 결함을 지닌 인물에 비하여 자기 우월성을 인식함으로써 발생한다.

오답해설

② '희극의 발생 조건에 대하여 베르그송은 집단, 지성, 한 개인의 존재 등을 꼽았다.'에서 확인할 수 있다.
③ '웃음을 유발하는 단순한 형태의 직접적인 장치는 대상의 신체적인 결함이나 성격적인 결함을 들 수 있다.'에서 확인할 수 있다.
④ "~ 우리에게 희극적으로 보이는 것은 우리 자신과 비교해서 그 인물이 육체의 활동에는 많은 힘을 소비하면서 정신의 활동에는 힘을 쓰지 않는 경우이다.~'라는 프로이트의 말은 시사적이다."에서 확인할 수 있다.

20 ★★☆ 답 ①

출제 영역 비문학>추론적 읽기

정답해설

제시된 글에서는 과학기술의 발전으로 물질문명의 혜택을 누릴 수 있는 긍정적인 면과, 이와 반대로 인간의 지나친 욕망의 결과로 환경파괴라는 부정적인 면이 야기되고 있음을 지적하고 있다.
① '양날의 칼'은 잘 쓰면 이롭지만 잘못 쓰면 해로울 수 있음을 지적하는 말로 이와 같은 상황을 나타내기에 적합하다.

오답해설

③ '종이호랑이'는 보기에는 크고 무서운 것 같지만 실제로는 그렇지 못한 것을 가리키는 경우에 사용하는 말이다.
④ '뫼비우스의 띠'는 안과 밖의 구분이 안 되거나 끝없이 연속적인 상황을 나타내기에 적절하다.

제2과목 영어

정답 체크

01	02	03	04	05	06	07	08	09	10
④	①	④	③	④	②	④	④	③	④
11	12	13	14	15	16	17	18	19	20
①	③	③	②	④	③	②	①	③	③

문항별 체크리스트

문항	문항 영역	한 눈에 보는 문항별 난이도
01	어휘>어구	★
02	어휘>단어	★★
03	어휘>단어	★★
04	어휘>어구	★★
05	어휘>단어	★★★
06	어휘>어구	★★
07	어법>비문찾기	★
08	어법>정문찾기	★★
09	독해>내용 (불)일치	★★
10	독해>글의 주제	★★
11	독해>글의 일관성	★★
12	독해>빈칸 완성	★
13	독해>글의 주제	★★
14	독해>글의 분위기	★★
15	독해>글의 흐름	★★★
16	독해>글의 주제	★★
17	독해>글의 주제	★
18	독해>글의 분위기	★★
19	독해>글의 순서	★★
20	어법>정문 찾기	★★★

어휘	/ 6	어법	/ 3
독해	/ 11		
난이도 종합	★ 4개, ★★ 13개, ★★★ 3개		

출제자 의도

이번 회차는 전체적으로 문맥 파악 및 독해에 중점을 두었습니다. 문맥 파악 및 독해는 언어 관련 과목의 기본으로 독해가 기본적으로 이루어지지 않으면 어휘 관련 문제도 풀기 어렵기 때문입니다.

01 ★★☆

답 ④

출제 영역 어휘>어구

분석

밑줄 친 crop up은 '생겨나다, 발생하다'라는 뜻으로 이와 의미가 가까운 것은 ④ happen(발생하다, 벌어지다)이다.

① 끝내다, 마치다, 마무리짓다
② 증가하다, 인상되다, 늘다
③ 지배하다

해석

예상되는 문제 또는 상황에 대해서 목록을 만들고 그것들이 생겨났을 때 확인해보려고 애써라.

어휘

- identify 확인하다

02 ★★☆

답 ①

출제 영역 어휘>단어

분석

밑줄 친 controversial은 '논쟁의 여지가 있는'이라는 뜻으로 이와 의미가 가까운 것은 ① debatable(논란의 여지가 있는)이다.

② 조정할 수 있는, 화해시킬 수 있는
③ 증가하는
④ 모순되는

해석

그는 이 사안들은 논쟁의 여지가 없다고 나에게 말했고, 그의 연설이 그 사실을 반영하고 있다.

어휘

- reflect 반영, 반사하다

03 ★★☆

답 ④

출제 영역 어휘>단어

분석

밑줄 친 emancipate는 '해방시키다'라는 뜻으로 이와 의미가 가까운 것은 ④ release(풀어 주다, 석방하다, 놓아주다)이다.

① 흉내내다, 가장하다
② 자극하다
③ 조종하다, 조작하다

해석

뉴욕에 있는 자유의 여신상은 많은 노예들을 해방시켰던 반(反-)노예 운동과 분명히 밀접한 관계가 있다.

어휘

- obviously 분명히
- be related with ~와 관계 있다

04 ★★☆

답 ③

출제 영역 어휘>어구

분석

빈칸 뒤의 '손실된 수업 시간'을 통해 빈칸을 유추할 수 있는데, 손실된 수업을 보충하려는 내용이 오는 것이 적절하므로 정답은 ③ make up for(보충하다)이다.

① 구성하다, 꾸미다, 화장하다
② 양도하다
④ 파악하다, 이해하다

해석

> 손실된 수업 시간을 보충하기 위해서, 많은 학교들이 여름방학을 줄이기로 결심했다.

05 ★★☆

답 ④

출제 영역 어휘>단어

분석

문맥상 Tom이 자신의 업무를 제외하고는 다른 일에 냉담하다는 것이 적절하므로 정답은 ④ aloof(냉담한)이다.

① 능숙한
② 순회하는, 떠돌아다니는
③ 편견 있는, 선입견 있는

해석

> 사무실에서 무슨 일이 일어나든지 간에, Tom은 자기자신의 일을 제외하고는 관심 없어 보인다.

06 ★★☆

답 ②

출제 영역 어휘>어구

분석

② '~하는 데 어려움을 겪다'라는 표현은 'have a hard time[difficulty, trouble] (in) ~ing' 또는 'have a hard time[difficulty, trouble] with 명사'를 사용한다.

해석

> Jane : Tom, 너 아직도 숙제하는 데 어려움을 겪고 있니?
> Tom : 응, 맞아.

07 ★★☆

답 ④

출제 영역 어법>비문 찾기

분석

④ 준동사를 부정할 때 not은 준동사 바로 앞에 와야 한다. 그러므로 coming not early를 not coming early로 고쳐야 한다.

해석

> 안타깝게도, 나의 개 Happy는 수의사가 일찍 오지 못해서 죽었다.

08 ★★☆

답 ④

출제 영역 어법>정문 찾기

분석

④ 전치사 to의 목적어로 의문사가 이끄는 명사절이 간접의문문이 되었는데 간접의문문의 어순은 '의문사+주어+동사'이다. 의문사 how much gray, 주어 the color, 동사 contains로 어순이 적절하며, 이때 how much gray는 의문사인 동시에 동사 contains의 목적어 역할을 한다.

① 비교급에서 지칭하는 비교의 대상은 서로 일치되어야 한다. 제시된 문장에서 비교대상은 the traffic of a big city와 those of a small city인데, 이때 those가 앞의 traffic(단수명사)을 받고 있지 않으므로 those를 단수 지시대명사인 that으로 고쳐야 한다. those → that

② 시간과 조건의 부사절에서는 현재시제가 미래시제를 대신하므로 when절의 미래시제를 현재시제로 고쳐야 한다. will be lying → am lying

③ 'the+형용사'는 복수 보통명사를 의미하는데 제시된 문장의 the wealth에서 the 다음에 형용사가 아닌 명사 wealth가 위치하여 문법적으로 옳지 않다. 따라서 명사인 wealth를 형용사인 wealthy로 고쳐야 한다. the wealth → the wealthy

해석

> ① 대도시의 교통은 소도시의 그것보다 더 혼잡하다.
> ② 다음 주에 해변에 누워 있을 때 당신을 떠올릴 것이다.
> ③ 건포도는 한때 값비싼 음식이어서 부유층만이 그것을 먹었다.
> ④ 색의 농도는 그 색이 얼마나 많은 회색을 포함하고 있는지와 관련되어 있다.

어휘

- raisin 건포도
- intensity 강도, 명암도; 강렬함
- contain ~이 들어 있다; 억제하다

09 ★★☆ 답 ③

출제 영역 독해>내용 (불)일치

분석

③ 네 번째 문장에서 두브로브니크 시는 크루즈 관광을 억제하려고 노력해 왔다고 했으므로 반대로 서술되어 글의 내용과 일치하지 않는다.

① 두 번째 문장에서 도시의 주요 관광명소가 80피트 중세 시대 벽으로 둘러싸인 해안가의 Old Town이라고 했으므로 글의 내용과 일치한다.

② 세 번째 문장에서 크루즈 배가 정박하면 Old Town은 탱크톱을 입은 관광객들이 거리를 활보한다고 했으므로 글의 내용과 일치한다.

④ 다섯 번째 문장에서 여분의 돈을 벌고자 하는 유혹 때문에 Old Town의 많은 집주인들이 그들의 집을 에어비앤비(숙박업소)로 바꾸도록 자극하여 도시의 벽으로 둘러싸인 부분이 거대한 호텔이 되었다고 했으므로 글의 내용과 일치한다.

해석

> 크로아티아에 있는 두브로브니크는 엉망인 상태이다. 이곳의 관광명소가 80피트의 중세 시대 벽으로 둘러싸인 해안가의 Old Town이기 때문에 이 달마티아 해안 마을은 방문객들을 잘 흡수하지 못한다. 그리고 크루즈 배가 이곳에 정박하면 관광객 군단이 Old Town을 탱크톱을 입은 관광객들이 석회암으로 뒤덮인 거리를 활보하는 음울한 분위기로 변화시킨다. 그렇다, 두브로브니크 시는 크루즈 관광을 억제하는 데 있어 적극적으로 노력해 왔지만 어떤 것도 끊임없이 계속되는 관광객 무리로부터 Old Town을 구할 수 없을 것이다. 설상가상으로, 여분의 돈을 벌게 하는 유혹은 Old Town의 많은 집주인들이 그들의 장소를 에어비앤비(숙박업소)로 바꾸도록 자극했고, 마을의 벽으로 둘러 쳐진 부분을 거대한 하나의 호텔이 되게 했다. 지역 주민처럼 '진정한' 두브로브니크를 경험하기를 원하는가? 당신은 이곳에서 그것을 발견하지는 못할 것이다. 영원히 말이다.

어휘

- mess (지저분하고) 엉망인 상태, (많은 문제로) 엉망인 상황
- attraction (사람을 끄는) 명소
- medieval 중세의
- dock (배를) 부두에 대다
- legion (특정한 유형의) 많은 사람들; 군단, 부대
- miasma (지저분한 · 불쾌한) 공기[기운]
- clad ~(옷)을 입은
- limestone 석회암
- proactive 사전 대책을 강구하는
- curb 억제하다, 제한하다
- perpetual 끊임없이 계속되는, 영원한
- swarm (사람 · 동물의) 무리, 떼
- to make matters worse 설상가상으로
- lure 유혹
- turn over (권리 · 책임 등을) 넘기다
- authentic 진정한, 진짜의

10 ★★☆ 답 ④

출제 영역 독해>글의 주제

분석

④ 다른 사람들과 친해지지 못하는 이유는 그것, 즉 fear(두려움) 때문이라고 말하고 있다.

해석

> 그것은 사람들을 빨리 알게 되고 그들과 가까워지는 것을 막는 가장 커다란 장애 중의 하나이다. 다른 동료가 자신을 좋아하지 않을 것이라고 두려워해서 사람들은 공격을 곧 받을 것이라고 생각하여 움츠리는 달팽이처럼 자신의 내부 속으로 움츠려든다. 위험을 무릅써라. 대부분의 사람들도 당신처럼 우정을 진정으로 갈망하고 있음을 기억하라. 다른 동료가 항상 호의적으로만 보이지 않는 이유는 우리가 그를 거절할까봐 그가 두려워하고 있기 때문일지도 모른다. 먼저 말을 걸어라, 그러면 그가 호의를 갖기 시작할 확률이 높다.

어휘

- handicap 장애물
- hole up 숨다, 움츠리다
- take the risk 위험을 무릅쓰다
- yearn 갈망하다
- jealousy 시기, 질투
- sympathy 동정

11 ★★☆ 답 ①

출제 영역 독해>글의 일관성

분석

나무가 많으면 사람들이 자연스럽게 함께 모일 곳을 만들고, 그러면서 사람들 사이에 ① 유대감(bond)이 강해진다는 것이 문맥상 어울린다.

해석

> 거리를 따라 걸어갈 때, 당신은 심지어 나무를 인식하지 못할 수도 있지만, 한 새로운 연구에 따르면, 나무는 그늘을 제공하는 것보다 더 많은 일을 한다. 환경 과학자들은 두 곳의 시카고 공공 주택 단지를 선택했는데, 둘 다 근처에 많은 나무를 가진 건물들과 사실상 나무가 거의 없는 건물들을 가지고 있었다. 그 연구에 따르면, 폭력과 재산 범죄는 식물들이 많이 있는 구역과 비교했을 때, 식물이 적게 있는 건
> 물들의 구역에서 거의 두 배나 더 많았다. 왜 그럴까? 한 가지 설명은 다음과 같다. 푸른 나무들은 이웃 사람들을 자연스럽게 모일 수 있는 곳을 만들고, 궁극적으로 공동체 내에서 보다 강한 유대를 만들어 낸다. 이것은 또한 아이들을 보다 잘 감시하고 건물들을 더 잘 살펴볼 수 있는 분위기를 만들어 낼 수 있다.

어휘

- depending on ~에 따르면(according to)
- property 재산
- quarrel 말다툼
- vegetation 식물, 초목

12 ★★☆ 답 ③

출제 영역 독해>빈칸 완성

분석

③ 사람에 대한 주위의 평가가 옳든 옳지 않든 그것이 받아들여지면 그때부터 그 평가에 맞춰 그 사람의 행동을 해석한다는 내용이므로 빈칸에는 '당신의 예상에 맞다'가 들어가야 한다.

① 당신을 똑똑하게 만든다

② 당신을 부유하게 유지한다

④ 당신의 지위를 높인다

해석

사람들은 비록 그것이 잘못되었음에도 불구하고, 그들의 첫인상에 집착하는 경향이 있다. 당신이 당신의 이웃 사람의 이름을 어떤 친구에게 언급했다고 생각해보자. "오, 난 그를 알아."라고 당신의 친구가 대답한다. "그는 처음에는 멋진 것처럼 보이지만, 그것은 전부 꾸민 것이야." 아마 이 평가는 근거 없는 것일 수도 있다. 그 이웃 사람은 당신의 친구가 그를 알고 난 이후로 바뀌었을 수도 있고, 혹은 당신 친구의 판단이 전혀 정당하지 않을 수도 있다. 그 판단이 정확하든 그렇지 않든, 일단 당신이 그것을 받아들이면, 그것은 당신이 그 이웃에 대해 반응하는 방식에 영향을 줄 것이다. 비록 이 이웃이 성자일지라도, 당신은 당신의 예상에 맞는 방식으로 그의 행동을 해석할 가능성이 높다.

어휘

- tend to ~하는 경향이 있다
- cling to 집착, 고수하다
- groundless 근거 없는
- interpret 해석하다

13 ★★☆ 답 ③

출제 영역 독해>글의 주제

분석

③ 출판사에 보낸 시를 보고 담당자가 작가에게 가능성은 있지만, 아직 출판하기에는 적절하지 않다고 시의 게재를 거절하는 글이다.

해석

당신의 시를 우리 출판사에 보내주신 것을 감사드립니다. 제가 그것들을 살펴볼 기회를 가졌는데, 저는 귀하의 젊음과 이 장르에서의 경험의 부족에도 불구하고, 그 시들이 상당한 가능성을 보여준다고 느끼고 있습니다. 하지만, 여전히 발전의 여지가 많이 있으며, 그래서 현재 우리가 시를 싣고 있는 어떤 잡지에도 출판을 하기에는 아직 적절하지 않다고 생각합니다.

어휘

- publishing house 출판사
- look over 살펴 보다
- considerable 상당한
- room 공간, 여지
- appropriate 적절한

14 ★★☆ 답 ②

출제 영역 독해>글의 분위기

분석

대원들이 눈보라를 만나 길을 잃고 며칠 동안 텐트에서 머물러야 하는 ② '침울한' 상황을 보여주고 있다.

① 축제의, 축하하는

③ 침착한, 차분한

④ 희망에 찬

해석

눈보라가 지나간 후에 짙은 안개가 왔고, 그 안개 속에서 Fredrick의 대원들은 곧 수백 개의 커다란 구멍이 있는 얼어붙은 강 위에서 길을 잃었다. 그들은 앞을 전혀 볼 수 없었을 뿐만 아니라 지치고 병이 들어서 더 이상 걸을 수가 없었다. 그래서 그들은 나흘 동안 산 주변에 텐트를 치고 머물러야 했다.

어휘

- snowstorm 눈보라
- lose one's way 길을 잃다

15 ★★☆ 답 ④

출제 영역 독해>글의 흐름

분석

④ 섬유질의 장점에 관한 글이 전개되고 있는 와중에 일부 내과 의사들이 신약을 찾으려고 시도한다는 내용은 흐름과 관계 없다.

해석

당신의 할머니는 여러분에게 거친 음식이라고 일컫던 것을 것을 많이 먹으라고 재촉했을 것이다. 우리는 지금 그것을 섬유질이라고 부른다. 이 중요한 영양분은 엄청난 건강상의 혜택을 가지고 있고 야채와 과일과 같은 다양한 음식에서 발견된다. 섬유질은 소화기관이 부드럽게 작동하도록 해주는 능력 때문에 가장 잘 알려져 있다. 섬유질의 장점은 내부 기관에서 멈추는 것이 아니다. 일부 내과 의사들은 몸의 기능을 강조하고 새로운 약을 찾아보려고 시도한다.

어휘

- urge 재촉하다, 촉구하다
- roughage 거친 음식(섬유소가 많은 음식)
- nutrient 영양소
- digestive system 소화 시스템
- emphasize 강조하다

16 ★★☆ 답 ③

출제 영역 독해>글의 주제

분석

글의 도입부에서는 많은 사람들이 근무 이외에 개인적인 생활을 위해 시간을 내려고 애를 쓰면서 일이 강박이 되었다는 일반적인 견해가 등장하지만 But 이후 젊은 근로자들이 이에 대해 반발하며 유연성을 요구하고 있다는 것이 이 글의 주제이다. 따라서 글의 주제는 ③ '직장에서의 유연성에 대한 요구의 증가'가 된다.

① 급여를 인상시키는 방법
② 불평등을 줄이는 데에 대한 강박
④ 긴 휴가가 있는 삶의 장점

해석

> 많은 사람들에게 일은 강박이 되었다. 사람들이 급여를 위해 하는 일 외에 아이들, 취미 활동, 애완동물, 혹은 어떤 종류의 생활을 위해서든 시간을 내려고 애쓰면서 강박은 탈진, 불행, 성 불평등을 초래했다. 하지만 점점 더 많은 젊은 근로자들이 이에 반발하고 있다. 그들 중 더 많은 이들은 예를 들어 신생아를 위한 유급 휴가와 긴 휴가 기간과 함께 원격 근무, 늦은 출근이나 이른 퇴근, 혹은 운동이나 명상을 위해 시간을 낼 수 있는 것과 같은 일상적인 것들을 기대하고 요구한다. 그들 삶의 나머지 부분은 특정한 장소나 시간에 얽매이지 않은 채 전화기 상에서 일어난다. 일이라고 해서 다를 것이 있겠는가?

어휘

• obsession 강박 관념
• burnout 극도의 피로
• inequity 불공평
• paycheck 급료
• push back 반발하다; 미루다
• remotely 원격으로, 멀리서
• be tied to ~에 얽매이다

17 ★★☆ 답 ②

출제 영역 독해>글의 주제

분석

② 필자는 상점의 물건 값이 다른 체인점보다 비싸다고 말하고 있다.

해석

> 당신의 업체가 우리의 이웃에 들어 왔을 때 저는 아주 기뻤습니다. 가족에 의해 운영하는 당신의 사업체가 제공하는 편리함에 감사드립니다. 당신의 상점은 항상 깨끗하고 재고품도 잘 구비되어 있으며, 점원들도 늘 세심하고 지식을 갖추고 있습니다. 그러나 당신이 관심 있게 고려하기를 바라는 한 가지가 있는데, 그것은 상품의 가격입니다. 저는 가족에 의해 운영되는 사업체가 체인 상점보다 더 비쌀 것이라는 사실을 알고 있으며 그래서 그 차액을 기꺼이 지불해 왔습니다. 하지만, 자주 당신의 상점 가격은 내가 다른 상점에서 샀더라면 지불하게 될 금액의 거의 두 배나 됩니다. 저는 당신의 상점에서 쇼핑을 계속하기를 원하지만 지속적으로 그렇게 높은 가격을 지불할 수 있을지 확신할 수 없습니다.

어휘

• establishment 시설, 업체
• convenience 편리함
• attentive 주의 깊은
• be willing to 기꺼이 ~하다

18 ★★☆ 답 ①

출제 영역 독해>글의 분위기

분석

글의 초반부터 필자는 첫눈에 반하는 사랑과 같은 것은 없다고 언급하면서 ① '냉소적인(비꼬는)' 어조를 일관하고 있다.

② 화난
③ 비판적인, 비난하는
④ 낭만적인

해석

> 일부 사람들은 "첫눈에 반하는 사랑"을 주장한다. 그러나 난 그들에게 침착하게 두 번은 보아야 한다고 제안하겠다. 첫눈에 반하는 사랑과 같은 것은 없다. 매력 있어 보이는 처음의 특징들 중 몇몇은 진실한 것이고 오래 지속되는 것으로 드러나기도 하겠지만, 동화책에 나오는 공식대로 되는 것은 아니다. "사랑이란 맹목적이다"라는 또 다른 속담이 오히려 분별력 있다. 자신이 사랑에 빠졌다고 믿는 어린 소녀들은 자신의 남자에게서 좋지 못한 특징들은 보지 못한다. 왜냐하면 그녀들은 그것들을 아예 보려 하지 않기 때문이다.

어휘

• calm down 안정되다, 진정하다
• attractive 사람의 마음을 끄는, 매력적인
• genuine 진짜의
• durable 영속성이 있는, 오래 견디는

19 ★★☆

답 ③

출제 영역 독해>글의 순서

분석

주어진 글은 과거의 연구 결과에 의하면 잦은 스트레스(frequent stress)를 경험하는 것이 심혈관 질환의 주요 원인이 될 수 있다는 내용이다. 이는 (C)의 '잦은 스트레스의 한 가지 원인'과 연결되는데, (C)에서는 그 원인으로 운전을 제시하고 있다. 이 내용은 (A)에서 this로 받아서 그렇다면 운전을 하면 심장병에 걸리게 되는지 질문을 던지며 스트레스를 줄일 방안이 있는지 묻는다. 그에 대한 대답으로 (B)에서 there is(존재한다)라고 이어지며, 운전 중 음악 청취라는 방법을 소개한다. 따라서 글의 흐름상 자연스러운 순서는 ③ (C)−(A)−(B)가 된다.

해석

과거의 연구는 빈번한 심리적 스트레스를 경험하는 것이 미국의 20세 이상 성인 중 거의 절반에게 영향을 주는 문제인 심혈관 질환의 주요 위험 요인이 될 수 있다는 것을 보여주었다.

(C) 잦은 스트레스의 한 가지 원인은 운전으로, 그것은 교통체증과 연관된 스트레스 요인이거나 또는 초보 운전자들에게 흔히 동반되는 불안일 수도 있다.

(A) 그렇지만, 이 말은 매일 운전하는 사람들이 심장병에 걸리게 된다는 의미일까? 그게 아니면 운전 스트레스를 덜어줄 간단한 방법이 있을까?

(B) 새로운 연구에 따르면, 존재한다. 연구원들은 운전하면서 음악을 듣는 것이 심장 건강에 영향을 미치는 스트레스를 완화시키는 데 도움을 준다는 것에 주목했다.

어휘

- risk factor 위험 요인, 위험 요소
- cardiovascular 심혈관의
- on a daily basis 매일
- stressor 스트레스 요인
- accompany (일 · 현상 등이) 동반되다

20 ★★☆

답 ③

출제 영역 어법>정문 찾기

분석

③ (A)의 경우 빈칸 다음에 절이 오기 때문에 목적의 부사절 접속사 'so that'이 와야 하고 (B)의 경우 not only A but also B 표현이 주어 자리에 왔을 때 B에 동사를 수일치하므로 'is'가 와야 한다.

해석

(A) 심지어 지문이 범죄 현장에서 드러나지 않을 때도, 그것들이 보여지고 사진 찍힐 수 있도록 하기 위해, 알루미늄 가루가 뿌려질 수 있다.

(B) 우리 엄마뿐만 아니라 여동생도 여기 있다.

제3과목 한국사

정답 체크

01	02	03	04	05	06	07	08	09	10
①	①	①	④	④	③	②	④	④	①
11	12	13	14	15	16	17	18	19	20
③	②	④	④	④	③	④	①	③	①

문항별 체크리스트

문항	문항 영역	한 눈에 보는 문항별 난이도
01	우리 역사의 시작>선사 시대	★
02	우리 역사의 시작>국가의 형성	★★
03	우리 역사의 시작>국가의 형성	★★
04	삼국 시대>정치사	★★
05	삼국 시대>정치사	★★
06	남북국 시대>정치사	★★
07	남북국 시대>정치사	★★
08	시대 통합>문화사	★★
09	고려 시대>문화사	★★
10	고려 시대>사회사	★★
11	조선 전기>문화사	★★
12	조선 전기>정치사	★★
13	조선 전기>정치사	★★
14	조선 전기>정치사	★★
15	조선 후기>사회사	★★★
16	개항기 · 대한제국>정치사	★★
17	개항기 · 대한제국>정치사	★★
18	일제 강점기>문화사	★★
19	현대>정치사	★★
20	현대>정치사	★★★

우리 역사의 시작	/ 3	삼국 시대	/ 3
남북국 시대	/ 2	고려 시대	/ 2
조선 전기	/ 4	조선 후기	/ 1
개항기 · 대한제국	/ 2	일제 강점기	/ 1
현대	/ 2	시대 통합	/ 1
난이도 종합	★ 1개, ★★ 17개, ★★★ 2개		

출제자 의도

이번 회차는 영역과 난도를 골고루 분배했습니다. 고른 난도와 영역의 문제를 풀어보며 실전 감각을 키워보시기 바랍니다.

01 ★☆☆ 답 ①

출제 영역 우리 역사의 시작>선사 시대

정답해설

① 청동기 시대에 일상 도구는 여전히 간석기였고, 청동은 공구류, 무기류, 장신구, 제사 도구에 사용되었다.

오답해설

② 즐문 토기는 신석기 시대의 빗살무늬 토기를 의미하고, 청동기 시대의 팽이형 토기는 청동기 시대를 대표로 하는 민무늬 토기이다.

③ 제주 한경 고산리는 가장 오래된 신석기 시대의 유적지이다.

④ 강가나 해안가에서 거주하던 시대는 신석기 시대이고, 청동기 시대의 거주지는 배산임수 취락의 야산이나 구릉에 위치하였다.

02 ★★☆ 답 ①

출제 영역 우리 역사의 시작>국가의 형성

정답해설

제시된 자료는 옥저에 대한 내용이다. 옥저는 고구려와 같이 부여족의 한 갈래였기 때문에 음식 · 주거 · 의복 등이 고구려와 유사하였다. 또한 장사를 지낼 적에는 시체를 가매장하였다가 나중에 목곽(가족 공동 묘)에 옮기는 골장제(세골장)가 행해졌는데, 크기가 크고 문이 달린 것은 식구들을 모두 같은 곽에 넣어두었기 때문이다

① 옥저에는 왕은 없고 '읍군 · 삼로'라는 군장이 각자 자신의 읍락을 다스렸다. 또한, 혼인 풍습으로 어린 여자를 남자 집에서 대가를 주고 데려다 길러 며느리로 삼는 민며느리제가 실시되었다.

오답해설

② 고조선(위만 조선 시기)에 해당하는 설명이다.

③ 삼한에서는 5월 수릿날과 10월 계절제가 있었다.

④ 부여에서는 왕 아래에 여섯 가축의 이름을 딴 마가 · 우가 · 저가 · 구가 존재하여 자신들의 사출도를 각자 지배하였으며, 왕의 중앙과 합쳐 5부를 이루었다.

03 ★★☆ 답 ①

출제 영역 우리 역사의 시작>국가의 형성

정답해설

① 기원전 3세기의 일로 위만 조선이 아닌 고조선 부왕 때의 일이다. 중국 연의 진개가 쳐들어와 고조선은 서쪽 2천여 리의 땅인 요령을 상실하여 그 중심지가 한반도의 대동강 유역 일대로 이동하게 되었다.

오답해설

② 위만 조선 성립 이후에도 국호를 그대로 조선(朝鮮)이라 하였고, 토착민 출신으로 높은 지위에 오른 자가 많았다. 이를 통해 위만 조선이 단군 조선을 그대로 계승했음을 알 수 있다.

③ 위만 조선은 철기 문화를 본격적으로 수용하였고, 그로 인해 농업과 무기 생산을 바탕으로 한 수공업이 크게 융성하며 상업과 무역 또한 크게 발전하였다. 이에 위만 조선은 중국 한과 한강 이남의 진 사이에서 중계무역으로 크게 성장하기도 하였다.

④ 위만 조선이 흉노와 연결하려 하자 한은 사신으로 요동 태수 섭하를 위만 조선에 보냈으나 요동 태수 섭하 피살 사건이 발생하며 한(漢)과 위만 조선의 관계는 극도로 악화되었다. 이 사건은 한 무제가 수륙 양면으로 고조선을 침입하는 계기가 되었다(기원전 109년).

04 ★★☆

답 ④

출제 영역 삼국 시대>정치사

정답해설

제시문은 거칠부에게 명하여 『국사』를 편찬하게 한 내용으로 밑줄 친 '왕'은 신라 진흥왕(6세기)이다.

④ 신라 진흥왕(6세기)은 백제와의 한강 유역 주도권 싸움에서 한강 하류를 점령하고 북한산비(555)를 건립하였다.

오답해설

① 신라 성덕왕(8세기)은 백성들에게 정전을 지급하였다.

② 신라 신문왕(7세기)은 유학 교육 기관인 국학을 설치하였다.

③ 신라 선덕여왕(7세기)은 황룡사 9층 목탑과 첨성대, 분황사, 영묘사를 건립하였다.

05 ★★☆

답 ④

출제 영역 삼국 시대>정치사

정답해설

④ 돌무지 덧널무덤은 6세기 이전 초기 신라의 전형적인 무덤 형태이다. 가야의 무덤은 주로 나무로 만든 구덩식 덧널무덤 형태이다.

오답해설

① 금관가야는 남해안과 낙동강 하구에 위치해 있어 중계 무역과 농업이 크게 발달하였고, 철이 풍부하여 대동강 유역 일대의 낙랑과 바다 건너 왜에 철을 수출하였으며 철을 화폐처럼 사용하기도 하였다.

② 5세기 말에서 6세기 초 사이에 일시적으로 가야는 철기 문화를 바탕으로 백제와 신라에 위협이 될 만큼 성장하였는데, 지금의 전라도 동부 내륙과 경남, 경북 남서부를 아우를 만큼 크게 성장하기도 하였다.

③ 가야는 고대국가인 중앙 집권 국가로 발전하지 못하고, 연맹왕국 단계에서 멸망하였는데, 금관가야는 532년 신라 법흥왕에게, 대가야는 562년 신라 진흥왕에게 멸망당하였다.

06 ★★☆

답 ③

출제 영역 남북국 시대>정치사

정답해설

제시된 사료는 8세기 중엽 김지정의 난에 관한 사료로 혜공왕이 피살된 이후, 신라 하대로 접어들게 되었다. 즉, 혜공왕 이후의 상황을 묻는 문제로 신라 하대의 사실을 찾으면 된다.

③ 조형미술의 발달을 통해 조화와 균형을 추구하여 불국토의 이상향을 실현시키고자 한 것은 신라 중대 미술의 특징이다.

오답해설

① 독서삼품과는 788년 원성왕 때 실시된 최초의 관리 선발제도로, 진골귀족의 반발과 도당유학생의 우대로 실패하였으나 학문을 널리 보급시키는 데 크게 기여하였다.

출제자의 Point!

신라 하대

혜공왕 피살 이후 선덕왕에서 경순왕 때까지를 신라 하대라 하는데, 혜공왕 피살 이후 150년 간 약 20여 명의 왕이 교체되는 왕위 쟁탈전이 벌어졌다. 이러한 귀족 간의 권력 다툼으로 왕권은 더욱 불안정해지고 자연재해와 전염병 창궐 및 거듭된 흉년으로 백성들의 삶은 피폐해져만 갔는데도 중앙의 왕실과 귀족은 사치와 향락에 빠져 결국 원종 · 애노의 난과 같은 민중 봉기가 발생하였다.

07 ★★☆

답 ②

출제 영역 남북국 시대>정치사

정답해설

제시된 사료에서 '글 끝에 천손(天孫)이라는 참람된 칭호를 쓰니'를 통해 천손임을 과시한 8세기 중엽 발해 문왕과 관련된 사료임을 알 수 있다.

② 문왕은 당의 문물을 수용하면서 제도를 정비하였는데, 최고 국립 교육 기관인 주자감을 설치하고 당의 3성 6부를 받아들였으나 그 명칭과 운영은 독자적으로 하였다.

오답해설

① 8세기 초 무왕 때 북만주 일대를 장악하고, 돌궐과 왜를 이용하여 당과 신라를 견제하였다.

③ 8세기 후반 성왕 때 동해안의 동경 용원부에서 내륙의 상경 용천부로 천도하였다.

④ 9세기 선왕 때 최대 영역의 판도를 이루어 5경 15부 62주의 지방 행정 제도를 정비하였으며, 최고 전성기 시절을 누려 해동성국이라 불렸다.

08 ★☆☆

답 ④

출제 영역 시대 통합>문화사

정답해설

제시된 자료는 경운궁(덕수궁)에 대한 설명이다. 임진왜란 때 선조는 의주로 피난을 떠났다. 이후 한양에 돌아온 선조는 경복궁이 불탔기 때문에 월산 대군의 집을 행궁으로 삼았다. 광해군 때 이 행궁을 경운궁이라고 하였다. 근대 시기에는 아관파천 이후 고종이 이곳에 머물렀으며, 주요 건물로는 중화전 · 함녕전 · 석조전 등이 있다.

④ 경운궁은 덕수궁의 옛 이름으로, 덕수궁의 명칭은 순종이 즉위 후 고종이 거처하는 궁궐 이름을 '덕수(德壽)'라고 올린 것에서 유래하였다. 왕위에서 물러난 고종의 덕과 장수를 비는 뜻이 담겨 있다.

오답해설

① 경복궁은 조선 태조 때 한양에 도성을 건설하면서 처음 만든 궁궐로, 임진왜란 때 소실된 후 19세기 흥선 대원군 때 다시 중건되었다.
② 경덕궁은 경희궁의 옛 이름으로 광해군 때 건립되었다.
③ 창덕궁은 조선 태종 때 새로 건설된 궁궐로 조선 후기에는 경복궁을 대신하여 정궁의 역할을 하였다. 창경궁은 성종 때 건립되었다.

09 ★★☆ 답 ④

출제 영역 고려 시대>문화사

정답해설

㉠은 주심포 양식, ㉡은 다포 양식이다.
④ 다포 건축 양식은 송이 아닌 원의 영향을 받았다.

10 ★★☆ 답 ①

출제 영역 고려 시대>사회사

정답해설

제시된 사료는 『고려도경』에서 고려청자를 설명하는 부분으로, 『고려도경』은 1123년 고려를 방문한 송나라 사신 서긍의 작품이다. 고려청자는 고려 중기의 지배층인 문벌 귀족이 주로 향유하던 것이었다.
① 고려 중기의 지배층은 문벌귀족으로, 이들은 유력한 가문과 중첩된 혼인 관계를 맺고 권력을 장악해 나갔으며 특히 외척으로서의 지위 때문에 왕실과의 혼인을 가장 선호하였다. 또한 음서 · 공음전 등의 혜택을 통하여 특권을 향유하였다.

오답해설

② 무신에 대한 설명이다.
③ 권문세족에 대한 설명이다.
④ 신진사대부에 대한 설명이다.

11 ★★☆ 답 ③

출제 영역 조선 전기>문화사

정답해설

제시된 사료에서 '나이 많은 농부에게 농사 경험을 묻게 하고 신하 정초와 변효문에게 중복된 것을 버리고 꼭 필요한 것만 뽑아 한 편의 책으로 엮게 하셨다.'를 통해 세종 때 편찬된 우리 실정에 맞는 농서인 『농사직설』에 관한 사료임을 알 수 있다.
③ 세종 때 이종무를 보내 쓰시마 섬을 토벌하였다(1419).

오답해설

① 태조에 대한 설명이다.
② 태종에 대한 설명이다.
④ 세조에 대한 설명이다.

12 ★★☆ 답 ②

출제 영역 조선 전기>정치사

정답해설

제시된 자료는 명종 때 일어난 임꺽정의 난에 대한 내용이다. 임꺽정은 백정 출신으로 조선 명종 때 황해도 구월산에서 활동하였다.
② 명종이 즉위하면서 명종의 어머니인 문정 왕후가 수렴청정을 했으며, 외척들이 정국을 주도하였다. 문정 왕후는 보우를 중용하고 교 · 선 양종을 부활시켰으며, 승과와 도첩제도를 부활하는 등 일시적으로 불교를 중흥시켰다.

오답해설

① 조선 선조 때 붕당이 형성되었다.
③ 중종 때 일어난 삼포왜란을 계기로 비변사가 임시기구로 설치되었다.
④ 중종 때 조광조는 도교 기관인 소격서의 폐지, 왕실의 고리대 역할을 한 내수사 장리의 폐지 등을 주장하였다.

13 ★★☆ 답 ④

출제 영역 조선 전기>정치사

정답해설

제시된 사료의 밑줄 친 '그'는 김종직으로 15세기 후반 성종 때 중앙 정계에 진출한 사림이다. 이들은 왕도정치, 덕치주의, 향촌자치를 추구하며 성리학 이외의 학문과 종교를 이단음사(異端淫邪)라 하여 무조건 배척을 하였다. 또한 성리학만을 강조하여 군사학과 기술학을 천시하고, 경학 문학을 중요시하였으며 기자를 중시하는 화이관적 역사관을 가지고 있었다.
④ 훈구와 관련된 내용이다.

출제자의 Point!

훈구와 사림

- 훈구 : 중앙집권, 부국강병, 민생안정을 추구하여 군사학과 기술학을 중시하고 한문학인 사장 문학을 주로 즐겼으며 성리학 이외의 학문과 종교에도 탄력적 수용을 보이기도 하였다. 또한 백성을 괴롭히는 군주를 끌어내리는 패도 정치를 인정했으며, 단군을 민족의 시조로 보는 자주적 역사관을 보였다.
- 사림 : 왕도정치, 향촌 자치, 덕치주의 등을 추구하여 군사학과 기술학을 천시하고 시조와 가사, 소설 등의 경학 문학을 즐겼으며 성리학 이외의 학문과 종교를 '이단음사'라 하여 무조건 배척하였다. 또한 기자를 중시하는 화이관적 역사관을 보였다.

14 ★★☆ 답 ④

출제 영역 조선 후기>정치사

정답해설

제시된 자료는 민생의 부담을 경감시키기 위해 군포 2필을 1필로 감해준 균역법의 내용으로 영조의 업적이다(1750).
④ 정조의 업적이다.

출제자의 Point!

균역법(1750)
균역법의 시행에 따라 그 보충분으로 결작, 잡세, 선무군관포가 있었는데, 결작은 토지 소유주(지주)에게 토지 1결당 미곡 2두를 부과하였다(군역의 전세화). 이에 더해 각종 잡세인 선세(선박세), 어세(어장세), 염세 등으로 수입을 보충하였다. 선무군관포는 본래 양반은 아니지만 양반 행세를 하는 일부 상층 양민에게 선무군관이라는 칭호를 주는 대신 군포 1필을 징수하는 방식이었다.

15 ★★☆

답 ④

출제 영역 조선 후기>사회사

정답해설

(가)는 홍경래의 난(1811, 순조), (나)는 임술 농민 봉기(1862, 철종)이다.

④ 임술 농민 봉기의 원인이 삼정의 문란에 있다 하여 삼정을 바로잡고자 삼정이정청을 설치하고 여러 가지 개혁 방안을 제시했으나 얼마 가지 않아 삼정이정청이 폐지되어 그 효과는 거의 없었다.

오답해설

③ 홍경래의 난은 『정감록』을 내세우며 봉건왕정을 부정하는 정치적 목적을 가지고 장기간 준비하여 조직적으로 일어난 치밀한 반란이었으나 구체적인 개혁안을 제시하지는 못하였다.

16 ★★☆

답 ③

출제 영역 개항기 · 대한제국>정치사

정답해설

제시된 사료는 일본에 문호를 개방한 강화도 조약(1876, 조 · 일 수호 조규)의 내용이다.

③ 강화도 조약에는 관세 규정이 없었고, 개항장 거래에서는 일본 화폐도 통용되었다.

17 ★★☆

답 ④

출제 영역 개항기 · 대한제국>정치사

정답해설

④ 조 · 일 통상 장정은 1883년의 일로 갑신정변(1884) 이전의 일이다.

18 ★★☆

답 ①

출제 영역 일제 강점기>문화사

정답해설

① (ㄱ) 제1차 조선교육령(1911) – (ㄴ) 제2차 조선교육령(1922) – (ㄷ) 제3차 조선 교육령(1938) – (ㄹ) 제4차 조선교육령(1943)

19 ★★☆

답 ③

출제 영역 현대>정치사

정답해설

③ (ㄹ) 제1차 개헌(1952, 발췌 개헌) – (ㄱ) 제2차 개헌(1954, 사사오입 개헌) – (ㄴ) 제3차 개헌(1960) – (ㄷ) 제7차 개헌(1972, 유신헌법)

20 ★★☆

답 ①

출제 영역 현대>정치사

정답해설

㉠ · ㉡ 1972년 7 · 4 남북 공동 성명의 내용이다. 7 · 4 남북 공동 성명으로 자주, 평화, 민족적 대단결의 통일 3원칙이 제시되고, 남북 조절 위원회가 설치되었다.

오답해설

㉢ 남 · 북한 화해 및 불가침, 교류 · 협력 등에 관해 공동 합의한 기본 문서(남북 기본 합의서, 1991.12.13)에서는 남 · 북한 관계를 통일 관계의 '잠정적 특수 관계'라고 규정하고 한국과 북한이 당장 통일할 수 없는 현실을 감안하여 서로 상대방의 체제를 인정하고, 군사적으로 침범하거나 파괴 · 전복하지 않으며, 교류 · 협력을 통해 민족 동질성을 회복함으로써 단계적으로 통일을 이룩해 나가야 한다는 약속을 내외에 천명하였다.

㉣ 6 · 15 남북 공동 선언문(2000)에서는 남과 북은 나라의 통일을 위한 남측의 연합제 안과 북측의 낮은 단계의 연방제 안이 서로 공통성이 있다고 인정하고 이 방향에서 통일을 지향시켜 나가기로 하였다.

문제편 p.038

제3회 실전동형 모의고사

제1과목 국어

정답 체크

01	02	03	04	05	06	07	08	09	10
②	④	①	③	①	③	④	③	④	④
11	12	13	14	15	16	17	18	19	20
③	③	②	②	①	④	③	①	③	①

문항별 체크리스트

문항	문항 영역	한 눈에 보는 문항별 난이도
01	문법>음운론	★★
02	비문학>추론적 읽기	★★
03	문법>형태론	★★
04	문학>현대시	★★
05	어휘>한자(한자성어)	★★
06	문법>형태론	★★
07	비문학>추론적 읽기	★★
08	비문학>추론적 읽기	★★
09	문법>형태론	★
10	문학>고전운문	★★
11	문법>형태론	★★
12	어휘>한자(한자성어)	★
13	문학>현대시	★★
14	문법>외래어 표기	★★
15	비문학>추론적 읽기	★★
16	문학>고전산문	★★
17	문법>형태론	★
18	비문학>추론적 읽기	★★
19	비문학>사실적 읽기	★★
20	비문학>추론적 읽기	★★

문법	/9	어휘	/4
현대 문학	/2	고전 문학	/2
비문학	/3		
난이도 종합	★ 3개, ★★ 17개, ★★★ 0개		

출제자 의도

문학, 어휘, 비문학을 영역별로 고르게 출제했습니다. 다양한 영역을 풀어보며 자신이 강점과 약점을 보이는 영역이 어떤 것들인지 파악해 보세요.

01 ★★☆

답 ②

출제 영역 문법>음운론

정답해설

② • 「한글 맞춤법」 제19항에 따르면 어간에 '-이'나 '-음/-ㅁ'이 붙어서 명사로 된 것과, '-이'나 '-히'가 붙어서 부사로 된 것은 그 어간의 원형을 밝히어 적어야 한다. 따라서 어간 '익-'에 '-히'가 붙어서 부사가 된 '익히'는 원형을 밝히어 '익히'로 표기하여야 한다.

• 「한글 맞춤법」 제20항에 따르면 명사 뒤에 '-이'가 붙어서 된 말은 그 명사의 원형을 밝히어 적는다. 따라서 명사 '몫' 뒤에 '-이'가 붙어 부사가 된 '몫몫이'는 원형을 밝히어 '몫몫이'로 표기하여야 한다.

• 「한글 맞춤법」 제20항 붙임 규정에 따르면 '-이' 이외의 모음으로 시작된 접미사가 붙어서 된 말은 그 말의 원형을 밝히어 적지 않는다. 따라서 '-이' 이외의 모음으로 시작된 접미사가 붙어 형성된 '싸라기'와 '이파리'는 원형을 밝히지 않고 '싸라기'와 '이파리'로 표기하여야 한다.

오답해설

① • 「한글 맞춤법」 제5항에 따르면 한 단어 안에서 뚜렷한 까닭 없이 나는 된소리는 다음 음절의 첫소리를 된소리로 적어야 한다. 따라서 '해쓱하다', '부썩', '담뿍'으로 표기하여야 한다.

• 「한글 맞춤법」 제5항 다만 규정에 따르면 'ㄱ, ㅂ' 받침 뒤에서 나는 된소리는, 같은 음절이나 비슷한 음절이 겹쳐 나는 경우가 아니면 된소리로 적지 아니하므로 '깍두기'로 표기하여야 한다.

③ • 「한글 맞춤법」 제21항에 따르면 명사나 혹은 용언의 어간 뒤에 자음으로 시작된 접미사가 붙어서 된 말은 그 명사나 어간의 원형을 밝히어 적는다. 따라서 어간 '뜯-' 뒤에 자음으로 시작된 접미사 '-게'와 '-질'이 붙어서 형성된 '뜯게질'은 원형을 밝히어 '뜯게질'로 표기하여야 한다.

- 「한글 맞춤법」 제21항 다만 규정에 따르면 겹받침의 끝소리가 드러나지 않는 것이나 어원이 분명하지 않거나 본뜻에서 멀어진 단어들은 원형을 밝히지 않는다. 따라서 겹받침의 끝소리가 드러나지 않으므로 '널따랗다', '짤따랗다', '널찍하다'로 표기하여야 한다.

④ 「한글 맞춤법」 제25항에 따르면 '–하다'가 붙는 어근에 '–히'나 '–이'가 붙어서 부사가 되거나 '–이'가 붙어서 뜻을 더하는 경우에는 그 어근이나 부사의 원형을 밝히어 적어야 한다. 따라서 '곰곰이', '도저히', '어렴풋이', '깨끗이'로 표기하여야 한다.

02 ★★☆ 답 ④

출제 영역 비문학>추론적 읽기

정답해설

④ 대나무는 갓과 패랭이, 건모의 재료로 사용되었다. 그중 갓은 양반들의 외출용 모자였기 때문에 신분이 높은 사람들이 쓰는 모자에도 재료로 사용되었다.

오답해설

① 두 번째 문단의 '갓은 머리를 덮는 부분과 둥근 형태의 차양 부분으로 이루어져 있는데 대나무와 말총을 주재료로 사용하였다.'와 '탕건은 말의 갈기나 꼬리털인 말총으로 만들었다.'에서 알 수 있다.

② 두 번째 문단의 '집 안에서 쓰는 모자에는 탕건뿐만 아니라 유건도 있었다.'에서 알 수 있다.

③ 세 번째 문단의 '신분이 낮은 남성들은 정수리 모양이 둥근 패랭이를 썼다.'에서 알 수 있다.

03 ★★☆ 답 ①

출제 영역 문법>형태론

정답해설

① '어떤 수준에 비하여 한층 더'라는 의미의 '보다'는 부사이다.

오답해설

② '앞말이 뜻하는 동작이나 행동에 타당한 이유가 있음을 나타내는 말' 또는 '앞말이 뜻하는 동작이나 행동이 가능함을 나타내는 말'인 '만'은 의존명사이다.

③ '어떤 모양이나 상태와 같이', '어떤 상태나 행동이 나타나는 그 즉시', '어떤 상태나 행동이 나타나는 족족' 등의 의미를 갖는 '대로'는 의존명사이다.

④ '시간'을 의미하는 '시(時)'는 단위성 의존명사이다. 단위성 의존명사는 띄어쓰는 것이 원칙이나, 수 관형사 뒤에 의존명사가 붙어서 차례를 나타내는 경우나, 아라비아 숫자 뒤에 붙는 경우에는 붙여 쓰는 것을 허용한다.

출제자의 Point!

'보다', '만', '대로', '시'의 품사에 따른 띄어쓰기

구분		용법
만	조사	다른 것으로부터 제한하여 어느 것을 한정함을 나타내는 보조사 예 웃기만 할 뿐 아무 말이 없다.
	의존명사	• 앞말이 가리키는 동안이나 거리 예 십 년 만의 귀국 • 앞말이 가리키는 횟수를 끝으로 예 세 번 만에 • 앞말이 뜻하는 동작이나 행동에 타당한 이유가 있음 예 화를 낼 만도 하다.
시	접사	그렇게 여김, 그렇게 봄 예 등한시, 적대시
	의존명사	• 차례가 정하여진 시각 예 5시 30분 • 어떤 일이나 현상이 일어날 때나 경우 예 비행 시
보다	조사	서로 차이가 있는 것을 비교하는 경우, 비교의 대상이 되는 말에 붙어 '~에 비해서'의 뜻을 나타내는 격조사 예 내가 너보다 크다.
	부사	어떤 수준에 비하여 한층 더 예 보다 높게
대로	조사	• 앞에 오는 말에 근거하거나 달라짐이 없음을 나타내는 보조사 예 처벌하려면 법대로 해라. • 따로따로 구별됨을 나타내는 보조사 예 큰 것은 큰 것대로 따로 모아두다.
	의존명사	• 어떤 모양이나 상태와 같이 예 본 대로 • 어떤 상태나 행동이 나타나는 그 즉시 예 집에 도착하는 대로 편지를 쓰다. • 어떤 상태나 행동이 나타나는 족족 예 기회 있는 대로 정리하는 메모

04 ★★☆ 답 ③

출제 영역 문학>현대시

정답해설

③ 시에서 화자는 감정을 격정적으로 표출하지 않고 '풀벌레 소리 가득 차 있었다'라고 표현하며 감정을 절제하여 비극적 상황을 더욱 고조시키고 있다.

출제자의 Point!

이용악, 「풀벌레 소리 가득 차 있었다」
- 갈래 : 자유시, 서정시
- 성격 : 비극적, 회고적, 묘사적, 서사적
- 제재 : 아버지의 죽음
- 구성
  - 1연 : 타향에서 맞이한 아버지의 임종
  - 2연 : 아버지의 임종 모습
  - 3연 : 아버지의 죽음 확인
  - 4연 : 아버지의 죽음과 가족의 슬픔
- 특징
  - 서글프면서도 절제된 어조
  - 상황의 객관적 묘사
  - 청각적인 표현을 통해 비극성 강조
  - 수미상관식 구성
- 주제 : 아버지의 비참한 임종과 유랑민의 비애

05 ★★☆ 답 ①

출제 영역 어휘>한자(한자성어)

정답해설

① 화자는 멸망한 고국을 그리워하며 한탄하고 있다. 따라서 화자의 상황을 적절하게 표현한 한자성어는 보리가 무성하게 자란 것을 탄식한다는 뜻으로 나라가 멸망하는 것을 탄식한다는 의미의 한자성어인 맥수지탄(麥秀之嘆)이다.

오답해설

② 망운지정(望雲之情)은 구름을 바라보며 그리워한다는 뜻으로, 객지에 나온 자식이 고향의 부모를 그리워함을 의미하는 한자성어이다.

③ 망양지탄(亡羊之歎)은 넓은 바다를 보며 탄식한다는 뜻으로, 학문의 길이 여러 갈래로 나뉘어져 있어 진리를 찾기 어려움을 탄식함을 의미하는 한자성어이다.

④ 수구초심(首丘初心)은 여우가 죽을 때 머리를 제가 살던 굴을 향해 돌린다는 내용으로, 근본을 잃지 않는 마음이나 죽음을 앞두고 고향을 그리워하는 마음을 의미하는 한자성어이다.

출제자의 Point!

길재, 「오백년 도읍지를」
- 갈래 : 평시조, 단시조
- 성격 : 회고적, 애상적
- 제재 : 고려의 오백 년 도읍지
- 특징
  - 4음보의 율격
  - '처음 – 중간 – 끝'의 3단 구성
  - 자연과 인간의 대조
- 주제 : 맥수지탄(麥秀之嘆), 망국의 한(恨)과 인생무상(人生無常)

06 ★★☆ 답 ③

출제 영역 문법>형태론

정답해설

③ • '냇가'는 어근 '내' 어근 '가'가 결합한 합성어로서 [내:까]로 발음하므로 ㉠의 예에 해당한다.
• '텃마당'은 어근 '터'와 어근 '마당'이 결합한 합성어로서 [턴마당]으로 발음하므로 ㉡의 예에 해당한다.
• '아랫니'은 어근 '아래'와 어근 '이'가 결합한 합성어로서 [아랜니]로 발음하므로 ㉢이 아닌 ㉡의 예에 해당한다.

오답해설

① • '맷돌'은 어근 '매'와 어근 '돌'이 결합한 합성어로서 [매똘]로 발음하므로 ㉠의 예에 해당한다.
• '빗물'은 어근 '비'와 어근 '물'이 결합한 합성어로서 [빈물]로 발음하므로 ㉡의 예에 해당한다.
• '나뭇잎'은 어근 '나무'와 어근 '잎'이 결합한 합성어로서 [나문닙]으로 발음하므로 ㉢의 예에 해당한다.

② • '선짓국'은 어근 '선지'와 어근 '국'이 결합한 합성어로서 [선지꾹]으로 발음하므로 ㉠의 예에 해당한다.
• '잇몸'은 어근 '이'와 어근 '몸'이 결합한 합성어로서 [인몸]으로 발음하므로 ㉡의 예에 해당한다.
• '두렛일'은 어근 '두레'와 어근 '일'이 결합한 합성어로서 [두렌닐]로 발음하므로 ㉢의 예에 해당한다.

④ • '쇳조각'은 어근 '쇠'와 어근 '조각'이 결합한 합성어로서 [쇠쪼각]로 발음하므로 ㉠의 예에 해당한다.
• '뒷머리'는 어근 '뒤'와 어근 '머리'가 결합한 합성어로서 [뒨:머리]로 발음하므로 ㉡의 예에 해당한다.
• '깻잎'은 어근 '깨'와 어근 '잎'이 결합한 합성어로서 [깬닙]으로 발음하므로 ㉢의 예에 해당한다.

출제자의 Point!

사이시옷의 표기(한글 맞춤법 제30항)

1. 순우리말로 된 합성어로서 앞말이 모음으로 끝난 경우
   (1) 뒷말의 첫소리가 된소리로 나는 것
   예 고랫재, 귓밥, 나룻배, 나뭇가지, 냇가
   (2) 뒷말의 첫소리 'ㄴ, ㅁ' 앞에서 'ㄴ' 소리가 덧나는 것
   예 멧나물, 아랫니, 텃마당, 아랫마을, 뒷머리
   (3) 뒷말의 첫소리 모음 앞에서 'ㄴㄴ' 소리가 덧나는 것
   예 도리깻열, 뒷윷 두렛일, 뒷일, 뒷입맛
2. 순우리말과 한자어로 된 합성어로서 앞말이 모음으로 끝난 경우
   (1) 뒷말의 첫소리가 된소리로 나는 것
   예 귓병, 머릿방, 뱃병, 봇둑, 사잣밥
   (2) 뒷말의 첫소리 'ㄴ, ㅁ' 앞에서 'ㄴ' 소리가 덧나는 것
   예 곗날, 제삿날, 훗날, 툇마루, 양칫물
   (3) 뒷말의 첫소리 모음 앞에서 'ㄴㄴ' 소리가 덧나는 것
   예 가욋일, 사삿일, 예삿일, 훗일
3. 두 음절로 된 다음 한자어
   예 곳간(庫間), 셋방(貰房), 숫자(數字), 찻간(車間), 툇간(退間), 횟수(回數)

07 ★★☆ 답 ④

출제 영역 비문학>추론적 읽기

정답해설

제시문은 '학교폭력 가해사실에 대한 학교생활기록부 기록 방침'에 대해 찬성하는 입장을 취하고 있다.

- (가)의 첫 문장인 '가해학생의 인권도 물론 중요하지만 피해자와 가해자의 인권이 대립했을 때는 약자의 권리가 우선돼야 한다.'에서 (가)의 앞에는 '가해학생의 인권'에 대한 언급이 들어가야 함을 알 수 있다.
- (나)는 가해학생의 인권이 보장되어야 하는 이유로 '낙인효과'를 들고 있다. 따라서 (가)의 앞에 위치해야 함을 알 수 있다. 그러나 '더욱이'라는 부사로 문단이 시작하기 때문에 글의 시작 문단은 아니다.
- (다)는 '학교폭력 가해사실에 대한 학교생활기록부 기록 방침'에 대해 긍정적으로 판단하며 새롭게 실시되는 방침의 긍정적인 면을 부각시키며 자연스럽게 이야기를 시작하고 있다. 따라서 (다)는 글의 처음에 위치해야 한다.
- (라)는 '그런데'라는 부사를 통해 문단을 시작하고 있다. 이는 뒤에 나올 내용이 앞의 내용과 반대되는 내용임을 암시한다. 또한 '이런 조치'라는 부분에서 앞에 어떠한 조치가 나와야 함을 알 수 있다. '그런데' 이후에는 '일부 지방교육청에서 가해학생의 인권이 침해된다는 이유를 들어 이런 조치를 보류하고 있다'는 사실에 대해 실망하고 있기 때문에 따라서 (라)는 (다) 뒤에 위치하여 이런 조치는 '학교폭력 가해사실에 대한 학교생활기록부 기록 방침'임을 알 수 있어야 하고, (다)에서 이야기하는 새로운 방침의 긍정적인 면에 대해 '그런데' 이후의 문장으로 자연스럽게 연결지어야 한다.

따라서 글의 순서는 '(다) – (라) – (나) – (가)'이다.

08 ★★☆ 답 ③

출제 영역 비문학>추론적 읽기

정답해설

③ 세 번째 문단의 첫 문장인 '예전에는 이모작으로 보리를 경작하여 농지를 효과적으로 활용할 수 있었다.'에서 예전에 보리를 주요 곡물로 재배했던 이유를 알 수 있다. 보리의 씹는 느낌과 맛이 좋기 때문에 주요 곡물로 재배되었다는 내용은 나와 있지 않다.

오답해설

① 두 번째 문단의 두 번째 문장 '우리나라의 『삼국유사』에도 보리의 역사를 알 수 있는 기록이 있다.'에서 알 수 있다.

② 세 번째 문단의 첫 번째 문장 '예전에는 이모작으로 보리를 경작하여 농지를 효과적으로 활용할 수 있었다.'에서 알 수 있다.

④ 네 번째 문단의 첫 번째 문장 '보리는 쌀에 비해 칼슘, 철, 인 등의 영양소가 풍부하고, 섬유소도 몇 배나 더 많다.'에서 알 수 있다.

09 ★☆☆ 답 ④

출제 영역 문법>형태론

정답해설

④ 한글 맞춤법 제47항에 따르면 보조 용언은 띄어 씀을 원칙으로 하되, 경우에 따라 붙여 씀도 허용한다. 따라서 원칙적으로는 '올 성싶다'로 띄어쓰되, '올성싶다'로 붙여 씀도 허용한다.

오답해설

① '-는데'는 뒤 절에서 어떤 일을 설명하거나 묻거나 시키거나 제안하기 위하여 그 대상과 상관되는 상황을 미리 말할 때에 쓰는 연결 어미이므로 '나서는데'로 붙여 써야 한다.

② 체언의 뒤에 오는 '만큼'은 앞말과 비슷한 정도나 한도임을 나타내는 격조사이다. 따라서 '너만큼'으로 붙여 써야 한다.

③ '는커녕'은 보조사 '는'에 보조사 '커녕'이 결합한 말로서 앞말을 지정하여 어떤 사실을 부정하는 뜻을 강조하는 보조사이므로, '커피는커녕'으로 붙여 써야 한다.

10 ★★☆ 답 ④

출제 영역 문학>고전운문

정답해설

④ 충담사의 「안민가」는 작가가 승려이지만 현존하는 향가 중 유일하게 유교적 사상을 노래한 작품이다.

출제자의 Point!

충담사, 「안민가」

- 갈래 : 10구체 향가
- 성격 : 유교적, 교훈적
- 제재 : 위정자의 자세
- 특징
  - 소박한 은유를 사용하여 교훈적 의미를 효과적으로 전달함
  - 장중하고 예언자적인 어조로 권계(勸戒)하는 태도를 드러냄
  - 논리적 · 직설적 어법 사용
  - 일종의 잠요(箴謠 : 훈계적 내용의 노래)로서 유교적 사상을 바탕으로 치국의 근본을 밝힌 노래
  - 향가 중 유교적 이념을 노래한 유일한 작품
- 주제 : 나라를 다스리는 올바른 방책, 치국안민(治國安民)의 도(道)와 국태민안(國泰民安)의 이상
- 현대어 해석

> 임금은 아버지며
> 신하는 사랑하실 어머니요.
> 백성은 어린아이라고 한다면
> 백성이 사랑받음을 알 것입니다.
> 구물거리며 살아가는 백성들
> 이들을 먹여 다스리어
> 이 땅을 버리고서 어디로 갈 것인가 한다면
> 나라 안이 다스려질 것임을 알 것입니다.
> 아아, 임금답게 신하답게 백성답게 한다면
> 나라 안이 태평할 것입니다.

11 ★★☆

답 ③

출제 영역 문법>형태론

정답해설

③ '하늘이 맑고 푸르다.'는 '하늘 + 이 + 맑- +-고 +푸르-+다'로 나눌 수 있으므로 형태소는 모두 6개이다.

오답해설

① '커피를 사러 갔다.'는 '커피 + 를 + 사- + -러 + 가- + -았- + -다'로 나눌 수 있으므로 형태소는 모두 7개이다.

② '그가 돌아 왔다.'는 '그 + 가 + 돌- + -아 + 오- + -았- + -다'로 나눌 수 있으므로 형태소는 모두 7개이다.

④ '봄에는 꽃이 핀다.'는 '봄 + 에는 + 꽃 + 이 + 피- + -ㄴ+-다'로 나눌 수 있으므로 형태소는 모두 7개이다.

출제자의 Point!

형태소

기준	종류	개념
실질적 의미의 유무	실질 형태소	실질적인 의미를 지닌 형태소
	형식 형태소	문법적인 의미(기능)를 지닌 형태소
자립성 유무	자립 형태소	다른 형태소(조사, 어미, 접사)와의 결합 없이도 홀로 쓰일 수 있는 형태소
	의존 형태소	반드시 다른 형태소와 결합해야만 쓰일 수 있는 형태소

12 ★★☆

답 ③

출제 영역 어휘>한자(한자성어)

정답해설

③ '감상(鑑賞)'은 '주로 예술 작품을 이해하여 즐기고 평가한다.'는 의미의 한자어이다. '마음 속에서 일어나는 느낌이나 생각'을 의미하는 한자어 '감상(感想)'은 感(느낄 감)과 想(생각할 상)을 사용한다.

오답해설

① 現(나타날 현)과 狀(형상 상)을 사용한 '현상(現狀)'은 '나타나 보이는 현재의 상태'를 의미한다.

② 架(시렁 가)와 空(빌 공)을 사용한 '가공(架空)'은 '어떤 시설물을 공중에 가설함' 또는 '이유나 근거 없이 거짓이나 상상으로 꾸며 냄'을 의미한다.

④ 否(아닐 부)와 定(정할 정)을 사용한 '부정(否定)'은 '그렇지 아니하다고 단정하거나 옳지 아니하다고 반대함'을 의미한다.

13 ★★☆

답 ②

출제 영역 문학>현대시

정답해설

② 화자는 유한한 삶과 죽음을 받아들이고 낙천적인 어조로 이야기하고 있다. 따라서 ㉡과 같이 삶을 잠깐 왔다 가는 아름다운 '소풍'으로 표현하였다.

출제자의 Point!

천상병, 「귀천」

- 갈래 : 서정시, 자유시
- 성격 : 독백적, 낙천적, 관조적
- 제재 : 귀천
- 특징
  - 반복적이고 비유적인 심상의 사용
  - 독백적인 어조를 통해 주제를 부각
- 구성
  - 1연 : 이슬과 함께 하늘로 돌아가리라는 소망
  - 2연 : 노을빛과 함께 하늘로 돌아가리라는 소망
  - 3연 : 아름다웠다고 인식하는 지상에서의 삶
- 주제 : 삶에 대한 달관과 죽음에 대한 정신적 승화

14 ★★☆

답 ②

출제 영역 문법>외래어 표기

정답해설

② 외래어 표기법 제3장 제1절 제3항 제2호에 따르면 어말의 [ʃ]는 '시'로 적고, 자음 앞의 [ʃ]는 '슈'로, 모음 앞의 [ʃ]는 뒤따르는 모음에 따라 '샤', '섀', '셔', '셰', '쇼', '슈', '시'로 적는다. 따라서 'English'는 [iŋgliʃ]로 발음되므로 '잉글리시'로 표기하여야 한다.

오답해설

① 외래어 표기법 제3장 제1절 제1항 제1호에 따르면 짧은 모음 다음의 어말 무성 파열음([p], [t], [k])은 받침으로 적는다. 따라서 'robot'는 [róubət]으로 발음되므로 '로봇'으로 표기하여야 한다.

③ 외래어 표기법 제1장 제5항에 따르면 이미 굳어진 외래어는 관용을 존중한다. 따라서 'supermarket'은 이미 굳어진 외래어에 해당하므로 '슈퍼마켓'으로 표기하여야 한다.

④ 외래어 표기법 제1장 제4항에 따르면 파열음 표기에는 된소리를 쓰지 않는 것을 원칙으로 한다. 이 규정은 마찰음과 파찰음에도 적용된다. 따라서 'Mozart'는 '모차르트'로 표기하여야 한다.

15 ★★☆

답 ①

출제 영역 비문학>추론적 읽기

정답해설

① 첫 번째 문단을 통해 적정 기술은 그 지역의 환경과 문화, 경제적인 상황을 고려하여 필요한 물건을 만들어 저소득층 사람들의 삶의 질을 향상시키기 위한 기술임을 알 수 있다.

16 ★★☆

답 ④

출제 영역 문학>고전산문

정답해설

④ 필자는 사람들이 편할 때에는 그 편한 것만을 믿고 위태로운 것을 생각하지 않는다고 보았으므로 지나치게 편안함만을 추구해서는 안 된다는 점을 깨우쳐 주려는 것임을 알 수 있다.

출제자의 Point!

권근, 「주옹설」
- 갈래 : 패관 문학, 설
- 성격 : 교훈적, 비유적, 우의적, 계몽적
- 특징
  - 질문을 던지고 그에 대한 주장을 제시
  - 역설적 인식과 대화를 통해 주제를 이끎
  - 여운에 의한 결말
  - 현상에 대한 상반된 인식이 드러남
- 주제 : 세상을 살아가는 올바른 태도

17 ★★☆ 답 ③

출제 영역 문법>형태론

정답해설

ㄱ. '늦더위'는 어간 '늦-'과 명사 '더위'가 결합한 비통사적 합성어이다.

ㄴ. '뛰어놀다'는 동사의 어간 '뛰-'와 동사의 어미 '-어', 동사 '놀다'가 결합한 통사적 합성어이다.

ㄷ. '사냥꾼'은 어근 '사냥'과 접미사 '-꾼'이 결합한 파생어이다.

③ • '부슬비'는 부사 '부슬'과 명사 '비'가 결합한 비통사적 합성어이다.
• '첫사랑'은 관형사 '첫'과 명사 '사랑'이 결합한 통사적 합성어이다.
• '지붕'은 명사 '집'과 접미사 '-웅'이 결합한 파생어이다.

오답해설

① • '넓이'는 어근 '넓-'과 접미사 '-이'가 결합한 파생어이다.
• '손수건'은 명사 '손'과 명사 '수건'이 결합한 통사적 합성어이다.
• '맨손'은 접두사 '맨-'과 어근 '손'이 결합한 파생어이다.

② • '손발'은 명사 '손'과 명사 '발'이 결합한 통사적 합성어이다.
• '바람'은 단일어이다.
• '날고기'는 접두사 '날-'과 어근 '고기'가 결합한 파생어이다.

④ • '부채질'은 어근 '부채'와 접미사 '-질'이 결합한 파생어이다.
• '뛰놀다'는 동사의 어간 '뛰-'와 동사 '놀다'가 결합한 비통사적 합성어이다.
• '치뜨다'는 접두사 '치-'와 어근 '뜨다'가 결합한 파생어이다.

출제자의 Point!

단어의 종류

<table>
<tr><td colspan="2">단일어</td><td>하나의 실질 형태소로 된 말
예 하늘, 바람, 구름, 책, 꽃, 가다, 오다</td></tr>
<tr><td rowspan="2">복합어</td><td>합성어</td><td>• 둘 이상의 실질 형태소가 결합하여 하나의 단어가 된 말
• 통사적 합성어 : 우리말의 일반적인 배열 방식에 따라 결합하여 형성된 합성어
예 집안, 눈사람, 곧잘, 첫사랑, 뛰어놀다
• 비통사적 합성어 : 우리말의 일반적인 배열 방식에 따르지 않은 채 결합하여 형성된 합성어
예 검버섯, 부슬비, 굳세다, 뛰놀다</td></tr>
<tr><td>파생어</td><td>실질 형태소에 접사가 결합하여 하나의 단어가 된 말
예 부채질, 덮개, 덧버선, 지붕</td></tr>
</table>

18 ★★☆ 답 ①

출제 영역 비문학>추론적 읽기

정답해설

① 서술어 '주다'는 주어(그녀), 목적어(선물), 부사어(나)를 필수적으로 요구하는 세 자리 서술어이다.

오답해설

② 서술어 '변하다'는 주어(물), 부사어(얼음)를 필수적으로 요구하는 두 자리 서술어이다.

③ 서술어 '되다'는 주어(영희), 보어(대학생)를 필수적으로 요구하는 두 자리 서술어이다.

④ 서술어 '사다'는 주어(철수), 목적어(생일 선물)를 필수적으로 요구하는 두 자리 서술어이다.

19 ★★☆ 답 ③

출제 영역 비문학>사실적 읽기

정답해설

③ '따라서 기존에 TV 브라운관의 크기 등을 나타내던 '인치'나, 주택이나 토지의 넓이에서 쓰였던 '평', 또 금의 무게를 나타내는 데 사용하던 '돈'과 같은 단위를 이제는 법정 계량 단위인 '미터'와 '제곱미터', '그램' 등의 단위로 바꿔 사용해야 한다.'에서 알 수 있듯이 필자의 주장은 '법정 계량 단위를 사용하여야 한다.'는 것이며 두 번째 문단에서는 법정 계량 단위를 사용해야 하는 근거들을 제시하고 있다. 따라서 글의 중심 화제는 '법정 계량 단위 사용의 필요성'임을 알 수 있다.

20 ★★☆ 답 ①

출제 영역 비문학>추론적 읽기

정답해설

① 주택 거래 시 사용하였던 '평'과 금의 무게 단위로 사용하던 '돈'을 예로 들면서 법정 계량 단위를 사용의 편리성을 근거로 제시하며 법정 계량 단위가 정착되어야 함을 주장하고 있다.

제2과목 영어

정답 체크

01	02	03	04	05	06	07	08	09	10
③	①	②	④	②	①	②	②	②	④
11	12	13	14	15	16	17	18	19	20
①	②	③	③	①	④	④	①	②	④

문항별 체크리스트

문항	문항 영역	한 눈에 보는 문항별 난이도	
01	어휘>단어	★★	
02	어휘>단어	★★	
03	어휘>단어	★★	
04	어휘>어구	★★	
05	어휘>단어	★★	
06	어휘>어구	★★	
07	어휘>어구	★★	
08	어법>정문 찾기	★★	
09	어법>비문 찾기	★★	
10	어법>비문 찾기	★★	
11	독해>글의 주제	★★	
12	독해>빈칸 완성	★★	
13	독해>글의 주제	★★	
14	독해>글의 흐름	★★	
15	독해>빈칸 완성	★★	
16	독해>글의 분위기	★★	
17	독해>빈칸 완성	★★	
18	독해>글의 분위기	★★	
19	독해>빈칸 완성	★★	
20	독해>글의 순서	★★	
어휘	/ 7	어법	/ 3
독해	/ 10		
난이도 종합	★★ 20개		

출제자 의도

이번 회차는 전체적으로 문맥 파악 및 독해에 중점을 두었습니다. 다양한 종류의 독해를 통해 영어 지문 독해 연습을 하는 데 집중합니다.

01 ★★☆

답 ③

출제 영역 어휘>단어

분석

bilateral은 '쌍방의, 양측의'라는 뜻으로 이와 의미가 가장 가까운 것은 ③ mutual(상호간의, 서로의)이다.

① 차별적인

② 눈에 띄는, 두드러진

④ 이익이 되는

해석

> 이론상으로는, 양국의 자유무역협정은 양국에 막대한 이익을 가져다 줄 것이다.

어휘

- free trade agreement 자유무역협정
- massive 엄청나게 큰

02 ★★☆

답 ①

출제 영역 어휘>단어

분석

meticulously는 '주의 깊게, 꼼꼼하게'라는 뜻으로 이와 의미가 가장 가까운 것은 ① cautiously(주의하여, 조심스럽게)이다.

② 황급히

③ 결정적으로, 단호히

④ 기쁘게

해석

> 군인들은 자신들의 무기가 장교들에 의해서 꼼꼼하게 관리되고 조사된다고 말했다.

03 ★★☆

답 ②

출제 영역 어휘>단어

분석

빈칸은 전화의 내용을 수식해 주는 말로, 본 것을 경찰에게 알리지 말라는 뒷내용과 연결되는 단어는 ② anonymous(익명의)이다.

① 만장일치의

③ 조숙한, 아이 같지 않은

④ 단조로운

해석

> 나는 내가 본 것을 경찰에 알리지 말라는 익명의(발신 불명의) 경고 전화를 받았다.

04 ★★☆

답 ④

출제 영역 어휘>어구

분석

우선 that 다음에 완전한 절이 이어지는데 이때 that은 명사절 접속사(~하는/~한 것)이며 해석해보면 '예외 없이 모든 질병이 예방될 수 있다는 것'이 된다. that절이 문장의 진주어임을 파악하면 빈칸에는 가주어로 사용될 수 있는 it이 포함된 ④ It is certain이 들어가는 것이 적절하다.

해석

예외 없이 모든 질병이 예방될 수 있다는 것은 확실하다.

어휘

- exception 예외
- preventable 예방할 수 있는, 막을 수 있는

05 ★★☆

답 ②

출제 영역 어휘>단어

분석

집에 일찍 가도 되냐는 A의 질문에 B가 그래도 상관없다는 반응이다. B의 반응에 A가 재차 확인할 때 "if you'd rather I didn't, I won't."라고 한 것은, 만약 A가 "I'd rather you didn't(당신이 안 그랬으면 좋겠는데요)."라고 말한다면 가지 않겠다는 말이다.

② 그건 완전히 당신에게 달린 문제에요.

① 별 말씀을요. (상대의 고맙다는 인사에 대한 답례)

③ 날 실망시키지 마세요.

④ 이해할 수 없군요.

해석

A : 제가 집에 일찍 간다면 꺼려지실까요?
B : 아니요.
A : 확실해요? 제 말은 만약 당신이 제가 그러지 않길 바란다면, 안 갈게요.
B : 아니요, 정말로요, 당신이 집에 일찍 가건 말건 저에겐 상관없어요. 그건 완전히 당신에게 달린 문제에요.

어휘

- let somebody down ~의 기대를 저버리다[~를 실망시키다]
- beyond (능력 · 한계 등을) 넘어서는, ~할 수 없는
- comprehension 이해력

06 ★★☆

답 ①

출제 영역 어휘>어구

분석

첨부 파일을 어떻게 전송하는지 모르겠다는 A의 말에 대한 B의 대답으로 가장 적절한 것은 매우 쉽다는 의미인 ① 'it's a snap(식은 죽 먹기지)'이다.

② 아주 싸게 샀어요

③ 그림의 떡이지

④ 뜬구름 잡기

해석

A : 첨부 파일을 어떻게 보내는지 모르겠어요.
B : 일단 배우고 나면, 그것은 식은 죽 먹기에요.

어휘

- attached file 첨부 파일(attachment)
- once 일단 ~하면, ~하자마자

07 ★★☆

답 ②

출제 영역 어휘>어구

분석

가정법 구문인 'it is about[high] time(~할 시간이다)' 다음에는 that절에 '과거동사' 혹은 'should+동사원형'을 사용해야 한다.

해석

미국인들에게 충분한 보안을 제공하는 데 있어 우리의 실패가 이 끔찍한 학살에 의해 황폐해진 나라를 흔들어 왔고 전 세계를 놀라게 했다. 이제 우리가 중동에서 우리의 외교 정책에 대해 검토해야 할 시간이다.

어휘

- supply B for A A에게 B를 제공하다
- carnage 대학살

08 ★★☆

답 ②

출제 영역 어법>정문 찾기

분석

② 목적어가 all the factors involved이고, 목적어가 길어서 숙어인 take into consideration의 의미를 먼저 묶은 후에 목적어를 서술하였다. 또한 등위상관접속사 neither ~ nor 구문도 적절하게 사용되었다.

① 'If a man you ~'에서 man과 you 사이에 목적격 관계대명사 who(m)가, and와 made 사이에 주격 관계대명사 who가 각각 생략되어 있는데 목적격 관계대명사는 생략 가능하지만 주격 관계대명사는 생략할 수 없으므로 who made the worst impression로 고쳐야 옳은 문장이 된다.

③ 비교급 문장이므로 more와 호응할 수 있도록 as를 than으로 고쳐야 한다.

④ mind, enjoy, stop, finish 등은 동명사를 목적어로 취하므로 동사 mind 다음에 바로 형용사인 impolite가 나온 것은 잘못된 것이며, 동명사 being을 넣어야 한다.

해석

① 만약에 당신이 전날 밤에 만나 당신에게 최악의 인상을 주었던 남자가 바로 다음날 아침에 때를 놓치지 않고 당신에게 전화한다면, 가능한 한 바쁜 척 행동해야 한다.
② 모든 관련된 요인들을 고려할 때, 나는 간섭에 대하여 좋아하지도 무관심하지도 않는다.
③ 대개 여러분의 인생에서 만나기를 갈구하는 사람들보다는 제거해버리고 싶은 사람들이 더 많다.
④ 만일 무례해지는 걸 신경쓰지 않는다면, 당신은 편지를 써야 한다든지 개를 산책시키러 데려가야 한다는 말조차 할 수 있다(예의를 지킬 필요가 없으면 핑계를 대도 좋다).

어휘

- make an impression on ~에게 인상을 주다, ~을 감동시키다
- lose no time in (doing) 때를 놓치지 않고 ~하다, 곧 ~하다
- take into consideration ~을 고려(참작)하다
- inclination (~하려는) 의향, 성향
- insensitivity 무감각, 둔감
- interfere 방해하다, 간섭하다
- get rid of 제거하다, ~을 그만두다, 죽이다
- impolite 버릇없는, 무례한

09 ★★☆ 답 ②

출제 영역 어법>비문 찾기

분석

② look은 2형식 감각동사로 주격보어로 명사나 형용사를 취한다. 여기서 주어는 the landscape(풍경)으로 감정을 불러일으키는 주체이므로 보어는 능동형의 현재분사가 와야 한다. 따라서 fascinated는 fascinating으로 고쳐야 한다.

① 특정 과거시점 이전(견학여행을 가기 전)에 진행 중이던 사건이나 상황을 묘사할 때 과거완료 진행시제를 쓴다.

③ expect는 to부정사를 취하는 동사이다.

④ await은 완전타동사로 목적어를 취할 때 전치사가 필요하지 않으며 제시된 문장에서는 주격 관계대명사와 be동사가 생략된 형태로 쓰였다.

해석

버스 창문 너머로 내다보면서 조나스는 침착함을 유지할 수 없었다. 그는 이 견학여행을 몹시 기대했었다. 그는 아침에 가장 먼저 버스를 탔다. 버스가 알자스로 향하는 동안 풍경은 대단히 흥미로웠다. 세 시간의 이동 후 마침내 알자스에 도착하였지만 조나스는 끝도 없는 농경지밖에 볼 수 없었다. 밭들은 광대했지만 조나스에게 별로 와 닿지 않았다. 그는 오래된 성곽들과 역사적 유물들을 볼 것을 기대했었지만 이제 그가 보기에 그를 기다리고 있는 그런 것은 없었다. "이 따분한 밭에서 뭘 배울 수 있을까?"라고 조나스는 한숨을 쉬며 혼잣말을 했다.

어휘

- board 승차[승선/탑승]하다
- landscape 풍경
- fascinating 매력적인, 대단히 흥미로운
- nothing but 오직, 그저[단지] ~일 뿐인
- agricultural 농사의; 농업의
- monument 기념물, 역사적인 건축물

10 ★★☆ 답 ④

출제 영역 어법>비문 찾기

분석

④ 동사 found 뒤에 목적어가 없고 해석상 수동이 알맞으므로 수동태인 was found가 되어야 한다.

① 부대상황을 강조하는 with 분사구문은 「with+명사+분사」로 이루어지는데 이때 분사 자리에는 형용사나 부사(구), 전치사구 등도 들어갈 수 있으므로 문법적으로 옳은 문장이다.

② 불확실한 사실에 대해 말할 때 '~인지 (아닌지)'의 의미를 가지는 명사절 접속사 if나 whether를 쓸 수 있다.

③ 선행사를 포함하는 관계대명사 what이 적절하다.

해석

논문 제출까지 두 시간이 남았다. 마감시간이 목전에 다가옴에 따라 클레어는 여전히 글쓰기와 씨름하고 있었다. 그녀는 제시간에 논문을 제출할 수 있을지조차 확신하지 못했다. 그녀가 논문에서 발견한 것은 갈겨쓴 단어들, 반쪽짜리 문장들, 그리고 겉보기에 이상하고 일관성이 없는 아이디어들 한 무더기였다. "말이 통하는 게 아무 것도 없어."라고 그녀가 혼잣말을 했다. 그녀는 자신이 쓴 글을 보고서는 계속해서 읽기 시작했다. 갑자기, 그리고 예상치 못하게 무언가가 그 생각들의 더미에서 발견되었다. 그것은 바로 그녀가 글을 쓰던 도중에 고려하지 않았던 아이디어들 간의 흐름과 연결이었다.

어휘

- submission 제출; 항복, 굴복
- at hand 가까운 장래에, 머지않아
- on time 제시간에, 정각에
- scribble 갈겨쓰다, 휘갈기다
- disjointed 연결이 안 되는, 일관성이 없는
- over and over 반복해서, 여러 번 되풀이하여

11 ★★☆ 답 ①

출제 영역 독해>글의 주제

분석

제시된 글은 승객에게 편안함을 주는 좌석의 질의 중요성에 대해 강조하고 있으므로 글의 제목으로 적절한 것은 ① 승객의 편안함에 있어서 좌석의 질의 중요성이다.

② 침대와 좌석의 질에 있어서 윤곽과 표면의 역할

③ 침대와 좌석의 서비스를 향상시키기 위해 항공사가 노력하는 방법

④ 절약하기 위해 항공사가 디자인하는 좌석의 종류

해석

"당신이 아무리 많이 하루의 끝에, 특히 밤을 지새우는 동안 멋진 경험을 만드는 데 투자를 한다고 해도, 당신이 편안한 잠을 이룰 수 없으면 서비스에 대한 인식은 한 단계 내려가게 됩니다."라고 그는 말했다. 그를 놀라게 한 조사 결과 중에는 좌석의 발포 고무가 안락함에 얼마나 많이 영향을 미치는가 하는 것이 있었다. 좌석을 편안하게 해주는 밀도, 두께 및 윤곽이 침대를 불편하게 할 수도 있다. 스펄록 씨의 연구 결과에 따르면 승객들은 상반신에 윤곽이 맞춰지지 않은 부드러운 좌석을 원하는 것으로 나타났다고 말했다. 버진 애틀랜틱 항공사는 단추 하나를 누르면 한 점의 가구(침대)가 두 가지 목적을 알맞게 하는 것을 만들어 문제를 해결했다. 승객이 똑바로 서서, 단추를 누르면 뒤에 있는 좌석이 자동으로 평평한 침대가 된다. 좌석 면은 윤곽이 맞춰지고 부드러운 가죽으로 덮여 있으며, 그 뒷면은 단단한 발포 고무로 만들어져 있다.

어휘

- premium 우수한, 고급의, 값비싼
- notch (질 · 성취 정도를 나타내는) 급수[등급]
- finding (조사 · 연구 등의) 결과
- foam (의자 · 매트리스 등에 쓰는) 발포 고무
- density 밀도, 농도
- contour 윤곽, ~의 윤곽을 그리다
- one's body from the waist up 상반신(허리 위쪽으로의 몸 전체)
- one piece of furniture 한 점의 가구
- serve the purpose 목적에 알맞다, 쓸모 있다
- flip 튀기다, 가볍게 치다, 스위치를 누르다
- reverse 역(逆), 반대, 뒤, 뒷면

12 ★★☆ 답 ②

출제 영역 독해>빈칸 완성

분석

빈칸이 있는 문장에서 소크라테스는 고결하고, 똑똑하고, 완벽하지만 외면은 못생겼다고 한 점으로 보아 모순을 나타내는 말이 와야 하므로 빈칸에는 ② paradoxical(역설적인)이 적합하다.

① 필수적인

③ 자연의, 당연한

④ 자명한

해석

그리스인들에게 있어 아름다움은 미덕, 즉 일종의 탁월함이었다. 사람의 '내면'과 '외면'을 구분해야 하는 일이 발생해도 그리스인들은 내적인 아름다움이 외적인 아름다움에 의해 조화를 이루게 될 것이라고 생각했다. 소크라테스 주위에 모여든 명문가 출신의 젊은 아테네 사람들은 그들의 영웅이 너무 똑똑하고, 용감하고, 고결하고, 매력적인데 반해 너무 못생겼다고 역설적으로 생각했다.

어휘

- virtue 미덕
- distinguish 구별하다, 구별 짓다
- match 필적하다, 대등하다
- gather 모이다
- seductive 마음을 끄는

13 ★★☆ 답 ③

출제 영역 독해>글의 주제

분석

유럽에서 종이를 사용하지 않은 이유가 나와야 하므로, 부정적인 의미를 가진 단어인 ③ fragile(손상되기 쉬운, 약한)이 적절하다.

① 편리한

② 내구성이 있는, 오래가는

④ 열렬한

해석

마르코 폴로가 쓴 책에는 중요한 종이 발명이 나와 있지 않은데, 종이는 중국인에 의해 처음 소개되었다. 무어인들은 중국의 종이 제작자들로부터 종이 만드는 법을 배워서 종이를 유럽에 들여왔다. 12세기경 스페인이, 그 후에는 프랑스가 종이 제작법을 알게 되었는데, 그것은 무어 침략군들 때문이었다. 하지만 당시에는 대부분의 유럽의 인쇄는 양피지 위에 이루어졌는데, 종이가 너무 약하다고 생각되었기 때문이었다.

어휘

- invader 침입자, 침략자
- parchment 양피지

안심Touch

14 ★★☆

답 ③

출제 영역 독해>글의 흐름

분석

①, ②, ④는 전갈을 가리키는 반면 ③은 개구리를 가리킨다.

해석

'전갈과 개구리' 이야기를 들은 적이 있는가? 한 개구리가 우연히 전갈을 만나서 살려달라고 애원한다. 전갈은 개구리에게 자신이 강을 건너게 해주면 살려주겠다고 말한다. 개구리는 묻기를, "제가 당신을 데려다 주는 동안 당신이 저를 죽이지 않을 거라는 걸 제가 어떻게 알죠?" 전갈이 대답하기를, "내가 만약 너를 공격한다면, 우리는 둘 다 죽게 될 것이다." 잠시 생각한 후, 개구리는 동의한다. 하지만 강을 절반쯤 건넜을 때, 전갈은 개구리의 등을 찌른다. 둘 다 가라앉기 시작할 때, 개구리가 묻기를, "왜 저를 찔렀나요? 우린 둘 다 죽게 될 거예요." 전갈은 마지막 숨을 쉬면서 대답하기를, "그건 내 본능을 나도 통제할 수 없기 때문이야."

어휘

- come upon 우연히 만나다
- plead 애원하다
- drown 익사하다

15 ★★☆

답 ①

출제 영역 독해>빈칸 완성

분석

(A) 앞서 언급했던 '종은 고정되어 있다'는 진술을 '점진적인 변화를 거쳐 진화한다'고 반박하므로 빈칸에는 앞의 진술이 사실이 아니고 뒤의 진술이 사실임을 말할 때 쓰는 연결사인 on the contrary(그와는 반대로)가 들어간다.

(B) cousins와 shared a common ancestor가 환언 관계(동일한 내용의 다른 표현방식)이므로 빈칸에는 that is(즉, 말하자면)가 들어가야 적절하다.

② ~와 비교해 보면 – 게다가

③ 반면에 – 그러나

④ 요컨대 – 더욱이

해석

종의 기원은 지구의 모든 생명체가 동일한 선조로부터 변이를 일으킨 유전의 결과로 현재에 이르렀다고 했다. 이것이 진화론이다. 다른 방식으로 표현하자면 종(種)은 고정되어 있거나 불변하는 것이 아니라 그와는 반대로 이전에 존재한 다른 종(種)으로부터 점차적인 변화의 과정을 통해 진화한다는 것이다. 이 이론은 또한 모든 종들은 사촌간이며, 즉 그들의 역사 가운데 어떤 시점에서는 동일한 선조를 공유한다는 내용을 포함하고 있다.

어휘

- species 종, 종족
- descent 가계, 혈통, 유전
- modification 변경, 제한, 변이
- ancestor 조상, 시조
- evolution 발달, 진화(론)
- fix 고정시키다
- evolve 진화하다
- gradual 점차적인, 점진적인
- pre-existing 선재하는, 기존의
- imply 포함하다, 의미하다, 암시하다
- cousin 사촌, 같은 계통의 것

16 ★★☆

답 ④

출제 영역 독해>글의 분위기

분석

④의 앞 문장에서 가장 최적의 서식지와 최적의 번식지가 다를 수 있다는 내용이 나왔으므로, 텃새는 번식에 가장 적합한 장소에 사는 대신 서식에 가장 불리한 대가를 치르게 된다는 내용의 주어진 문장이 ④에 들어가는 것이 가장 적절하다. 이후의 텃새와는 달리 철새는 서식 최적지와 번식 최적지를 오간다는 내용과도 잘 이어진다.

해석

텃새들의 서식지 선택은 흩어지는 어린 개체가 (생존을 위한) 필요를 충족시키기 위해 성공적으로 경쟁할 수 있는 장소를 찾을 때까지 옮겨 다니는, 외견상 간단한 과정이다. 처음에는, 이러한 필요에 음식과 은신처만 포함된다. 그러나 궁극적으로 그 어린 새는 생존뿐만 아니라 번식을 위한 필요조건도 충족시켜 주는 서식지를 찾고, 확인하고, 거기에 정착해야 한다. 어떤 경우에는 번식기에 특별히 요구되는 조건들 때문에, 생존을 위한 최고의 기회를 제공하는 서식지가 최고의 번식 능력을 가능하게 해주는 서식지와 동일한 곳이 아닐 수도 있다. 따라서 많은 텃새 종의 개체들은 다산에 유리한 번식지를 장악하는 것이 갖는 합목적성에서 오는 이득과 마주하면, 가장 높은 번식 성공이 일어나는 특정 서식지에 머물러 있음으로써 더 낮은 비번식기 생존율의 형태로 대가의 균형을 맞추도록 강요당할 수도 있다. 그러나 철새들은 비번식기에는 생존을 위한 최적의 서식지를 선택하고, 번식기에는 번식을 위한 최적의 서식지를 자유롭게 선택한다. 철새의 경우 이와 같이 서로 다른 시기 동안의 서식지 선택은 텃새들과는 달리 심지어 (생물학적으로) 밀접하게 관련 있는 종들에서도 상당히 다를 수 있다.

어휘

- resident (새 · 짐승 등이) 이주하지 않는, 철새가 아닌
- confront ~에 직면하다[마주치다]
- fitness 적합함
- control over ~에 대한 통제
- productive 생산적인, ~을 야기하는
- survivorship 생존, 존속
- remain (떠나지 않고) 남다
- seemingly 겉보기에는, 외견상으로
- straightforward 간단한, 쉬운
- disperse (이리저리) 흩어지다, 분산시키다
- locate ~의 정확한 위치를 찾아내다
- settle 정착하다
- reproductive 번식의
- specific to ~에 특수한
- optimal 최적의(optimum)

17 ★★☆

답 ④

출제 영역 독해>빈칸 완성

분석

제시된 글에서는 무역으로 인해 발생한 여러 경제적 후생을 보여주고 있지만 무역이 교통 시스템의 발달에 기여했는지는 언급되어 있지 않다.

④ 무역은 새로운 교통수단 개발에 도움이 되었다.

① 무역은 다른 무언가를 위한 소망으로부터 시작됐다.

② 무역은 사람 간 무역에서 국제적인 규모로 성장했다.

③ 무역이 확장됨에 따라 상인들은 번성했다.

해석

무역은 여러 가지 이유로 존재한다. 당연히 무역은 다른 어떤 것을 얻고자 하는 바람에서 시작했다. 사람들은 또한 사람들마다 만드는 물건이 다르다는 사실을 깨닫게 됐다. 무역은 전문화를 유도했고, 그것은 품질의 향상을 이끌었다. 무역은 사람 대 사람에서 출발했지만 점차 다른 도시와 다른 나라를 포함시키게 되었다. 어떤 사람들은 물건을 수송하거나 물건을 판매하는 데에서 일자리를 찾았다. 상인은 물건의 수요가 늘어 점차 부를 축적했다. 수공업자들은 더 많은 물건을 국내와 해외에서 팔 수 있었다. 일반적으로 사람들이 선택할 수 있는 물건들이 더욱 다양하게 되었다.

어휘

- no doubt 의심할 바 없이
- specialization 특수화, 전문화
- lead to ~로 이어지다
- craftsman 수공업자, 공예가
- in general 일반적으로
- a greater variety of 더욱 다양한

18 ★★☆

답 ①

출제 영역 독해>글의 분위기

분석

우선 이 글은 서두에서 소수 집단에 대해 정의를 내린 후 이어서 '소수 집단은 어떻게 다수 집단에 대한 영향력을 행사하는가?'라고 질문을 던지며 소수 집단이 사회적 영향력을 행사하는 행동 방식에 대해 설명하고 있다. 따라서 글을 정리하며 주요 사회 운동이 발생한 원인을 설명하는 빈칸에는 ① '거침없이 말하는 소수 집단의 영향력'이 들어가는 것이 적절하다.

② 소수 집단에 대한 강압적인 억압

③ 소리 없는 다수 집단의 목소리

④ 다수 집단이 가져온 사회적 변화

해석

소수 집단은 많은 힘이나 지위를 가지고 있지 않은 경향이 있고 심지어 말썽꾼, 극단주의자, 또는 단순히 '별난 사람'으로 일축될 수도 있다. 그렇다면 대체 그들은 어떻게 다수 집단에 대한 영향력을 행사하는가? 사회 심리학자 세르게이 모스코비치는 그 답이 그들의 '행동 양식', 즉 소수 집단이 자기네 의견을 이해시키는 '방식'에 있다고 주장한다. 여성 참정권 운동이 성공을 거둔 중대한 요인은 지지자들이 자신들의 관점에서 '일관적'이었다는 것이었는데, 이것이 상당한 정도의 사회적 영향력을 행사하였다. 자신들의 입장을 '일관되게' 옹호하고 방어하는 활동적이고 조직적인 소수 집단이 다수 집단의 구성원 사이에 사회적 갈등과 의심, 불확실성을 만들어 낼 수 있고, 궁극적으로 이것이 사회 변화를 가져올 수도 있다. 그러한 변화가 흔히 일어난 까닭은 소수 집단이 다른 사람들을 자신들의 관점으로 바꿔 놓았기 때문이다. 소수 집단의 영향 없이는 우리에게 어떤 혁신, 어떤 사회적 변화도 없을 것이다. 우리가 현재 '주요' 사회 운동(예를 들어, 기독교 사상, 노동조합 운동, 또는 여권운동)으로 간주하는 대부분이 본래는 거침없이 말하는 소수 집단의 영향력 때문에 생겨났다.

어휘

- minority 소수 집단
- status 지위
- dismiss 일축하다
- extremist 극단주의자
- majority 다수 집단
- lie in ~에 있다
- crucial 중대한
- consistent 일관적인
- a considerable degree of 상당한 정도의
- advocate 옹호하다
- ultimately 궁극적으로
- convert 바꾸다, 전화하다
- trade unionism 노동조합 운동
- outspoken 거침없이 말하는
- suppression 억제, 진압

19 ★★☆

답 ②

출제 영역 독해>빈칸 완성

분석

다소 익숙하지 않은 소재의 어려운 지문이다. 도입부에서 문화유산에 대해 정의를 내리는데, 과거의 물질적 인공물, 신화, 기억, 전통 등에서 현재를 기준으로 가치를 부여하고 의미를 해석해서 선택한 것들이라고 하였다. 빈칸의 뒷부분에서 전자(the former)와 후자(the latter)라는 표현에 주목하여 비교급으로 유산에 대해 부연설명을 하는 ② '물질적 인공물보다 의미와 더 많이 관련된'이 정답이다. 또한 가치를 부여하고 왜 선택되었는지 설명해주는 것은 바로 '의미'이므로 의미와 관련된 선지를 찾으면 된다.

① 대체될 수 없고 지역사회가 열렬히 중시하는

③ 버리기에는 너무 귀중한

④ 사회 내에서 매우 긍정적인 영향력

해석

문화유산은 매우 선택적인 물질적 인공물, 신화, 기억, 그리고 전통이 현재를 위한 자원이 되는 방식과 관련이 있다. 그 자원의 내용, 해석, 표현은 현재의 요구에 따라 선택되며, 상상된 과거는 상상된 미래로 전해질 수 있는 유산에 대한 자원을 제공한다. 그것은 또한 기억과 전통의 의미와 기능은 현재에서 정의된다는 결론이 나온다. 뿐만 아니라, 유산은 물질적 인공물보다 의미와 더 많이 관련된다. 전자(의미)야 말로 후자(물질적 인공물)에 문화적 혹은 재정적 가치를 부여하고 무한에 가까운 과거로부터 왜 그것들이 선택되었는지 설명해주는 것이다. 결과적으로, 현재 사회의 요구가 변화함에 따라, 또는 심지어 구 동유럽에서 현재 일어나고 있는 것처럼, 새로운 현재를 반영하기 위해 과거가 재창조되어야 할 때 그것들은 나중에 버려질지도 모른다. 그러므로 유산은 과거를 기억하는 것만큼 과거를 잊는 것에 관한 것이다.

어휘

- heritage 문화유산
- be concerned with ~와 관련되다
- artefact (특히 역사적 · 문화적으로 의미가 있는) 인공물[가공품]
- pass onto ~로 전하다[옮기다]
- follow (논리적으로) 결론이 나오다
- infinity 무한대, 무한성
- in turn 결국, 결과적으로
- discard 버리다, 폐기하다

20 ★★☆

답 ④

출제 영역 독해>글의 순서

분석

주어진 글은 다양한 민족들이 신들에게 번제 제물을 바치면서 기도를 드렸다는 내용이다. (C)에서 고대 그리스인의 생일에 대한 예를 들며 주어진 글의 내용을 구체화하고, (B)에서 고대 그리스인이 생일 케이크에 촛불을 켰던 이유를 설명하고 있다. 그 후 (A)에서 이 관습이 현재까지 이어지고 있다고 설명하고 있다. 따라서 정답은 ④이다.

해석

번제 제물은 역사상 가장 오래되고 가장 흔한 제물 중 하나이다. 전 세계의 다양한 민족들은 불을 붙이고 신들에게 기도를 속삭여 연기에 날려 보냈다.

(C) 그들은 연기가 하늘로 올라가는 것을 보고 자신들의 기도가 응답받기를 바랐다. 예를 들면, 고대 그리스인들은 생일을 위험한 시간이라고 여겼다.

(B) 생일날 그리스 아이들은 타고 있는 초가 한 자루 꽂힌 조그만 케이크를 받았다. 그 케이크는 신들에게 바치는 제물을 상징했고 초에서 나오는 연기는 신들에게 메시지를 전해준다고 여겨졌다.

(A) 그들은 신들에게 보호를 기원했고 초를 불어서 껐다. 우리는 여전히 생일 케이크에 초를 꽂지만 이제 사람들은 무엇이든 그들이 가장 원하는 소원을 빌고 초를 불어서 끈다.

어휘

- offering (신께 바치는) 제물, 공물
- whisper 속삭이다
- symbolize 상징하다

제3과목 한국사

정답 체크

01	02	03	04	05	06	07	08	09	10
②	②	③	③	②	①	④	②	③	③
11	12	13	14	15	16	17	18	19	20
④	③	②	①	④	②	②	③	③	④

문항별 체크리스트

문항	문항 영역	한 눈에 보는 문항별 난이도
01	우리 역사의 시작>선사 시대	★★
02	우리 역사의 시작>국가의 형성	★
03	삼국 시대>정치사	★★
04	삼국 시대>문화사	★★
05	고려 시대>정치사	★★
06	고려 시대>정치사	★★
07	우리 역사의 시작>국가의 형성	★★
08	고려 시대>문화사	★★
09	조선 전기>정치사	★★
10	조선 전기>경제사	★★
11	조선 전기>정치사	★★
12	조선 후기>정치사	★★
13	조선 후기>정치사	★★
14	현대>정치사	★★
15	개항기 · 대한제국>정치사	★★★
16	개항기 · 대한제국>정치사	★★
17	일제 강점기>정치사	★★
18	일제 강점기>정치사	★★
19	현대>정치사	★★
20	현대>정치사	★★★

우리 역사의 시작	/ 3	삼국 시대	/ 2
남북국 시대	/ 0	고려 시대	/ 3
조선 전기	/ 3	조선 후기	/ 2
개항기 · 대한제국	/ 2	일제 강점기	/ 2
현대	/ 3	시대 통합	/ 0
난이도 종합	★ 1개, ★★ 17개, ★★★ 2개		

출제자 의도

우리 역사의 시작부터 현대까지 전 시대를 골고루 배분하였습니다. 우리 역사의 흐름을 파악하는 눈을 길러야 하겠습니다.

01 ★★☆

답 ②

출제 영역 우리 역사의 시작>선사 시대

정답해설

ㄱ · ㄷ. 제시문은 청동기 시기에 제작된 고인돌을 설명한 것으로, 이 시기의 대표적인 유물로는 비파형 동검과 거친무늬 거울, 반달돌칼 등이 있다.

오답해설

ㄴ. 삼국 시대에 건설된 굴식 돌방무덤에 관한 것이다.

ㄹ. 신석기 시대의 움집에 대한 설명이다. 청동기 시대에는 대체로 직사각형이며 점차 지상 가옥으로 바뀌어 갔다.

출제자의 Point!

시대별 주거지 특징

구석기 시대	동굴, 바위그늘, 막집
신석기 시대	움집 : 원형과 방형으로 깊게 팜, 화덕이 중앙에 위치, 화덕이나 출입문 옆에 저장 구덩이 설치
청동기 시대	움집의 지상가옥화 : 장방형으로 얇게 팜, 화덕을 주변 벽으로 이동, 저장 구덩이를 따로 설치
철기 시대	지상 가옥, 마한의 토실

02 ★☆☆

답 ②

출제 영역 우리 역사의 시작>국가의 형성

정답해설

② (가) 법흥왕 때 울진에서 발생한 봉기 사건을 처벌하고 울진 봉평비를 세웠다. 관련된 자들에게 법을 적용한다는 비문을 통해 법흥왕 시기에 율령이 반포되었음을 확인할 수 있다. (나) 김정희는 북한산비가 진흥왕 때 건립된 순수비임을 밝혀냈다.

오답해설

포항 냉수리비는 지증왕 시기에 건립되었으며, 재산권 분쟁을 판결한 기록을 담고 있다.

출제자의 Point!

진흥왕 시기에 건립된 비석

단양 적성비	• 진흥왕이 신라의 북방경략을 도운 현지인을 포상하고 주민을 위무하는 내용을 기록함 • 신라의 남한강 상류 지역 진출 사실을 알 수 있음
북한산비	• 신라의 북한강 하류 진출을 알려줌 • 김정희가 발견하여 금석과안록에서 발표
창녕비	경남 창녕에 위치, 대가야 정복 관련
황초령비	신라의 함흥평야 진출 관련
마운령비	신라의 함흥평야 진출 관련

03 ★★☆ 답 ③

출제 영역 삼국 시대>정치사

정답해설

(가)는 신문왕, (나)는 경덕왕 시기에 일어났다.

③ 국학은 경덕왕의 한화 정책에 따라 태학(태학감)으로 명칭이 바뀌었다.

오답해설

① 문무왕은 외사정을 파견하여 지방관을 감찰하였다.

② 지증왕은 시장 관리 관청으로 동시전을 설치하였다.

④ 원성왕은 유교 경전의 이해 수준을 시험하여 관리를 채용하는 독서삼품과를 시행하였다. 이는 최초의 관리 선발 제도로, 왕권 강화를 목적으로 시행되었으나 귀족들의 반발과 골품제의 모순으로 실패하였다.

출제자의 Point!

집사부

집사부는 진덕여왕 때 처음 설치되었고, 무열왕 때부터 국정을 책임지는 역할을 하였다. 집사부의 장관인 시중은 진골이 취임하고, 차관인 시랑은 6두품이 담당하였다.

04 ★★☆ 답 ③

출제 영역 삼국 시대>문화사

정답해설

③ 백제 웅진 시대의 무덤인 무령왕릉은 중국 남조 양의 영향을 받은 벽돌식 무덤으로서, 무덤의 주인공이 무령왕과 왕비임을 알려 주는 지석이 발견되어 연대를 확실히 알 수 있는 무덤이기도 하다.

오답해설

① 신라의 돌무지 덧널무덤에 대한 설명이다. 돌무지 덧널무덤은 봉토와 돌무지로 나무 덧널을 덮은 것이 특징으로, 봉토와 돌무지의 이중 구조로 도굴이 어려워 많은 껴묻거리가 남아 있다.

② 봉토 주위를 둘레돌로 두르고, 12지 신상을 조각한 것은 통일신라의 굴식 돌방무덤이다. 김유신묘가 대표적인 통일신라의 굴식 돌방무덤이다.

④ 백제의 석촌동 고분군은 한성시대에 조성된 돌무지무덤으로, 고구려와 백제의 건국 주도 세력이 같은 계통임을 알려주는 유적이다.

출제자의 Point!

삼국 시대의 고분

고구려	• 돌무지무덤 : 장군총 • 굴식 돌방무덤 : 무용총, 각저총, 덕흥리고분, 쌍영총, 강서고분, 안악 3호분
백제	• 돌무지무덤 : 서울 석촌동 고분 • 굴식 돌방무덤 : 송산리 고분군, 능산리 고분군 • 벽돌 무덤 : 송산리 6호분, 무령왕릉
신라	• 돌무지 덧널무덤 : 천마총, 호우총, 금관총 • 굴식 돌방무덤 : 어숙묘

05 ★★☆ 답 ②

출제 영역 고려 시대>정치사

정답해설

② 제시문은 고려 문종 시기에 해당한다. 문종 시기에 경정 전시과를 마련하여 현직 관리에게만 전지와 시지를 지급했고, 공음전, 한인전, 외역전, 별사전 등이 신설되었다.

오답해설

① 고려 태조

③ 고려 성종

④ 고려 경종

출제자의 Point!

전시과 제도

시정 전시과	경종	4색 공복과 인품 고려 (직관과 산관)	문무관	과전 지급, 한외과 설치
개정 전시과	목종	관품 고려 (직관과 산관)	문무관, 하급 군인	현직 우대, 한외과 유지, 군인전 설치
경정 전시과	문종	관품 고려 (직관)	문무관 외 다수	무반 차별 시정, 한외과 폐지, 무산계전시와 별사전기 신설, 공음전 설치

06 ★★☆ 답 ①

출제 영역 고려 시대>정치사

정답해설

① 제시문은 고려 중기의 최충의 업적을 정리한 것으로, (가)는 9재 학당이다. 9재 학당에서 시작된 사학은 12도가 설치될 만큼 큰 인기를 얻었으나, 반대로 국자감의 인기가 떨어졌다.

오답해설

② 관학을 부흥시키기 위한 숙종의 정책이다.

③ 국자감에서 진행된 기술 교육을 설명한 것이다.

④ 조선 시대 향교에 관한 내용이다.

출제자의 Point!

조선의 국립 교육 기관

성균관	• 최고 학부, 생원과 진사 이상 입학 가능 • 대성전(제사) – 명륜당(교육) – 동재와 서재(숙소) 등으로 구성
4학	• 중앙의 중등 교육 기관 • 동학, 서학, 남학, 중학
향교	• 지방의 중등 교육 기관 • 부 · 목 · 군 · 현에 하나씩 설립 • 교수와 훈도 파견 • 여러 성현에 대한 제사

07 ★★☆

답 ④

출제 영역 우리 역사의 시작>국가의 형성

정답해설

④ 제시문의 '단군으로부터'와 '운을 넣어 읊고' 부분을 통해 이승휴의 『제왕운기』임을 알 수 있다.

오답해설

① 『조선왕조실록』
② 일연의 『삼국유사』
③ 김부식의 『삼국사기』

출제자의 Point!

고려 시대의 역사서

고려 초	• 고구려 계승 의식 표방 • 『구삼국사』
문벌귀족기	• 유교적 합리주의 사관 • 『삼국사기』
무신집권기	• 고구려 계승 의식과 자주 의식 표출 • 『동명왕편』
원 간섭기	• 단군 계승 의식과 민족의식 강화 • 『삼국유사』, 『제왕운기』
고려 말	• 정통과 대의명분 강조 • 『사략』

08 ★★☆

답 ②

출제 영역 고려 시대>문화사

정답해설

② 제시문은 지눌의 「권수정혜결사문」인 반면, ②는 의천의 교장 편찬에 관한 내용이다. 의천은 교장 편찬을 위해 고려는 물론이고 송, 요, 일본 등의 대장경에 대한 주석서를 모았다.

오답해설

① 지눌은 승려 본연의 자세로 돌아가 독경과 선수행, 노동에 고루 힘쓰자는 개혁 운동인 수선사 결사를 조직하여 순천 송광사를 중심으로 활발하게 전개하여 개혁적인 승려와 지방민의 적극적인 호응을 얻었다.

출제자의 Point!

무신집권기 결사 운동

무신 정변 이후 문벌 귀족이 몰락하고 무신이 정권을 장악한 상황에서 불교계에서는 선종이 조계종이라는 이름으로 번성하고 결사 운동이 전개되었다. 이 시기에 활약한 대표적인 승려는 보조국사 지눌이었다.

09 ★★☆

답 ③

출제 영역 조선 전기>정치사

정답해설

③ 제시문은 조선 전기의 중앙군인 5위 중에서 갑사에 대한 설명이다. 5위는 왕족과 고위 관료의 자제로 구성된 특수과 직업 군인인 갑사, 그리고 농민 번상병으로 이루어진 정군으로 구성되었다. 갑사는 취재로 선발된 직업군인으로, 5~8품에 해당하는 품계와 녹봉을 받았다.

오답해설

① 속오법은 조선 후기 왜란 이후 설치된 지방군체제이다.
② 군인전은 고려의 중앙군인 2군 6위가 받은 전시과를 의미한다.
④ 갑사는 5위의 병종 가운데 수적으로도 많지만 5위의 기간병종으로 주로 양반의 자제들 가운데 일정한 시험에 의하여 선발된 무예가 뛰어난 자들이다.

10 ★★☆

답 ③

출제 영역 조선 전기>경제사

정답해설

제시문은 과전법에 대한 것이다.

ㄴ. 사전(私田)은 관리에게 수조권을 분배한 토지를 말하며, 공전(公田)은 국가에 조세를 바치는 토지를 의미한다.
ㄷ. 관리들에게 나눠줄 과전이 부족해지자, 세조는 직전법을 실시하여 현직자에게만 수조권을 지급하고 수신전과 휼양전을 폐지하였다.

오답해설

ㄱ. 과전법은 전, 현직 관리에게 수조권을 지급한 반면, 직전법은 현직 관리에게만 수조권을 지급하였다.
ㄹ. 과전법에서 농민 생활 안정을 위해 병작반수제(1/2세)를 법으로 금지하였으나 현실에서는 널리 행해졌다.

11 ★★☆

답 ④

출제 영역 조선 전기>정치사

정답해설

사료 속 '야인'은 여진족을 가리킨다.

④ 여진족은 임진왜란 동안 급속히 성장하여 건주위 여진의 추장 누르하치가 부족을 통일하고 후금을 건국하였다.

오답해설

① 일본은 명 정벌을 내세우고 정명가도를 주장하며 임진왜란을 일으켰다.
② 태조 때 정도전과 남은은 요동 정벌을 추진하였고, 이로 인해 명과 외교 갈등을 겪었다.
③ 이종무를 쓰시마 섬을 토벌하여 왜구를 소탕하였다.

출제자의 Point!

여진에 대한 교린 정책
조선은 영토를 확보하고 국경 지방을 안정시키기 위해, 여진에 대해서 회유책과 강경책을 함께 쓰는 교린 정책을 펼쳤다. 회유책으로 여진족의 귀순을 장려해 관직과 토지 등을 주고 우리 주민으로 동화시키는 데 힘썼고, 경성과 경원에 무역소를 두어 국경 무역과 사절 왕래를 통한 교역을 허용하였다.

12 ★★☆

답 ③

출제 영역 조선 후기>정치사

정답해설

- 임진왜란(선조, 1592)
- 정유재란(선조, 1597)
- 인조반정(인조, 1623)
- 정묘호란(인조, 1627)
- 병자호란(인조, 1636)

③ 인조는 조선의 제16대 왕(1623~1649)으로 광해군 때의 중립정책을 지양하고 친명배금 정책을 썼다. 난국 속에서도 군제를 정비해 총융청 · 수어청 등을 신설했으며, 북변 방위와 연해 방위를 위하여 여러 곳에 진을 신설했다.

오답해설

① 이조전랑을 둘러싸고 김효원과 심의겸이 대립한 시기는 임진왜란 이전이다.
② 휴전 협상이 이루어질 때 조선 정부는 전열을 정비하여 왜군의 완전 축출을 준비하였다. 이때 훈련도감과 속오군을 설치하였으며, 화포를 개량하고 조총도 제작하여 무기의 약점을 보완하였다. 따라서 (가) 시기에 해당한다.
④ 안용복은 숙종 때 동래 어민들과 함께 울릉도에서 고기잡이를 하던 중 일본으로 잡혀 갔다. 그는 이를 기회삼아 호키주 태수와 에도 막부에게 울릉도가 조선의 땅임을 주장하여 막부로부터 울릉도가 조선 영토임을 확인하는 서계를 받아 내는 데 성공하였다.

13 ★★☆

답 ②

출제 영역 조선 후기>정치사

정답해설

제시문은 1882년에 체결된 조미 수호 통상 조약의 일부분이다.
② 조미 수호 통상 조약은 조선이 서양 국가와 맺은 최초의 조약으로, 치외 법권과 최혜국 대우를 규정한 불평등 조약이었다.

출제자의 Point!

조미 수호 통상 조약
조미 수호 통상 조약의 내용 중 가장 큰 특징은 거중 조정, 관세 자주권, 최혜국 대우 등이었다. 조선은 거중 조정을 미국과의 동맹으로 이해하고 청일 전쟁, 러일 전쟁, 을사조약 등 위기를 겪을 때마다 거중 조정을 요구했으나, 미국은 거중 조정 요구에 협조하지 않았다.

14 ★★☆

답 ①

출제 영역 현대>정치사

정답해설

옳은 것은 ㄱ, ㄴ, ㅁ이다.
ㄱ. 4 · 19 혁명 후 혁신 세력이 결집하여 민족자주통일중앙협회를 조직하여 평화 통일을 주장하였다.
ㄴ. 1968년에 북한 게릴라의 청와대 침투, 푸에블로호 납치, 울진 · 삼척 무장공비 침투 사건이 일어났다.
ㅁ. 1991년에 체결된 남북 기본 합의서의 주요 내용이다.

오답해설

ㄷ. 1971년
ㄹ. 1989년

15 ★★☆

답 ④

출제 영역 개항기 · 대한제국>정치사

정답해설

(가)는 온건개화파, (나)는 급진개화파이다.
④ 온건개화파는 동도서기론에 기반하여 청의 양무 운동을 모델로 삼았다. 반면 급진개화파는 일본의 문명 개화론에 입각한 메이지 유신을 개화의 모델로 삼았다.

오답해설

① · ② 급진개화파
③ 온건개화파

출제자의 Point!

개화파의 분화
임오군란 후 청의 간섭이 심화되고, 정부의 개화 정책이 지지부진한 면을 보이자 급진 개화파는 청과의 사대 청산을 주장하고, 민씨 정권의 부패와 무능을 비판하였다. 반면 온건 개화파는 점진적 개혁을 위해 청과의 전통적인 관계를 중요시하였고, 민씨 정권과 타협하는 태도를 보였다. 이로써 급진 개화파는 온건 개화파와 민씨 정권의 타협이 대상으로 인식하게 되었다.

16 ★★☆

답 ②

출제 영역 개항기 · 대한제국>정치사

정답해설

② (가)는 갑신정변의 14개조 정강, (나)는 1차 갑오개혁안, (다)는 동학 농민 운동의 폐정 개혁안, (라)는 1898년에 발표된 여권통문이다.

출제자의 Point!

여권통문
1898년 서울 북촌의 양반여성들이 여권통문(여학교 설치 통문)을 발표하였다. 이 통문에는 여성의 평등한 교육권, 정치참여권, 경제 활동 참여권이 명시되어 있으며, 『황성신문』, 『독립신문』이 보도하였다. 이후 1899년 순성학교를 설립했는데, 이는 한국여성에 의해 설립된 최초의 여학교이다.

17 ★★☆

답 ②

출제 영역 일제 강점기>정치사

정답해설

나석주는 의열단 단원으로 1926년에 조선 식산 은행과 동양 척식 주식 회사에 폭탄을 투척하였다.

② 1920년대 일제의 경제 수탈 정책으로 산미 증식 계획이 시행되었다.

오답해설

① 1940년대

③ · ④ 1910년대의 회사령과 토지 조사 사업

출제자의 Point!

의열단

- 박재혁 : 부산 경찰서에 폭탄 투척(1920)
- 최수봉 : 밀양 경찰서에 폭탄 투척(1920)
- 김익상 : 조선 총독부에 폭탄 투척(1921) → 상하이 황푸탄 의거(1922)
- 김상옥 : 종로 경찰서에 폭탄 투척(1923)
- 김지섭 : 일본 왕궁 이중교에 폭탄 투척(1924)
- 나석주 : 조선 식산 은행과 동양 척식 주식회사에 폭탄 투척(1926)

18 ★★☆

답 ③

출제 영역 일제 강점기>정치사

정답해설

③ 제시문은 신간회(1927~1931)의 강령이다. 신간회는 비타협적 민족주의 진영과 사회주의 진영의 연대로 조직되었으며, 최대 규모의 항일 단체였다. 대표적인 활동으로는 원산 총파업 지원과 광주 학생 항일 운동에 현지 조사단 파견 등이 있다. 1929년에 광주 학생 항일 운동이 일어나자 현지에 조사단을 파견하고 조사 결과를 발표할 민중 대회를 준비하였으나, 일제의 탄압으로 좌절되었다.

오답해설

① 신민회

② 한인 애국단

④ 동아일보

출제자의 Point!

신간회(1927)

조직	• 안재홍, 이상재, 홍명희 등 참여 • 비타협적 민족주의계와 사회주의계가 연합
운영	합법적인 단체로 143개 지회 설치
활동	• 원산 총파업 지원 • 소작쟁의와 노동쟁의 지원 • 광주 학생 항일 운동 조사단 파견 → 대규모 민중 대회 준비
해소	사회주의계에 대한 코민테른의 지령 변화(계급 투쟁과 독자 노선 강조)

19 ★★☆

답 ③

출제 영역 현대>정치사

정답해설

제시문은 1972년 발표된 7 · 4 남북 공동 성명이다.

③ 1976년에 재야인사들은 명동 성동에 모여 유신 체제를 정면으로 비판하는 3 · 1 민주 구국 선언을 발표하였다.

오답해설

① 이승만 정부 초기(1선)와 장면 정부 시기에 국회 간선제로 대통령을 선출했다.

② 김대중 정부에서 금강산 해로 관광이 시작되었다. 이후 노무현에서 금강산 육로 관광으로 확대되었다.

④ 1990년 노태우, 김영삼, 김종필의 3당 합당으로 민주 자유당이 창당되었다.

20 ★★☆

답 ④

출제 영역 현대>정치사

정답해설

④ 6 · 25 전쟁의 주요 과정을 시대순으로 배열하면, 북한의 남침 → (다) 인천 상륙 작전 → 중국군 참전 → (라) 국군의 남하(흥남 철수, 1.4 후퇴) → 휴전 협상 → (나) 이승만 정부의 반공 포로 석방 → 휴전 협정 체결 → (가) 한미 상호 방위 조약 체결 순이다.

문제편 p.056

제4회 실전동형 모의고사

제1과목 국어

정답 체크

01	02	03	04	05	06	07	08	09	10
①	①	④	②	②	②	③	④	④	①
11	12	13	14	15	16	17	18	19	20
③	①	③	②	①	①	①	④	②	②

문항별 체크리스트

문항	문항 영역	한 눈에 보는 문항별 난이도
01	문학>현대시	★★
02	문법>음운론	★★
03	비문학>추론적 읽기	★★
04	비문학>추론적 읽기	★★
05	문법>형태론	★★★
06	문법>의미론	★★
07	문학>고전운문	★
08	어휘>한자(한자성어)	★
09	비문학>추론적 읽기	★★
10	문법>형태론	★★
11	비문학>추론적 읽기	★★
12	문법>음운론	★★
13	문학>현대시	★★
14	비문학>글의 순서	★★
15	비문학>추론적 읽기	★★
16	비문학>추론적 읽기	★★
17	비문학>추론적 읽기	★★★
18	비문학>추론적 읽기	★★
19	비문학>사실적 읽기	★★
20	비문학>추론적 읽기	★★

문법	/ 5	어휘	/ 4
현대 문학	/ 2	고전 문학	/ 2
비문학	/ 7		
난이도 종합	★ 2개, ★★ 16개, ★★★ 2개		

출제자 의도

비문학 영역에 다양한 지문이 등장했습니다. 평소에 여러 지문을 접하면서 지문 독해능력을 키워보세요.

01 ★★☆ 답 ①

출제 영역 문학>현대시

정답해설

박목월의 「하관」은 동생을 잃은 슬픔과 그리움을 이야기하고 있다.

① 「제망매가」는 신라 경덕왕 때 월명사가 지은 10구체 향가로서 죽은 누이의 명복을 비는 노래이다.

오답해설

② 김상헌의 시조로 고국을 떠나는 신하의 안타까운 마음을 노래하고 있다.

③ 정철의 시조 「훈민가」 중 2수로서 형제 간의 우애를 권장하고 있다.

④ 김소월의 시 「진달래꽃」로 이별의 정한과 그 승화를 노래하고 있다.

출제자의 Point!

박목월, 「하관」
- 갈래 : 자유시
- 성격 : 종교적
- 어조 : 기도하는 듯한 담담한 어조
- 제재 : 아우의 죽음
- 구성
  - 1연 : 죽은 아우의 장례 절차
  - 2연 : 죽은 아우를 꿈에서 만남
  - 3연 : 이승과 저승 사이의 단절감
- 특징
  - 감정을 최대한 절제하여 표현함
  - 청각적 심상을 활용하여 삶의 허망함을 드러냄
- 주제 : 아우를 잃은 슬픔과 그리움

• 선지 작품 분석

① 월명사, 「제망매가(祭亡妹歌)」
- 갈래 : 향가(10구체 향가)
- 성격 : 애상적, 추모적, 종교적
- 제재 : 누이의 죽음
- 특징
  - 비유적 이미지를 통해, 삶과 죽음의 갈림길에서 느끼는 허망감을 표현함
  - 불교적 내세관을 통해 슬픔을 종교적으로 승화함
  - 간절하면서도 차분한 목소리로 슬픔을 극대화
- 주제 : 누이에 대한 추모와 슬픔의 종교적 승화

② 김상헌, 「가노라 삼각산아」
- 갈래 : 평시조
- 성격 : 우국가, 비분가(悲憤歌)
- 제재 : 고국 산천
- 특징 : 다양한 표현법(대구법, 대유법, 의인법)을 활용한 정서 표현
- 주제 : 고국을 떠나는 신하의 안타까운 마음

③ 정철, 「훈민가」
- 갈래 : 평시조, 연시조, 정형시
- 성격 : 교훈적, 계몽적, 청유적
- 특징
  - 평이하면서도 정감 있는 어휘 사용
  - 강한 설득력을 지님
- 주제 : 유교 윤리의 실천 권장

④ 김소월, 「진달래꽃」
- 갈래 : 자유시, 서정시
- 성격 : 전통적, 애상적, 민요적, 향토적
- 특징
  - 도치, 반복, 반어, 명령법 등의 사용
  - 호소하는 듯한 애조를 띤 간절하고 여성적인 목소리
- 주제 : 이별의 정한과 그 승화

02 ★★☆

답 ①

출제 영역 문법>음운론

정답해설

보기에서 설명하는 음운 변동은 음절의 끝소리 규칙과 비음화 현상이다.

① '꽃망울'은 [꼳망울 → 꼰망울]로 발음되므로 음절의 끝소리 규칙과 비음화가 모두 일어난다.

오답해설

② '신라'는 [실라]로 발음되므로 'ㄴ'을 'ㄹ'의 앞이나 뒤에서 [ㄹ]로 발음하는 유음화가 일어다.

③ · ④ '담요'는 [담:뇨]로, '신여성'은 [신녀성]으로 발음되므로 복합어에서 앞 단어나 접두사의 끝이 자음이고 뒤 단어나 접미사의 첫 음절이 '이, 야, 여, 요, 유'인 경우에 'ㄴ'을 첨가하여 [니, 냐, 녀, 뇨, 뉴]로 발음하는 'ㄴ' 첨가가 일어난다.

03 ★★☆

답 ④

출제 영역 비문학>추론적 읽기

정답해설

④ 제시문은 독서를 교향악에 비유하여 설명하고 있으며 여러 가지 악기의 독특한 소리들이 조화를 이루며 모아질 때, 훌륭한 연주가 가능하다고 했다. 그것으로 보아 제시문의 뒤에는 결국 독서도 여러 가지 작은 기능들로 분석되지만, '그러한 기능들이 통합, 조정될 때 비로소 효율적인 독서가 가능하다.'는 내용이 올 것이다. 비유란 항상 두 가지 사이의 유사점에 근거하여 설명하는 방법임을 알아야 한다.

04 ★★☆

답 ②

출제 영역 비문학>추론적 읽기

정답해설

② 토론에서 찬성 측은 유전자 정보 은행을 통해 강력 범죄를 예방하거나 해결할 수 있다며 현실적 필요성을 강조하고 있고, 반대 측은 정보 은행으로 인해 인권 침해가 발생할 수 있다며 걱정하고 있다.

오답해설

① 사회자는 찬성 측과 반대 측의 주장과 논거를 비판하는 견해를 개진하여 논쟁을 확산시키는 것이 아니라 처음 토론 주제를 제시한 후 찬성 측과 반대 측의 의견을 수용하고 이와 관련된 또 다른 질문을 제시하여 토론을 진행하고 있다. 그리고 마지막에는 토론의 열기를 잠시 누그러뜨리기 위해 전화 연결을 통해 토론의 시청자 의견 또한 들어보고자 하고 있다.

③ 찬성 측은 구체적인 통계 수치를 제시하지는 않고 '영국의 경우 유전자 정보 은행을 통해 수사를 한 결과 범인 검거율이 두 배 정도 올랐다고 합니다.'라고만 이야기하였고, 반대 측은 '초기엔 21개의 범죄를 대상으로 했지만, 나중에는 107개 항목까지 확대되지 않았습니까?'라고 하며 통계 수치가 아닌 사실에 근거한 수치를 제시하고 있다. 전문가의 견해는 찬성 측과 반대 측 모두 들고 있지 않다.

④ 찬성 측의 '물론 국민의 인권은 지켜져야 합니다. 그러나 범죄자가 아닌데도 용의자로 몰려 곤혹을 치르는 사람들의 인권도 생각하셔야 합니다.'라는 말을 보면 찬성 측 또한 개인의 인권을 보호해야 함에는 동의한다는 것을 인정한다.

05 ★★☆ 답 ②

출제영역 문법>형태론

정답해설

㉠ '아름답다'는 명령형으로 '아름다워라'나 청유형으로 '아름답자'로 활용이 불가능한 형용사이다.
㉡ '되다'는 명령형으로 '되어라'나 청유형으로 '되자'로 활용이 가능한 동사이다.
㉢ '크다'는 형용사와 동사 모두 가능하다. 그러나 '사람이나 사물의 외형적 길이, 넓이, 높이, 부피 다위가 보통 정도를 넘다'는 의미의 '크다'는 형용사이다.
㉣ '헌'은 '옷'을 수식하는 관형사이다.
따라서 품사가 같은 것은 ㉠, ㉢이다.

출제자의 Point!

동사와 형용사의 구분

구분	동사	형용사
현재형 어미 ('-ㄴ다/는다')	가능 예 먹는다(○)	불가 예 예쁜다(×)
명령형 어미 ('-아라/어라')	가능 예 먹어라(○)	불가 예 예뻐라(×)
청유형 어미 ('-자')	가능 예 먹자(○)	불가 예 예쁘자(×)
진행 ('-고 있다')	가능 예 먹고 있다(○)	불가 예 예쁘고 있다(×)

06 ★★☆ 답 ②

출제영역 문법>의미론

정답해설

② '강원도 포수'는 산이 험한 강원도에서는 사냥을 떠나면 돌아오지 못하는 수가 많았다는 데서, 한 번 간 후 다시 돌아오지 않거나, 매우 늦게야 돌아오는 사람을 비유적으로 이르는 말이다.

07 ★★☆ 답 ③

출제영역 문학>고전운문

정답해설

③ (가)와 (나)는 모두 임에 대한 그리움을 노래하고 있다. 그러나 (가)는 죽은 임에 대한 그리움을 노래하는데 반해 (나)는 시에는 임과 이별한 이유가 드러나지 않고, 배경 설화에 따르면 죽은 임이 아닌 계비 간의 싸움 끝에 화자에게서 떠나간 임(치희)을 그리워하는 노래이다.

출제자의 Point!

작품 해설

(가) 백수광부의 아내, 「공무도하가(公無渡河歌)」
- 갈래 : 고대가요, 한역시가, 서정시
- 성격 : 서정적, 애상적, 체념적
- 구성
  - 1행 : 임이 물을 건너는 것을 만류함
  - 2행 : 임이 물을 건넘
  - 3행 : 임이 물에 빠져 죽음
  - 4행 : 임을 잃은 화자의 슬픔과 체념
- 특징
  - 직설법의 사용
  - 현전하는 최고(最古)의 서정 가요
  - 집단 가요에서 개인적 서정시로 넘어가는 과도기적 작품
  - 곡명은 '공후인(箜篌引)'으로 불림
  - 4언 4구체의 한역시가(漢譯時歌)
- 주제 : 임을 여읜 슬픔

(나) 유리왕, 「황조가(黃鳥歌)」
- 갈래 : 고대가요, 한역시가, 서정시
- 성격 : 애상적, 서정적
- 제재 : 꾀꼬리
- 구성
  - 1행 : 가볍게 나는 꾀꼬리
  - 2행 : 꾀꼬리의 정다운 모습
  - 3행 : 임을 잃은 외로움
  - 4행 : 실연의 슬픔
- 특징
  - 자연과 인간의 대조를 통해 주제를 강조함
  - 선경 후정의 시상 전개 구조
  - 자연물에 의탁한 우의적인 정서 표현
  - 작가와 연대가 뚜렷한 최고(最古)의 개인적 서정시
  - 집단적 서사시에서 개인적 서정시로 넘어가는 과도기적 노래
- 주제 : 짝을 잃은 슬픔과 외로움

08 ★★☆ 답 ④

출제영역 어휘>한자(한자성어)

정답해설

④ 분쟁의 합의와 관련된 한자어 '조정(調停)'은 '調(고를 조)'와 '停(머무를 정)'을 사용한다.

오답해설

① '調(고를 조)'와 '整(가지런할 정)'을 사용한 '조정(調整)'은 어떤 기준이나 실정에 맞게 정돈함을 의미한다.
② '朝(아침 조)'와 '廷(조정 정)'을 사용한 '조정(朝廷)'은 임금이 나라의 정치를 신하들과 의논하거나 집행하는 곳을 의미한다.
③ '徂(갈 조)'와 '征(칠 정)'을 사용한 '조정(徂征)'은 가서 정벌함을 의미한다.

09 ★★☆

답 ④

출제 영역 비문학>추론적 읽기

정답해설

④ 두 번째 문단의 '원자시계로 측정되는 24시간과 지구의 자전 주기 사이에 차이가 발생하는 것이다.'에서 지구의 자전 주기와 원자시계의 24시간은 정확히 일치하는 것은 아님을 알 수 있다.

오답해설

① 글이 시작하는 '원자시계는 세계에서 가장 정밀한 시계로서'에서 알 수 있다.

② 첫 번째 문단의 '원자의 진동수를 기준으로 시간을 측정한다. 똑딱거리는 시계추의 움직임을 세어 시간을 측정하는 것과 마찬가지인 것이다.'에서 알 수 있다.

③ 첫 번째 문단의 '원자의 진동은 외부 조건의 변화에 거의 영향을 받지 않기 때문에 매우 정확한 것으로 알려져 있다.'에서 알 수 있다.

10 ★★☆

답 ①

출제 영역 문법>형태론

정답해설

① '지연이는 공무원 생활에 만족하고 있다.'에서 '공무원'은 관형격 조사 '의'가 생략되어 체언 단독으로 관형어가 된 것이다. 따라서 문장에서 '공무원'은 부속 성분 중 '관형어'에 해당한다.

오답해설

② '승아는 아직 선생님이 아니다.'에서 '선생님'은 보어로서 주성분에 해당한다.

③ '준희는 물을 무서워한다.'에서 '물'은 목적어로서 주성분에 해당한다.

④ '수인이가 회사에 갔다.'에서 '수인이'는 주어로서 주성분에 해당한다.

출제자의 Point!

문장 성분

주성분	주어	• 서술어 풀이의 대상이 되는 서술어의 주체 • 주격조사 '이, 가, 에서, 께서'나 보조사 '은, 는'과 결합
	서술어	• 주어의 동작이나 상태를 나타냄 • 문장의 구조를 결정함
	목적어	• 서술어의 동작이나 행위의 대상 • 목적격 조사 '을, 를'은 생략될 수 있으며 보조사와 결합할 수 있음
	보어	• 서술어 '되다/아니다' 앞에서 이들 말을 보충해 주는 말 • 보격 조사 '이, 가'와 결합하며, '되다/아니다' 바로 앞에 위치하는 경우가 많음
부속 성분	관형어	• 대상을 나타내는 말(체언) 앞에서 이를 꾸며 주는 역할을 하는 말 • '-ㄴ, -는, -ㄹ'로 끝을 맺거나 관형격 조사 '의'가 활용되기도 함
	부사어	• 주로 서술어, 관형어, 다른 부사어, 문장 전체를 꾸며 쓰는 말 • 부사어는 기본적으로 부속 성분이지만 '필수 부사어'의 경우 주성분에 해당함
독립 성분	독립어	부름, 감탄, 놀람, 응답 등 문장 내에서 독립적으로 쓰이는 말

11 ★★☆

답 ③

출제 영역 비문학>추론적 읽기

정답해설

③ 그 나이 많은 남자가 사람들과 더 이상 말을 할 수 없게 된 것은 의자를 '시계'로 부르는 등 사회적으로 약속된 기호가 아닌 자신만의 기호로 의사소통을 하였기 때문이다. 따라서 제시문에서 알 수 있는 언어의 특성은 언어는 그 언어를 사용하는 구성원 사이의 사회적 약속이라는 사회성이다.

오답해설

① 언어의 '자의성'은 언어 형식과 의미 사이에는 필연적 관계가 없다는 특성이다.

② 언어의 '규칙성'은 언어에는 일정한 규칙이 있어 이에 따라 단어나 문장이 형성된다는 특성이다.

④ 언어의 '역사성'은 언어는 시간의 흐름에 따라 생성, 변화, 소멸된다는 특성이다.

12 ★★☆

답 ①

출제 영역 문법>음운론

정답해설

① '뜻하다'는 음절의 끝소리 규칙(㉠ 교체)에 따라 [뜯하다]로 변화한 후 거센소리되기(㉢ 축약)에 따라 [뜨타다]로 발음된다.

출제자의 Point!

음운의 변동

음운의 교체	• 음절의 끝소리 규칙 • 자음동화 : 비음화, 유음화 • 구개음화 • 된소리되기(경음화)
음운의 축약	• 자음 축약(거센소리되기) • 모음 축약
음운의 탈락	• 자음 탈락 : 동음 탈락, 'ㄹ' 탈락, 'ㅅ' 탈락, 'ㅇ' 탈락, 'ㅎ' 탈락 • 모음 탈락 : 동음 탈락, 'ㅡ' 탈락, 'ㅓ' 탈락, 'ㅏ' 탈락, 'ㅣ' 탈락 • 자음군 단순화
음운의 첨가	• 'ㄴ' 첨가 • 사잇소리현상

13 ★★☆ 답 ③

출제 영역 문학>현대시

정답해설

③ 화자는 '㉣ 낙월'이 되어 '님 겨신 창 안히 번드시 비최리라'라고 하였다. 이는 임에게 직접적으로 다가가지 않고 임을 비출 뿐인 소극적 사랑을 의미한다. 반면에 '㉤ 구즌 비'는 임에게 직접적으로 다가가는 적극적 사랑을 의미한다.

출제자의 Point!

정철, 「속미인곡(續美人曲)」

- 갈래 : 서정가사, 양반가사, 정격가사
- 성격 : 서정적, 비유적, 애상적, 유교적
- 특징
  - 서사, 본사, 결사로 구성
  - 순우리말을 절묘하게 구사
  - 대화 형식으로 내용을 전개(갑녀와 을녀)
  - 「사미인곡」과 더불어 가사 문학의 백미(白眉)로 평가받는 작품
  - 충신연주지사(忠臣戀主之事)의 대표적 작품
  - 대화체의 형식
- 주제 : 연군(戀君)의 정

14 ★★☆ 답 ②

출제 영역 비문학>글의 순서

정답해설

② 첫 문단에서는 필립 짐바르도의 실험에 대해 간략히 말하였기 때문에 뒤에는 실험에 대한 자세한 내용이 올 수 있다. 즉, 보닛을 열어둔 동일한 모델의 차량에 어떠한 차이가 있었는지에 대한 내용이 와야 한다. 이에 해당하는 내용은 (나)이다.
(나)에서는 두 차량의 차이에 대해서 이야기하였기 때문에 뒤에는 차이로 인한 결과가 나와야 한다. 따라서 (다)가 와야 한다.
(다)에서는 실험에 대한 결과가 나왔기 때문에 실험의 결과에 대해 한 번 더 설명하거나 일반화하는 내용이 올 수 있다. (가)는 실험 결과를 일반화한 내용이고, (라)는 실험 결과에 대해 한 번 더 설명한 내용이다. 그러나 마지막 문단이 '이런 이론'이라고 시작하고 있기 때문에 앞 문단에서는 '이런 이론'이 어떠한 것인지 제시되어야 함을 알 수 있다. 따라서 (라)가 (가)보다 앞에 와야 함을 알 수 있다.
따라서 글의 순서는 '(나) – (다) – (라) – (가)'이다.

15 ★★☆ 답 ①

출제 영역 비문학>추론적 읽기

정답해설

① 세 번째 문단의 '이 우주 탐사선은 태양계의 행성들 사이의 먼지가 지구 반대편에서 오는 햇빛을 산란시키는데 산란되는 빛 중에서도 가장 강한 빛의 진행 방향과 정반대 방향으로 산란되는 빛들이 모여 대일조 현상을 만든다는 것을 밝혀 주었다.'에서 알 수 있듯이 우주 탐사선 파이어니어 10호는 대일조 현상의 원인을 밝혀준 것이지 대일조 현상을 처음으로 발견한 것은 아니다.

오답해설

② 네 번째 문단의 '여름에는 밝은 별들이 빛나는 장소와 겹치기 때문에 관측하기 어렵고'에서 알 수 있다.

③ 세 번째 문단의 '태양계의 행성들 사이의 먼지가 지구 반대편에서 오는 햇빛을 산란시키는데 산란되는 빛 중에서도 가장 강한 빛의 진행 방향과 정반대 방향으로 산란되는 빛들이 모여 대일조 현상을 만든다'에서 알 수 있다.

④ 네 번째 문단의 '대일조 현상은 주로 봄과 겨울에 잘 관측할 수 있다.'에서 알 수 있다.

16 ★★☆ 답 ①

출제 영역 비문학>추론적 읽기

정답해설

① 아들은 처음에는 '외아들인 자기가 부모님을 진작 모시지 못한 것이 잘못'이라며 부모님을 생각하는 것 같았으나 뒤에 이어지는 이유들에서는 '병원은 나날이 환자가 늘어가나 입원실이 부족되어 오는 환자의 삼분지일밖에 수용 못 하는 것', '마침 교통 편한 자리에 삼층 양옥이 하나난 것' 등을 들며 땅을 팔아 자신의 병원 확장을 위해 땅을 팔고자 함을 이유로 들고 있다. 따라서 부모님을 서울로 모시고자 하는 것은 부모님을 생각한 아들의 진심이 아니다.

오답해설

② 아들은 근대적 사고방식에 따라 땅을 병원 확장을 위한 도구, 즉 땅의 금전적 가치를 중요시하고 있다. 반면에 아버지는 '내 아버님께서 손수 이룩허시는 걸 내 눈으루 본 밭이구, 내 할아버님께서 손수 피땀을 흘려 모신 돈으루 장만허신 논들이야.'라며 전통적 사고방식에 따라 땅과 관련된 추억들과 함께 땅을 바라보며 땅에 애착을 느끼고 있다.

③ 아버지는 '넌 그 다리서 고기 잡던 생각두 안 나니? 서울루 공부 갈 때 그 다리 건너서 떠나던 생각 안 나니? 시쳇사람들은 모두 인정이란 게 사람헌테만 쓰는 건 줄 알드라! 내 할아버님 산소에 상돌을 그다리로 건네다 모셨구, 내가 천잘 끼구 그 다리루 글 읽으러 댕겼다. 네 어미두 그 다리루 가말 타구 내 집에 왔어.'라며 돌다리를 가족사의 일부로 보고 있다.

④ 전통적 사고방식을 가진 아버지는 가족사의 일부인 '돌다리'를 고치려 하지만 근대적 사고방식을 가진 아들은 '나무다리'로 바꾸기를 권유하고 있다. 즉, '돌다리'는 전통적 사고방식을, '나무다리'는 근대적 사고방식을 상징하고 있다.

출제자의 Point!

이태준, 「돌다리」
- 갈래 : 단편 소설, 순수 소설
- 성격 : 사실적, 교훈적, 세태 비판적
- 배경
  - 시간적 : 1930년대
  - 공간적 : 농촌 마을
- 시점 : 전지적 작가 시점
- 특징
  - 인물 간의 대화와 서술자의 요약적 제시를 통해 주제 의식을 형상화함
  - 상징적 소재와 대조적 인물들을 통해 전통적 가치관과 근대적 가치관의 대립을 보여 줌
- 주제 : 땅의 가치에 대한 인식과 물질 만능주의에 대한 비판

17 ★★☆ 답 ①

출제 영역 비문학>추론적 읽기

정답해설

① 글은 '일반적으로 어린이가 어른보다, 여자가 남자보다 목소리가 높다. 그 이유는 무엇일까?'로 시작해서 '그래서 목소리의 높낮이가 달라지게 되는 것이다.'로 끝이 난다. 따라서 글의 시작과 마지막에서 알 수 있듯이 글의 중심 화제는 '목소리의 높낮이를 결정하는 요소'임을 알 수 있다.

오답해설

②·③·④ 어린이와 어른의 성대 구조 차이, 소리의 진폭과 진동수의 관계, 변성기 남녀의 성대 길이 차이는 글에서 언급이 되지만 이는 중심 화제인 '목소리의 높낮이를 결정하는 요소'를 설명하기 위해 언급이 될 뿐이다.

18 ★★☆ 답 ④

출제 영역 비문학>추론적 읽기

정답해설

④ 두 번째 문단의 마지막 문장인 '진폭이 크면 소리가 크고, 진동수가 높으면 소리가 높다.'에서 진폭은 소리의 크기와, 진동수는 소리의 높낮이와 관련이 있음을 알 수 있다.

오답해설

① 두 번째 문단의 '소리는 공기의 진동이다. 진동의 성질은 크게 두 가지 요소인 진폭과 진동수에 의해서 결정된다.'에서 알 수 있다.

② 세 번째 문단의 '어린이가 어른보다, 그리고 여성이 남성보다 목소리가 높은 것도 어린이와 여성 목소리의 진동수가 높기 때문이다.'에서 알 수 있다.

③ 네 번째 문단의 '변성기 이전에는 성대의 길이가 0.8센티미터로 남녀가 비슷하지만, 변성기를 거치면서 남성의 성대는 1.8에서 2.4센티미터까지 길어지고, 여성의 성대는 길어 봐야 1.7센티미터 정도까지밖에 자라지 않는다.'에서 알 수 있다.

19 ★★☆ 답 ②

출제 영역 비문학>사실적 읽기

정답해설

② 곰은 꿀을 먹겠다는 욕구에 집착하여 결국 돌에 머리를 맞아 죽게 된다. 따라서 곰의 행동을 통해 자신의 욕구에 집착하지 않는 마음 자세가 필요함을 알 수 있다.

20 ★★☆ 답 ②

출제 영역 비문학>추론적 읽기

정답해설

② 첫 번째 문단에서 알 수 있듯이 '자이가르닉 효과'는 미완성된 과제에 대한 기억이 완성된 과제에 대한 기억보다 더 강하게 남는 것을 의미한다. 따라서 '완결되지 않은 과제를 지속적으로 학습하면 효율성이 더 높아진다.'는 사례를 '자이가르닉 효과'와 연결지어 설명할 수 있다.

제2과목 영어

정답 체크

01	02	03	04	05	06	07	08	09	10
①	④	②	①	④	④	③	④	①	③
11	12	13	14	15	16	17	18	19	20
③	②	④	①	③	②	②	③	③	②

문항별 체크리스트

문항	문항 영역	한 눈에 보는 문항별 난이도	
01	어휘>단어	★★	
02	어휘>단어	★★	
03	어휘>단어	★★	
04	어휘>단어	★★	
05	독해>일반 대화	★★★	
06	어법>비문 찾기	★★	
07	어법>비문 찾기	★★	
08	어법>비문 찾기	★★	
09	독해>글의 주제	★★	
10	독해>글의 흐름	★★	
11	독해>빈칸 완성	★★	
12	독해>내용 (불)일치	★★	
13	독해>내용 (불)일치	★★	
14	어법>비문 찾기	★★	
15	독해>글의 순서	★★	
16	독해>글의 순서	★★	
17	독해>빈칸 완성	★★	
18	독해>빈칸 완성	★★	
19	독해>빈칸 완성	★★	
20	독해>빈칸 완성	★★	
어휘	/ 6	어법	/ 3
독해	/ 11		
난이도 종합	★ 4개, ★★ 13개, ★★★ 3개		

출제자 의도

독해 중에서도 빈칸 완성 문제를 많이 배정하였다. 빈칸 완성 문제는 제시문의 내용을 완벽하게 이해하고 있어야 빈칸에 들어갈 단어를 완성할 수 있으므로 독해 습득에 유용하다.

01 ★★☆ 답 ①

출제영역 어휘>단어

분석

catalyst는 '촉매제'로 이와 가장 유사한 의미를 가진 단어는 ① trigger [(총의) 방아쇠, (반응 · 사건을 유발한) 계기, (폭탄의) 폭파 장치)]이다.

② 제지하는 것

③ 타당한 이유

④ 결과, 중요함

해석

> 올리버가 고지혈증으로 진단받은 것은 그가 그의 생활에 운동과 건강한 식습관을 합치도록 하는 촉매제가 되었다.

어휘

- hyperlipidemia 고지혈증

02 ★★☆ 답 ④

출제영역 어휘>단어

분석

bear down on은 '억누르다, 억제하다'라는 의미로 이와 의미가 가장 가까운 것은 ④ contain(억제하다, 방지하다)이다.

① 혼잡하게 하다

② 국한시키다

③ (좋은 결과로) 이끌다

해석

> 우리는 코로나바이러스감염증-19의 급격한 확산을 억제해야 하고, 추가 전염을 막아야 한다.

어휘

- transmission 전염, 전파

03 ★★☆ 답 ②

출제영역 어휘>단어

분석

빈칸은 회오리바람의 속성을 설명하는 말로, 정의로운 새로운 날이 올 때까지 나라를 흔들 것이라 했으므로 ② revolt(반란, 저항)가 들어가는 것이 적절하다.

① 휴식, 수면

③ 비문, 명문

④ 시야, 시력

해석

> 정의가 살아 있는 밝은 새날이 올 때까지 반란의 회오리바람은 계속해서 국가를 뒤흔들 것이다.

어휘

• whirlwind 회오리바람
• shake the foundation of ~의 존립 기반을 뒤흔들다

04 ★★☆ 답 ①

출제영역 어휘>단어

분석

결정 과정에서 빈칸이 없으면 결론을 끌어내기 불가능하다는 내용이므로 빈칸에는 ① initiative(주도권)가 들어가는 것이 적절하다.

② 반감
③ 악성 종양
④ 마지못해 함, 내키지 않음

해석

그가 결정 과정에서 주도권을 가지지 못한다면 어떤 결론도 도출할 수 없을 것이다.

어휘

• draw a conclusion 결론을 내다

05 ★★☆ 답 ④

출제영역 독해>일반 대화

분석

A가 8시 영화는 표가 있다고 했고 B가 그들은 '매진'이라는 표시를 했어야 했는데, 하지 않아서 시간 낭비를 했다고 하는 내용으로 봐서 빈칸에는 ④ '영화표가 매진되었다'가 가장 적절하다.

① 그들은 울상이었어요
② 당신은 쉽게 찾을 수 있어요
③ 그것들은 판매[할인] 중이에요

해석

A : 헤더! 영화표가 매진되었다고 하네. 8시 영화는 표가 있대.
B : 이상하네! 왜 좀 더 일찍 알려주지 않은 거야? 영화 스케줄 표에 '매진'이라는 표시를 해뒀어야지. 웬 시간 낭비람!
A : 너무 화내지 마. 아직 8시 영화에는 입장할 수 있잖아.

어휘

• should have p.p. ~했어야 했는데 (안 했다)
• long face 시무룩한 얼굴

06 ★★☆ 답 ④

출제영역 어법>비문 찾기

분석

④ A가 B에게 손이 부족하니 자신의 짐을 좀 날라줄 것을 부탁하고 있다. 그런데 이에 대해 B는 짐을 '날라주는' 것이 아닌, 그 짐을 A에게 '전달해주겠다'고 말하고 있으므로 문맥상 부자연스럽다.

해석

① A : 수표를 현금으로 바꾸는 대로 돈 갚을게요.
B : 급할 것 없어요. 천천히 하세요.
② A : 아버지의 날이 다가오고 있어요. 아빠, 뭐 필요한 거 있으세요?
B : 아니. 너 같은 아들이 있다는 게 정말 축복일 뿐이야.
③ A : 내 생각에 모니터에 뭔가 문제가 있어. 계속 깜빡거려!
B : 컴퓨터를 껐다가 다시 켜봐.
④ A : 이것을 좀 날라주실 수 있을까요? 제가 손이 부족해서요.
B : 좋아요. 지금 당장 넘겨 드릴게요.

어휘

• pay somebody back (빌린 돈을) 갚다
• cash 수표를 현금으로 바꾸다
• around the corner 목전에 있는, 코앞에 와 있는
• flicker 깜빡거리다

07 ★★☆ 답 ③

출제영역 어법>비문 찾기

분석

③ 분사구문의 주어는 주절의 주어와 동일할 경우에만 생략한다. 제시된 문장에서 분사구문의 주어는 날짜나 요일과 같은 시간을 나타내는 비인칭주어 it, 주절의 주어는 the bank이므로, 분사구문의 주어를 생략할 수 없다. 따라서 Being a national holiday → It being a national holiday가 되어야 한다.

① 보어를 강조하기 위해 보어를 문두로 보내 「보어+동사+주어」의 어순으로 올바른 문장이다.

② 「little[no] better than」은 '…이나 다름없는'이라는 의미를 가지는 비교급 구문이다.

④ 그가 태어난 과거 시점을 기준으로 할 때 더 이전부터 과거 시점까지 결혼 상태가 유지되어 왔으므로 과거완료시제를 쓴다.

08 ★★☆ 답 ④

출제 영역 어법>비문 찾기

분석

④ 'they are easy to take it for granted'에서 우선 easy와 같은 「난이형용사+to부정사」 구조에서는 to부정사의 목적어가 문장의 주어로 상승할 수 있다. 따라서 원래는 It is easy to take them(=onions) for granted이지만 to부정사의 의미상의 목적어인 them은 주어로 상승할 수 있기 때문에 가주어 it 자리에 them을 주어로 가져가면 they are easy to take for granted가 된다. 따라서 take it for granted에서 it을 삭제해야 한다.

① 「the last person+to부정사」는 '결코 ~하지 않을 사람'이라는 의미를 지닌다.

② 「would rather A than B」는 'B보다는 차라리 A를 하겠다'는 조동사의 관용구적 표현이다. A와 B에는 동사원형이 온다.

③ 관사 a가 올바르게 사용되었다.

09 ★★☆ 답 ①

출제 영역 독해>글의 주제

분석

이 글은 도입부에 주제를 제시하는 두괄식 구조를 가지는데, 첫 번째 문장을 살펴보면 스포츠에서 포용과 공정성 등의 가치를 구현하기 위해서는 인종 및 민족적 문제들을 해결해야 한다고 지적하고 있다. 또한 그다음 문장에서 한 문제가 해결되면 새로운 문제가 발생하는 사회적 상황을 제시하였고, 마지막 문장에서 이러한 문제를 완전히 충족시킬 수는 없다고 언급하면서 이런 문제들의 속성을 다시 한번 강조하고 있다. 따라서 글의 제목으로 적절한 것은 ① '스포츠에서의 계속되는 문제: 인종 및 민족적 쟁점들'이다.

해석

미국에서 인종 및 민족적 문제들은 과거보다 오늘날 상황이 더 낫지만 스포츠가 포용과 공정성의 전형이 되기까지에는 많은 변화가 요구된다. 오늘날, 문제들은 20년 전에 직면하던 것들과는 다르며 경험에 따르면 현재의 문제가 충족되면 새로운 사회적 상황이 발생하고 거기서 새로운 문제들이 나타난다. 예를 들어, 일단 인종 및 민족적 분리가 없어지고 사람들이 모이면 그들은 다양한 경험과 문화적 관점들에도 불구하고 사는 법, 일하는 법, 서로 협력하는 법을 배워야 한다. 이 문제를 해결하기 위해서는 동등하게 대우하겠다는 약속뿐만 아니라 다른 사람들에 대한 관점을 배우는 것, 그들이 어떻게 세상을 정의하고 의미를 부여하는지에 대한 이해, 서로 다름을 존중하면서 관계를 형성하고 유지하는 법, 협상, 공유되지 않을 수도 있는 목표를 추구하면서 서로를 돕는 것이 필요하다. 이 중 쉬운 것은 없으며 문제들을 영원히 충족시킬 수는 없다.

어휘

- inclusion 포용; 포함
- segregation (인종 · 종교 · 성별에 따른) 분리[차별]
- eliminate 없애다, 제거하다
- perspective 관점, 시각; 균형감
- commitment 약속; 전념, 헌신
- once and for all (time) 최종적으로[완전히]

10 ★★☆ 답 ③

출제 영역 독해>글의 흐름

분석

사진술이 발명되어 사물과 자연을 있는 그대로 표현할 수 있게 되자 그림은 추상적인 것이나 내면 세계를 표현하는 쪽으로 발전하게 되었다는 것이 전체 글의 흐름인데 반하여, ③은 20세기의 화가들이 사물을 있는 그대로의 모습으로 표현하는 데 초점을 맞추었다고 했으므로, 전체 글의 흐름에서 벗어난다.

해석

사진술이 19세기에 등장했을 때 회화는 위기에 처했다. 사진은 여태까지 화가가 할 수 있었던 것보다 자연을 모방하는 일을 더 잘하는 것처럼 보였다. 몇몇 화가들은 그 발명품(사진술)을 실용적으로 이용했다. 자신들이 그리고 있는 모델이나 풍경 대신에 사진을 사용하는 인상파 화가들이 있었다. 하지만 대체로, 사진은 회화에 대한 도전이었고, 회화가 직접적인 복제로부터 멀어져 20세기 추상회화로 이동해 가는 한 가지 원인이었다. 그러므로, 그 세기의 화가들은 자연과 사람들, 도시를 현실에서의 모습으로 표현하는 데 더 초점을 맞추었다. 사진은 사물을 세상에 존재하는 대로 아주 잘 표현했기 때문에 화가들은 내면을 보고 자신들의 상상 속에서 존재하는 대로 사물을 표현할 수 있게 되어 화가의 그림에 고유한 색과 양감, 선, 공간 배치로 감정을 표현하였다.

어휘

- photography 사진술
- imitate 모방하다, 흉내내다
- Impressionist 인상파 화가; 인상주의자
- in place of ~을 대신해서
- by and large 대체로
- representation (어떤 것을) 묘사한[나타낸] 것
- reproduction 복제, 복사
- abstract 추상적인
- inward 마음속의, 내심의; 안쪽으로 향한
- render 표현하다
- spatial 공간의
- configuration 배치, 배열
- native to ~에 고유한

11 ★★☆ 답 ③

출제 영역 독해>빈칸 완성

분석

제시문은 인간은 사회에서 태어나고 사회에 의해 형성되어 혼자서는 살 수 없다는 인간의 사회성에 관한 내용이다. 따라서 빈칸에는 개개인이 ③ separated '분리될' 수 없다는 것이 적절하다. 또한 빈칸 뒷부분에 이어지는 로빈슨 크루소의 예를 통해서도 빈칸의 내용을 추론할 수 있다.

① 변경될

② 균형을 이룰

④ 영향을 받을

해석

우리가 세상에 태어나자마자 세상은 우리에게 영향을 미치게 되고 우리를 단지 생물학적인 존재에서 사회적인 존재로 바꿔놓는다. 모든 인간은 역사 시대 혹은 선사 시대의 매 단계에서 사회에 태어나고, 어려서부터 그 사회에 의해서 만들어진다. 인간의 언어는 개인의 유산이 아니라 그가 자라는 집단에서 획득한 사회의 것이다. 언어와 환경은 인간의 사상을 만들고, 그의 최초의 사상은 다른 사람에게서 그에게 오는 것이다. 잘 알려진 것처럼 개개의 사람은 분리될 수 없다. 로빈슨 크루소에 대한 영원한 매력은 사회와 떨어진 개인을 상상하려는 시도로 인한 것이다. 그런 시도는 실패한다. 로빈슨은 추상적인 존재가 아니라, 뉴욕 출신의 영국인인 것이다.

어휘

- work on ~에 영향을 미치다
- transform 변형시키다
- merely 단지
- mold 틀에 넣어 만들다, 주조[성형]하다, (인물 · 성격을) 형성하다
- inheritance 상속, 계승; 유산
- acquisition 취득, 획득
- abstract 추상적인, 관념적인

12 ★★☆

답 ②

출제 영역 독해>내용 (불)일치

분석

한 회사의 회장은 회사에서 직원들로부터 대단한 존경심을 받지만, 골프장에 나가면 프로 골프 선수가 그러한 존경심을 받게 된다고 말함으로써, ② 'One's prestige depends on the situation(한 사람의 위신은 상황에 따라 달라진다).'는 글의 내용과 일치한다.

① 지도력은 위신과는 아무런 관계가 없다.
③ 한 사람의 행복은 위신에 근거하지 않는다.
④ 위신은 미래의 전망과 결부되어 있다.

해석

다수의 우리들에게 있어 위신은 '남에게 뒤지지 않으려 애쓰기' 또는 아마도 그들보다 앞서가기를 의미한다. 다시 말해, 우리는 친척, 친구, 이웃, 또는 직장 동료와 같은 우리 주변의 사람들만큼 훌륭하다는 것 또는 그들보다 더 훌륭하다는 것을 세상에 보이기 위해 노력한다. 아무튼 위신은 존경심과 지위를 동반하며 사람들이 주변에서 말하고 행동하는 방식에 영향을 준다. 한 회사의 회장은 대단한 위신을 지녀서, 그 사람의 직원들은 엄청난 존경심을 갖고 대한다. 그러나 야외의 골프장에서 그 회사 회장은 경기자들 사이에서 제한된 위신을 갖게 될 것이고 그 컨트리클럽의 프로 골프 선수에게 가장 큰 존경심이 부여된다.

어휘

- prestige 위신, 명망
- keep up with Joneses (재산, 사회적 성취 등) 남에게 뒤지지 않으려 애쓰다
- get ahead of ~을 앞지르다, 능가하다
- relative 친척
- coworker 직장동료
- at all events[in any event] 아무튼, 좌우간, 어쨌든
- status 지위
- considerable 대단한, 상당한

13 ★★☆

답 ④

출제 영역 독해>내용 (불)일치

분석

두 번째 문장의 끝부분에서 이야기는 운명 지어진 종말에 도달하게 된다고 하였고 이어서 디도와 아이네아스의 이야기가 예로 등장한다. 이후 '디도는 아이네아스를 열망하나 아이네아스의 운명은 그녀를 부정하고~'와 '아이네아스는 자신의 걱정과 희생을 운명의 요구와 경건함의 지배에 종속시킴으로써~'라는 부분을 통해 아이네아스의 운명은 이미 정해져 있었다는 ④ '아이네아스의 진로의 방향과 행선지는 이미 정해져 있다'가 글의 내용과 일치한다. 나머지 선지들은 운명보다 신이나 의지를 강조하므로 답이 될 수 없다.

① 신의 힘은 운명의 힘 위에 선다.
② 아이네아스는 결국 자신의 목적인 디도에 이르게 된다.
③ 종종 운명은 영웅의 강력한 의지와 관련이 있다.

해석

서사시에서 개별 인물들의 발달(전개)은 그들이 운명의 지시를 마주하게 되는 마음의 준비성이나 저항에서 분명하게 드러난다. 유노와 투르누스는 매순간 운명과 싸우고, 그래서 서사의 최종적인 해결책은 그들 각자의 변형(변신)과 관련이 있고, 그것의 결과로서 그들은 운명을 체념하여 받아들이고 마침내 그 이야기는 운명 지어진 종말에 도달하게 된다. 디도는 아이네아스를 열망하나 그의 운명은 그녀를 부정하고, 그녀의 열망은 그녀를 지치게 한다. 아이네아스는 자신의 걱정과 희망을 운명의 요구와 경건함의 지배에 종속시킴으로써 자신의 온전한 정신과 자신의 삶, 그리고 그의 국민들의 삶을 보존한다. 버질의 로마 대중에게 있어서 운명은 역사의 전개를 결정하고 로마 제국으로 끝이 난 성스럽고 종교적인 원칙이다.

어휘

- epic 서사시, 장편 서사 영화[소설]
- apparent 분명한, 명백한
- resistance 저항, 반항
- directive (공식적인) 지시[명령]
- resolution (문제 · 불화 등의) 해결
- resign oneself to fate 운명을 체념하다
- sanity 온전한 정신, 분별
- subordinating 종속된; 부수적인
- piety 경건함, 독실함
- divine 신성한
- culminate 끝이 나다, 막이 내리다

14 ★★☆

답 ①

출제 영역 어법>비문 찾기

분석

① 전치사 by 다음에는 교통수단이 나올 수 있는데, 교통수단을 사용할 때는 무(無)관사 명사로 사용하는 것이 원칙이다. 따라서 by an ambulance는 by ambulance로 수정해야 한다. 그리고 주어인 the patient가 단수이기 때문에 were를 단수동사 was로 고쳐야 한다.

② '요구, 주장, 제안, 명령'의 동사가 취한 that절이 '당위성'을 지니고 있다면, 이때는 주절의 시제와는 상관없이 that절의 동사는 '(should)+동사원형'을 사용해야 한다.

③ 'A와 B의 관계는 C와 D의 관계와 같다'라는 의미의 「A is to B what (as) C is to D」 구문이 사용되었다.

④ that은 목적격 관계대명사로 사용되었다.

해석

> ① 구급차에 실려 간 그 환자는 중태에 빠졌다.
> ② 선생님은 그에게 대학교에 등록하기 전 영어 공부를 더 많이 할 것을 추천했다.
> ③ 은행과 국가의 관계는 심장과 신체의 관계와 같다.
> ④ 그것은 내가 특히 편하게 느끼는 것은 아니다.

15 ★★☆

답 ③

출제 영역 독해>글의 순서

분석

주어진 글은 심리학 연구가 자연과학 연구보다 더 어렵다는 내용이다. (B)에서 심리학이 사람을 연구대상으로 하기 때문에 어려움이 발생한다고 부연설명하고, (C)에서 실제로 어떻게 어려운지 구체적인 예를 들고 있다. 마지막으로 (A)에서 이런 모든 어려움에도 불구하고 과학적 연구 방법은 반복 가능한 이점을 지니고 있다고 결론짓는 것이 가장 적절하다.

해석

> 심리학 연구자들은 인간의 행동을 설명하는 데 도움을 주고 예측할 수 있는 연구를 수행하기 위해 과학적인 방법을 따른다. 이것은 달팽이나 음파를 연구하는 것보다 훨씬 더 어려운 작업이다.
> (B) 이것은 종종 절충적인 방식을 요구하는데, 그것은 자연적인 환경보다는 실험실 내에서의 행동을 검사하는 것과 모집단의 실제 예에서 데이터를 수집하기보다는 (심리학 입문 학생들처럼) 쉽게 이용가능한 사람들에게 참여를 요청하는 것과 같은 것들이다. 생각을 바꾸는 것, 즉 반응성이라 불리는 것 없이 사람들이 생각하고 있는 것을 이용하는 방안을 강구하기 위해서는 종종 대단한 영민함이 요구된다.
> (C) 자신들이 관찰 당하고 있음을 인지하게 되면, 사람들은 (좀 더 공손해지는 것과 같이) 행동을 다르게 할 수도 있다. 사람들은 자신들이 실제 느끼는 것을 답하기보다는 그들이 느끼기에 사회적으로 더 바람직한 답을 할 수도 있다.
> (A) 그러나 심리학에 대한 이러한 모든 어려움에도 불구하고, 과학적인 방식의 이점은 연구가 반복 가능하다는 것이다. 즉, 동일한 절차를 따라 동일한 연구를 다시 수행하면, 동일한 결과를 얻게 될 것이라는 것이다.

어휘

- challenging 어려운, 도전적인
- laboratory 실험실
- cross-section 대표적인 예, 단면, 횡단면
- population 모집단
- cleverness 영리함, 교묘한 솜씨
- conceive of ~을 생각해 내다, 상상하다
- replicable 반복 가능한

16 ★★☆

답 ②

출제 영역 독해>글의 순서

분석

주어진 문장은 포커스 그룹에 참여하는 소비자들의 문제점에 대해 지적하고 있다. 따라서 소비자들이 보수나 무료로 제공되는 음식, 전문가가 되는 경험 등의 이유로 포커스 그룹에 재참여하기 위해 진행자를 만족시키는 데에 집중한다는 단점을 소개하는 내용의 앞인 ②가 주어진 문장이 삽입될 위치로 적절하다.

해석

> 포커스 그룹은 마케팅에서 흔히 사용되지만 일부 나라에서는 매우 실질적인 문제가 있다. 포커스 그룹에 들어갈 사람을 무작위로 모집하는 것은 어렵기 때문에 연구기관들은 촉박한 통보에도 포커스 그룹에 기꺼이 참여할 대규모 소비자 풀을 만들었다. 그러나 문제는 이러한 소비자 중 많은 수가 너무 자발적이라는 것이다. 연구는 많은 소비자가 보수, 무료 음식, 그리고 전문가가 되는 경험을 즐기고 정기적으로 다시 초대를 받기 위해 진행자를 만족시키는 데 주력한다는 것을 밝혔다. 유감스럽게도 바로 그 인간적인 진행자를 만족시키는 방법은 브랜드에 대한 진정한 이해를 그들에게 제공하는 것이라기보다는 그들이 듣기를 원하는 말을 알아내는 것으로 보인다. 이것은 포커스 그룹의 참가자로부터 얻은 자료의 많은 부분을 쓸모없게 만든다.

어휘

- focus group 포커스 그룹(시장 조사나 여론 조사를 위해 각 계층을 대표하도록 뽑은 소수의 사람들로 이뤄진 그룹)
- recruit 모집하다[뽑다]
- random 무작위의
- develop 개발하다
- pool 풀; 이용 가능 인력; 공동 이용의 시설[자재, 서비스, 노동력]
- at short notice 촉박하게
- reveal 드러내다, 밝히다
- moderator 사회자; 조정자[관리자]
- human 인간적인
- insight 이해; 통찰력

17 ★★☆

답 ②

출제 영역 독해>빈칸 완성

분석

빈칸 뒤의 내용이 초고가 얼마나 훌륭한지 생각하지 말라는 내용과 나중에 고칠 수 있는 시간이 있다는 내용으로 보아 빈칸에는 ② '완벽함이라는 덫'이 들어가는 것이 적절하다.

① 잠재적인 함정
③ 경제적인 혜택
④ 명예를 추구하는 것

해석

깨끗한 종이가 당신의 앞에 놓여 있고 당신은 거기에 글을 써야 한다. 갑자기, 당신의 마음은 백지만큼 텅 빈 것 같다. 당신의 펜을 움직이게 하려면 무엇을 해야 할까? 그 대답은 간단하다. 완벽함이라는 덫에 사로잡히지 마라. 즉, 만약 당신이 초고가 당신의 최고의 글이 아니며, 추가적인 생각과 퇴고로 더 효율적이게 될 수 있다고 생각한다면, 시작하기 쉬울 것이다. 시작할 때, 독자들이 당신이 쓴 글을 어떻게 생각할지는 걱정하지 말라. 당신의 초고가 얼마나 훌륭할지에 대해 고려하지 말고 할 수 있는 한 쉽게 글을 써라. 당신이 쓰고 싶은 생각을 고치고 더 좋게 다듬을 시간은 나중에 있을 것이다.

어휘

- fill up 채우다
- trap 덫, 함정
- pitfall 함정
- convince 납득시키다, 확신시키다
- additional 추가의
- be concerned about ~에 대해 걱정하다
- revise 고치다
- polish 광내다

18 ★★☆

답 ③

출제 영역 독해>빈칸 완성

분석

제시된 글은 동료와 함께 작업을 하면서 서로 만족을 하고 여러 문제를 해결했다는 내용이다. 따라서 화자가 경이로움을 느낀 대상인 빈칸에 들어갈 말은 ③ collaborative work(협동 작업)이다.

① 인간의 직감
② 상호 만족
④ 오류 수정

해석

2003년에, 나보다 어린 동료인 아모스 트버스키와 나는 만나서 점심을 먹으며 우리의 반복되는 판단오류에 대해 의견을 나누었다. 거기서부터 인간의 직관력에 대한 우리의 연구는 시작되었다. 우리는 내내 즐거움을 느끼면서 몇 시간이고 알찬 일을 하며 시간을 보낼 수 있었다. 우리의 첫 번째 논문을 작성하면서, 나는 내가 혼자 썼더라면 훨씬 불확실했을 글보다 이것이 얼마나 더 훌륭한지 알게 되었다. 우리는 설문조사 초안 작성을 포함하여 공동 프로젝트에 관한 거의 모든 작업을 거의 함께했다. 우리의 원칙은 모든 의견 차이를 서로 만족스럽게 해결될 때까지 토론하는 것이었다. 내가 불완전한 개념을 제시해도 아모스가 아마 나보다 더 분명하게 그것을 이해하리라는 것을 알고 있었다. 나는 협동 작업의 경이로움을 느끼게 되었다.

어휘

- colleague 동료
- recurrent 되풀이되는, 반복되는
- intuition 직관력, 직감
- continuous 계속되는
- hesitant 주저하는
- by oneself 홀로
- questionnaire 질문지
- mutual 서로의, 상호의(bilateral)

19 ★★☆

답 ③

출제 영역 독해>빈칸 완성

분석

빈칸 앞에서는 음반 산업에서의 저작권법 논란과 관련된 내용을 서술하고 있고, 빈칸 뒤에서는 이에 대한 조치를 취하고 있다는 내용이 나오고 있으므로 인과관계를 나타내는 ③ As a result(결과적으로)가 적절하다.

① 그러나
② 이 방법으로
④ 그렇기는 하지만

해석

> MP3의 열광자들은 그들이 실제 음반 산업이나 음악가들이 보유한 지적 재산을 훔치지 않았다고 부르짖는 반면에, 이러한 사업에 종사하고 있는 자들은 그것은 명백한 저작권법 위반이고 음반 산업의 입법 규제 및 음악가들에 대한 무시라고 주장한다. 미국 음반 산업협회(RIAA)의 부의장인 프랭크 크레이튼은 "MP3를 다운받는 것은 음반매장에 들어가 CD를 주머니에 넣고 돈을 지불하지 않은 채 나오는 것과 다르지 않다."고 토로했다. 결과적으로, 음반 산업은 그 상황을 통제하기 위하여 여러 조치들을 취하고 있다.

어휘

- enthusiast 열광자, 열성적인 사람
- steal 훔치다
- intellectual property 지적 재산
- breach 위반, 불이행
- legislative 입법의, 법률을 제정하는
- regulation 규제, 단속
- vice 부, 대리의
- take steps 조치를 취하다

20 ★★☆

답 ②

출제 영역 독해>빈칸 완성

분석

빈칸에 공통으로 들어갈 단어는 off이다.

- show off ~을 과시하다, ~을 돋보이게 하다
- cut off ~을 가로막다, ~을 중단시키다
- lay off ~를 해고하다

해석

> • 그는 새 차를 자랑하고 싶어서 기다릴 수 없었다.
> • 우리의 대화가 중간에 끊겼다.
> • 그들은 신규 주문이 없어서 해고되었다.

어휘

- cut out 제거하다, 중단하다, 그만두다
- cut for 잘라버리다
- cut in 끼어들다, 가로막다
- lay out 배열하다
- lack 결핍, 부족

제3과목 한국사

정답 체크

01	02	03	04	05	06	07	08	09	10
④	③	①	①	②	②	④	③	④	③
11	12	13	14	15	16	17	18	19	20
②	③	④	④	③	①	①	②	②	④

문항별 체크리스트

문항	문항 영역	한 눈에 보는 문항별 난이도
01	삼국 시대>정치사	★★
02	삼국 시대>정치사	★★
03	남북국 시대>경제사	★★
04	우리 역사의 시작>국가의 형성	★★
05	고려 시대>정치사	★★
06	고려 시대>정치사	★★
07	고려 시대>정치사	★★
08	고려 시대>정치사	★★
09	조선 후기>정치사	★★
10	조선 후기>문화사	★★
11	조선 후기>정치사	★★
12	조선 후기>정치사	★★
13	개항기 · 대한제국>정치사	★★
14	개항기 · 대한제국>정치사	★★
15	일제 강점기>문화사	★★★
16	일제 강점기>정치사	★★
17	일제 강점기>문화사	★★
18	일제 강점기>정치사	★★
19	일제 강점기>정치사	★★
20	일제 강점기>문화사	★★★

우리 역사의 시작	/1	삼국 시대	/2
남북국 시대	/1	고려 시대	/4
조선 전기	/0	조선 후기	/4
개항기 · 대한제국	/2	일제 강점기	/6
현대	/0	시대 통합	/0
난이도 종합	★ 1개, ★★ 17개, ★★★ 2개		

출제자 의도

일제 강점기 비중이 높게 배정되었습니다. 일제 강점기 시기는 문화사, 정치사 등 문화 · 정치 · 경제 부분에서 두루 나오고, 시기 흐름, 인물 등 다양하게 기출문제에서도 출제되니 중점적으로 익히는 것도 중요합니다.

01 ★★☆

답 ④

출제 영역 삼국 시대>정치사

정답해설

④ (가)와 (나)는 『삼국지』 위서 동이전에 기록된 부여와 고구려의 모습이다. 고구려의 상가, 고추가 등의 대가는 사자, 조의, 선인 등의 관리를 거느렸다.

오답해설

① 고구려
② 고조선의 8조법
③ 동예

출제자의 Point!

부여와 고구려의 공통점
- 5부족 연맹체
- 대가의 존재
- 1책 12법
- 형사취수제
- 우제점법

02 ★★☆

답 ③

출제 영역 삼국 시대>정치사

정답해설

③ 제시문의 '이 나라'는 김수로가 건국한 금관가야이다. 금관가야는 구애왕 때 법흥왕이 통치하는 신라에 병합되었다. 이때 법흥왕은 그를 예로써 대접하고 본국을 식읍으로 삼게 하였다. ③은 대가야에 관한 사실로, 이뇌왕은 백제를 견제하기 위해 법흥왕과 혼인 동맹을 체결하였다.

출제자의 Point!

후기 가야 연맹
6세기 초 대가야는 백제, 신라와 대등하게 세력을 다투었다. 백제가 6세기에 낙동강 유역으로 진출하자 신라와 결혼 동맹을 맺어 위기를 극복하였다. 하지만 얼마 지나지 않아 신라는 동맹을 파기하고, 금관가야와 대가야를 연속으로 복속하였다.

03 ★★☆ 답 ①

출제 영역 남북국 시대>경제사

정답해설

① 제시문의 '인수', '연호', '건흥'을 통해 발해 선왕 시기임을 알 수 있다. 발해는 9세기에 이르러 사회가 안정되면서 농업, 수공업, 상업이 발달하였다. 농업에서는 밭농사가 중심이었으며, 일부 지역에서는 벼농사도 지었다. 특히, 목축이 발달하여 돼지, 말, 소, 양 등을 길렀는데, 말은 주요한 수출품이었다. 수렵도 활발해 모피, 녹용, 사향 등도 많이 생산되어 수출되었다.

오답해설

② 시비법은 고려 시대부터 시행되었다.
③ 각장은 요나라의 요구에 따라 고려가 설치한 무역장이다.
④ 통일 신라 시대에 중국 일대에 신라방(신라촌)이 설치되었다.

출제자의 Point!

통일 신라와 발해의 주요 교역품

통일 신라	• 수출품 : 견직물과 금 · 은 세공품 등 • 수입품 : 비단, 서적, 유리 그릇, 귀금속 등 귀족의 사치품
발해	• 수출품 : 모피, 말, 인삼 등 토산물과 불상, 자기 등 수공업품 • 수입품 : 비단, 서적 등 귀족의 수요품

04 ★★☆ 답 ①

출제 영역 우리 역사의 시작>국가의 형성

정답해설

(가)는 부여, (나)는 고구려, (다)는 고려, (라)는 조선 후기의 여성 생활에 대한 기록을 정리한 것이다.

① 고조선의 8조법의 "여자는 모두 정조를 지키고 신용이 있어 음란하고 편벽된 짓을 하지 않았다"는 기록이 가부장적인 사회상을 남긴 최초의 기록이다.

출제자의 Point!

고려와 조선 후기의 여성 지위

고려	• 사위와 외손자에게도 음서 혜택을 줌 • 친가와 외가의 차이가 거의 없음 • 재가녀의 자녀에 대한 차별이 없음 • 여성 호주 가능
조선 후기	• 친가와 외가의 차이가 있음 • 여성의 재가에 대한 제한 있음 • 여성 호주 불가능

05 ★★☆ 답 ②

출제 영역 고려 시대>정치사

정답해설

② (가)는 중서문하성, (나)는 상서성, (다)는 어사대이다. 중서문하성과 상서성은 원 간섭기 때 첨의부로 축소되었으며, 중추원은 밀직사로 개편되었다.

오답해설

① 고려 최고의 관서인 중서문하성은 문하시중이 국정을 총괄하였고, 2품 이상의 재신과 3품 이하의 낭사로 구성되었다.
③ 고려의 어사대는 발해의 중정대와 같이 감찰 기능을 담당하였다.
④ 중서문하성의 낭사의 역할은 조선 태종 때 사간원으로 조직이 독립되었으며, 어사대는 사헌부로 개편되었다.

출제자의 Point!

고려의 중서문하성

중서문하성의 관리는 상하 이중으로 조직되어 있었다. 이 조직의 상층은 모든 행정을 처리하는 재신(2품 이상)으로, 하층은 간쟁 등을 맡은 낭사(3품 이하)로 구성되었다.

06 ★★☆ 답 ②

출제 영역 고려 시대>정치사

정답해설

② (가)는 경종 때 시행된 시정 전시과, (나)는 공양왕 때 시행된 과전법, (다)는 충목왕 시기에 설립된 정치도감에 대한 글이다.

출제자의 Point!

전시과와 과전법

공통점	• 18품계에 따라 문무 관리에게 차등 지급 • 과전은 사후 반납이 원칙임 • 소유권이 아닌 수조권을 분급함
차이점	• 전시과 : 전지와 시지 분급, 전국의 토지를 지급 대상으로 삼음, 외역전 · 군인전 지급 • 과전법 : 전지만 분급, 경기 토지에 한하여 지급, 군전 지급

07 ★★☆ 답 ④

출제 영역 고려 시대>정치사

정답해설

(가)는 충선왕, (나)는 이제현이다.

④ 이제현이 집필한 『사략』에 대한 설명으로 옳은 지문이다.

오답해설

① 정동행성 이문소는 공민왕 때 폐지되었다.
② 정치도감은 충목왕 때 설치되었다. 반면 충선왕은 사림원을 통해 반원 개혁을 시도하였다.
③ 충렬왕 시기의 안향에 대한 설명이다.

08 ★★☆

답 ③

출제 영역 고려 시대>정치사

정답해설

(가)는 고려 초기, (나)는 12세기 예종 시기, (다)는 최우 집권기, (라)는 충렬왕 시기에 해당한다. 이 시기의 지배층으로는 각각 호족, 문벌 귀족, 무신, 권문세족이 있었다.

③ (다) 시기의 중방은 정중부에서 이의민 시기에 이르는 무신 정권 초기의 권력 기구였으며, 최충헌이 집권한 이후로는 교정도감을 통해 국정을 총괄하였다.

출제자의 Point!

사심관 제도

고려는 태조 시기에 지방 호족을 견제하고 지방 통치를 보완하기 위해 사심관과 기인 제도를 활용하였다. 사심관 제도란, 지방 출신의 고관을 출신 지역의 사심관으로 임명하여 부호장 이하의 향직 임명과 치안 통제를 책임지게 한 제도이다.

09 ★★☆

답 ④

출제 영역 조선 후기>정치사

정답해설

④ 제시문은 왜란 직후 일본과의 국교가 재개되는 상황을 정리한 것이다. 일단 선조는 유정(사명대사)를 보내 일본에 잡혀간 포로를 귀국시켰으며, 1607년 통신사를 파견하여 정식으로 국교를 재개하였다. 이후 광해군 1년인 1609년에 기유약조를 체결하여 부산포만 개항하였다.

오답해설

① 신숙주는 세종 때 계해약조를 체결하기 위해 일본을 다녀왔으며, 그러한 경험을 바탕으로 성종 때 『해동제국기』를 집필하였다.

② 3포 왜란은 중종 시기에 발생했다.

③ 일본은 메이지 유신 이후 이전과는 다른 형식의 서계를 보내왔다. 조선은 형식적 문제를 제기하며 근대적 개화를 추진하는 일본을 견제하였고, 이후 일본은 운요호 사건을 통해 조선을 강제 개항하였다.

출제자의 Point!

일본과의 관계

3포 개항	1426, 세종	부산포 · 염포 · 제포를 개항, 제한된 무역
계해약조	1443, 세종	세견석 1년에 50척, 세사미두 200석 제한
삼포왜란	1510, 중종	비변사 설치(임시기구), 3포 폐쇄
임신약조	1512, 중종	세견석 25척, 세사미두 100석, 제포 개항
을묘왜변	1555, 명종	비변사 상설기구화, 일본과 교류 일시 단절
임진왜란	1592, 선조	비변사 기능 강화
기유약조	1609, 광해군	세견선 20척, 세사미두 100석, 부산포에 왜관 설치

10 ★★☆

답 ③

출제 영역 조선 후기>문화사

정답해설

③ 제시문 속 (가)는 이황으로, 그는 풍기 군수로 재직시 명종에게 백운동 서원의 사액화를 요청하였다. 이로써 소수서원이라는 이름을 얻게 되었다. 선지 중에서 명종 시기에 해당하는 사건은 을묘왜변이다.

오답해설

① 중종 시기에 『이륜행실도』가 편찬되었다.

② 태종 때 중서문하성의 낭사를 사간원으로 독립시켰다.

④ 세조 때 『경국대전』 편찬이 시작되어 성종 때 완성하였다.

출제자의 Point!

이황과 이이

퇴계 이황	• 주리론(이기호발) : 근본적, 이상주의적 • 동인에 영향 • 『주자서절요』, 『성학십도』, 『전습록변』 집필 • 예안 향약 제정
율곡 이이	• 주기론(이통기국) : 현실적, 개혁적 • 서인에 영향 • 『동호문답』, 『성학집요』, 『격몽요결』 집필 • 해주 향약, 서원 향약 제정

11 ★★☆

답 ②

출제 영역 조선 후기>정치사

정답해설

ㄱ은 인조 즉위 초반으로 그 시기의 주요 사건으로는 친명배금 정책, 이괄의 난, 정묘호란 등이 있다.

② 정묘호란 때 이립은 의주에서 정봉수는 용골산성에서 적과 싸워 큰 전과를 거두었다.

오답해설

① 북인 정권은 인조반정으로 몰락하였고, 인조반정으로 서인 정권이 성립되어 친명 정책을 펼쳤다.

③ 정묘호란의 결과 후금과 형제 관계를 맺었고, 병자호란으로 청과 군신 관계를 맺었다.

④ 병자호란 이후 소현세자와 주전론자들(윤집, 오달제, 홍익한, 김상헌 등)이 청의 수도로 끌려갔다.

출제자의 Point!

정묘호란

정묘호란이 일어나자 정봉수와 이립 등이 의병을 일으켜 맞서 싸웠는데, 특히 정봉수는 용골산성에서 큰 전과를 거두었다. 후금은 보급로가 끊어지자 강화를 제의하였고, 조선은 이를 받아들여 후금과 형제 관계를 맺었다.

12 ★★☆

답 ③

출제 영역 조선 후기>정치사

정답해설

(가)는 숙종, (나)는 정조, (다)는 영조의 탕평책에 해당한다.

③ 영조는 탕평책으로 정국이 안정되자 민생 안정과 산업 진흥을 위한 개혁을 추진하였다. 균역법과 삼심제 시행 등이 이에 해당한다.

오답해설

① 채제공, 이가환, 정약용은 정조 시기의 남인이다.

② 금위영은 숙종 시기에 조직되었다.

④ 이조 전랑의 후임자 추천 관행은 영조 때 사실상 폐지되었으며, 정조 때 완전히 폐지되었다.

출제자의 Point!

숙종·영조·정조의 업적

숙종 (1674~1720)	• 숙종의 탕평책 → 편당적인 인사 관리로 환국의 빌미 제공 • 환국 : 경신환국(1680), 기사환국(1689), 갑술환국(1694) • 대동법 전국적 실시, 상평통보 전국적 유통 • 금위영 설치 : 5군영 체제 완성 • 백두산 정계비
영조 (1724~1776)	• 영조의 완론탕평 – 즉위 직후 탕평교서 발표, 탕평비 건립 – 기유대처분(1729), 탕평파 중심 정국 운영 – 서원 정리, 산림 부정, 이조전랑 자천권 폐지 • 민생안정과 개혁정치 –『속대전』 편찬, 균역법 실시, 군영 정비,『수성윤음』 반포 – 신문고 부활, 형벌 개혁, 삼심제 시행, 노비종모법 확립 – 청계천 준설, 기로과 시행 등
정조 (1776~1800)	• 정조의 준론탕평 – 시파와 벽파의 갈등, 사도세자의 죽음 등 – 적극적 탕평책 추진, 소론·남인 계열 중용 • 정조의 개혁정치 – 규장각 설치, 초계문신제 시행, 문체반정, 신해통공 – 서얼통청에 부흥하여 박제가, 이덕무 등 등용 – 장용영 설치, 수원 화성 준공, 현륭원 이장 – 화성 능행을 통해 백성들의 의견 수렴 – 편찬사업 :『대전통편』,『무예도보통지』,『탁지지』,『홍재전서』 등

13 ★★☆

답 ④

출제 영역 개항기·대한제국>정치사

정답해설

제시문은 강화도 조약 체결에 반대하며 최익현이 고종에게 올린 상소문(지부복궐 척화소)로, 글에서 왜양일체론을 주장하였다.

④ 운요호 사건과 강화도 조약을 설명한 것으로 옳다.

오답해설

① 강화도 조약 직후 체결된 조일 무역 규칙에서 무관세를 인정받았고, 1883년 조일 통상 장정이 체결될 때까지 무관세 혜택을 누렸다.

② 일본의 명성 황후 시해 사건과 단발령의 시행에 반발하여 유생들이 주도하여 항일 의병이 일어났다(을미의병, 1895). 국민들은 단발령의 부당함을 주장하는 상소를 올리기도 하고, 관직에서 사직하거나 학생들이 학교를 자퇴하는 사태가 일어나기도 하였다.

③ 임오군란 이후 체결된 조일 무역 규칙 속약과 관련 있다.

14 ★★☆

답 ④

출제 영역 개항기·대한제국>정치사

정답해설

④ (가)는 삼국간섭을 이끌었던 러시아이다. 갑신정변 이후 청의 내정간섭은 강화되었고 조선정부는 청의 내정 간섭을 벗어나고자 러시아와 비밀리에 협약을 모색하였다.

오답해설

① 프랑스는 천주교 포교 허용을 요구했기 때문에 다른 유럽 국가에 비해 다소 늦은 1886년에 수교를 맺었다.

② 청은 일본을 견제하기 위해 조·미 수호 통상 조약을 주선하였다.

③ 1885년 영국 함대가 러시아의 조선 진출을 견제한다는 구실로 거문도를 불법적으로 점령하는 거문도사건을 일으켰다. 영국 함대는 거문도에 영국 기를 게양하고 해안가에 포대와 병영을 구축하였다.

15 ★★☆

답 ③

출제 영역 일제 강점기>문화사

정답해설

③ 제시문에서 밑줄 친 '이 신문'은『대한매일신보』로 1904년에 양기탁과 영국인 베델이 발행하였다.『대한매일신보』는 신채호, 박은식 등이 쓴 애국적인 논설을 통해 항일 의식을 고취하였으며 1907년 국채보상운동에도 적극 지원하였다. 통감부는 1907년에 신문지법을 제정하여 언론의 반일 논조를 탄압하였고, 이로 인해『황성신문』,『제국신문』,『매일신문』,『대한매일신보』 등이 폐지되었다.

오답해설

① 1906년에 발행된『만세보』

② 1886년에 발행된『한성주보』

④ 1898년에 발행된『황성신문』

출제자의 Point!

일제가 제정한 악법

신문지법 (1907)	신문과 잡지의 발행을 허가제로 바꾸고 사전 검열을 강화함
보안법 (1907)	집회와 결사의 자유를 박탈함
범죄즉결례 (1910)	재판없이 징역 또는 구류, 벌금 부과
조선태형령 (1912)	재판없이 태형에 처함, 단 조선인에게만 적용
경찰범 처벌 규칙 (1912)	수상한 자에 대해 현행범으로 체포 가능하도록 함

16 ★★☆ 답 ①

출제 영역 일제 강점기>정치사

정답해설

① 제시문은 조선 건국 준비 위원회의 강령으로, '일시적 과도기에 국내 질서를 자주적으로 유지하며'라는 대목에서 알 수 있다. 미군이 한반도에 진주한다는 소식이 전해지자, 건준위는 조선 인민 공화국으로 개편하였다.

오답해설

② 김구와 한국 독립당 세력에 해당한다.
③ 조선 독립 동맹에 해당한다.
④ 미군정은 직접 통치 방식을 취해 인민 공화국을 비롯한 한국인이 만든 모든 행정 기구와 그 활동을 인정하지 않았다.

출제자의 Point!

여운형과 조선 건국 준비 위원회

여운형은 일제 패망 직전 조선 총독부와 교섭하여 일본인의 무사 귀환을 보장하는 대신 정치 · 경제범 석방, 서울의 3개월치 식량 확보, 치안 유지와 건국 활동 방해 등을 약속받고 조선 건국 준비 위원회를 조직하였다.

17 ★★☆ 답 ①

출제 영역 일제 강점기>문화사

정답해설

① (가)는 연해주로, 이곳에서 1908년에 『해조신문』이 발행되었다. 해조신문은 해외에서 우리말로 발행한 최초의 일간지로, 최재형이 자금을 지원하였다. 배편을 통해 국내에 유입되었으나, 일제의 신문지법 개정으로 발행이 중단되었다.

오답해설

② 이상설은 1906년에 북간도 용정에 서전서숙을 건립하였다.
③ 미주에서는 안창호가 대한인 국민회를 조직하여, 자금을 모아 만주와 연해주의 독립운동을 지원하였다.
④ 1942년 중국 옌안에서 한인 사회주의자와 조선 의용대 화북 지대 대원들이 조선 독립 동맹을 결성하였다.

출제자의 Point!

연해주의 독립 운동

13도 의군	연해주 의병 연합체, 유인석, 이범윤, 이동휘
권업회	연해주의 대표적인 독립 운동 단체
대한 광복군 정부	• 권업회 확대 발전 • 이상설과 이동휘를 정 · 부통령으로 선출
대한 국민 의회	• 전로한족중앙협의회 확대 개편 • 손병희를 대통령으로 선출

18 ★★☆ 답 ②

출제 영역 일제 강점기>정치사

정답해설

② (가)는 1938년에 조직된 조선의용대로, 중국 국민당 정부의 지원을 받아 중국 우한에서 창설되었다. 이는 중국 관내 최초의 한국인 무장 부대로 일본군에 대한 심리전이나 후방 공작 활동을 전개하였다.

오답해설

① 1920년의 청산리 대첩
③ 한국독립군
④ 한국독립군과 조선혁명군

출제자의 Point!

1930년대 초 무장 투쟁

한국 독립군	• 지청천 주도, 중국 호로군과 연합 • 북만주에서 승리 : 쌍성보, 대전자령, 사도하자, 동경성 전투
조선 혁명군	• 양세봉 주도, 중국 의용군과 연합 • 남만주에서 승리 : 영릉가, 흥경성 전투

19 ★★☆ 답 ②

출제 영역 일제 강점기>정치사

정답해설

② (가)는 좌우 합작 7원칙으로, '모스크바 3국 외상 회의 결정에 따른 통일 임시 정부 수립, 유상 매상과 무상 분배 원칙하의 토지 개혁, 반민족 행위자 처벌' 등을 주요 내용으로 한다.

오답해설

① 1945년 모스크바 3국 외상회의에서는 한반도에 임시 민주 정부를 수립할 것, 임시정부 수립을 위한 미·소 공동 위원회를 설치할 것, 미국, 소련, 영국, 중국은 임시 정부 수립을 돕기 위해 최대 5년까지 신탁 통치를 실시할 것을 결정하였다.

③ 남한에서는 단독정부 수립 후 우여곡절을 거친 끝에 1950년에 농지개혁법이 공포되고, 한국전쟁 발발 직전에 실시되었다. 이는 유상몰수·유상분배 원칙에 입각하였으며, 지주들에게 유리한 개혁이었다.

④ 조선 건국 준비 위원회는 일본 경찰조직을 밀어내고 각 지방의 조직으로 확대되었고 지방마다 조직의 이름은 달랐지만 치안대, 보안대 등의 이름으로 145곳에서 조직되었다.

출제자의 Point!

좌우 합작 7원칙

1. 모스크바 3국 외상 회의의 결정에 따라 남북의 좌우합작으로 민주주의 임시 정부를 수립할 것
2. 미·소 공동 위원회의 속개를 요청하는 공동 성명을 발표할 것
3. 토지는 몰수, 유조건 몰수, 매수하여 농민에게 무상으로 분배하고, 중요 산업을 국유화할 것
4. 친일파, 민족 반역자를 처단할 조례를 제정할 것
5. 정치범을 석방하고 남북, 좌우의 테러를 중지할 것
6. 입법 기관의 권한, 구성, 운영 등을 좌우합작 위원회에서 실행할 것
7. 언론, 집회, 결사, 출판, 교통, 투표의 자유를 보장할 것

20 ★★☆ 답 ④

출제 영역 일제 강점기>문화사

오답해설

④ (다) 백남운은 유물 사관의 입장에서 한국사를 연구하여 민족주의 사학의 정신주의와 일제의 정체성론을 모두 비판하였다.

출제자의 Point!

신채호의 저술

「독사신론」	근대 계몽 사학, 민족주의 역사학의 연구 방향 제시
「영운전」 서술	「을지문덕전」, 「이순신전」, 「최영전」 등
외국 독립 운동 저술	「미국 독립사」, 「이태리 건국 삼걸전」 등
조선 혁명 선언	의열단의 행동 강령 작성
「조선사 연구초」, 「조선 상고사」	낭가 사상 주장, 고대사 연구에 주력

문제편 p.076

제5회 실전동형 모의고사

제1과목 국어

정답 체크

01	02	03	04	05	06	07	08	09	10
②	③	③	①	②	①	②	③	②	④
11	12	13	14	15	16	17	18	19	20
③	①	③	④	①	②	④	②	①	①

문항별 체크리스트

문항	문항 영역	한 눈에 보는 문항별 난이도
01	문법>문장론	★★
02	문학>현대소설	★★
03	문법>고전 문법	★★
04	문법>고전 문법	★★
05	비문학>글의 통일성	★★★
06	문법>음운론	★★
07	문법>문장론	★
08	문법>어문규정	★
09	문법>형태론	★★
10	문법>형태론	★★
11	문법>외래어 표기	★★
12	비문학>글의 순서	★★
13	비문학>추론적 읽기	★★
14	비문학>추론적 읽기	★★
15	문법>어문규정	★★
16	문학>현대소설	★★
17	문학>현대시	★★★
18	문법>문장론	★★
19	비문학>추론적 읽기	★★
20	문법>문장론	★★

문법	/ 9	어휘	/ 4
현대 문학	/ 2	고전 문학	/ 2
비문학	/ 5		
난이도 종합	★ 2개, ★★ 16개, ★★★ 2개		

출제자 의도

비문학은 물론이고 문법에도 문장론 문제를 많이 배정했습니다. 독해 및 어법에서도 문장을 이해하고 파악하는 데 집중해 봅니다.

01 ★★☆

답 ②

출제 영역 문법>문장론

정답해설

② '사사(師事)'의 뜻이 '스승으로 섬김 또는 스승으로 삼고 가르침을 받음'의 뜻이므로, '사사' 뒤에 '-하다'를 붙여 '사사하다'와 같이 쓴다. '사사받다'는 틀린 표현이다.

오답해설

① '틀려'를 '달라'로 고쳐야 한다. '틀리다'는 '옳지 않다'이고 '다르다'는 '같지 않다'이다. 단어의 의미가 다르다.

③ '새다'는 자동사이고, '새우다'는 타동사이므로 '밤을 새우다'를 '밤을 새다'로 쓰는 것은 잘못이다. '좀처럼'은 부정적인 의미를 가진 단어와 호응하여 '여간하여서는'의 뜻을 지닌 말이다. 따라서 '밤을 새우고 잠의 유혹을 물리치기란 매우 어려운 일이다.' 정도로 고쳐야 한다.

④ '안전을 보호하는' 것이 아니다. 따라서 '주민들의 생활을 보호하기' 또는 '주민들이 안전하게 생활할 수 있도록' 등으로 고쳐야 한다.

02 ★★☆ 답③

출제영역 문학>현대소설

정답해설

③ 할머니는 빨치산으로 나간 아들이 꼭 살아 돌아오길 바라지만, 아들을 전쟁에서 잃은 외할머니가 빨치산을 저주함으로써 갈등이 고조된다. 따라서 두 할머니의 갈등은 자식에 대한 강한 모성애에서 비롯된 것으로 보아야 한다. 남한과 북한이 각각 주장하고 있는 이데올로기는 가장 결속되어야 할 가정조차 갈라놓고 만 것이다. 그러나 각각의 이데올로기가 주장하는 바를 평범한 이 가정의 구성원들이 쉽사리 이해할 수 있는 것은 아니다. 예컨대 할머니와 외할머니는 이데올로기의 대립으로 인해 서로 반목하지만 그렇다고 이들이 자신의 아들들이 선택한 이데올로기를 잘 알고 있지는 않다. 여기서 이들이 반목하는 이유가 드러난다. 그것은 바로 혈육의 정이다. 그들이 반목하는 것은 서로 반대편에서 싸우고 있기 때문이지, 이데올로기의 직접적 작용에 의한 것은 아니다.

03 ★★☆ 답③

출제영역 문법>고전문법

정답해설

③ 옛이응 'ㆁ'은 'ㄱ'의 이체자이다. 'ㅇ'에 획을 더한 자는 'ㆆ, ㅎ'이다.

오답해설

① 중성은 우주의 삼재(三才), 즉 '천(天), 지(地), 인(人)'을 본떠서 만들었다.

② 'ㄱ'은 혀뿌리가 목구멍을 막는 모양을 본떠 만든 것으로 어금니에서 소리 난다.

04 ★★☆ 답①

출제영역 문법>고전문법

정답해설

① 받침 표기로 종성부용초성(終聲復用初聲)이 쓰였다. '곶'에 'ㅈ'을 표기한 것에서 알 수 있다.

오답해설

② 중세 국어에서는 모음조화가 엄격하게 지켜졌다. 부사격 조사도 모음조화에 따라 '애'와 '에'로 나누어 쓰였다.

④ '아 · 니 :뮐 · 씨', '아 · 니 그 · 츨 · 씨'에서 '안' 부정문이 사용되었음을 알 수 있다.

05 ★★☆ 답②

출제영역 비문학>글의 통일성

정답해설

② 제시된 글은 여름철 한복을 시원하게 입는 여러 방법에 대해 설명하고 있다. 그런데 (나)는 한복의 아름다움에 대해서 서술했다. 따라서 통일성에서 어긋난다.

06 ★★☆ 답①

출제영역 문법>음운론

정답해설

① [불변], [강쭐기]에서 [불변]은 된소리 발음이 되지 않는다.

오답해설

② · ③ · ④ 모두 사잇소리 현상에 의한 된소리 발음이 된다.

② [고까], [그믐딸]

③ [불쎄출], [발쩐]

④ [사:껀], [법쩐]

07 ★★☆ 답②

출제영역 문법>문장론

정답해설

② 밑줄 친 '어디'는 벼르거나 다짐할 때 쓰는 말로 감탄사이다. '나 어디 좀 다녀올게'와 같은 문장에서 장소나 범위, 수량 등을 가리킬 때는 대명사이다.

오답해설

① 의성어나 의태어는 모두 부사이다.

③ '다행히'는 명사 '다행'에 부사 파생 접미사 '–히'가 붙어 문장 전체를 수식하는 부사가 되었다.

④ '많이'는 형용사 '많다'에 부사 파생 접미사 '–이'가 붙어 부사가 되었다.

08 ★★☆ 답③

출제영역 문법>어문규정

정답해설

③ '꺼림하다, 께름하다, 꺼림칙하다, 께름칙하다'는 표준어이고, '꺼림직하다, 께름직하다'는 표준어가 아니다.

오답해설

① '딴전, 딴청' 모두 표준어이다.

② '연신, 연방' 모두 표준어이다.

④ '널빤지, 널판자, 널판때기'는 표준어이고, '널판지'는 표준어가 아니다.

09 ★★☆ 답 ②

출제영역 비문학>추론적 읽기

정답해설

② 제시된 글의 중심 화제는 '실험심리학'이다. 실험심리학이 독일에서는 정착되어 발전했으나, 프랑스나 영국에서는 정착되지 못한 원인에 대한 설명을 하고 있다. 따라서 실험심리학의 발전 양상이 국가별로 달랐다는 내용으로 제목을 정하는 것이 적당하다.

오답해설

① 독일의 특수성은 제목이 너무 포괄적이다.
③ 실험심리학과 생리학의 학문적 관계는 제시되지 않았다.
④ 실험심리학이 정착된 것은 독일만의 특수성이다.

10 ★★☆ 답 ④

출제영역 문법>어문규정

정답해설

④ '조차'는 조사이므로 앞말과 붙여 쓰는 것이 옳다.

오답해설

① '-ㄹ수록'은 앞 절 일의 어떤 정도가 더하여 가는 것이, 뒤 절 일의 어떤 정도가 더하거나 덜하게 되는 조건이 됨을 나타내는 연결 어미이다. 이는 한 단어이므로 붙여 쓴다.
② '간'은 '앞에 나열된 말 가운데 어느 쪽인지를 가리지 않는다.'는 뜻을 나타내는 의존 명사로 앞말과 띄어 써야 한다.
③ 의존 명사로 쓰이는 '지'는 '어떤 행위가 시작된 뒤로 현재까지의 시간'을 의미한다. 따라서 '시작한 지'와 같이 띄어 써야 한다.

11 ★★☆ 답 ③

출제영역 문법>외래어 표기

오답해설

① 풍납토성 : Pungnaptoseong
② • 청룡산 : Cheongnyongsan
  • 메밀국수 : memil-guksu
④ • 불낙비빔밥 : bullak-bibimbap
  • 양주 별산대놀이 : Yangju byeolsandaenori

12 ★★☆ 답 ①

출제영역 비문학>글의 순서

정답해설

'글에는 글쓴이가 알고 있는 사실과 느끼고 생각한 의견이 들어 있게 마련이다.'는 제시문의 전제이다.
ㄴ. 접속어 '그런데'로 전환되며 어구 '사실과 의견'으로 이어진다.
ㄹ. ㄴ 주장의 근거이다.
ㄷ. ㄹ의 부연 설명으로 '타당'이라는 단어로 ㄹ과 연결된다.
ㄱ. 글의 결론이다.

13 ★★☆ 답 ③

출제영역 비문학>추론적 읽기

정답해설

③ 두 번째 문장은 역사적 법칙의 역할을 설명하고 있고, 세 번째 문장은 역사적 법칙과 일반적인 사회적 법칙과 다르다는 내용이므로, ㉠에는 역접의 접속어가 적당하다. 또한 ㉡에는 '때문이다'와 호응하는 '왜냐하면'이 들어가야 한다.

14 ★★☆ 답 ④

출제영역 비문학>추론적 읽기

정답해설

④ 설문의 목적이 '부모-자녀 사이의 대화의 실태'를 조사하는 것이다. 한 번에 대화하는 시간은 대화의 질을 판단할 수 있는 질문으로 적절하다.

오답해설

①·② 설문의 목적과 전혀 관련이 없다.
③ 대화의 장소는 직접적 관련성이 적다.

15 ★★☆ 답 ①

출제영역 문법>어문규정

오답해설

② 움추리고 → 움츠리고
③ 사죽 → 사족(四足)
④ 오지랍 → 오지랖

16 ★★☆ 답 ②

출제영역 문학>현대소설

정답해설

② 친구의 별 의미 없는 초대에 화자 나름대로 다양한 의미를 부여하고 있다.

17 ★★☆ 답 ④

출제 영역 문학>현대시

정답해설

주어진 시의 주제는 힘겹게 살아가는 다수의 서민들에 대한 관심과 애정이다.

④ 과거와 현재를 교차시키며 시상을 입체적으로 전개하고 있지는 않다.

오답해설

① 산에 인격을 부여하여 우호적인 대상으로 그리고 있다.

② 산 중에서도 '낮은 산'을 중심 소재로 삼아 높은 산과 대비하면서 화자가 바라는 인간적 삶의 모습을 간접적으로 제시하고 있다.

③ '아니다'의 반복을 통해 리듬감을 형성하고 있다.

18 ★★☆ 답 ②

출제 영역 문법>문장론

정답해설

② '말씀'은 다른 사람을 높이는 존대의 의미로 그리고 자신을 낮추는 겸양의 의미로도 사용할 수 있는 단어이다. 여기서 '말씀'을 사용한 것은 말하는 사람인 자신을 낮추기 위해서이다.

19 ★★☆ 답 ①

출제 영역 비문학>추론적 읽기

정답해설

㉠ 기억 : 확실한 복원을 위한 전제

㉡ 판단 : 현재 사회에서의 의미

㉢ 의욕 : 실천 의지와 노력

20 ★★☆ 답 ①

출제 영역 문법>문장론

정답해설

① 어런더런 : 여러 사람들이 시끄럽게 오락가락하고 있는 모양을 뜻한다.

오답해설

② 조랑조랑 : 작은 열매 따위가 많이 매달려 있는 모양이나 아이가 많이 딸려 있는 모양을 뜻한다. 또한 동음이의어로, 어린 사람이 계속하여 똑똑하게 글을 외거나 말을 하는 소리도 '조랑조랑'이라고 표현한다.

③ 불뚱불뚱 : 걸핏하면 성을 내며 얼굴이 불룩해지면서 함부로 말하는 모양을 뜻한다.

④ 진둥한둥 : 매우 급하거나 바빠서 몹시 서두르는 모양을 뜻한다.

제2과목 영어

정답 체크

01	02	03	04	05	06	07	08	09	10
①	③	②	④	④	③	①	③	①	①
11	12	13	14	15	16	17	18	19	20
④	④	④	③	③	①	②	①	④	③

문항별 체크리스트

문항	문항 영역	한 눈에 보는 문항별 난이도
01	어법>비문 찾기	★★
02	독해>빈칸 완성	★★
03	독해>빈칸 완성	★★
04	독해>글의 순서	★★
05	어휘>단어	★★★
06	독해>빈칸 완성	★★
07	독해>내용 (불)일치	★★
08	독해>글의 제목	★★
09	어휘>어구	★★
10	어휘>단어	★★
11	어법>비문 찾기	★★
12	독해>빈칸 완성	★★
13	독해>내용 (불)일치	★★
14	독해>글의 제목	★★
15	독해>내용 (불)일치	★★
16	독해>내용 (불)일치	★★
17	독해>글의 순서	★★
18	독해>빈칸 완성	★★
19	어법>비문 찾기	★★
20	독해>내용 (불)일치	★★

어휘	/ 6	어법	/ 3
독해	/ 11		
난이도 종합	★ 0개, ★★ 19개, ★★★ 1개		

출제자 의도

중-중상 난이도의 문제로 구성하였습니다. 고난이도 심화 문제를 풀어보며 전체적인 풀이 능력을 높여봅니다.

01 ★★☆

답 ①

출제 영역 어법>비문 찾기

분석

① 동사 understand가 이미 목적어 his rapid speech를 가지고 있기 때문에 Jane은 to부정사의 목적어가 될 수 없다. 따라서 Jane이 문장의 주어가 될 수 없으므로 for Jane을 to부정사의 '의미상의 주어'로 사용하는 것이 적절하다.

② interested in joining the club은 수식어가 동반되어 길어진 형태로 'interested'는 앞에 있는 명사 Anyone을 수식한다. Anyone (who is) interested에서 '주격관계대명사+be동사'가 생략된 형태라고 볼 수 있다.

③ 일반적으로 무인칭 독립 분사구문은 의미상의 주어인 일반인이 생략되어 관용적으로 사용된다. 분사구문의 의미상의 주어와 주절의 주어가 다를 경우 분사구문에 따로 의미상의 주어를 사용하는 것이 원칙이지만, 독립 분사구문에서는 그 의미상의 주어가 일반인인 경우 주어를 표시하지 않고 바로 분사구문을 사용한다.

④ 목적어가 to부정사, that절, 의문사절 등으로 길이가 길어진 경우 목적어를 문장 뒤쪽으로 보내고 목적어 자리에 가목적어 it을 배치할 수 있다. take 다음에 목적어가 길 경우 뒤로 보내기 때문에 'I took it for granted that'이라고 사용한 것은 올바른 표현이다.

어휘

- conference 회의, 학회

02~03

해석

다른 손가락들과 마주 볼 수 있는 엄지손가락을 가진 인간의 손의 진화가 엄청나게 중요하다는 사실이 때때로 강조되어 왔다. 그런데 인간의 손이 중요했던 것은 분명한 사실이지만 그 중요성은 인간의 손이 어디까지나 성장하는 두뇌의 도구로서 지니는 중요성일 뿐이었다. 고등 원숭이들이 자신들의 손을 사용해서 작업을 하고자 마음먹는다면 그들의 손은 고도의 정밀성을 요하는 기술들을 완벽하게 발휘할 수 있을 것이다. 원숭이들에게 시간관념이 있었더라면 원숭이들은 시계를 만들 수도 있었을 것이다.
우리의 조상들이 나무 위에서의 생활과 주로 채식에 의존하는 식생활에서 벗어나 보다 개방된 지역에 살면서 육식을 하는 일에 적응하기 시작했을 때 그들의 두뇌 발전은 더욱 촉진되었다. 풀이나 과일보다 영양가가 훨씬 높은 고기를 먹음으로써 그들이 쉬지 않고 계속해서 먹어야 하는 수고가 줄어들었음은 확실하다. 보다 중요한 사실은 다른 동물에 비해서 평평한 입을 지녔고 다른 동물을 죽이기 위한 날카로운 발톱이나 송곳니를 갖추지 못한 동물인 그들이 다른 동물의 껍질을 벗기고 그 몸체를 분쇄하기 위해서 처음에는 도구를 사용하였고 그 다음으로는 도구를 제작하게 되었음이 분명하다는 사실이다.

어휘

- evolution 진화
- opposable 마주 보게 할 수 있는, 반대할 수 있는
- thumb 엄지손가락
- have a mind to (do) ~하고 싶다, ~할 마음이 있다
- watchmaker 시계 제조인
- conceive 생각하다, 마음에 품다, 착상하다
- notion 관념, 생각

- stimulus 자극, 흥분제
- adapt A to B A를 B에 적응시키다
- nutritive 영양의, 영양분이 있는
- herb 풀잎, 풀, 향료식품, 목초
- relieve A of B A에게서 B를 덜어주다
- perpetual 끊임없는, 영구의
- flat 편평한, 평면
- muzzle (동물의) 입 · 코 부분, 부리, 주둥이
- claw 발톱, (게, 새우 따위의) 집게발
- canine 개의
- skin 껍질(가죽)을 벗기다
- break up 분쇄하다

02 ★★☆

답 ③

출제 영역 독해>빈칸 완성

분석

마지막 문장에서 인간이 고기를 먹는 데서 가져온 결과는 ③ '도구의 사용'임을 알 수 있다.

① 납작한 주둥이
② 송곳니
④ 도구의 제작

해석

고기를 먹기 위한 인간의 시도는 처음으로 도구를 사용하는 결과를 가져왔다.

03 ★★☆

답 ②

출제 영역 독해>빈칸 완성

분석

마지막에서 두 번째 문장에서 풀과 과일보다 영양가가 높은 고기를 섭취함으로써 인간은 빈번한 식사를 줄이게 되었다고 제시되어 있으므로 이를 통해 추론할 수 있는 내용으로 가장 알맞은 것은 ② '식사에 소요되는 시간을 줄였다'이다.

① 자신의 두뇌를 발달시켰다
③ 인간은 영양결핍으로 고생했다
④ 동물을 식량으로 확보할 장비를 갖추게 되었다

해석

인간이 고기를 먹는 것을 학습했을 때 그가 식사를 하는 데 시간을 덜 썼다는 것을 추론할 수 있다.

04 ★★☆

답 ④

출제 영역 독해>글의 순서

분석

제시문은 경찰관이 호텔에 도착하여 범인으로 의심되는 소년을 만나는 데서 시작한다. 시간적 순서로 보면 그 다음 문장으로는 경찰관이 소년을 체포하는 과정이 담긴 (C)가 이어져야 한다. 그 다음은 경찰서에서 조사받는 과정에 대해 말하는 (A), 그리고 마지막 문장으로는 법정에 출두하게 된 내용의 (B)가 적당하다. 따라서 정답은 ④ (C) − (A) − (B)이다.

해석

한 경찰관은 호텔에서 약간의 재산이 사라진 것에 대해 수사하기 위해서 파견되었다. 그가 도착했을 때, 그는 호텔 직원이 객실 중 한 곳에서 카메라와 약간의 현금을 가진 한 소년을 잡아두고 있던 것을 발견했다. (C) 경찰관이 그 소년을 체포하려 할 때, 소년은 난폭해졌고 경찰관은 그에게 수갑을 채워야만 했다. (A) 경찰서에서 소년은 자신의 행동에 대해서 만족스러운 설명을 하지 못했고 경찰은 그를 카메라와 현금 절도로 기소하기로 결정했다. (B) 다음날 아침 소년은 법정에서 치안판사 앞에 출두했다.

어휘

- magistrate 치안판사, 하급판사; 행정장관, 시장, 지사
- charge (a person with a crime) 기소하다
- handcuff 수갑을 채우다, 수갑

05 ★★☆

답 ④

출제 영역 어휘>단어

분석

belligerent는 '호전적인, 공격적인'이라는 뜻으로 이와 가장 유사한 것은 ④ warlike(호전적인)이다.

① 불안정한, 변하기 쉬운
② 부유한, 유복한
③ 생산적인, 다산의, 다작의

해석

역사상 그 나라는 매우 호전적이었다.

06 ★★☆

답 ③

출제 영역 독해>빈칸 완성

분석

제시문은 조직의 성공을 위해서는 추억(과거)보다는 꿈(미래)이 중요하다는 것을 말하고 있으므로 빈칸에는 과거에 얽매이지 않는다는 의미의 ③ '과거에 성공으로 이끌었던 것들을 버리다'라는 표현이 적절하다.

① 이룰 수 있는 목표를 정하다
② 과거의 영광에 집착하다
④ 언젠가는 성공할 것이라는 것을 받아들이다

해석

분석가들은 항상 고전적인 경제적 및 사회적 통계자료로 사회를 측정하는 경향이 있었다. 몇몇 통계는 중요하고 현상을 잘 드러내준다. 하지만 내 생각엔 훨씬 더 중요하고 현상을 잘 드러내주는 또 다른 통계가 있다. 당신의 사회는 꿈보다 추억이 많은가 아니면 추억보다 꿈이 더 많은가? 여기서 꿈이란 긍정적이고, 삶을 긍정하는 가치를 의미한다. 유명한 컨설턴트인 Michael Hammer는 이렇게 말했다. "회사가 어려움에 처해 있다는 것을 알 수 있는 한 가지는 그들이 과거에 얼마나 좋았는지를 내게 말할 때입니다. 국가도 마찬가지입니다. 여러분은 정체성을 잊기를 원하지 않을 겁니다. 여러분이 14세기에 위대했다는 것은 저로서도 기쁜 일입니다만, 그때는 그 때고 지금은 지금입니다. 추억들이 꿈을 능가할 때, 종말은 가까이 있습니다. 진정으로 성공한 조직의 증표는 기꺼이 과거에 성공으로 이끌었던 것들을 버리고 새롭게 출발하고자 하는 마음입니다."

어휘

- analyst 분석가
- revealing (현상 등을) 잘 드러내주는
- life-affirming 삶을 긍정하는
- hallmark 증표, 특징

07 ★★☆

답 ①

출제 영역 독해>내용 (불)일치

분석

① 보리고래들은 헤엄이 빠르고 시간당 최대 50킬로미터의 속도로 확 치고 나갈 수 있는데, 그렇기 때문에 원한다면 배에 근접하는 것을 피할 수 있다는 것을 알 수 있다. 따라서 제시문의 내용과 일치하지 않는다.
② 보리고래는 긴수염고래보다 머리가 더 넓고 덜 뾰족하며, 색이 대칭이라고 첫 문장에서 언급되었다.
③ 두 번째 문장에서 보리고래는 크릴새우를 먹고 사는데, 그것은 주로 해수면 가까이에서 발견된다고 언급하고 있다.
④ 이 종을 목격하는 일은 언제나 우연히 그것도 짧게 마주치는 것이라고 네 번째 문장에서 언급하고 있다.

해석

보리고래(Sei Whale)는 겉으로는 긴수염고래(Fin Whale)와 유사하지만 긴수염고래보다 머리가 더 넓고 덜 뾰족하며, 색이 대칭이다. 보리고래는 크릴새우를 먹고 사는데, 그것은 주로 해수면 가까이에서 발견된다. 보리고래들은 헤엄이 빠르고 시간당 최대 시속 50킬로미터의 속도로 확 치고 나갈 수 있기 때문에 원한다면 배에 근접하는 것을 피할 수 있다. 이 종을 목격하는 일은 언제나 우연히 마주치게 되는 것이며 그것도 짧게 마주치는 것이다. 분명하게 식별하려면 밍크고래(Minke Whale)나 긴수염고래일 가능성을 배제할 필요가 있다. 이 종들(밍크고래와 긴수염고래)이 분수공으로 물을 내뿜고 잠수를 하며 미끄러지는 듯하고 아치 모양을 그리는 방식과는 달리 일반적으로 보리고래는 해수면으로 거의 수평으로 솟아오를 것이다. (파도가) 잔잔한 날씨에는 분수공, 머리, 그리고 등과 등지느러미를 동시에 볼 수 있을 것이다.

어휘

- superficially 표면적으로
- pointed 뾰족한
- feed on ~을 먹다
- burst 터뜨림, 한바탕 ~을 함
- encounter 만남, 접촉
- invariably 언제나, 변함없이
- at that 그것도 (정보를 덧붙일 때 사용)
- identification 식별, 신원 확인
- rule out ~을 배제하다
- slide 미끄러지듯 하다
- blow 뿜다, 분수공
- horizontally 수평으로

08 ★★☆

답 ③

출제 영역 독해>글의 제목

분석

제시문의 요지는 이제 더 이상 돈이 종업원들의 동기부여 수단으로서 역할을 하지 못한다는 것이다. 따라서 글의 제목으로 적절한 것은 ③ 'Does Money Affect Motivation?(돈이 동기부여에 영향을 미치는가?)'이다.
① 성과가 높은 작업장은 어떻게 특징지어 지는가
② 돈에 대한 종업원들의 선호의 변화
④ 직무만족을 측정하는 방법

해석

오늘날 조직들이 직면하는 가장 긴급한 문제들 중 하나는 어떻게 하면 직원들이 더욱 생산적으로 일하도록 동기를 부여할 수 있을 것인가 하는 점이다. 많은 관리자가 그 정답은 간단하다고 믿는다. 즉, 근로자들에게 더 많은 동기부여가 필요하다면 그들에게 더 많은 돈을 지급하라는 것이다. 그러나 이것은 더 이상 효과가 없다. 오늘날의 사회에서 돈은 더 이상 동기부여의 주요한 힘으로 작용하지 않는다. 일자리를 찾기가 극히 어려웠던 극심한 경제 불황의 시기에 가족에게 충분한 양식을 제공할 수 있는 생존의 문제가 가장 중요했고 돈이 원동력이었다. 그러나 번영의 시기에 일자리가 일반적으로 풍부하고 급여는 높다. 사람들은 만족감을 주지 못하는 직장에 남아 있도록 강요받지 않으며 또한 자신들이 좋아하지 않는 직장에서 열심히 일하도록 강요받지도 않는다. 그들은 (그 일을) 그만두고 다른 곳으로 갈 수 있다. 결과적으로, 그들은 할 수 있는 최고의 일을 하지 않는다고 해고당할 것을 걱정할 필요가 없다. 왜냐하면 그들은 늘 다른 일을 찾을 수 있기 때문이다.

어휘

- pressing 긴급한
- motivate 동기를 부여하다
- productively 생산적으로
- primary 주요한, 주된
- economic depression 경제 불황
- prime mover 원동력
- prosperity 번영, 번성
- plentiful 풍부한, 많은
- unsatisfying 만족감을 주지 못하는
- consequently 결과적으로

09 ★★☆ 답 ①

출제 영역 어휘>어구

분석

밑줄 친 어구인 out of the blue는 '갑자기'라는 뜻으로 이와 의미가 가장 유사한 것은 ① all of a sudden(갑자기)이다.

② 당장에, 곧

③ 훨씬 이전에

④ 조금도 ~않는

해석

> 그 커플은 차분하게 이야기하는 것처럼 보였는데, 그때 갑자기 그녀가 그의 얼굴을 때렸다.

어휘

- calmly 고요히, 침착하게
- slap 찰싹 때리다

10 ★★☆ 답 ①

출제 영역 어휘>단어

분석

밑줄 친 단어 promptly는 '지체 없이'라는 뜻으로 이와 의미가 가장 유사한 것은 ① quickly(빠르게)이다.

② 만장일치로

③ 이상적으로

④ 분명히

해석

> 두 번째 조치는 의회에 의해서 신속하고 애국적으로 통과된 법률이었다.

어휘

- legislation 입법, 법률제정, 법률
- patriotically 애국적으로
- Congress 의회, 국회

11 ★★☆ 답 ④

출제 영역 어법>비문 찾기

분석

④ does는 대동사로 have a greater pull을 받고 있으므로 do로 고쳐야 한다.

해석

> 두 물체 간의 중력의 힘은 물체들의 크기와 그들 사이의 거리 이 두 가지에 달려 있다. 큰 물체들은 작은 것들보다 더 강하게 잡아당긴다. 서로 가까이 있는 사물은 멀리 떨어져 있는 물체들보다 더 크게 잡아당긴다.

12 ★★☆ 답 ④

출제 영역 독해>빈칸 완성

분석

협상을 할 때, 상대측이 무엇을 하고 또 왜 그랬는지보다는 자신에게 어떠한 영향을 미쳤으며, 그로 인해 어떻게 느끼게 되었는지에 대해 설명하는 것이 더 "설득적"이라고 언급하고 있다. 따라서 빈칸에 가장 적절한 것은 ④ '당신이 어떻게 느끼는지'이다.

① 당신이 왜 동의하지 않는지

② 당신이 언제 협상할지

③ 당신이 무엇을 기대하는지

해석

> 많은 협상에서 양측은 상대의 동기와 의도를 장황하게 설명하고 비난한다. 그러나 그들이 무엇을 왜 했는지의 측면보다 그것의 당신에 대한 영향 측면에서의 문제를 묘사하는 것이 더욱 설득력이 있다. 즉 "당신은 약속을 깼어요." 대신 "저는 실망했어요.", "당신은 인종차별주의자입니다."보다는 "우리는 당신이 우리를 부당하게 대우한다고 느껴요."처럼 말이다. 만약 당신이 그들이 틀리다고 믿는 것에 대해 그들에게 말한다면, 그들은 당신을 무시하거나 화낼 것이다. 그들은 당신의 관심사에 집중하지 않을 것이다. 그러나 당신이 어떻게 느끼는지에 대한 진술에는 이의를 제기하기 어렵다. 당신은 그들이 그것을 (그 정보를) 받아들이지 못하게 막는 방어적 반응을 유발하지 않고서도 당신은 동일한 정보를 전달한다.

어휘

- condemn 비난하다, 나무라다
- at great length 장황하게, 상세하게
- persuasive 설득력 있는
- racist 인종차별주의자
- concern 관심사
- challenge 이의를 제기하다, 도전하다

13 ★★☆ 답 ④

출제 영역 독해>내용 (불)일치

분석

④ 마지막에서 두 번째 문장에서 Gulf Coastal Plain은 해안을 따라 수목이 우거져 있는 것이 아니라 Sabin 강을 따라 수목이 우거져 있다는 점을 알 수 있다.

해석

> 텍사스의 원래 이름은 '친절함'을 뜻하던 인디언 말인 Tejas였다. 수년이 흐른 후, 그 이름은 미국화되었다. 1959년까지 텍사스는 미국에서 가장 큰 주였고 이후 알래스카가 미국에서 가장 큰 주가 되었다. 이 지역 안에 4개의 중요한 지리적인 지역인 Rocky Mountains, Great Plains, Central Lowlands, 그리고 Gulf Coastal Plain이 있다.
> Rocky Mountains 지역에는 텍사스에서 가장 높은 지점인 Guadalupe 정상이 있는데, 그것의 높이는 8,749피트이다. Great Plains는 텍사스의 평지이다. Central Lowlands는 많은 언덕이 있는 200마일에 걸친 지역이다. Gulf Coastal Plain은 Sabin River를 접경하는 수천만 그루의 나무들이 있는 부분과 해안가로 이루어진 두 부분으로 나누어져 있다. 텍사스에서 제일 낮은 지역이 여기에 있는데, 그 고도는 멕시코만의 해수면 수준이다.

14~16

해석

대부분의 Mark Twain의 글은 그 당시의 용인된 기준에 부합하도록 구성된 건방지고 신랄한 풍자였다. 풍자 작가로서 Mark Twain은 그의 작중 인물을 이용해 당시의 문화, 특히 당시의 정치를 비판했다. 그의 가장 뛰어난 작품은 비록 그의 분노와 신랄함으로 약화되었고, 가끔 그의 유별난 성격을 드러냈지만, 그는 성공적으로 예술성이 뛰어난 소설을 한 권 내놓았다. '허클베리 핀'이라는 이 작품은 Mark Twain의 낙천적인 청년기와 말년의 냉소주의 사이의 중도를 택하고 있으며, 미국 문학의 걸작 중 하나로 여겨지는 것이 마땅하다.
Mark Twain은 글을 조금 아는 소년을 통해 절제된 견해를 암시적 반어법으로 표현한다. 방언은 신중하게, 그러나 훌륭하게 이용된다. 강을 따라 내려가는 여행을 통합 장치로 이용함으로써 Mark Twain은 향수를 자아내는 낭만주의와 사실주의, 익살과 비애, 순진무구와 악덕을 성공적으로 혼합해 낸다. 이 책에 대한 처음의 반응은 톰 소여와 함께 또 하나의 소년 소설로 분류되는 것이었다. 그러나 그때 이래로 모든 시기에 걸쳐 가장 널리 읽히는 작품 중 하나가 되었다.

어휘

- flippant 경박한, 경솔한, 건방진
- satire 풍자
- idiosyncrasy 특이한 성격, 특이함

14 ★★☆ 답 ③

출제 영역 독해>글의 제목

분석

제시문은 Mark Twain의 '허클베리 핀'이 미국의 걸작 중 하나라고 설명하면서 이 작품의 특징에 대해 설명하고 있으므로 글의 제목으로 가장 적절한 것은 ③ 'Huckleberry Fin의 위대성'이다.

15 ★★☆ 답 ③

출제 영역 독해>내용 (불)일치

분석

네 번째 문장의 Twain의 '낙천적인 청년기'를 보아 필자의 견해와 어긋나는 것은 ③이다.

16 ★★☆ 답 ①

출제 영역 독해>내용 (불)일치

분석

① 처음에는 아동용 도서로 분류되었고 나중에 유명해졌다고 하였으므로, 처음부터 대작으로 평가받은 것은 아니다.

17 ★★☆ 답 ②

출제 영역 독해>글의 순서

분석

② 주어진 문장을 통해 신발의 역사가 오래되었음을 언급한 후 (A)에서 신발의 탄생 배경이 보호 기능에 있고, 그 종류가 기후에 따라 결정된다고 설명하고 있다. (C)는 (A)의 사례로 샌들과 moccasin을 제시하고 있기 때문에 순서는 (A) → (C)로 갈 수 있다. (B)에는 (A)와 (C)에 언급된 신발의 기능적 목적뿐만 아니라 유행을 이끌 목적이 있었다고 언급하고 있기 때문에 순서는(A) → (C) → (B)가 된다.

해석

신발은 그 역사가 수천 년 거슬러 올라가며, 오랫동안 필수적인 물건이 되어왔다. (A) 가장 오래된 신발은 변화하는 날씨조건에서 험한 길로 이동할 때 어느 정도의 보호를 제공할 필요성 때문에 생겨난 것임에 틀림없다. 오늘날과 마찬가지로 옛날에는 착용된 신발의 기본적 유형은 기후에 따라 결정되었다. (C) 예를 들어, 따뜻한 지역에서는 샌들이 가장 인기 있는 신발의 형태였고 지금도 여전히 그런 반면, 오늘날의 moccasin이라는 신발은 에스키모와 시베리아인과 같은 종족들이 추운 기후에서 사용했던 신발을 원형으로 하여 파생된 것이다. (B) 그러나 신발은 항상 그러한 순수하게 기능적인 목적만 충족시킨 것은 아니었는데, 유행을 끌기 위한 필요는 몇몇 호기심을 끄는 디자인에 영향을 미쳤고, 그러한 디자인들 모두가 걷는 것을 편하게 만드는 것은 아니었다.

어휘

- footwear 신발류
- article 물품, 글, 기사
- necessity 필요, 필수품
- undoubtedly 틀림없이
- functional 기능적인
- derive from ~에서 파생하다, 유래하다

18 ★★☆ 답 ①

출제 영역 독해>빈칸 완성

분석

빈칸 앞의 내용들이 전반적으로 육체노동을 요하는 일이라는 점에 착안해서 풀어야 한다.
② 건축업자들은 (건축)재료를 다 썼다
③ 대부분의 가족들은 하인을 둘 만한 여유가 없었다
④ 사회의 모든 구성원들이 평등한 대우를 얻으려고 노력했다

해석

미국에 정착했던 대부분의 사람들은 가난했다. 그들이 오게 된 나라는 황야였다. 땅은 농사를 짓기 위해서 개간을 해야 했고, 광산은 개발을 해야 했으며, 주택, 상점 및 공공건물이 건설되어야 했다. 모든 사람들은 그것을 짓는 데 일조해야 했다. 육체노동은 높이 평가받았다. 나중에 가서야, 존경받았던 사람은 사업과 산업에서 성공하기 위해 자신의 두뇌와 더불어 일했던 사람이었다. 이제 미국에서는 더 이상은 생계를 위해서 육체노동에 의존할 필요가 없는 자리까지 오른 것에 대한 자부심과 누군가 자신의 손으로 뭔가를 이룰 수 있게 된 것에 대한 진정한 기쁨이라고 하는 묘한 결합이 있다.

어휘

- wilderness 황무지, 황야, 미개지
- look up to 존경하다
- curious 호기심이 강한, 알고 싶어 하는
- combination 결합, 짝맞춤, 배합, 단결
- depend upon 의존 · 의지하다, 믿다, 신뢰하다
- manual 손의, 손으로 하는, 육체노동의, 소책자, 편람
- genuine 참된, 진실의

19 ★★☆

답 ④

출제 영역 어법>정문 찾기

분석

④ 계획된 방치 프로그램이 자신의 성공을 설명해 준다고 하고 있기 때문에 account for는 문맥상 적절하다. 이 문장에서 삽입어구인 I believe를 빼고 보면, 문장의 진짜 주어는 That program으로 주어가 3인칭 단수이기 때문에 단수동사인 accounts for에 s를 붙인 것도 적절하다.

① ask는 '~에게 ~을 질문하다'라는 4형식 동사로 사용할 수 있는데, 간접 목적어 자리가 비어 있다는 것을 알 수 있다. 따라서 목적어가 없다는 것은 수동태로 사용되었다는 의미이기 때문에 was asked로 바꾸어야 한다. 그리고 문맥상으로도 바이올리니스트가 질문을 받아야 대답을 할 수 있기 때문에 수동으로 사용하는 것이 적절하다.

② 3형식 문장의 수동태(were demanded) 뒤에는 목적어(명사나 대명사)가 없어야 하는데, 'my time and energy'가 있으므로 능동태(demanded)로 바꿔야 한다.

③ 등위접속사를 중심으로 병렬관계로 나열되어야 하므로 dust가 아닌 과거동사 dusted를 사용해야 한다.

해석

> 한 바이올린 연주자가 성공의 비결을 질문받았다. 그녀는 "계획된 태만이요."라고 대답했다. 그리고 그녀는 설명했다. "내가 학교 다닐 때, 시간과 에너지를 요구하는 많은 일들이 있었어요. 나는 아침 식사 후에 내 방에 가서, 침대를 정돈하고, 방을 정리하고, 바닥을 청소하고, 그 밖에 내 주의를 끄는 것은 무엇이든지 했지요. 그리고 나는 서둘러 바이올린 연습을 하러 갔어요. 내가 당연히 진척하리라고 생각한 만큼 발전하지 않았다는 것을 알았고, 나는 일들을 반대 순서로 했죠. 내 연습 기간이 끝날 때까지, 나는 일부러 모든 것들을 방치한답니다. 그 계획된 방치의 프로그램이 내 성공의 원인이라고 생각해요."

어휘

- neglect 태만, 무관심; 무시하다, 방치하다
- straighten 정리하다
- progress 진보하다
- reverse 거꾸로 하다, 반대하다
- deliberately 일부러

20 ★★☆

답 ③

출제 영역 독해>내용 (불)일치

분석

① · ② · ④의 내용은 제시문과 일치하지만 ③의 경우는 마지막 문장 앞에서 'but many senior citizens have to change their lifestyles after retirement.'이라 한 것과 일치하지 않는다.

해석

> 많은 사람들은 매월 사회보장 급여에 의존한다. 일하는 동안, 근로자들은 그들의 임금 중 일정 비중을 정부에 기부한다(기금으로 낸다). 각 고용주 또한 일정한 몫을 정부에 낸다. 근로자가 은퇴하면, 그들은 이 돈을 수입으로 수령한다. 하지만 이러한 급여가 먹고살기에 충분한 돈이 아닌 것은 물가가 매우 빨리 오르기 때문이다. 65세 이상의 노인들은 은행에 저축해 돈을 가지고 있어야 하거나 타산을 맞춰나갈 은퇴 계획이 있어야 한다. 인플레이션율은 물가를 매년 더욱 상승시키고 있다. 정부는 약간의 지원, 의료보험(건강관리) 및 복지(보편적인 지원)를 제공하지만 많은 노인들은 은퇴 후에는 그들의 생활 방식을 바꾸어야 한다. 그들은 식량, 연료 및 기타 필수품을 살 만한 여유가 있다는 것을 확신할 수 있도록 주의 깊게 소비해야 한다.

어휘

- rely on 신뢰하다, 기대하다, 의지(의존)하다
- social security 사회보장(제도)
- savings 저축(금)
- make (both) ends meet 수지균형 · 수지타산을 맞추다
- medicare 의료보험(제도)
- health care 건강관리, 의료

제3과목 한국사

정답 체크

01	02	03	04	05	06	07	08	09	10
②	③	①	④	④	③	②	③	③	③
11	12	13	14	15	16	17	18	19	20
②	②	①	②	③	②	④	④	②	②

문항별 체크리스트

문항	문항 영역	한 눈에 보는 문항별 난이도
01	우리 역사의 시작>국가의 형성	★★
02	개항기 · 대한제국>정치사	★★
03	남북국 시대>경제사	★★
04	남북국 시대>경제사	★★
05	개항기 · 대한제국>정치사	★★★
06	조선 후기>경제사	★★
07	조선 전기>정치사	★★
08	개항기 · 대한제국>정치사	★★
09	개항기 · 대한제국>문화사	★★
10	고려 시대>정치사	★★
11	조선 전기>사회사	★★
12	조선 전기>정치사	★★
13	조선 후기>문화사	★★
14	조선 전기>정치사	★★
15	개항기 · 대한제국>정치사	★★★
16	조선 전기>문화사	★★
17	개항기 · 대한제국>정치사	★★
18	시대 통합>정치사	★★
19	개항기 · 대한제국>정치사	★★
20	일제 강점기>정치사	★★

우리 역사의 시작	/ 1	삼국 시대	/ 0
남북국 시대	/ 2	고려 시대	/ 1
조선 전기	/ 5	조선 후기	/ 2
개항기 · 대한제국	/ 7	일제 강점기	/ 1
현대	/ 0	시대 통합	/ 1
난이도 종합	★ 0개, ★★ 18개, ★★★ 2개		

출제자 의도

현대 문제 대신 조선 이후 시대를 전반적으로 다뤘습니다. 아울러 중상 난이도 문제를 풀며 전반적으로 성적으로 올려보기 바랍니다.

01 ★★☆ 답 ②

출제 영역 우리 역사의 시작>국가의 형성

정답해설

(가)의 '무천', '읍군 · 삼로'를 통해 동예임을 알 수 있다.
(나)는 '살인자는 사형에 처하고 그 가족은 노비로 삼았다', '도둑질을 하면 12배로 변상케 하였다'는 점으로 미루어 볼 때 부여이다.
② 책화는 동예의 특징 중 하나이다.

오답해설

① 옥저에 대한 설명이다.
③ · ④ 고구려에 대한 설명이다.

출제자의 Point!

부여의 법률과 풍습

법률	• 살인자는 사형에 처하고 그 가족을 데려다 노비로 삼는다. • 남의 물건을 훔친 자는 물건 값의 12배를 배상한다. • 간음한 자는 사형에 처한다. • 투기가 심한 부인은 사형에 처하고 시체를 가져가려고 할 때에는 소와 말을 바쳐야 한다.
풍습	• 순장 : 주인이 죽으면 노비를 함께 땅에 매장하였다. • 영고 : 12월의 제천대회가 있어 하늘에 제사하고 가무를 즐기며 죄수를 풀어주었다. • 우제점법 : 소를 잡아 발굽을 보고 국가 중대사의 길흉을 점쳤다. • 형사취수 : 형이 죽으면 아우가 형수를 아내로 맞이하였다.

02 ★★☆ 답 ③

출제 영역 개항기 · 대한제국>정치사

정답해설

ㄱ. 황룡촌 · 황토현 전투에서 승리한 동학 농민군은 폐정개혁안을 제시하면서 정부와 전주화약을 체결하였다. 이때 동학 농민군은 외세의 개입을 막고자 청 · 일 군대의 철수를 요청하였다.
ㄹ. 동학 농민군의 폐정개혁안 12개조에서 다루고 있는 내용이다.

오답해설

ㄴ. 청 · 일 전쟁이 발발한 이후 동학 농민군은 전봉준이 이끌던 남접군과 손병희가 이끌던 북접군이 논산에서 집결하였다. 망이 · 망소이 형제는 고려 시대에 공주에서 봉기를 일으켰던 인물이다.
ㄷ. 1892년 전라도 삼례에서 동학 교도들이 최시형이 아니라 동학의 시조인 최제우의 신원을 요구하며 집회를 개최했던 사건이 삼례집회이다.

출제자의 Point!

동학 농민 운동의 전개

동학 창시(1860) – 삼례집회(1892) – 고부관아습격(1894.1) – 황토현 전투(1894.4.7) – 전주성 점령(1894.4.27) – 일본군의 경복궁 점령(1894.6.21) – 청 · 일 전쟁의 발발(1894. 6.23) – 남 · 북접군의 논산 집결(1894.10) – 우금치전투(1894.11)

03 ★★☆

답 ①

출제 영역 남북국 시대>경제사

정답해설

① 제시문은 신라 말의 귀족의 생활을 나타내고 있다. 권문세족에 의해 거대한 농장이 만들어진 것은 고려 후기의 일이다.

오답해설

② 통일 신라 시대에는 울산항을 통하여 당이나 아라비아와 교역하였다. 주로 비단이나 책, 귀금속 등 사치품을 수입하였고 인삼, 금 · 은 세공품, 견직물 등을 수출하였다.
③ 향 · 부곡의 주민들은 법적으로는 양인이었으나 집단적으로 차별받았던 존재들이었다. 그들은 일반민들보다 더 많은 조세부담을 졌으며, 상대적으로 권리는 누리지 못하였다.
④ 통일 이후인 효소왕 때 남시가 설치되었다. 통일 이전인 지증왕 때 설치된 동시와 함께 상업 발전을 엿볼 수 있다. 한편 시장 감독 기관으로 시전도 함께 설치하였다.

04 ★★☆

답 ④

출제 영역 남북국 시대>경제사

정답해설

ㄱ. 통일 신라의 활발한 대당교류로 서역 문물이 수용되고 귀족의 수요가 많아지면서 서역 문물이 널리 퍼지게 되었다. 수입품으로는 비단, 의복, 서적, 차 등이 있다.
ㄴ. 삼국 통일을 계기로 포로노비는 중단되었지만, 노비 발생의 중심 요인으로 부채노비가 등장하기 시작하였다.
ㄷ. 지배층은 물론이고, 일반관료도 국가로부터 녹을 받았으며, 식읍, 녹봉, 목장, 문무관료전, 노비, 고리대업 등으로 경제기반이 확대되었다.
ㄹ. 왕경의 시전이 신라 상업의 중심이었다. 소지마립간 12년경, 사방의 재화를 유통하기 위해 시사를 두면서 비롯된 시전은 지증왕 때 동시전을 개설하여 관리를 배치하였다. 통일 후 왕경의 인구가 증가하고 물화의 유통이 증가하면서 효소왕 때에 서시전과 남시전을 신설하였다.

05 ★★★

답 ④

출제 영역 개항기 · 대한제국>정치사

정답해설

동학 농민 운동의 전개과정은 다음과 같다.
최제우 처형 → 교조신원운동 → 고부군수 조병갑의 횡포 → 전봉준 관아 점령 → 안핵사 파견(농민군 자진 해산) → 제2차 안핵사 이용태의 탄압 → 전봉준, 손화중, 김개남 등 백산에서 재봉기 → 농민군의 4대 강령 격문 발표 → 황토현 · 황룡촌 전투에서 관군 격퇴 → 전주성점령(1894.4) → 정부의 요청에 따라 청군 파견(5.5, 아산만 상륙) → 텐진조약 위반을 명분으로 일본 군대 파병(5.6, 인천 상륙) → 전주화약 체결(5.8, 동학 농민군은 외국 군대 철수와 폐정개혁을 조건으로 정부와 화친) → 집강소 설치(1894.5) → 교정청 설치(6.11) → 일본군이 정부의 철수 요구를 거부 → 일본의 경복궁 장악(6.21) → 청일 전쟁(6.23) → 군국기무처의 설치(1894.6) → 갑오개혁 실시(1894.7) → 전봉준과 손병희, 최시형이 이끄는 연합부대의 논산 집결 → 조일연합군에 대항하여 우금치 전투에서 패배(1894.11) → 전봉준 체포, 처형

06 ★★☆

답 ③

출제 영역 조선 후기>경제사

정답해설

제시문은 조선 후기 상업적 농업을 소개한 것이다. 조선 후기 농업은 전호권의 성장으로 지주와 소작인 간에는 일정한 액수대로 지대를 계산하는 도조법이 대두하게 되었다.
③ 일정한 비율로 나누는 지대는 타조법이다.

07 ★★☆

답 ②

출제 영역 조선 전기>문화사

정답해설

② 제시문은 조선 시대 중등 교육기관인 향교에 대한 설명이다. 향교는 성현에 대한 향례와 유생들의 교육 등을 위해 부, 목, 군, 현에 하나씩 설립되었다.

오답해설

① 서당, ③ 성균관, ④ 서원에 대한 설명이다.

08 ★★☆

답 ③

출제 영역 개항기 · 대한제국>정치사

정답해설

제시문은 동학 농민군이 1894년 6월 관군과의 휴전 조건으로 제시한 폐정개혁안 12개조에 대한 내용이다.
③ 대원군의 귀국과 청에 대한 조공을 폐지할 것을 주장한 것은 1884년 갑신정변 당시 개화당의 14개조 정강이다.

09 ★★☆

답 ③

출제 영역 개항기 · 대한제국>문화사

정답해설

③ 『만세보』는 천도교에서 발간한 신문으로, 우리나라 최초의 신소설로 알려진 이인직의 『혈의 누』를 50회에 걸쳐 연재하였다.

오답해설

① 독립협회의 활동을 다룬 신문은 독립협회의 기관지였던 『독립신문』이다. 『황성신문』은 일제의 황무지 개간에 대하여 반대하던 보안회의 활동을 지지하고 상세히 보도하였다.
② 『제국신문』은 순 한글로 발행하여 일반 민중과 부녀자 층의 계몽에 기여하였으며, 한글 사용의 일반화에도 기여하였다.

④ 대한매일신보는 1904년 영국인 베델을 발행인으로 하여 창간하였는데, 당시 일본은 영국과 동맹관계에 있었기 때문에 영국인이 발행인이었던 대한매일신보는 사전검열 대상에서 제외되었다. 그 덕분에 당대에 대한 정확한 보도와 논평이 가능하였으며, 의병운동을 보도하기도 하였다.

10 ★★☆ 답 ③

출제 영역 고려 시대>정치사

정답해설

③ 제시문은 최충헌이 쓴 글이다. 최충헌은 전임 집권자 이의민을 타도하고 정권을 잡아 최고 집정부의 구실을 하는 교정도감을 설치하여 권력을 행사하였다. 또한 사병기관인 도방을 설치하여 신변을 경호하였다.

오답해설

① 도방을 설치하였다.

②·④ 최우에 관한 설명이다.

11 ★★☆ 답 ②

출제 영역 조선 전기>사회사

정답해설

조선 시대의 사림은 향약의 간부인 약정(約正)에 임명되었는데, 향촌 질서를 규율하였고 이를 어긴 자는 향촌에서 추방할 수도 있었다. 따라서 사림들은 농민에 대하여 중앙에서 임명된 지방관보다도 강한 지배력을 가지고 있었으며, 자신들의 사회적 기반을 구축할 수 있었다.

출제자의 Point!

서원과 향약

㉠ 서원
- 시초 : 백운동 서원(중종 때 풍기 군수 주세붕이 설립)
- 기능 : 선현에 대한 제사, 교육과 학문 연구
- 사액서원
  - 국가의 지원 : 서적, 토지, 노비 등 지급
  - 시초 : 소수서원(백운동 서원)
- 의의 : 개성 있는 학문 발달, 지방 사림의 지위 향상, 성균관과 학문적으로 대등하다는 긍지

㉡ 향약
- 성격 : 향촌 교화의 규약
- 성립
  - 전통적 향촌 규약 계승 : 향규, 계(상부상조) 등
  - 유교 윤리 가미 : 유교 질서에 입각한 삼강오륜
- 시행과 운영
  - 시행 : 중종 때 조광조 등이 보급하기 시작하여 16세기 후반 사림의 집권기에 전국적으로 시행
  - 운영 : 지방의 유력한 사림이 약정(향약의 간부)에 임명되었고 농민은 자동적으로 포함
- 결과 : 사림의 향촌 지배력 강화, 지방관보다 더 강력한 지배력 행사

12 ★★☆ 답 ②

출제 영역 조선 전기>정치사

정답해설

제시문은 사림파에 대한 설명이다.

② 조선 초기 집권한 훈구파에 대한 설명이다.

13 ★★☆ 답 ①

출제 영역 조선 후기>문화사

정답해설

제시된 내용은 홍대용이 주장한 지구자전설에 대한 내용으로, 「만국지도」의 전래와 더불어 중국 중심의 성리학적 세계관을 비판하는 근거가 되었다.

출제자의 Point!

조선 후기 과학의 연구
- 자연 과학 연구의 목적 변화
  - 조선 전기 : 주로 통치의 방편으로 중인층이 주도
  - 조선 후기 : 국민의 생활 개선이 중요한 관심사가 되어 실학자들은 과학과 기술분야에 관심
- 의학 : 기존 한의학의 관념적인 단점을 극복하고 실증적 치료를 시도하여, 의학 이론과 임상의 일치에 주력
- 천문학
  - 7세기 초 이수광은 『지봉유설』에서 일식, 월식, 벼락, 조수의 간만에 대하여 언급
  - 김석문, 홍대용 등은 지전설(地傳說)을 내세워 성리학적 세계관을 비판하는 근거 마련(성리학적인 세계관은 존화주의적 인식을 토대로 하고 있어 중국이 문화의 중심이며 세계의 중심이라고 보고 우리는 소중화라는 인식을 낳았다. 이에 반발하여 우리 문화와 국가를 자주적으로 인식하는 민족 중심의 세계관·역사관 및 실학이 대두되었다.)
- 지리학
  - 서양의 지도를 통해서 보다 과학적이고 정밀한 지리학 지식을 습득
  - 지도 제작에 있어서도 실제 답사를 통하여 제작
  - 「만국지도」의 전래 : 조선 사람들의 세계관을 확대

14 ★★☆ 답 ②

출제 영역 조선 전기>정치사

정답해설

(가)는 중종 때 실시된 군적수포제이다. 군적을 만들고 군적에 등재되면 12개월마다 2필씩 군포를 거두어 군인을 고용하는 제도였다.

15 ★★★ 답 ③

출제 영역 개항기 · 대한제국>정치사

정답해설

위정척사운동의 계보는 아래와 같다.

1860년대	통상반대론, 척화주전론	기정진, 이항로
1870년대	개항반대운동	최익현, 유인석
1880년대 초	개화반대운동 (『조선책략』 유포)	이만손, 홍재학
1890년대	항일의병운동(을미의병)	유인석, 이소응

16 ★★☆ 답 ②

출제 영역 조선 전기>문화사

정답해설

밑줄 친 '이것'은 조선 세종 때 발명된 자격루(물시계)이다. 「향약집성방」 역시 세종 때 편찬되었다.

오답해설

① 1655년(효종 6년)

③ • 쌍계사 840년(문성왕 2년)
• 개암사 634년(백제 무왕 35년)
• 석남사 824년(헌덕왕 16년)

④ 고려 말

17 ★★☆ 답 ④

출제 영역 개항기 · 대한제국>정치사

정답해설

제시문은 개화정책을 추진하기 위해 설치한 통리기무아문(1880~1882)과 12사에 대한 설명이다.

④ 박정양을 주미전권공사로 파견한 시기는 1887년이다.

18 ★★☆ 답 ④

출제 영역 시대 통합>정치사

정답해설

④ 러시아의 한반도 남하를 견제한다는 구실로 영국은 거문도를 해밀턴 항이라 명명하고 불법 점령한 후 포대를 설치하였다(거문도 사건, 1885년).

19 ★★☆ 답 ②

출제 영역 개항기 · 대한제국>정치사

정답해설

제시된 자료는 1882년에 발생하였던 임오군란에 대한 설명이다.

ㄴ. 임오군란의 사후 수습을 한다는 명목으로 청군이 파견되었고, 흥선대원군을 강제로 납치하여 청으로 압송하였다.

ㄷ. 임오군란 이후 청과는 조청상민수륙무역장정을 체결하고, 일본과는 조일수호조규속약을 체결하며 청과 일본상인의 양화진 진출을 허용하고 간행이정을 확장하여 내륙 통상을 허용하였다. 그 결과 조선 상인들의 상권을 침탈하면서 그 피해가 커지게 되었다.

오답해설

ㄱ. 신미양요 이후의 일이다. 흥선대원군은 신미양요 이후 척화비를 전국적으로 세워 쇄국정책을 강화하였다.

ㄹ. 임오군란 이후 조선과 일본 사이에 제물포조약이 체결되었다. 일본은 공사관 소실 등을 명목으로 배상금을 요구하였으며, 공사관 경비를 구실로 군대를 파견하였다. 한성조약은 갑신정변 이후 일본이 배상금과 공사관 신축비용을 요구한 조약이다.

20 ★★☆ 답 ②

출제 영역 일제 강점기>정치사

정답해설

• 김좌진이 지휘하는 북로군정서군과 홍범도가 이끄는 대한 독립군이 1920년 10월 청산리 일대에서 일본군을 크게 격파한 청산리 대첩에 대한 설명이다.

• 대한광복군 정부가 수립된 것은 1914년의 일이다. 대한광복군 정부는 블라디보스토크에서 수립된 일제 강점기 최초의 망명 정부로 정통령 이상설, 부통령 이동휘를 중심으로 하였다.

두 사건을 합산한 숫자는 1914+1920=3834이다.

문제편 p.094

제6회 실전동형 모의고사

제1과목 국어

정답 체크

01	02	03	04	05	06	07	08	09	10
④	③	③	③	②	④	④	②	③	②
11	12	13	14	15	16	17	18	19	20
①	①	③	④	④	①	④	③	④	④

문항별 체크리스트

문항	문항 영역	한 눈에 보는 문항별 난이도
01	문법>어문규범>올바른 문장 표현	★★
02	문법>의미론	★★
03	문법>어문규범>호칭어 · 지칭어	★
04	어휘>한자성어	★★
05	문법>어문규범>외래어 표기법	★★
06	문학>현대시	★
07	문법>통사론	★★★
08	비문학>화법	★★
09	비문학>글의 순서	★★
10	어휘>관용 표현	★★
11	비문학>글의 전개 방식	★★
12	문학>현대시	★★
13	비문학>추론적 읽기	★★
14	문학>현대소설	★★
15	문법>화법과 작문	★★★
16	문학>현대소설	★★
17	문법>어문규범>한글 맞춤법	★★
18	비문학>추론적 읽기	★
19	문학>현대소설	★
20	독서>주제 통합적 읽기	★★★

문법	/7	어휘	/2
문학	/5	비문학	/5
독서	/1		
난이도 종합	★ 4개, ★★ 13개, ★★★ 3개		

출제자 의도

최근 출제경향에 맞게 문법과 비문학의 비중을 높였습니다. 비문학 문제, 특히 추론적 읽기 유형을 많이 풀어 보면서 본인만의 해결 방법을 터득해 보세요.

01 ★★☆

답 ④

출제 영역 문법>어문규범>올바른 문장 표현

정답해설

④ 양태 부사어는 특정 서술어와 호응을 이루는데, '절대'는 부정 서술어와 호응을 이루는 것이 자연스럽다. 따라서 '불법 운전을 절대해서는 안 된다.'는 어법에 맞는 문장이다.

오답해설

① 나이 드는 데로(×) → 나이 드는 대로(○) : '어떤 모양이나 상태와 같이'를 뜻하는 의존 명사는 '대로'이다.

② 처들어왔으니(×) → 쳐들어왔으니(○) : '적이 무력으로 침입하여 들어오다.'라는 뜻의 옳은 표현은 '쳐들어오다'이다.

③ 일체(×) → 일절(○) : '일체'는 모두, '일절'은 절대, 도무지의 뜻이므로 '일절'이 맞다.

- 일절 : '아주, 전혀, 절대로'의 뜻으로, 사물을 부인하거나 행위를 금지할 때 쓴다. 문장 속에서 앞의 내용을 부정할 때 쓰이는 말이다. 주로 '없다', '않다' 등의 부정적인 단어와 어울린다.
  예 출입을 일절 금하다. / 일절 간섭하지 마시오.
- 일체 : '모든 것'이나 '모든 것을 다'를 뜻한다. '일체로' 꼴로 쓰여 '전부 또는 완전히'라는 뜻을 나타내기도 한다.
  예 그는 재산 일체를 학교에 기부했다. / 근심 걱정일랑 일체 털어버리자.

02 ★★☆ 답 ③

출제 영역 문법>의미론

정답해설

③ '포장지에 싼다'의 '싸다'는 '물건을 안에 넣고 보이지 않게 씌워 가리거나 둘러 말다.'라는 의미이다. 이와 같은 의미로 사용된 것은 '책을 싼 보퉁이'의 '싸다'이다.

오답해설

① '안채를 겹겹이 싸고'의 '싸다'는 '어떤 물체의 주위를 가리거나 막다.'라는 의미로 사용되었다.
② '봇짐을 싸고'의 '싸다'는 '어떤 물건을 다른 곳으로 옮기기 좋게 상자나 가방 따위에 넣거나 종이나 천, 끈 따위를 이용해서 꾸리다.'라는 의미로 사용되었다.
④ '책가방을 미리 싸'의 '싸다'는 '어떤 물건을 다른 곳으로 옮기기 좋게 상자나 가방 따위에 넣거나 종이나 천, 끈 따위를 이용해서 꾸리다.'라는 의미로 사용되었다.

03 ★☆☆ 답 ③

출제 영역 문법>어문규범>호칭어 · 지칭어

정답해설

③ '사돈어른'은 항렬이 같은 관계에서만 쓸 수 있는 말이므로, '사장(査丈)어른'이 올바른 표현이다.

오답해설

① 아내 남동생의 아내는 '처남의 댁' 또는 '처남댁'이 맞다.
② 남편 누나의 남편은 '아주버님', '남편 여동생의 남편'은 '서방님'이다.
④ 조위금 봉투에는 '부의(賻儀)' 또는 '근조(謹弔)'라고 쓰는 것이 적절하다.

04 ★★☆ 답 ③

출제 영역 어휘>한자성어

정답해설

제시문은 핵심을 벗어나 지엽적인 사항을 확대하여 문제 삼는 태도를 경계하고 있다. 따라서 '일의 근본 줄기는 잊고 사소한 부분에만 사로잡힘'을 뜻하는 ③ 본말전도(本末顚倒 : 근본 본, 끝 말, 엎드러질 전, 넘어질 도)가 제시문에서 경계하고자 하는 태도와 가장 일치한다.

오답해설

① 계옥지탄(桂玉之嘆 : 계수나무 계, 구슬 옥, 갈 지, 탄식할 탄) : 식량 구하기가 계수나무 구하듯이 어렵고, 땔감을 구하기가 옥을 구하기 만큼이나 어려움을 이르는 말
② 맥수지탄(麥秀之嘆 : 보리 맥, 빼어날 수, 갈 지, 탄식할 탄) : 고국의 멸망을 한탄함을 이르는 말
④ 초미지급(焦眉之急 : 그을릴 초, 눈썹 미, 갈 지, 급할 급) : 눈썹에 불이 붙었다는 뜻으로, 매우 위급함을 이르는 말

05 ★★☆ 답 ②

출제 영역 문법>어문규범>외래어 표기법

정답해설

ⓛ 시저(○) : 로마의 군인 · 정치가인 '카이사르'의 영어 이름을 뜻하는 'Caesar'는 외래어 표기법 제4장 제1절 제3항 '원지음이 아닌 제3국의 발음으로 통용되고 있는 것은 관용을 따른다.'라는 규정에 따라 '시저'로 적어야 한다.
ⓜ 팸플릿(○) : '설명이나 광고, 선전 따위를 위하여 얄팍하게 맨 작은 책자'를 뜻하는 'pamphlet'은 '팸플릿'으로 적어야 한다.
ⓑ 규슈(○) : '일본 열도를 이루는 4대 섬 가운데 가장 남쪽에 있는 섬 또는 그 섬을 중심으로 하는 지방'을 뜻하는 'Kyûshû[九州]'는 '규슈'로 적어야 한다.

오답해설

㉠ 아젠다(×) → 어젠다(○) : '모여서 서로 의논하거나 연구할 사항이나 주제'를 뜻하는 'agenda'는 '어젠다'로 적어야 한다.
㉢ 레크레이션(×) → 레크리에이션(○) : '피로를 풀고 새로운 힘을 얻기 위하여 함께 모여 놀거나 운동 따위를 즐기는 일'을 뜻하는 'recreation'은 '레크리에이션'으로 적어야 한다.
㉣ 싸이트(×) → 사이트(○) : '인터넷에서 사용자들이 정보가 필요할 때 언제든지 그것을 볼 수 있도록 웹 서버에 저장된 집합체'를 뜻하는 'site'는 '사이트'로 적어야 한다.

06 ★☆☆ 답 ④

출제 영역 문학>현대시

정답해설

제시된 작품은 「온달전」을 재해석한 현대시로서, 윤석산 시인의 「온달전 – 온달의 죽음」이라는 작품이다.

④ 실존했던 인물인 고구려의 장수 온달과 평강공주의 결연을 소재로 한 「온달전」은 『삼국사기』 「열전」에 실린 이야기이다. 따라서 『삼국유사』 「기이」편에 실린 내용을 재해석하였다는 설명은 옳지 않다.

오답해설

① 제시된 작품은 「온달전」에서 '온달의 죽음' 부분을 다루고 있다. 그 내용을 살펴보면 온달이 죽어 장례를 지내야 하는데 관이 땅에 붙어 떨어지지 않자 평강공주가 관을 들리게 했다는 것이므로 '상여부착 설화(喪輿附着說話)'의 원형을 엿볼 수 있다.
②·③ 제시된 작품은 죽음을 맞이한 '온달'을 화자로 하며, 평강공주에 대한 마음을 고백하듯이 드러내고 있다.

출제자의 Point!

김부식 등, 「온달전」

- 갈래 : 전기(傳記), 설화
- 배경 : 고구려 평강왕 때
- 제재 : 평강공주와 온달의 결혼
- 주제 : 평강공주의 주체적 삶의 태도와 온달의 영웅적 면모
- 특징
  - 역사적으로 실존 인물의 이야기를 다룸
  - 인물에 대한 '전(傳)' 형식의 설화임
- 출전 : 『삼국사기』의 「열전」

• 읽기 자료

> 온달과 평강공주의 이야기는 당시의 사회 · 경제적 변화의 과정에서 부(富)를 축적한 평민 계층이 지배 체제의 개편 과정에서 정치 · 경제적 상승을 할 수 있었던 사회 변동기였다는 사료(史料)로 거론되기도 합니다. 그리고 '바보 온달'이란 별명도 사실은 온달의 미천한 출신에 대한 지배 계층의 경멸과 경계심이 만들어 낸 이름이라고 분석되기도 합니다.
>
> …(중략)…
>
> 완고한 신분의 벽을 뛰어 넘어 미천한 출신의 바보 온달을 선택한 평강공주의 결단과 드디어 용맹한 장수로 일어서게 한 평강공주의 주체적 삶에는 민중들의 소망과 언어가 담겨 있기 때문입니다.
>
> – 신영복, 「어리석은 자의 우직함이 세상을 조금씩 바꿔 갑니다」

07 ★★★ 답 ④

출제 영역 문법>통사론

정답해설

④ '구속하다'는 '법원이나 판사가 피의자나 피고인을 강제로 일정한 장소에 잡아 가두다.'라는 뜻으로, 이미 동작의 대상에게 행위의 효력이 미치는 의미를 가지고 있는 '구속하다'를 그대로 써도 의미가 통한다. 따라서 사동의 접미사 '–시키다'를 활용하여 '구속시키다'로 고쳐 쓰는 것은 적절하지 않다.

오답해설

① '기간'은 '어느 때부터 다른 어느 때까지의 동안'을, '동안'은 '어느 한때에서 다른 한때까지 시간의 길이'를 의미하므로 의미가 중복된다. 따라서 '공사하는 동안'으로 고쳐 쓰는 것은 적절하다.

② '회의를 갖다'는 영어를 직역한 번역 투 표현이므로, '여럿이 모여 의논하다.'라는 의미의 '회의하다'로 고쳐쓰는 것이 적절하다. 따라서 '회의를 갖겠습니다'를 '회의하겠습니다'로 고쳐 쓰는 것은 적절하다.

③ '열려져'는 동사 어간 '열–'에 피동 접사 '–리–'와 통사적 피동표현인 '–어지다'가 붙은 이중 피동 표현이다. 따라서 피동 접사만을 이용한 '열려'로 고쳐 쓰는 것이 적절하다.

출제자의 Point!

잘못된 사동 표현

- 접사 '–시키다'의 과도한 사용 : '–시키다'를 '–하다'로 바꿀 수 있는 경우에는 '–시키다' 대신 '–하다'를 사용한다.
  - 예 내가 사람을 소개시켜 줄게. (×) → 내가 사람을 소개해 줄게. (○)
  - 예 방과 거실을 분리시킬 벽을 만들었다. (×) → 방과 거실을 분리할 벽을 만들었다. (○)
- 사동 접사의 과도한 사용
  - 예 그를 만날 생각에 마음이 설레인다. (×) → 그를 만날 생각에 마음이 설렌다. (○)
  - 예 사람들 사이를 비집고 끼여들었다. (×) → 사람들 사이를 비집고 끼어들었다. (○)

08 ★★☆ 답 ②

출제 영역 비문학>화법

정답해설

② 진행자 'A'는 '의료 취약 계층을 위한 의약품 공급 정보망 구축 사업'에 대한 정보를 관계자 'B'의 말을 통해 청자에게 제공하고 있다. 진행자 'A'는 질문하기와 요약하기 등의 방식을 활용하고 있으나, 상대방 대답의 모순점을 찾아 논리적으로 대응하고 있지는 않다.

오답해설

① 진행자 'A'는 관계자 'B'의 말을 듣고 '그렇군요.', '네, 간편해서 좋군요.' 등 상대방의 말을 들었다는 반응을 보인다.

③ 진행자 'A'는 대화의 화제인 '의료 취약 계층을 위한 의약품 공급 정보망 구축 사업'과 관련된 용어의 뜻, 사업 성과의 이유, 사업의 걸림돌, 사업 참여 방법 등에 대해 질문함으로써, 관계자 'B'가 홍보할 수 있는 대답을 유도한다.

④ 진행자 'A'는 관계자 'B'의 답변에 대해 '그러니까 앞으로 이런 문제를 해결하기 위한 제도 정비나 의료 전문가의 지원이 좀 더 필요하다는 말씀인 것 같군요.'라고 대화의 흐름에 맞게 해석하여 상대방의 말을 보충하고 있다.

09 ★★☆ 답 ③

출제 영역 비문학>글의 순서

정답해설

③ '원유는 미생물이 있으므로 열처리를 해야 한다'는 (가)를 시작으로, 미생물의 종류에 따라 미생물을 제거하는 데 필요한 시간과 온도가 다르기 때문에 열처리를 할 때 필요한 조건이 있음을 이야기한 (다), 열처리 조건으로 '저온 살균법'과 '저온 순간 살균법'을 설명한 (나), 마지막으로 '초고온처리법'을 부연한 (라)의 순서로 와야 한다.

출제자의 Point!

순서 문제의 해결

- 문단의 순서를 배열할 때에 '접속어'와 '지시어'는 큰 역할을 한다. 대개 접속어나 지시어로 시작되는 문장이나 문단이 어떤 단락이나 글의 맨 앞에 오는 일은 없다는 것도 염두에 둘 필요가 있다.
- 지시어나 대명사는 앞에 나온 내용을 대신하여 가리키는 말이므로, 이것들의 쓰임을 잘 살피면 문단의 순서를 찾아내는 데 큰 도움을 받을 수 있다.
- 몇 개의 문단이 섞여 있고, 그중 한 문단에만 지시어나 대명사가 없을 경우 그 문단이 맨 앞에 놓인다.
- 지시어가 관형형의 형태로 쓰여 뒤의 명사를 수식할 경우, 그 명사에 대해 설명하고 있는 문단을 찾는다.

10 ★★☆

답 ②

출제 영역 어휘>관용 표현

정답해설

② 호흡을 맞춰(×) → 다리(를) 놓아(○) : '호흡을 맞추다'는 '일을 할 때 서로의 행동이나 의향을 잘 알고 처리하여 나가다.'를 뜻하므로 '연결해 주어'와 바꾸어 쓸 수 있는 표현이 아니다. '일이 잘되게 하기 위하여 둘 또는 여럿을 연결하다.'를 뜻하는 '다리(를) 놓다'라는 관용 표현이 바꾸어 쓰기에 적절하다.

오답해설

① 가랑이가 찢어질(○) : '가랑이가 찢어지다'는 '몹시 가난한 살림살이'를 비유적으로 이르는 말이므로 '몹시 가난한'과 '가랑이가 찢어질'은 바꾸어 쓰기에 적절하다.
③ 코웃음을 쳤다(○) : '코웃음을 치다'는 '남을 깔보고 비웃다.'라는 뜻이므로 '깔보며 비웃었다'와 '코웃음을 쳤다'는 바꾸어 쓰기에 적절하다.
④ 바가지를 쓰고(○) : '바가지를 쓰다'는 '요금이나 물건 값을 실제보다 비싸게 지불하여 억울한 손해를 보다.'라는 뜻이므로 '실제보다 비싸게'와 '바가지를 쓰고'는 바꾸어 쓰기에 적절하다.

11 ★★☆

답 ①

출제 영역 비문학>글의 전개 방식

정답해설

① '해수면 상승'을 결과로 보면, '온실 효과로 지구의 기온이 상승하는 것'이 그 원인이다. 또, '해수면 상승'이 원인이 되어 '기후 변화와 섬나라나 저지대가 침수되는 것'이라는 결과가 나타난다. 따라서 '인과'의 전개 방식이 사용된 예로 적절하다.

오답해설

② '제로섬(zero-sum)'의 개념을 설명하는 '정의'의 방식과 운동 경기를 예로 들어 설명하는 '예시'의 방식이 사용되었다.
③ 찬호가 학교에 몰래 들어가는 장면을 시간의 흐름에 따라 서술하는 '서사'의 방식이 사용되었다.
④ 소읍의 전경을 눈앞에 보이듯이 생생하게 표현하는 '묘사'의 방식이 사용되었다.

12 ★★☆

답 ①

출제 영역 문학>현대시

정답해설

(가)~(라)는 모두 백석 시인의 작품이다. (가)는 「나와 나타샤와 흰 당나귀」, (나)는 「내가 생각하는 것은」, (다)는 「내가 이렇게 외면하고」, (라)는 「흰 바람벽이 있어」 중의 일부이다.

① '시인이 사랑하는 여인에게 아무것도 해줄 수 없는 무기력함을 의미한다.'는 틀린 설명이다. 이 장면은 눈이 내려서 화자가 '나타샤'를 그리워하고 있는 것이지 아무것도 할 수 없는 무기력함을 표현한 것이 아니다.

13 ★★☆

답 ③

출제 영역 비문학>추론적 읽기

정답해설

※ 앞부분의 ㉠을 ㉠-1로, 뒷부분의 ㉠을 ㉠-2로 표기함

③ ㉠-1의 앞에서 격분의 물결은 공적 논의를 위해 필수적인 안정성, 항상성, 연속성을 찾아볼 수 없다고 제시하였고, ㉠-1의 뒤에서는 격분의 물결은 안정적인 논의의 맥락 속에 통합되지 못한다고 제시하였다. ㉠-2의 앞에서 격분 속에서는 사회 전체에 대한 염려의 구조가 아닌 자신에 대한 염려일 뿐이라고 제시하였고, ㉠-2의 뒤에서는 그러한 염려는 금세 모래알처럼 흩어져 버릴 것이라고 제시하였다. 따라서 ㉠-1과 ㉠-2의 맥락을 고려할 때, ㉠에 들어갈 접속 부사로는 앞에서 말한 일이 뒤에서 말할 일의 원인, 이유, 근거가 됨을 나타내는 접속 부사인 '따라서'가 적절하다.

14 ★★☆

답 ④

출제 영역 문학>현대소설

정답해설

④ 제시된 부분은 신둥이개를 놓친 마을 사람들이 그 원인을 제공한 사람을 질책하며 색출하려는 상황이다. 동장네 절가는 틈을 줘서 신둥이개를 도망치게 한 대상으로 간난이 할아버지를 지목하고 있다. 따라서 동장네 절가가 간난이 할아버지의 행동에 동조하고 있다는 설명은 적절하지 않다.

오답해설

① '때레라!', '아즈반이웨다레'와 같은 사투리를 사용하고, 몽둥이를 들고 개를 때려잡으려는 모습에서 토속적이며 억센 삶의 현장을 엿볼 수 있다.
② '새파란 불'은 뱃속의 새끼를 보호하려는 어미 개로서의 모성 본능이자 생명의 위협을 느끼는 상황에서 살고자 하는 생의 욕구를 암시한다.
③ '짐승이라도 새끼 밴 것을 차마?'에서 간난이 할아버지는 신둥이개가 새끼를 배고 있음을 눈치채고 죽이는 것을 망설인다는 사실을 알 수 있다. 따라서 간난이 할아버지에게서 생명에 대한 외경을 느낄 수 있다는 설명은 적절하다.

출제자의 Point!

황순원, 「목넘이 마을의 개」
- 갈래 : 단편 소설
- 성격 : 설화적, 우화적, 암시적
- 주제 : 생명의 강인함과 생명에 대한 외경심
- 특징
  - 내부 이야기는 전지적 작가 시점, 외부 이야기는 1인칭 관찰자 시점으로 서술한 액자식 구성의 소설
  - '신둥이'는 우리 민족의 강인한 생명력을 상징함

15 ★★★

답 ④

출제 영역 문법>화법과 작문

오답해설

① 화자의 관점에서 말한 것으로서 화자 자신에게 혜택을 주는 표현을 최소화하고 화자 자신에게 부담을 두는 표현을 최대화하는 것은 '요령의 격률'이 아닌 '관용의 격률'이다.

② 상대방에게 부담이 가는 표현을 최소화하고 상대방이 이익을 극대화하는 것은 '요령의 격률'이다.

③ 다른 사람에 대한 비방을 최소화하고 칭찬을 극대화하는 것은 '찬동의 격률'이다.

출제자의 Point!

공손성의 원리

청자의 관점	화자의 관점
요령의 격률 : 상대방에게 부담이 되는 표현을 최소화, 이익이 되는 표현을 최대화	관용의 격률 : 자신에게 혜택을 주는 표현을 최소화, 부담이 되는 표현을 최대화
찬동(칭찬)의 격률 : 상대방을 비방하는 표현을 최소화, 칭찬하는 표현을 최대화	겸양의 격률 : 자신을 칭찬하는 표현을 최소화, 비방하는 표현을 최대화
동의의 격률 : 자신의 의견과 다른 사람의 의견 사이의 차이점을 최소화, 일치점을 최대화	

16 ★★☆

답 ①

출제 영역 문학>현대소설

정답해설

① 김동인의 「붉은 산」은 의사인 '여(余 = 나)'가 주인공인 '정익호'에 대해 묘사하고 있는 1인칭 관찰자 시점의 작품이다.

오답해설

② 1인칭 주인공 시점에 대한 설명이다.

③ 3인칭 관찰자 시점에 대한 설명이다.

④ 전지적 작가 시점에 대한 설명이다.

출제자의 Point!

김동인, 「붉은 산」

- 갈래 : 단편 소설
- 배경 : 일제 강점기의 만주 어느 마을
- 경향 : 민족주의적 경향
- 시점 : 1인칭 관찰자 시점
- 표현 : 사실주의적 기법
- 주제 : 일제 강점기 만주에서 고통받는 우리 민족의 생활상

17 ★★☆

답 ④

출제 영역 문법>어문규범>한글 맞춤법

정답해설

- 후덕덕(×) → 후닥닥(○)
- 근접치(×) → 근접지(○)

오답해설

①·②·③ '후덕덕'과 '근접치'를 제외한 다른 단어는 모두 한글 맞춤법에 맞는 표현이다.

18 ★☆☆

답 ③

출제 영역 비문학>추론적 읽기

정답해설

③ 제시된 글은 '경상 지역 방언을 쓰는 사람들'과 '평안도 및 전라도와 경상도 일부'에서 구별하지 못하는 특정 발음에 대하여 말하고 있다. 경상 지역에서는 'ㅓ'와 'ㅡ'를 구별하지 못하고, 평안도 및 전라도와 경상도 일부에서는 'ㅗ'와 'ㅓ'를 분별하지 못하며, 평안도 사람들의 'ㅈ' 발음은 다른 지역의 'ㄷ' 발음과 매우 비슷하다는 등 지역에 따라 특정 모음과 자음 소리가 구별되지 않는다는 것이다. 따라서 ㉠에 들어갈 주장으로는 '우리말에는 지역에 따라 구별되지 않는 소리가 있다.'가 적절하다.

오답해설

① 지역마다 다양한 소리가 있다는 것이 올바른 주장이 되려면 각 지역의 다양한 소리(또는 특징적인 소리)가 제시되어야 하는데, 특정 발음을 발음하지 못한다는 것 외에 다른 예시는 찾아볼 수 없으므로 ㉠에 들어갈 주장으로는 적절하지 않다.

② 제시된 글에서 말하는 내용은 특정 단어, 특정 음운을 발음하지 못하는 지역이 있다는 것이다. 이는 지역마다 다른 표준 발음법이 있다는 설명이 아니므로 ㉠에 들어갈 주장으로는 적절하지 않다.

④ 제시된 글에서 자음보다 모음을 변별하지 못하는 지역이 더 많다는 내용을 찾아볼 수 없고, 일부 지역에서 소리를 구별하여 듣지 못하는 사례를 제시했을 뿐이므로 ㉠에 들어갈 주장으로는 적절하지 않다.

19 ★☆☆

답 ④

출제 영역 문학>현대소설

정답해설

④ ㉣ '하얀 페인트를 입힌 나무토막 글씨'는 개발로 달라진 동네 풍경과는 달리 예전 그대로의 모습을 가지고 있는 것이다.

오답해설

① ㉠ '연립과 단독 양옥들'은 개발로 달라진 마을의 집들을 의미한다.

② ㉡ '물건'은 까치상회가 제법 신수가 훤해지면서 다종다양해진 '진열품'이다.

③ ㉢ '앵글'은 까치상회의 늘어난 물건을 진열하기 위해 제작한 '선반'이다.

20 ★★★

답 ④

출제 영역 독서>주제 통합적 읽기

정답해설

④ '주제 통합적 읽기'란 다양한 자료들을 분석적으로 읽고 정리하는 전문적 독서 방법으로, 하나의 주제나 화제와 관련된 다양한 독서 자료를 비교 · 대조하면서 종합적으로 분석하여 읽고, 자신의 관점이나 아이디어를 재구성한다. 이러한 관점에 따라 주제 통합적 읽기의 절차를 크게 정리하자면, 하나의 주제를 정해 다양한 독서 자료를 선정하여 읽고 이를 비교, 분석하여 자신의 관점을 재구성하는 것이라고 할 수 있다.

출제자의 Point!

주제 통합적 독서의 과정

- 독서의 목적 구체화하기(읽기를 통해 해결하려는 질문 명확히 하기)
- 질문을 구체적으로 정하고, 이를 해결할 수 있는 각 분야의 글 찾기(도서관의 도서 목록, 서평 등을 확인하기)
- 분야, 글쓴이의 관점, 형식이 다른 글을 서로 비교하며 읽기(주장을 비판적으로 검토하고 유용한 정보 추려 내기)
- 자신의 관점에 따라 정보를 가려내고, 화제에 대한 자신의 견해 정리하기(자료 재구성하기)

제2과목 영어

정답 체크

01	02	03	04	05	06	07	08	09	10
④	①	①	②	②	②	②	③	④	④
11	12	13	14	15	16	17	18	19	20
②	②	④	④	③	④	②	④	③	③

문항별 체크리스트

문항	문항 영역	한 눈에 보는 문항별 난이도
01	어휘>단어	★
02	어휘>어구	★★
03	어휘>단어	★
04	어휘>단어	★★
05	어휘>어구	★★
06	어법>정문 찾기	★★
07	어법>비문 찾기	★★
08	표현>일반회화	★
09	표현>일반회화	★
10	어법>영작하기	★★
11	어법>영작하기	★★
12	독해>글의 제목	★★
13	독해>글의 흐름	★★
14	독해>문장 삽입	★★★
15	독해>글의 목적	★
16	독해>내용 (불)일치	★★
17	독해>빈칸 완성	★★
18	독해>글의 순서	★★
19	독해>빈칸 완성	★★
20	독해>글의 주제	★

어휘	/ 5	어법	/ 4
표현	/ 2	독해	/ 9
난이도 종합	★ 6개, ★★ 13개, ★★★ 1개		

출제자 의도

중상 난도의 문제로 구성하였고, 독해 영역에서 글의 목적, 주제, 흐름을 파악하는 문제를 담았습니다. 독해 영역은 제시문에서 중요한 부분이 어디인지 빠르게 파악하는 것이 중요합니다.

01 ★☆☆

답 ④

출제 영역 어휘>단어

분석

밑줄 친 alleviate는 '완화하다'의 뜻으로 이와 의미가 가장 가까운 것은 ④ relieve(덜어주다, 완화하다)이다.

① 보완하다
② 가속화하다
③ 계산하다

해석

> 작가가 글을 쓰는 과정에서 취하는 전략은 주의력 과부하의 어려움을 완화할 수도 있다.

어휘

- strategy (특정 목표를 위한) 전략[계획]
- attentional 주의력의
- overload 과부하

02 ★★☆

답 ①

출제 영역 어휘>어구

분석

밑줄 친 in conjunction with는 '~와 함께'의 뜻으로 이와 의미가 가장 가까운 것은 ① in combination with(~와 결합하여)이다.

② ~에 비해서
③ ~ 대신에
④ ~의 경우

해석

> 사회적 관행으로서의 사생활은 다른 사회적 관행과 함께 개인의 행위를 형성하므로 사회생활의 중심이 된다.

어휘

- shape 형성하다, 형태를 주다
- be central to ~의 중심이 되다

03 ★☆☆

답 ①

출제 영역 어휘>단어

분석

빈칸 앞부분에서 황열병의 원인으로 먼지와 열악한 위생을 배제한다고 했으므로 문맥상 모기가 '의심되는' 매개체(carrier)라고 유추할 수 있다. 따라서 빈칸에 적절한 것은 ① suspected(의심되는)이다.

② 문명화되지 않은
③ 유쾌한
④ 자원한

해석

> 검사들은 먼지와 불결한 위생을 황열병의 원인에서 배제했고, 모기가 의심되는 매개체였다.

어휘

- sanitation 위생
- yellow fever 황열병
- carrier 보균자, 매개체

04 ★★☆

답 ②

출제 영역 어휘>단어

분석

빈칸 다음 문장에서 누구나 음악을 감상할 수 있지만, 음악가가 되려면 재능이 필요하다는 상반된 서술이 나오므로 밑줄 친 부분에는 ② a far cry from(~와는 거리가 먼, 전혀 다른)이 적절하다.

① ~와 동등하게
③ ~ 여하에 달린
④ ~의 서막

해석

> 음악 감상과 록스타가 되는 것은 전혀 다른 것이다. 누구나 음악을 감상할 수 있지만, 음악가가 되는 것은 재능이 필요하다.

05 ★★☆

답 ②

출제 영역 어휘>어구

분석

제시문은 정부가 증가된 세금 부담을 완화시키기 위해 해결책을 모색하고 있다는 내용으로 빈칸 다음에서 'those present to open more communication channels with the public(참석자들에게 대중들과 더 많은 소통 채널을 열 것을)'이라고 했으므로 문맥상 빈칸에 들어갈 말로 가장 적절한 것은 ② called for(요청했다)이다. 'call for A to 부정사'는 'A에게 ~할 것을 요청하다'이다.

① ~ 위에 떨어졌다
③ ~을 (차에) 태웠다
④ ~을 거절했다

해석

> 정부는 새로운 세금 정산 제도로 인해 늘어난 세금 부담에 대해 급여 노동자들을 달래기 위한 방안을 모색하고 있다. 지난 월요일 대통령 보좌관들과의 회의 동안, 대통령은 참석자들에게 대중들과의 더 많은 소통 채널을 열 것을 요청했다.

어휘

- soothe 달래다
- present 참석한
- salaried 봉급을 받는
- tax settlement 세금 정산
- presidential aide 대통령 보좌관

06 ★★☆

답 ②

출제 영역 어법>정문 찾기

분석

② since는 '~ 이래로'의 뜻으로 since가 포함된 전명구 또는 시간 부사절의 시제는 과거이며, 주절의 시제는 '기간'을 나타내는 현재완료 또는 현재완료진행이 사용된다. 따라서 have lived의 현재완료 시제와 since I started의 과거시제가 모두 바르게 사용되었다.

① 간접의문문의 어순은 '의문사+주어+동사'가 되어야 하므로 where should you visit → where you should visit가 되어야 한다.

③ 감정유발동사(excite)는 주어가 감정의 원인일 경우 현재분사(-ing)를 쓰고, 주어가 감정을 느끼는 경우 과거분사(-ed)를 쓴다. 소설이 흥미진진한 감정을 일으키는 것이므로 excited → exciting이 되어야 한다.

④ 부가의문문에서 부정문일 때는 긍정 부가의문문을 사용하고, 긍정문일 때는 부정 부가의문문을 사용한다. 동사가 be동사의 부정(is not)이므로 doesn't it → is it이 되어야 한다.

해석

① 이 안내책자는 여러분이 홍콩에서 어디를 방문해야 하는지를 알려준다.
② 나는 대만에서 태어났지만, 일을 시작한 이래로 나는 한국에서 살고 있다.
③ 그 소설은 너무 재미있어서 나는 시간 가는 줄 몰랐고 버스를 놓쳤다.
④ 서점들이 더 이상 신문을 취급하지 않는 것은 놀랍지 않다. 그렇지요?

어휘

- lose track of time 시간 가는 줄 모르다
- carry (가게에서 품목을) 취급하다

07 ★★☆

답 ②

출제 영역 어법>비문 찾기

분석

② 분사구문의 의미상 주어가 주절의 주어(animals)와 같고, 이 주어(animals)가 다른 기술과 함께 이용된다는 '수동'의 의미이므로 Utilizing(현재분사) → Utilized(과거분사)가 되어야 한다.

① 명사(machines)를 수식하는 형용사가 전치사와 함께 사용하는 형용사구일 때는 명사 뒤에서 수식한다.

③ '명사+to부정사'의 형용사적 용법으로 '~할 명사'의 뜻이다. carry는 타동사로 목적어(burdens)를 취한다.

④ 'of+추상명사'는 형용사로 쓰이므로 'of great benefit'이 beneficial의 뜻으로 올바르게 사용되었다.

해석

가축화된 동물은 인간이 이용할 수 있는 최초의 가장 효과적인 '기계들'이다. 그들은 인간의 등과 팔의 부담을 덜어준다. 다른 기술들과 함께 이용될 때, 가축들은 (고기와 우유의 단백질 같은) 보충 식량으로서, 짐을 옮기고, 물을 들어 올리고, 곡물을 빻는 기계로서 인간 삶의 기준을 매우 향상시킬 수 있다. 그것들은 분명히 큰 이득이 되기 때문에, 우리는 수 세기에 걸쳐 인간이 그들이 기르고 있는 동물들의 수와 질을 증가시킨다는 것을 발견하기를 예상할지도 모른다. 놀랍게도, 이것은 대체로 그렇지는 않았다.

어휘

- domesticated 가축화된
- strain 부담, 압박; 혹사하다
- considerably 상당히, 많이
- supplementary 보충의, 추가의
- foodstuff 식품, 식량

08 ★☆☆

답 ③

출제 영역 표현>일반회화

분석

A가 리소토가 어떤지 묻는데, B가 버섯과 치즈가 들어 있는 리소토가 있다고 메뉴를 소개하고 있으므로 가장 어색한 대화는 ③이다. A의 질문에 대한 응답으로는 리소토의 맛에 대한 평가가 적절하다.

해석

① A : 저는 내일 날짜에 예약하려고 해요.
B : 알겠습니다. 몇 시에 해드릴까요?
② A : 주문하시겠습니까?
B : 네, 저 수프로 주세요.
③ A : 리소토는 어떤가요?
B : 네, 우리는 버섯과 치즈가 들어 있는 리소토가 있습니다.
④ A : 디저트 좀 드실래요?
B : 저는 됐습니다. 감사합니다.

어휘

- make a reservation 예약하다
- certainly 분명히, 확실히, 정말로, (대답) 알았습니다, 물론입니다
- be ready to ~할 준비가 되어 있다

09 ★☆☆

답 ④

출제 영역 표현>일반회화

분석

시험 결과에 대한 대화로 빈칸 앞에서 B가 과학 시험에 대해 묻자 A가 시험을 잘 봤다고 말하고, 빈칸 다음에서 'I owe you a treat for that.'이라고 했으므로 B가 시험과 관련하여 A에게 도움을 줬다는 것을 유추할 수 있다. 따라서 빈칸에 들어갈 말로 가장 적절한 것은 ④ I can't thank you enough for helping me with it(도와줘서 정말 고마워)이다.

① 이 일로 자책해도 소용없어
② 여기서 너를 만날 줄은 몰랐어
③ 사실, 우리는 매우 실망했어

해석

A: 이봐! 역사 시험은 어땠어?
B: 나쁘지 않아, 고마워. 난 그저 끝나서 기뻐! 넌 어때? 과학 시험은 어땠어?
A: 오, 정말 잘 봤어. 도와줘서 정말 고마워. 내가 한턱낼게.
B: 천만에. 그러면, 다음 주에 예정된 수학 시험을 준비하고 싶니?
A: 물론이야. 같이 공부하자.
B: 좋은 생각이야. 나중에 봐.

어휘

• owe 빚지다, 신세지다
• treat 대접, 한턱
• beat oneself up (~을 두고) 몹시 자책하다

10 ★★☆ 답 ④

출제 영역 어법>영작하기

분석

④ stop은 목적어로 to부정사와 동명사를 모두 취할 수 있는데, 그 의미가 서로 다르다. 'stop+to부정사'는 '~하기 위해 잠시 멈추다'의 뜻이고, 'stop+동명사'는 '~하는 것을 그만두다'의 뜻이다. 주어진 우리말이 '작동을 멈췄을 때'라고 했으므로 'stopped working'이 올바르게 사용되었다. 또한 to get it fixed에서 목적어(it)가 '고쳐지는'의 수동 의미이므로 목적격 보어가 과거분사(fixed)로 올바르게 사용되었다.

① 가정법 과거완료이므로 haven't → hadn't로 바뀌어야 한다.

② 주어(The movie)가 I를 '지루하게 만들다'의 뜻이므로 bored → boring이 되어야 한다.

③ accompany는 완전타동사이므로 accompany with you → accompany you가 되어야 한다.

11 ★★☆ 답 ②

출제 영역 어법>영작하기

분석

② What he says는 불가산명사(셀 수 없는 명사)이므로 many → much를 사용해야 하며, 동사 역시 are → is가 사용되어야 한다.

① '우리 지구는 끝없는 우주에서 하나의 작은 점에 불과하다'라는 사실을 표현하고 있으므로 현재시제 is가 올바르게 사용되었다.

③ 문맥상 '외국 문화와의 접촉 없이'라는 의미가 자연스러우므로 전치사 Without이 올바르게 사용되었다.

④ '나는 태양이 그렇게 멋지게 떠오르는 것을 본 적이 없다'라는 표현은 과거의 일이 현재까지 영향을 끼치는 것을 의미하므로 현재완료시제로 have never seen이 올바르게 사용되었다.

12 ★★☆ 답 ②

출제 영역 독해>글의 제목

분석

제시문은 교향곡에서 지휘자와 작곡가의 책임을 예시로 들면서 악기 각각의 소리를 합친 것 이상의 장엄함을 갖는 것이 전체로서 더 중요하다는 것을 강조하고 있으므로 글의 제목으로 가장 적절한 것은 ② 'Seeing the Big picture(전체를 보는 것)'이다.

① 음악의 힘

③ 창조성의 본질

④ 협업이 차이를 만든다

해석

어떤 교향곡에서든, 작곡가와 지휘자는 다양한 책임을 갖는다. 그들은 금관악기 호른이 목관악기와 잘 맞춰 연주되고, 타악기가 비올라 소리를 막지 않도록 해야 한다. 그러나 그들의 관계를 완벽하게 하는 것이, 비록 그것이 중요하기는 하지만, 그들 노력의 궁극적인 목표는 아니다. 지휘자들과 작곡가들이 원하는 것은 그것의 장엄함이 부분들의 합을 넘어서 이러한 관계들을 전체로 결집시키는 능력이다. 따라서 그것이 관객에게 폭넓은 호소력을 갖는 교향곡의 특징이다. 경계를 넘어서는 사람, 발명가, 비유를 만드는 사람 모두 관계의 중요성을 이해한다. 그러나 개념의 시대에는 관계들 사이의 관계들을 파악하는 능력을 요구한다. 이 초월적인 능력은 시스템 사고, 게슈탈트 사고, 종합적 사고 등 많은 이름들로 흐른다.

어휘

• in synch with (~와) 맞는[맞춰서]
• drown 물에 빠뜨리다, 안 들리게 하다
• magnificence 웅장함
• marshal 모으다, 통제하다
• aptitude 경향, 습성
• metaphor 은유, 비유
• grasp 붙잡다, 파악하다
• holistic 전체적, 종합적

13 ★★☆ 답 ④

출제 영역 독해>글의 흐름

분석

제시문은 19세기 스웨덴 북부의 어느 고립된 지역에서 수확과 식습관이 사람들에게 끼친 영향에 대한 글이다. 글은 전반적으로 수확이 좋을 때는 많이 먹고 수확이 나쁠 때는 적게 먹는 식습관의 결과로, 과식의 영향은 부정적이며 후대에도 사망률을 증가시켰다는 부정적인 결과를 다루고 있다. ④는 수확이 좋았던 해의 소년과 소녀들 모두 혜택을 받았다고 했으므로 글의 흐름상 어색하다.

해석

최첨단의 현대 과학의 한 이야기는 19세기 스웨덴 북부의 어느 고립된 지역에서 시작되었다. 그 나라의 이 지역은 19세기 첫 반세기 동안에 예측할 수 없는 수확을 했다. 수확이 실패했던 수년간 사람들은 굶주렸다. 하지만 수확이 좋은 해에는 매우 충분했다. 흉작 동안에 굶주렸던 같은 사람들은 수확이 잘된 기간에는 훨씬 많이 먹었다. 한 스웨덴 과학자는 이러한 식습관이 장기적으로 어떤 영향을 끼칠지 궁금했다. 그는 그 지역의 수확과 건강 기록을 연구했다. 그는 자신이 발견한 결과에 놀랐다. 수확이 좋은 기간에 많이 먹었던 소년들의 자녀들과 손자들은 매우 적게 먹었던 소년들의 자녀들과 손자들보다 6년 정도 빨리 사망했다. 다른 과학자들 또한 소녀들에게 있어서도 동일한 결과를 발견했다. 수확이 좋았던 해의 소년과 소녀들 모두는 큰 혜택을 받았다. 과학자들은 과식이라는 한 요인이 세대에 걸쳐 계속되는 부정적 영향을 미칠 수 있다는 결론을 내려야만 했다.

어휘

• on the cutting edge of ~의 최첨단에
• unpredictable 예측할 수 없는
• overeat 과식하다

14 ★★★

답 ④

출제 영역 독해>문장 삽입

분석

주어진 글은 세 가지 에피소드들이 어떻게 전개되었는지를 구체적으로 말해주는 내용인데, ④의 앞 문장에서 'The three principal episodes of the movie represent ritualistic trials, testing the youth's moral fortitude(영화의 세 가지 주요 에피소드들은 이 젊은이의 도덕적 용기를 테스트하는 의례적인 시험들을 서술한다).'라고 했으므로 주어진 문장이 들어갈 위치로 적절한 것은 ④이다.

해석

Disney의 작품은 동화와 신화, 민간 전승에서 많이 따왔는데, 그것들은 전형적인 요소가 많다. *Pinocchio*는 바로 이러한 요소들이 어떻게 표면적인 사실 밑으로 잠기지 않고 강조될 수 있는지를 보여주는 좋은 예이다. 영화 초반부에서, 소년/인형 Pinocchio는 '진짜 소년'이 되기 위해서 그가 '용감하고, 진실하고, 이기적이지 않다는 것'을 보여주어야 한다고 듣는다. 영화의 세 가지 주요 에피소드들은 이 젊은이(Pinocchio)의 도덕적 용기를 테스트하는 의례적인 시험들을 서술한다. 그는 첫 번째 두 부분에서 완전히 실패하지만, 결론부의 고래 에피소드에서 용기, 정직, 이기적이지 않은 모습을 확실하게 입증하며 스스로 만회한다. 이와 같이 대부분의 Disney 작품들처럼, *Pinocchio*에서의 가치관은 전통적이고 보수적이며, 가족의 신성함에 대한 확인이고, 우리의 운명을 인도하는 능력자(신)의 중요성이며, 사회규칙에 의한 행동의 필요성이다.

어휘

- dismally 음침하게, 우울하게, 기분 나쁘게
- redeem (실수 등을) 만회하다
- profuse 많은, 다량의
- archetypal 전형적인
- submerge (액체 속에) 잠기다, 넣다
- ritualistic 의례적인
- conservative 보수적인
- affirmation 확언, 확인

15 ★☆☆

답 ③

출제 영역 독해>글의 목적

분석

첫 문장에서 Casa Heiwa를 'where people can learn some important life skills and how to cope with living in a new environment'라고 한 다음에, 제공하는 프로그램을 설명하고 있으므로 글의 목적으로 가장 적절한 것은 ③ 'to attract apartment residents toward programs(아파트 주민들이 프로그램에 흥미를 느끼게 하기 위해서)'이다.

① 교육 프로그램의 필요성을 주장하기 위해서
② 아파트 건물에 필요한 직원을 모집하기 위해서
④ 생활 수준을 향상하기 위한 방법을 추천하기 위해서

해석

Casa Heiwa는 사람들이 몇 가지 중요한 삶의 기술들과 새로운 환경에서 생활에 어떻게 대처하는지를 배울 수 있는 아파트 건물이다. 건물 관리인이 그 건물에 사는 아이들과 어른들에게 많은 프로그램을 제공하는 서비스를 운영한다. 아이들을 위해서는 오전 7시부터 오후 6시까지 운영하는 탁아시설이 있다. 또한 컴퓨터 프로세싱과 영어 회화 과정을 포함한 어른들이 이용할 수 있는 교육 프로그램이 있다.

어휘

- cope with ~에 대처하다, 대응하다
- run a service 서비스를 제공하다
- operate 운영하다

16 ★★☆

답 ④

출제 영역 독해>내용 (불)일치

분석

마지막 두 문장에서 'Private agencies can be found ~(사설기관은 ~ 찾을 수 있다)', 'They handle domestic and international adoption(그들은 국내 입양과 해외 입양을 다룬다)'이라고 했으므로 글의 내용과 일치하는 것은 ④ 'Private agencies can be contacted for international adoption(사설기관은 해외 입양을 위해 연락되어 질 수 있다).'이다.

① 공공 입양 기관은 사설 입양 기관보다 낫다. → 공공 입양 기관과 사설 입양 기관 중 어디가 더 나은지에 대해서는 언급되지 않았다.
② 부모들은 위탁가정에서 아동을 입양하기 위해서 많은 비용을 지불한다. → 입양 가정에서의 입양을 위해 많은 돈을 내야 한다고는 언급되지 않았다.
③ 도움이 필요한 아동들은 공공기관을 통해 입양될 수 없다. → 세 번째 문장에서 공공기관에서는 나이가 많은 아동들, 정신적 혹은 신체적으로 장애가 있는 아동들, 학대받거나 버림받은 아동들까지 모두 입양할 수 있도록 다룬다고 했으므로 글의 내용과 일치하지 않는다.

해석

아동 입양을 원하는 가정은 우선 입양기관을 선택해야 한다. 미국에서는 입양을 돕는 두 가지 종류의 기관이 있다. 공공기관은 일반적으로 나이가 많은 아동들, 정신적 혹은 신체적 장애가 있는 아동들 혹은 학대받거나 방치되었을 아동들을 다룬다. 예비 부모는 대개 공공기관에서 아동을 입양할 때 비용을 지불하지 않을 것이라고 예상된다. 위탁 양육, 즉 일시적인 입양의 형태도 공공기관을 통해 가능하다. 사설기관은 인터넷으로 찾을 수 있다. 그들은 국내 입양과 해외 입양을 다룬다.

어휘

- adopt 입양하다
- disability (신체적 · 정신적) 장애
- abused 학대받은
- neglected 방치된, 도외시된

17 ★★☆

답 ②

출제 영역 독해>빈칸 완성

분석

빈칸 앞 문장에서 인도 교육의 문제를 외딴 지역의 학생들이 좋은 교사와 콘텐츠에 대한 접근성이 떨어지는 것에 있다고 지적하고 있으며, 빈칸 앞부분의 'The company uses a satellite network, with two-way video and audio'로 미루어 빈칸에 가장 적절한 것은 ② 'to bridge the gap through virtual classrooms(가상 수업을 통해 그 간격을 메우기 위해)'이다.

① 교사 훈련 기관의 질을 향상하기 위해
③ 학생들이 디지털 기술에 익숙하게 하기 위해
④ 자격 있는 교육자들을 전국 각지에 배치하기 위해

해석

뭄바이에 있는 Everonn Education의 창립자인 Kisha Padbhan은 자신의 사업을 국가 건설로 본다. 인도의 2억 3천만에 달하는 (유치원부터 대학까지) 학령 인구는 세계에서 가장 큰 규모 중의 하나이다. 정부는 830억 달러를 교육에 지출하지만, 심각한 격차가 있다. "교사와 교사 훈련 기관이 충분하지 않아요."라고 Kisha는 말한다. "인도의 외딴 지역에 사는 어린이들에게 부족한 것은 좋은 교사에 대한 접근 기회와 양질의 콘텐츠에 대한 노출이에요." Everonn의 해결책은? 그 회사는 가상 수업을 통해 그 격차를 메우기 위해 양방향 영상과 음향을 갖춘 위성 네트워크를 사용한다. 네트워크는 인도에 있는 28개 주 중에서 24개 주를 걸쳐 1,800개 대학교와 7,800개 학교에 도달한다. 디지털화된 수업부터 미래의 엔지니어들을 위한 입학시험 준비까지 모든 것을 제공하며, 구직자들을 위한 훈련 과정도 있다.

어휘

- nation-building 국가 건설
- institute 기관, 연구소
- exposure to ~에 대한 노출
- digitized 디지털화된
- aspiring 장차 ~가 되려는

18 ★★☆

답 ④

출제 영역 독해>글의 순서

분석

사건이 전개되는 글이므로 시간 순서에 따라 글을 배열하면 쉽게 답을 고를 수 있다. 주어진 글에서 화자는 Lewis가 폭포를 발견한 날을 기억한다고 했으므로 멀리 들리는 '폭포 소리(sound of a waterfall)'를 따라갔다고 하는 (C)로 이어지는 것이 자연스럽다. (B)에 the sound가 있는 것으로 보아 (C) 다음에 (B)가 와야 하고, 시간 순서로 보아 (B)의 noon은 (A)의 '그 오후(that afternoon)'로 이어지는 것이 자연스럽다. 따라서 주어진 글 다음에 이어질 글의 순서로 적절한 것은 ④ '(C) - (B) - (A)'이다.

해석

나는 Lewis가 폭포를 발견한 날을 기억한다. 그들은 해가 뜰 때 캠프를 떠났고 몇 시간 지나서 그들은 아름다운 평원을 우연히 발견했으며, 그 평원 위에는 이전의 어떤 장소에서 본 것보다 더 많은 버팔로들이 있었다.

(C) 그들은 멀리서 들리는 폭포 소리를 들을 때까지 계속해서 갔고, 멀리서 솟아났다가 사라지는 물보라의 기둥을 봤다. 그들은 그 소리가 점점 더 커질 때까지 그 소리를 따라갔다.

(B) 잠시 후에 그 소리는 엄청났고 그들은 미주리 강의 거대한 폭포에 도달했다. 그들이 거기에 도착한 때는 정오 정도였다.

(A) 그날 오후에 멋진 일이 일어났다. 그들은 폭포 아래로 낚시하러 가서 송어 여섯 마리를 잡았는데, 그 송어들은 역시 16인치에서 23인치 길이의 훌륭한 것들이었다.

어휘

- come upon 우연히 발견하다
- trout 송어
- tremendous 굉장한, 대단한

19 ★★☆

답 ③

출제 영역 독해>빈칸 완성

분석

③ (A)의 앞 문장에서 부정적 사고의 장점으로 'This tends to reduce anxiety about the future(미래에 대한 불안 감소)'라고 했고, (A)가 포함된 문장에서 또 다른 장점으로 'increases your gratitude for having them now(현재 소유하고 있는 것에 대한 감사를 증가)'라고 했으므로 (A)에는 부연 설명하는 'Besides(게다가)' 또는 'Furthermore(뿐만 아니라)'가 적절하다. (B)의 앞에서는 부정적 사고의 장점을 설명했는데, (B)가 포함된 문장에서는 긍정적인 사고(Positive thinking)의 단점(always leans into the future, ignoring present pleasures)을 설명하고 있으므로 (B)에는 대조를 뜻하는 'by contrast(반면에)'가 적절하다.

① 그럼에도 불구하고 - 게다가
② 뿐만 아니라 - 예를 들어
③ 그러나 - 결론적으로

해석

고대 철학자들과 영적 스승들은 긍정적인 것과 부정적인 것, 낙관주의와 비관주의, 성공과 보장을 위한 노력과 실패와 불확실성에 대한 개방에 대하여 균형을 유지하는 것의 필요성을 이해했다. 스토아 학자들은 '악의 계획', 즉 최악의 상황을 의도적으로 시각화할 것을 권고했다. 이것은 미래에 대한 걱정을 줄여주는 경향이 있다. 여러분이 현실에서 상황이 얼마나 악화될 수 있는지를 냉정하게 그려낼 때, 여러분은 보통 대처할 수 있다고 결론 내린다. (A) 게다가, 그들은 지적하기를, 여러분이 현재 누리고 있는 관계와 소유물을 잃게 될 수도 있다고 상상하는 것은 현재 그것들을 소유하고 있는 것에 대한 감사를 증가시킨다고 했다. (B) 반면에 긍정적인 사고는 항상 미래에 의지하고, 현재의 즐거움을 무시한다.

어휘

- spiritual 영적인, 정신의
- coptimism 낙관주의
- pessimism 비관주의
- strive 분투하다

- premeditation 미리 생각함, 미리 계획함
- deliberately 고의로, 의도적으로
- soberly 냉정하게
- cope 대처하다

20 ★☆☆

답 ③

출제 영역 독해>글의 주제

분석

제시문의 핵심 소재는 터치스크린 기술로, 저항식 스크린과 정전식 스크린의 두 가지 작동 방식을 설명하고 있으므로 글의 주제로 적절한 것은 ③ 'how touchscreen technology works(터치스크린 기술이 작동하는 방식)'이다.

① 사용자들이 새로운 기술을 배우는 방식
② 전자책이 태블릿 컴퓨터에서 작동하는 방식
④ 터치스크린이 진화한 방식

해석

태블릿 컴퓨터에서 이용 가능한 전자책 애플리케이션은 터치스크린 기술을 이용한다. 일부 터치스크린은 전자식으로 충전된 마주 놓여 있는 두 개의 금속판을 덮고 있는 유리 패널이 특징이다. 화면을 터치하면 두 금속판은 압력을 감지하고 전류를 연결한다. 이 압력은 컴퓨터에 전기 신호를 보내는데, 이것이 터치를 명령어로 전환한다. 이 버전의 터치스크린은 화면이 손가락의 압력에 반응하기 때문에 저항식의 스크린으로 알려져 있다. 다른 태블릿 컴퓨터는 유리 패널 아래에 단 하나의 전기가 통하는 금속층을 특징으로 한다. 사용자가 화면을 터치하면 전류 일부가 유리를 통과해 사용자의 손가락으로 전해진다. 전하가 이동하면 컴퓨터는 에너지의 손실을 명령어로 해석하고 사용자가 원하는 기능을 수행한다. 이러한 유형의 스크린은 정전식 스크린이라고 알려져 있다.

어휘

- employ (기술 · 방법을) 이용하다[쓰다]
- feature 특징으로 삼다
- make contact (전류를) 연결하다
- command 명령, 명령어, 명령하다
- resistive 저항성의, 저항력이 있는
- electrify 전기를 통하게 하다
- charge 전하(電荷)
- interpret (특정한 뜻으로) 해석[이해]하다

제3과목 한국사

정답 체크

01	02	03	04	05	06	07	08	09	10
③	④	①	④	②	③	③	②	②	③
11	12	13	14	15	16	17	18	19	20
②	②	④	③	④	①	③	④	④	①

문항별 체크리스트

문항	문항 영역	한 눈에 보는 문항별 난이도
01	우리 역사의 시작>국가의 형성	★
02	고려 시대>사회사	★★
03	우리 역사의 시작>선사 시대	★★
04	삼국 시대>문화사	★
05	시대 통합>정치사	★★
06	고려 시대>경제사	★★
07	개항기 · 대한제국>사회사	★★★
08	시대 통합>문화사	★★★
09	조선 후기>경제사	★★
10	조선 전기>사회사	★★
11	개항기 · 대한제국>정치사	★
12	조선 전기>정치사	★
13	삼국 시대>정치사	★★
14	고려 시대>정치사	★
15	조선 후기>정치사	★
16	일제 강점기>정치사	★★
17	개항기 · 대한제국>정치사	★★
18	일제 강점기>정치사	★
19	현대>정치사	★★
20	현대>정치사	★★

우리 역사의 시작	/ 2	삼국 시대	/ 2
고려 시대	/ 3	조선 전기	/ 2
조선 후기	/ 2	개항기 · 대한제국	/ 3
일제 강점기	/ 2	현대	/ 2
시대 통합	/ 2		
난이도 종합	★ 7개, ★★ 11개, ★★★ 2개		

출제자 의도

고른 영역과 난이도 분배로 마무리 점검을 할 수 있도록 하였고, 시대를 아우르는 문제를 통해 시대적으로 공통적 특징이 있는 사건들을 다시 한 번 확인할 수 있도록 하였습니다.

01 ★☆☆ 답 ③

출제 영역 우리 역사의 시작>국가의 형성

정답해설

제시문에서 큰 산과 골짜기가 많은 지형, 좋은 농경지가 없고, 사람들이 노략질하기를 좋아한다는 자료를 통해 고구려에 대한 설명임을 알 수 있다. 고구려는 영토 대부분이 산악 지대이고 토양이 척박하여 약탈 경제에 의존했다.

③ 고구려는 10월에 동맹이라는 제천 행사를 열었는데, 이때 왕과 신하들이 국동대혈에 모여 제사를 지냈다.

오답해설

① 옥저에는 여자가 어렸을 때 혼인할 남자의 집에서 생활하다가 성인이 된 후에 혼인하는 민며느리제가 있었다.

② 부여에는 왕 아래에 가축의 이름을 딴 마가, 우가, 저가, 구가가 있었으며, 이들 가(加)는 저마다 사출도라는 별도의 행정 구획을 다스렸다.

④ 동예에서는 씨족마다 강이나 산을 경계로 생활 구역을 정하여 함부로 침범하지 못하게 하였고, 만약 다른 부족의 영역을 침범하면 책화라 하여 노비나 소, 말로 변상하게 하였다.

출제자의 Point!

고구려의 특징

정치	• 5부족 연맹체 • 대가 : 사자, 조의, 선인
경제	약탈 경제 : 고구려의 전통적 창고 – 부경
풍속	• 서옥제 : 여성의 집에 서옥(사위의 집)을 짓고 사위가 일정 기간 머무르는 풍습 • 형사취수제 : 형이 죽은 뒤 동생이 형을 대신해 형수와 부부생활을 지속하는 풍습
제천 행사	10월 동맹

02 ★★☆ 답 ④

출제 영역 고려 시대>사회사

정답해설

제시문에서 '노비를 조사하여 그 시비를 가려내게 했다', '그 주인을 등지는 자가 많아졌다' 등을 통해 밑줄 친 왕은 노비안검법을 실시한 광종임을 알 수 있다. 고려 광종은 노비안검법을 실시하여 양민 중 억울하게 노비가 된 사람들을 해방시켜 국가 재정을 튼튼히 하는 동시에 호족 세력의 경제력을 약화시켰다.

④ 고려 성종은 최승로의 건의를 수용하여 전국 주요 지역에 12목을 설치하고 지방관인 목사를 파견하였다.

오답해설

① 고려 광종 때 제위보를 운영하여 기금을 모았다가 백성에게 빌려주고 그 이자로 빈민을 구제하도록 하였다.

② 고려 광종은 왕권을 강화하기 위해 개경에 화엄종 계열의 귀법사를 창건하고 균여를 주지로 임명하여 불교 세력을 통합하고자 하였다.

③ 고려 광종은 공신 세력을 약화시키고 왕권을 강화하고자 국왕을 황제라 칭하고 광덕, 준풍 등의 독자적 연호를 사용하였으며, 개경을 황도(皇都), 서경을 서도(西都)라 부르도록 하여 황제 국가의 면모를 국내외에 과시하였다.

03 ★★☆ 답 ①

출제 영역 우리 역사의 시작>선사 시대

정답해설

㉠ 강원 양양 오산리 유적은 신석기 시대의 유적지로 덧무늬 토기, 흙으로 빚어 구운 사람의 얼굴, 흑요석기 등이 발견되었다.

㉡ 서울 암사동 유적은 신석기 시대의 대표 유적지로, 빗살무늬 토기, 돌도끼, 움집터 등이 발견되었다.

오답해설

㉢ 공주 석장리 유적은 구석기 시대의 대표 유적지이고, 미송리식 토기는 청동기 시대의 대표적인 유물이다.

㉣ 부산 동삼동 유적은 신석기 시대 유적지이고, 아슐리안형 주먹도끼는 연천 전곡리에서 발견된 구석기 시대의 대표적인 유물이다.

04 ★☆☆ 답 ④

출제 영역 삼국 시대>문화사

정답해설

④ 강서대묘는 굴식 돌방 무덤의 형태로 축조되었다. 강서대묘의 사신도는 도교의 영향이 나타난 벽화이다. 돌무지 무덤은 고구려 초기의 무덤 양식으로 만주 지안(집안) 일대에 다수 분포되어 있으며, 장군총이 대표적이다.

오답해설

① 첨성대는 신라 시대에 천체의 움직임을 관찰하던 천문 관측대로, 하늘의 움직임(기후)과 농사 시기가 밀접하게 관련되어 있어 고대 국가에서 천문 현상에 대한 관심이 높았음을 알 수 있다. 신라 선덕 여왕 때 건립된 것으로 추정되며 동양에서 가장 오래된 천문대이다.

② 백제 무왕 때 건립된 익산 미륵사지 석탑은 국보 제11호로 지정되어 있다. 목탑의 형태로 만들어진 석탑으로, 현존하는 삼국 시대의 석탑 중 가장 크며 당시 백제의 건축 기술을 확인할 수 있다.

③ 가야 출신의 우륵이 '가야의 소리'라는 뜻의 가야금을 만들어 12악곡을 지었는데, 이것이 신라에 전파되었다.

05 ★★☆ 답 ②

출제 영역 시대 통합>정치사

정답해설

제시된 자료의 밑줄 친 '이 지역'은 한성이다. 5세기 고구려 장수왕은 백제의 수도 한성을 함락시켜 개로왕을 살해하고 한강 전 지역을 포함하여 죽령 일대로부터 남양만을 연결하는 선까지 영토를 확장하였다.

② 고려 문종 때 한양을 남경으로 승격시키고 개경, 서경과 함께 3경이라고 하였다.

오답해설

① 고려 무신 집권기 공주 명학소의 망이, 망소이가 과도한 부역과 차별 대우에 항의하여 농민 반란을 일으켰다.

③ 고려 승려 지눌은 불교의 타락을 비판하였고 순천 송광사를 중심으로 승려의 기본인 독경, 수행, 노동에 힘쓸 것을 주장하는 정혜결사 운동(수선사 결사 운동)을 전개하였다.

④ 고려 태조는 서경(평양)을 북진 정책의 전진 기지로 삼으며 강력한 북진 정책을 추진하였다.

06 ★★☆ 답 ③

출제 영역 고려 시대>경제사

정답해설

③ 고려 전기에는 관청 수공업과 소(所) 수공업에서 관수품과 공물을 납부하였으나, 고려 후기에는 민간 수공업과 사원 수공업이 발달하였다.

오답해설

① 이앙법(모내기법)은 고려 후기 남부 지방 일부에 보급되기 시작하였다.

② 고려 문종 때 개경에 시전을 설치하였고, 경시서를 두어 시전을 관리하고 감독하도록 하였는데 주로 물가의 조절 및 상인들의 감독, 세금 등에 관한 업무를 담당하였다.

④ 고려 충선왕 때 국가 재정 수입 확충을 위해 소금 전매제를 시행하였다.

07 ★★★ 답 ③

출제 영역 개항기 · 대한제국>사회사

정답해설

제시된 자료의 사건 순서는 '㉢『천주실의』 소개 – ㉠ 최초의 천주교 영세 신자 이승훈 – ㉡ 윤지충의 진산 사건 – ㉣ 황사영의 백서 사건'이다.

㉢ 이수광이 백과사전식으로 저술된 『지봉유설』에서 『천주실의』 2권을 소개하면서 천주교의 교리와 교황에 대해 기술하였다(1614).

㉠ 이승훈은 북경(베이징)에서 한국 교회 최초로 그라몽 신부에게 베드로라는 세례명을 받고 한양으로 돌아왔다(1784).

㉡ 정조 때 진산의 양반 윤지충이 신주를 불사르고 천주교 의식으로 모친상을 치르자 강상죄를 저지른 죄인으로 비난을 받았다(신해박해, 1791).

㉣ 조선 순조 때 신유박해 이후 황사영이 베이징에 있는 프랑스 주교에게 조선으로 군대를 보내 달라는 내용의 청원서를 보내려다 발각된 사건으로 이로 인해 천주교에 대한 탄압이 더욱 심화되었다(1801).

08 ★★★ 답 ②

출제 영역 시대 통합>문화사

정답해설

② 『표제음주동국사략(標題音註東國史略)』은 조선 중종 때 유희령이 서거정의 『동국통감』을 대본으로 하여 단군으로부터 고려 시대까지의 역사를 간략히 줄여 찬술한 통사이다.

오답해설

① 『삼국사기』는 고려 인종 때 김부식이 왕명에 의해 편찬한 역사서이다. 현존하는 우리나라 최고(最古)의 역사서로, 단군 조선에 관한 내용은 수록되지 않았다.

③ 『연려실기술』은 이긍익이 조선 시대의 정치와 문화를 실증적이고 객관적으로 정리하여 기사본말체로 저술한 역사서이다.

④ 『고려사절요』는 조선 문종 때 김종서 등이 정도전의 『고려국사』를 보완하여 편년체로 편찬한 역사서이다. 단군 조선에 대한 내용은 기록되어 있지 않다.

09 ★★☆ 답 ②

출제 영역 조선 후기>경제사

정답해설

자료에서 밑줄 친 '이 법'은 공납을 전세화한 대동법이다. 기존의 공납은 가호를 기준으로 부과하였으나, 대동법이 시행되면서 토지의 결수를 기준으로 공납을 부과하였고, 기존에 토산품을 직접 거두던 방식에서 돈 또는 미곡, 베를 수취하는 것으로 변화하였다. 또한 이를 관리하는 기관인 선혜청을 설치하였다. 대동법의 시작으로 어용 상인인 공인이 등장하면서 상품 화폐 경제가 발달하였다. 대동법은 공납 중에 정기적으로 부과하던 상공에 대한 조치일 뿐, 비정기적으로 부과하던 별공과 진상은 그대로 유지되었다.

② 대동법은 광해군 때 처음 실시되었으며, 당시에는 경기도에 한하여 실시되었다. 이후 강원도에서 실시되었고 충청도, 전라도, 경상도 순으로 확대되어 평안도와 함경도를 제외한 전국에서 시행되었다. 공물대신 토지 1결당 미곡 12두를 납부하도록 하면서 현실적인 세납의 기초를 마련하게 되었다.

오답해설

① 대동법은 종래 가호를 기준으로 징수하던 공물을 토지 결수에 따라 부과하였기 때문에 지주들의 반발이 심하여 바로 전국에서 실시되지는 못하였다.

③ 대동법 시행 이후에도 비정기적으로 징수하던 별공과 진상이 여전히 지속되어 현물 납부에 대한 부담이 잔존하였다.

④ 광해군 때 대동법을 시행하면서 전담 관청으로 선혜청이 설치되었다.

출제자의 Point!

대동법

시행	• 1608년 광해군 때 경기도에 처음 실시되어 점차 확대 • 1708년 숙종 때 평안도와 함경도 등을 제외하고 전국적 실시
징수	공납을 토지 1결당 쌀 12두 또는 삼베, 무명, 돈 등으로 징수
운영	• 담당 관청으로 선혜청 설치 • 공인이 국가에서 거두어들인 대동세를 공가로 미리 받아 필요한 물품을 사서 국가에 납부
결과	• 농민 부담 감소 • 관청에 물품을 납품하는 공인 등장 • 상품 화폐 경제 발달

10 ★★☆ 답 ③

출제 영역 조선 전기>사회사

정답해설

③ 향교에서는 매년 자체적으로 정기 시험을 치러 성적 우수자는 소과(생원과 · 진사과)의 1차 시험인 초시를 면제하여 바로 복시에 응시할 수 있게 하였다.

오답해설

① 향교는 8세 이상의 양인 남성이 입학할 수 있었으며, 향교마다 학전(學田)을 지급하여 향교 운영의 재원으로 삼게 하여 학비가 없었다.

② 향교는 유학을 향촌 사회에 보급하고 백성을 교화하기 위한 목적으로 설립되었으며, 부 · 대도호부 · 목은 90명, 도호부는 70명, 군은 50명, 현은 30명의 학생을 수용하게 하였다.

④ 향교의 교생(校生)에게는 군역을 면제하는 특권이 주어져 유생들의 군역 회피 수단으로서의 입학이 늘면서 점차 교육 기능이 약화되었다.

11 ★☆☆ 답 ②

출제 영역 개항기 · 대한제국>정치사

정답해설

② 미국 상선인 제너럴셔먼호의 선원들은 평양에서 통상을 요구하며 평양 주민을 약탈하였고, 이에 분노한 평양 주민들은 당시 평안도의 관찰사였던 박규수의 지휘하에 제너럴셔먼호를 불태워버렸다(1866). 이후 미국은 이 사건을 구실로 조선에 통상을 요구하며 강화도를 공격하였다(1871, 신미양요).

오답해설

① 어재연이 이끄는 조선군은 신미양요 때 미군을 상대로 광성보에서 항전하였으나 패배하였고, 어재연은 이 전투에서 전사하였다. 이때 미국에 약탈당한 어재연 장군의 수(帥)자기는 2007년에 장기대여 방식으로 대한민국에 돌아왔다.

③ 병인양요가 일어나자 양헌수 부대는 프랑스군을 상대로 정족산성에서, 한성근 부대는 문수산성에서 결사 항전하였다. 전투에서 사상자가 발생하자 프랑스군은 강화도에서 철수하였다.

④ 박규수는 제너럴셔먼호의 선원들이 평양 주민을 약탈하자 화공작전을 펴서 미국 상선 제너럴셔먼호를 불태워버렸다.

출제자의 Point!

병인양요(1866)

배경	천주교 확산, 흥선 대원군이 프랑스 선교사를 통해 러시아 남하 견제 시도(실패) → 천주교 배척 여론 고조 → 병인박해(천주교 신자와 프랑스 선교사 처형, 1866)
과정	프랑스군이 강화도 침공(강화부 점령, 재물 약탈) → 한성근 부대(문수산성), 양헌수 부대(정족산성)의 활약으로 프랑스군 격퇴
결과	프랑스군이 철수하면서 외규장각 의궤 등 문화 유산 약탈, 천주교 탄압 심화, 통상 수교 거부 정책 강화

12 ★☆☆ 답 ②

출제 영역 조선 전기>정치사

정답해설

제시문은 삼사에 관한 설명이다. 사간원, 사헌부, 홍문관을 삼사로 불렀으며, 이 기관은 조선 시대 정치 체제에서 권력의 독점과 부정을 방지하기 위해 존재하였다.

㉠ · ㉢ 사간원은 국왕에 대한 간쟁과 논박을 담당하였고, 사헌부는 관리의 비리를 감찰하며 정책을 감시하는 역할을 하였다. 사간원과 사헌부를 합쳐 양사 또는 대간이라고 하였으며 이들은 권력을 견제하는 역할을 하였다.

오답해설

㉡ 승정원은 왕명을 출납하는 왕의 비서 기관으로 의금부와 함께 왕권을 뒷받침하는 역할을 하였다.

㉣ 춘추관은 역사서 편찬 및 보관 업무를 담당하였다.

13 ★★☆ 답 ④

출제 영역 삼국 시대>정치사

정답해설

낙랑군 축출(4세기 미천왕, 313) → 광개토대왕릉비 건립(5세기 장수왕, 414) → 살수 대첩 승리(7세기 영양왕, 612) → 안시성 전투 승리(7세기 보장왕, 645) → 고구려 멸망(7세기 보장왕, 668)

④ 신라군이 당나라 군대 20만 명을 매소성에서 크게 격파하여 나 · 당 전쟁에서 승기를 잡은 것은 675년이다.

오답해설

① 4세기 말 백제 침류왕 때 동진의 승려 마라난타에 의해 불교가 전파되었으며, 침류왕은 불교를 공인하여 중앙 집권 체제를 사상적으로 뒷받침하였다(384).

② 7세기 고구려 영양왕은 말갈 군대 1만여 명을 거느리고 수나라의 요서지방을 선제 공격하였고(598), 이로 인해 수나라 문제가 고구려를 침입하였다.

③ 7세기 백제 의자왕은 신라의 요충지인 대야성을 함락하였다(642). 대야성 전투에서 패배한 신라는 수세에 몰리게 되면서 김춘추를 고구려로 파견하여 도움을 요청하였지만 연개소문이 이를 거절하였고, 신라는 당에 도움을 요청하게 되면서 훗날 나 · 당 연합군이 결성되었다.

14 ★☆☆ 답 ③

출제영역 고려 시대>정치사

정답해설

제시문의 밑줄 친 '이 부대'는 고려의 특수군인 별무반이다.

③ 별무반은 고려 숙종 때 윤관의 건의로 여진족 축출을 위하여 설치되었다.

오답해설

① 정종 때 설치된 것은 거란에 대비한 광군이다.

② 귀주 대첩은 고려 현종 때 거란의 3차 침입과 관련된 사건으로 거란의 소배압이 이끄는 10만 대군이 고려를 침입하였으나, 강감찬이 이에 맞서 귀주에서 대승을 거두었다(1019).

④ 고려 현종 때 응양군과 용호군을 2군으로 구성하여 국왕 친위 부대로 배치하였으며, 수도 및 변경의 방비를 담당하는 전투 부대로는 6위(좌우위, 신호위, 흥위위, 금오위, 천우위, 감문위)를 두었다.

출제자의 Point!

여진 정벌과 동북 9성

배경	여진이 12세기 초 완옌부를 중심으로 강성해져 고려의 동북쪽 국경 지대를 침략
전개	• 여진과의 1차 접전에 패한 고려는 여진을 상대하기 위해서는 기병이 필요하다고 판단함 • 숙종 때 윤관의 건의로 기병인 신기군, 보병인 신보군, 승병인 항마군으로 구성된 별무반 편성 • 윤관의 2차 여진 정벌 결과 함경도 지방의 여진족을 토벌하고 동북 지방 일대에 9성을 쌓았으나(1107), 수비의 어려움으로 여진에 다시 반환(1109, 예종)

15 ★☆☆ 답 ④

출제영역 조선 후기>정치사

정답해설

④ 일본의 전국 시대 혼란을 수습한 도요토미 히데요시는 철저한 준비 끝에 20만 대군으로 조선을 침략해 왔는데(1592.4.), 침략 직후 부산포에서는 첨사 정발이 분전하였으나 패하였다. 신립은 충주 탄금대에 배수진을 치고 대항하였다(탄금대 전투, 1592.4.).

오답해설

① 휴전 협상 기간 동안 조선은 왜군의 조총에 대항하기 위하여 훈련도감을 조직하였는데, 기존의 활과 창으로 무장한 부대 외에 조총으로 무장한 부대를 구성하여 포수·사수·살수의 삼수병으로 편제하였다.

② 임진왜란이 발생하고 수도 한양까지 함락되자 조선은 명에 군사를 요청하였고, 조명 연합군을 결성하여 왜군에 크게 승리하면서 평양성을 탈환하였다(1593.1.).

③ 임진왜란은 1598년 도요토미 히데요시가 죽자 일본군이 철수하면서 끝났다.

출제자의 Point!

임진왜란의 전개 과정

시기		내용
1592년	4월 13일	임진왜란 발발(부산포)
	4월 14일	부산진성 전투 → 첫 전투
	4월 28일	충주 전투 패배(신립) → 선조 의주 피난
	5월 2일	한양 함락
	5월 7일	옥포 해전(이순신) → 첫 승리
	5월 29일	사천포 해전(거북선 사용)
	7월	한산도 대첩(학익진 전법)
	10월	진주 대첩 승리 → 김시민 전사
1593년	1월	조·명 연합군의 평양성 탈환
	2월	행주 대첩 승리(권율)
1597년	1월	정유재란
	9월	명량 해전(이순신)
1598년	11월	노량 해전 → 이순신 전사

16 ★★☆ 답 ①

출제영역 일제 강점기>정치사

정답해설

'신민회', '안악 사건', '국민 대표 회의 해산', '한국 국민당 조직' 등을 통해 제시문의 밑줄 친 '그'가 백범 김구임을 알 수 있다.

① 1948년 2월 UN 소총회에서 선거가 가능한 지역(남한)에서만 총선거를 실시하도록 결정하고 남북이 분열될 위기에 처하자 김구와 김규식은 북한의 김일성, 김두봉에게 남북 협상을 제의(1948.2.)하고 평양에서 열린 남북 협상 회의에 참석하였다(1948.4.).

오답해설

② 김원봉은 민족 혁명당을 조선 민족 혁명당으로 개편(1937)하고, 조선 의용대(1938)를 이끌었다.

③ 안재홍과 함께 조선 건국 준비 위원회를 주도적으로 조직한 인물은 여운형이다. 조선 건국 동맹의 여운형은 일본인의 안전한 귀국을 보장하는 조건으로 조선 총독부로부터 행정권의 일부를 이양받아 조선 건국 준비 위원회를 결성하였다(1945).

④ 이승만과 자유당은 재선을 목적으로 대통령·부통령 직선제, 민의원과 참의원의 양원제 국회 등의 내용을 포함한 발췌 개헌을 단행하였다(1952).

17 ★★☆ 답 ③

출제영역 개항기·대한제국>정치사

정답해설

③ 러시아 공사관에서 경운궁으로 환궁한 고종은 연호를 광무라 하고 환구단에서 황제 즉위식을 거행하여 자주 독립 국가인 대한제국을 선포하였다.

오답해설

① 1896년 아관파천이 단행된 이후 독립 협회는 러시아에게 이권을 양도하는 것에 반대하여 이권 수호와 자주 국권 운동을 펼쳤으며, 독립 협회의 신문인 독립신문 창간 논설에서는 고종을 '대군주 폐하'라고 칭하며 그 위상을 높이는 데 일조하였다.

② 고종은 러시아 공사관에 있는 동안 일본의 위협을 피하기 위해 아관파천 초기에 경복궁이 아닌 서구 공사관이 밀집해 있던 경운궁을 정치적 중심지로 선택하여 환궁할 것을 발표하였으며 이에 따라 경운궁을 수리 · 증축할 것을 명하였다.

④ 고종은 1899년에 근대적 헌법의 성격을 가진 대한국 국제를 반포하였다. 이를 통해 국가의 모든 권한(통수권 · 입법권 · 행정권 · 사법권 · 외교권)이 황제에게 집중되어 전제 군주 체제가 더욱 강화되었다.

18 ★☆☆

답 ④

출제 영역 일제 강점기>정치사

정답해설

김원봉, 윤세주 등이 조직하였으며, 신채호의 '조선 혁명 선언이 이념적 지표'라는 내용을 통해 제시문의 '단체'는 김원봉이 결성한 의열단이라는 것을 알 수 있다.

④ 의열단원 김익상은 단장 김원봉으로부터 총독을 암살하라는 밀령을 받고 전기 수리공으로 변장하여 조선 총독부 건물에 잠입한 뒤 폭탄을 투척하였다(1921).

오답해설

① 한국 광복군은 충칭에서 대한민국 임시 정부의 직할 부대로 결성되었다(1940).

② 1940년 충칭에서 한국 독립당의 조소앙, 조선 혁명당의 지청천, 한국 국민당의 김구 등이 연합하여 한국 독립당으로 합당하였고, 김구를 위원장으로 추대하였다.

③ 남만주 지역에서 조선 혁명군을 이끈 양세봉은 중국 의용군과 연합하여 영릉가 전투를 승리로 이끌었다(1932).

19 ★★☆

답 ④

출제 영역 현대>정치사

정답해설

제시문을 일어난 순서대로 나열하면 '(나) 한 · 일 기본 조약 조인 – (가) 브라운 각서 체결 – (다) 전태일 분신자살 사건 – (마) 김대중의 제7대 대통령 선거 출마 – (라) 7 · 4 남북 공동 성명 발표'이다.

(나) 한 · 일 기본 조약 조인(1965) : 1965년 박정희 정권 때 경제 개발에 필요한 자본 확보를 위해 한 · 일 기본 조약(한 · 일 협정)을 체결하였다.

(가) 브라운 각서 체결(1966) : 1966년 박정희 정부는 국군을 베트남에 파견하는 대가로 미국으로부터 한국군 현대화를 위한 장비와 경제 원조를 제공받기로 한 브라운 각서를 체결하였다.

(다) 전태일 분신자살 사건(1970) : 1970년 11월 재단사이자 노동 운동가 전태일은 서울 청계천 평화 시장에서 근로 기준법 준수를 외치며 분신하였다.

(마) 김대중의 제7대 대통령 선거 출마(1971) : 1971년 제7대 대통령 선거에 박정희 후보와 김대중 후보가 출마하였으며, 박정희 후보가 대통령으로 당선되었다.

(라) 7 · 4 남북 공동 성명 발표(1972) : 1972년 7 · 4 남북 공동 성명을 발표하면서 자주 · 평화 · 민족 대단결의 3대 통일 원칙에 남북이 합의하는 등 평화 분위기가 조성되는 듯 하였으나 곧 박정희 정부는 10월 유신 선포로 장기 집권을 꾀하였고, 북한도 사회주의 헌법을 개정하면서 유일 지도 체제를 더욱 강화하였다.

출제자의 Point!

브라운 각서의 주요 내용

군사 원조	• 한국에 있는 한국군의 현대화 계획을 위해 앞으로 수년 동안에 걸쳐 상당량의 장비를 제공한다. • 월남에 파견되는 추가 증파 병력에 필요한 장비를 제공하는 한편 증파에 따른 모든 추가적 원화 경비를 부담한다.
경제 원조	주월 한국군에 소요되는 보급 물자, 용역 설치 장비를 실시할 수 있는 한도까지 한국에서 구매하며 주월 미군과 월남군을 위한 물자 가운데 선정된 구매 품목을 한국에 발주할 것이며 그 경우는 다음과 같다. ……

20 ★★☆

답 ①

출제 영역 현대>정치사

정답해설

제시문 (가)는 '남과 북은 ~ 통일을 지향하는 과정에서 잠정적으로 형성되는 특수 관계라는 것을……', '상대방을 무력으로 침략하지 아니한다(상호불가침).' 등의 내용으로 볼 때 1991년 12월 노태우 정부 때 채택된 남북 기본 합의서이며, (나)는 '남측의 연합제 안과 북측의 낮은 단계의 연방제 안이 서로 공통성이 있다고 인정한다' 등의 내용으로 볼 때 2000년 김대중 정부 때의 6 · 15 남북 공동 선언이다.

① 김대중 정부 때 대북 화해 협력 정책(햇볕정책)의 일환으로 금강산 관광(해로 관광) 사업이 전개되었다(1998).

오답해설

② 김대중 정부 시기의 6 · 15 남북 공동 선언(2000) 이후, 개성 공단 건설 사업이 진행되어 2003년 6월 개성공단 착공식이 진행되었다.

③ 전두환 정부 때, 분단 이후 최초로 남 · 북 이산가족 고향 방문이 성사되었다(1985).

④ 김대중 정부 시기의 6 · 15 남북 공동 선언(2000) 이후, 2000년 9월 경의선 복원 기공식이 진행되었고, 경의선 철로 복구 사업이 추진되었다.

9급 공무원 공개경쟁채용 필기시험 답안지

컴퓨터용 흑색사인펜만 사용

책 형
㉮ ㉯ ㉰ ㉱ ㉲

[필적감정용 기재] * 아래 예시문을 옮겨 기재하시기 바랍니다 예시 : 본인은 ○○○(응시자성명)임을 확인함
기 재 란

성 명	
자필성명	본인 성명 기재
응시직렬	
응시지역	
시험장소	

응시번호							
	⓪	⓪	⓪	⓪	⓪	⓪	⓪
	①	①	①	①	①	①	①
	②	②	②	②	②	②	②
	③	③	③	③	③	③	③
	④	④	④	④	④	④	④
	⑤	⑤	⑤	⑤	⑤	⑤	⑤
⑥	⑥	⑥	⑥	⑥	⑥	⑥	⑥
⑦	⑦	⑦	⑦	⑦	⑦	⑦	⑦
	⑧	⑧	⑧	⑧	⑧	⑧	⑧
	⑨	⑨	⑨	⑨	⑨	⑨	⑨

생년월일					
⓪	⓪	⓪	⓪	⓪	⓪
	①	①	①	①	①
	②		②	②	②
	③		③	③	③
	④		④		④
⑤	⑤		⑤		⑤
⑥	⑥		⑥		⑥
⑦	⑦		⑦		⑦
⑧	⑧		⑧		⑧
⑨	⑨		⑨		⑨

※ 시험감독관 서명 (성명을 정자로 기재할 것)
적색 볼펜만 사용

문번	제1과목	제2과목	제3과목	제4과목	제5과목
1	① ② ③ ④	① ② ③ ④	① ② ③ ④	① ② ③ ④	① ② ③ ④
2	① ② ③ ④	① ② ③ ④	① ② ③ ④	① ② ③ ④	① ② ③ ④
3	① ② ③ ④	① ② ③ ④	① ② ③ ④	① ② ③ ④	① ② ③ ④
4	① ② ③ ④	① ② ③ ④	① ② ③ ④	① ② ③ ④	① ② ③ ④
5	① ② ③ ④	① ② ③ ④	① ② ③ ④	① ② ③ ④	① ② ③ ④
6	① ② ③ ④	① ② ③ ④	① ② ③ ④	① ② ③ ④	① ② ③ ④
7	① ② ③ ④	① ② ③ ④	① ② ③ ④	① ② ③ ④	① ② ③ ④
8	① ② ③ ④	① ② ③ ④	① ② ③ ④	① ② ③ ④	① ② ③ ④
9	① ② ③ ④	① ② ③ ④	① ② ③ ④	① ② ③ ④	① ② ③ ④
10	① ② ③ ④	① ② ③ ④	① ② ③ ④	① ② ③ ④	① ② ③ ④
11	① ② ③ ④	① ② ③ ④	① ② ③ ④	① ② ③ ④	① ② ③ ④
12	① ② ③ ④	① ② ③ ④	① ② ③ ④	① ② ③ ④	① ② ③ ④
13	① ② ③ ④	① ② ③ ④	① ② ③ ④	① ② ③ ④	① ② ③ ④
14	① ② ③ ④	① ② ③ ④	① ② ③ ④	① ② ③ ④	① ② ③ ④
15	① ② ③ ④	① ② ③ ④	① ② ③ ④	① ② ③ ④	① ② ③ ④
16	① ② ③ ④	① ② ③ ④	① ② ③ ④	① ② ③ ④	① ② ③ ④
17	① ② ③ ④	① ② ③ ④	① ② ③ ④	① ② ③ ④	① ② ③ ④
18	① ② ③ ④	① ② ③ ④	① ② ③ ④	① ② ③ ④	① ② ③ ④
19	① ② ③ ④	① ② ③ ④	① ② ③ ④	① ② ③ ④	① ② ③ ④
20	① ② ③ ④	① ② ③ ④	① ② ③ ④	① ② ③ ④	① ② ③ ④

9급 공무원 공개경쟁채용 필기시험 답안지

컴퓨터용 흑색사인펜만 사용

책 형
㉮ ㉯ ㉰ ㉱ ㉲

[필적감정용 기재] * 아래 예시문을 옮겨 기재하시기 바랍니다 예시 : 본인은 ○○○(응시자성명)임을 확인함
기 재 란

성 명	
자필성명	본인 성명 기재
응시직렬	
응시지역	
시험장소	

응시번호

	⓪	⓪	⓪	⓪	⓪	⓪	⓪
	①	①	①	①	①	①	①
	②	②	②	②	②	②	②
	③	③	③	③	③	③	③
	④	④	④	④	④	④	④
	⑤	⑤	⑤	⑤	⑤	⑤	⑤
⑥	⑥	⑥	⑥	⑥	⑥	⑥	⑥
⑦	⑦	⑦	⑦	⑦	⑦	⑦	⑦
	⑧	⑧	⑧	⑧	⑧	⑧	⑧
	⑨	⑨	⑨	⑨	⑨	⑨	⑨

생년월일

⓪	⓪	⓪	⓪	⓪	⓪
	①	①	①	①	①
	②		②	②	②
	③		③	③	③
	④		④		④
⑤	⑤		⑤		⑤
⑥	⑥		⑥		⑥
⑦	⑦		⑦		⑦
⑧	⑧		⑧		⑧
⑨	⑨		⑨		⑨

※ 시험감독관 서명 (성명을 정자로 기재할 것)
적색 볼펜만 사용

문번	제1과목	문번	제2과목	문번	제3과목	문번	제4과목	문번	제5과목
1	① ② ③ ④	1	① ② ③ ④	1	① ② ③ ④	1	① ② ③ ④	1	① ② ③ ④
2	① ② ③ ④	2	① ② ③ ④	2	① ② ③ ④	2	① ② ③ ④	2	① ② ③ ④
3	① ② ③ ④	3	① ② ③ ④	3	① ② ③ ④	3	① ② ③ ④	3	① ② ③ ④
4	① ② ③ ④	4	① ② ③ ④	4	① ② ③ ④	4	① ② ③ ④	4	① ② ③ ④
5	① ② ③ ④	5	① ② ③ ④	5	① ② ③ ④	5	① ② ③ ④	5	① ② ③ ④
6	① ② ③ ④	6	① ② ③ ④	6	① ② ③ ④	6	① ② ③ ④	6	① ② ③ ④
7	① ② ③ ④	7	① ② ③ ④	7	① ② ③ ④	7	① ② ③ ④	7	① ② ③ ④
8	① ② ③ ④	8	① ② ③ ④	8	① ② ③ ④	8	① ② ③ ④	8	① ② ③ ④
9	① ② ③ ④	9	① ② ③ ④	9	① ② ③ ④	9	① ② ③ ④	9	① ② ③ ④
10	① ② ③ ④	10	① ② ③ ④	10	① ② ③ ④	10	① ② ③ ④	10	① ② ③ ④
11	① ② ③ ④	11	① ② ③ ④	11	① ② ③ ④	11	① ② ③ ④	11	① ② ③ ④
12	① ② ③ ④	12	① ② ③ ④	12	① ② ③ ④	12	① ② ③ ④	12	① ② ③ ④
13	① ② ③ ④	13	① ② ③ ④	13	① ② ③ ④	13	① ② ③ ④	13	① ② ③ ④
14	① ② ③ ④	14	① ② ③ ④	14	① ② ③ ④	14	① ② ③ ④	14	① ② ③ ④
15	① ② ③ ④	15	① ② ③ ④	15	① ② ③ ④	15	① ② ③ ④	15	① ② ③ ④
16	① ② ③ ④	16	① ② ③ ④	16	① ② ③ ④	16	① ② ③ ④	16	① ② ③ ④
17	① ② ③ ④	17	① ② ③ ④	17	① ② ③ ④	17	① ② ③ ④	17	① ② ③ ④
18	① ② ③ ④	18	① ② ③ ④	18	① ② ③ ④	18	① ② ③ ④	18	① ② ③ ④
19	① ② ③ ④	19	① ② ③ ④	19	① ② ③ ④	19	① ② ③ ④	19	① ② ③ ④
20	① ② ③ ④	20	① ② ③ ④	20	① ② ③ ④	20	① ② ③ ④	20	① ② ③ ④

9급 공무원 공개경쟁채용 필기시험 답안지

컴퓨터용 흑색사인펜만 사용

책 형
㉮ ㉯ ㉰ ㉱ ㉲

[필적감정용 기재] * 아래 예시문을 옮겨 기재하시기 바랍니다
예시 : 본인은 ○○○(응시자성명)임을 확인함
기 재 란

성 명	
자필성명	본인 성명 기재
응시직렬	
응시지역	
시험장소	

응시번호						
	⓪	⓪	⓪	⓪	⓪	⓪
	①	①	①	①	①	①
	②	②	②	②	②	②
	③	③	③	③	③	③
	④	④	④	④	④	④
	⑤	⑤	⑤	⑤	⑤	⑤
⑥	⑥	⑥	⑥	⑥	⑥	⑥
⑦	⑦	⑦	⑦	⑦	⑦	⑦
	⑧	⑧	⑧	⑧	⑧	⑧
	⑨	⑨	⑨	⑨	⑨	⑨

생년월일					
⓪	⓪	⓪	⓪	⓪	⓪
	①	①	①	①	①
	②		②	②	②
	③		③	③	③
	④		④		④
⑤	⑤		⑤		⑤
⑥	⑥		⑥		⑥
⑦	⑦		⑦		⑦
⑧	⑧		⑧		⑧
⑨	⑨		⑨		⑨

※ 시험감독관 서명 (성명을 정자로 기재할 것)
적색 볼펜만 사용

문번	제1과목			
1	①	②	③	④
2	①	②	③	④
3	①	②	③	④
4	①	②	③	④
5	①	②	③	④
6	①	②	③	④
7	①	②	③	④
8	①	②	③	④
9	①	②	③	④
10	①	②	③	④
11	①	②	③	④
12	①	②	③	④
13	①	②	③	④
14	①	②	③	④
15	①	②	③	④
16	①	②	③	④
17	①	②	③	④
18	①	②	③	④
19	①	②	③	④
20	①	②	③	④

문번	제2과목			
1	①	②	③	④
2	①	②	③	④
3	①	②	③	④
4	①	②	③	④
5	①	②	③	④
6	①	②	③	④
7	①	②	③	④
8	①	②	③	④
9	①	②	③	④
10	①	②	③	④
11	①	②	③	④
12	①	②	③	④
13	①	②	③	④
14	①	②	③	④
15	①	②	③	④
16	①	②	③	④
17	①	②	③	④
18	①	②	③	④
19	①	②	③	④
20	①	②	③	④

문번	제3과목			
1	①	②	③	④
2	①	②	③	④
3	①	②	③	④
4	①	②	③	④
5	①	②	③	④
6	①	②	③	④
7	①	②	③	④
8	①	②	③	④
9	①	②	③	④
10	①	②	③	④
11	①	②	③	④
12	①	②	③	④
13	①	②	③	④
14	①	②	③	④
15	①	②	③	④
16	①	②	③	④
17	①	②	③	④
18	①	②	③	④
19	①	②	③	④
20	①	②	③	④

문번	제4과목			
1	①	②	③	④
2	①	②	③	④
3	①	②	③	④
4	①	②	③	④
5	①	②	③	④
6	①	②	③	④
7	①	②	③	④
8	①	②	③	④
9	①	②	③	④
10	①	②	③	④
11	①	②	③	④
12	①	②	③	④
13	①	②	③	④
14	①	②	③	④
15	①	②	③	④
16	①	②	③	④
17	①	②	③	④
18	①	②	③	④
19	①	②	③	④
20	①	②	③	④

문번	제5과목			
1	①	②	③	④
2	①	②	③	④
3	①	②	③	④
4	①	②	③	④
5	①	②	③	④
6	①	②	③	④
7	①	②	③	④
8	①	②	③	④
9	①	②	③	④
10	①	②	③	④
11	①	②	③	④
12	①	②	③	④
13	①	②	③	④
14	①	②	③	④
15	①	②	③	④
16	①	②	③	④
17	①	②	③	④
18	①	②	③	④
19	①	②	③	④
20	①	②	③	④

9급 공무원 공개경쟁채용 필기시험 답안지

컴퓨터용 흑색사인펜만 사용

책 형
㉮ ㉯ ㉰ ㉱ ㉲

[필적감정용 기재] * 아래 예시문을 옮겨 기재하시기 바랍니다
예시 : 본인은 ○○○(응시자성명)임을 확인함
기 재 란

성 명	
자필성명	본인 성명 기재
응시직렬	
응시지역	
시험장소	

응시번호

	⓪	⓪	⓪	⓪	⓪	⓪	⓪
	①	①	①	①	①	①	①
	②	②	②	②	②	②	②
	③	③	③	③	③	③	③
	④	④	④	④	④	④	④
	⑤	⑤	⑤	⑤	⑤	⑤	⑤
⑥	⑥	⑥	⑥	⑥	⑥	⑥	⑥
⑦	⑦	⑦	⑦	⑦	⑦	⑦	⑦
	⑧	⑧	⑧	⑧	⑧	⑧	⑧
	⑨	⑨	⑨	⑨	⑨	⑨	⑨

생년월일

⓪	⓪	⓪	⓪	⓪	⓪
	①	①	①	①	①
	②		②	②	②
	③		③	③	③
	④		④		④
⑤	⑤		⑤		⑤
⑥	⑥		⑥		⑥
⑦	⑦		⑦		⑦
⑧	⑧		⑧		⑧
⑨	⑨		⑨		⑨

※ 시험감독관 서명 (성명을 정자로 기재할 것)	적색 볼펜만 사용

문번	제1과목			
1	①	②	③	④
2	①	②	③	④
3	①	②	③	④
4	①	②	③	④
5	①	②	③	④
6	①	②	③	④
7	①	②	③	④
8	①	②	③	④
9	①	②	③	④
10	①	②	③	④
11	①	②	③	④
12	①	②	③	④
13	①	②	③	④
14	①	②	③	④
15	①	②	③	④
16	①	②	③	④
17	①	②	③	④
18	①	②	③	④
19	①	②	③	④
20	①	②	③	④

문번	제2과목			
1	①	②	③	④
2	①	②	③	④
3	①	②	③	④
4	①	②	③	④
5	①	②	③	④
6	①	②	③	④
7	①	②	③	④
8	①	②	③	④
9	①	②	③	④
10	①	②	③	④
11	①	②	③	④
12	①	②	③	④
13	①	②	③	④
14	①	②	③	④
15	①	②	③	④
16	①	②	③	④
17	①	②	③	④
18	①	②	③	④
19	①	②	③	④
20	①	②	③	④

문번	제3과목			
1	①	②	③	④
2	①	②	③	④
3	①	②	③	④
4	①	②	③	④
5	①	②	③	④
6	①	②	③	④
7	①	②	③	④
8	①	②	③	④
9	①	②	③	④
10	①	②	③	④
11	①	②	③	④
12	①	②	③	④
13	①	②	③	④
14	①	②	③	④
15	①	②	③	④
16	①	②	③	④
17	①	②	③	④
18	①	②	③	④
19	①	②	③	④
20	①	②	③	④

문번	제4과목			
1	①	②	③	④
2	①	②	③	④
3	①	②	③	④
4	①	②	③	④
5	①	②	③	④
6	①	②	③	④
7	①	②	③	④
8	①	②	③	④
9	①	②	③	④
10	①	②	③	④
11	①	②	③	④
12	①	②	③	④
13	①	②	③	④
14	①	②	③	④
15	①	②	③	④
16	①	②	③	④
17	①	②	③	④
18	①	②	③	④
19	①	②	③	④
20	①	②	③	④

문번	제5과목			
1	①	②	③	④
2	①	②	③	④
3	①	②	③	④
4	①	②	③	④
5	①	②	③	④
6	①	②	③	④
7	①	②	③	④
8	①	②	③	④
9	①	②	③	④
10	①	②	③	④
11	①	②	③	④
12	①	②	③	④
13	①	②	③	④
14	①	②	③	④
15	①	②	③	④
16	①	②	③	④
17	①	②	③	④
18	①	②	③	④
19	①	②	③	④
20	①	②	③	④

좋은 책을 만드는 길
독자님과 함께하겠습니다.

도서나 동영상에 궁금한 점, 아쉬운 점, 만족스러운 점이
있으시다면 어떤 의견이라도 말씀해 주세요.
SD에듀는 독자님의 의견을 모아 더 좋은 책으로 보답하겠습니다.

www.sdedu.co.kr

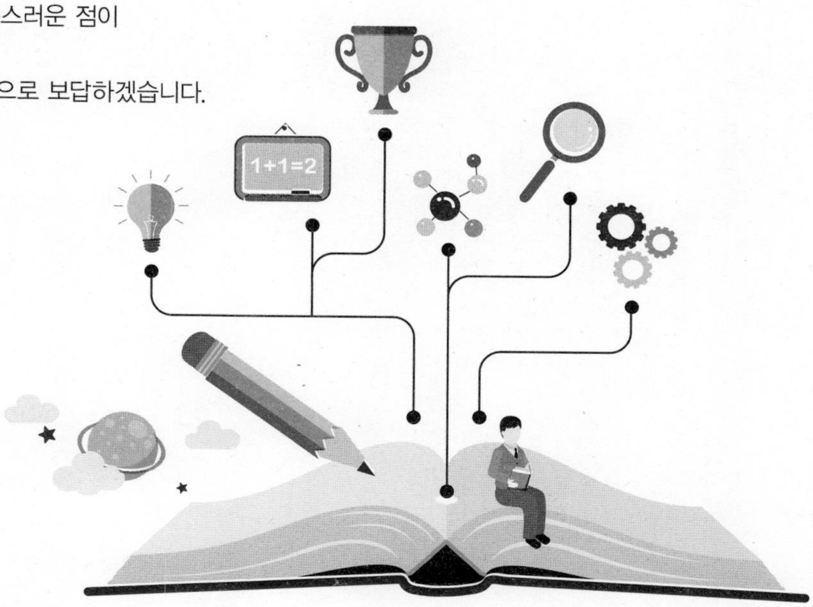

2023 알파(α) 9급 공무원 공통과목(국어 · 영어 · 한국사) 모의고사

개정1판1쇄 발행	2023년 01월 05일 (인쇄 2022년 11월 25일)
초 판 발 행	2022년 01월 05일 (인쇄 2021년 11월 19일)
발 행 인	박영일
책 임 편 집	이해욱
편 저	SD 공무원시험연구소
편 집 진 행	신보용
표지디자인	박종우
편집디자인	김예슬 · 하한우
발 행 처	(주)시대고시기획
출 판 등 록	제 10-1521호
주 소	서울시 마포구 큰우물로 75 [도화동 538 성지 B/D] 9F
전 화	1600-3600
팩 스	02-701-8823
홈 페 이 지	www.sdedu.co.kr
I S B N	979-11-383-3739-7 (13350)
정 가	19,000원

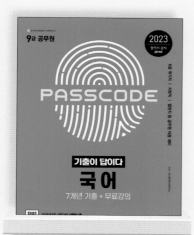

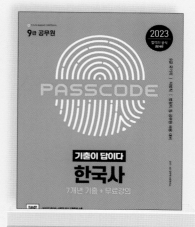

알파(α)

모의고사

공무원 시험의
시작이자 끝,
알파(α) 모의고사로 합격하자!

9급 공무원

공통과목

정답 및 해설

국어 · 영어 · 한국사

공무원 시험의
시작이자 끝.

알파(α) 모의고사로 합격하자!

알파(α)
모의고사

G-TELP
1주일 만에 끝내는
지텔프 문법
최신개정판
10회 만에 끝내는
지텔프 문법
모의고사
케이티 지음
문제 풀이는 SKill 빠르게 푸는 전략!
G-TELP
SD에듀

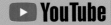